Das Verhör
Zerstörung und Widerstand

D1699379

HILLE seit 1880
Druckerei & Verlag

Meinen Eltern,
die am meisten zu leiden hatten

© Copyright: Druckerei & Verlag Christoph Hille

Die Deutschen Bibliothek – CIP-Einheitsaufnahme:
Koch, Dietrich:
Das Verhör: Zerstörung und Widerstand /Dietrich Koch. –
Dresden: Christoph Hille, 2000
ISBN 3-932858-38-7

Einband und typographische Gestaltung: Jürgen Brinckmann, Berlin
Herstellung: Druckerei & Verlag Christoph Hille, Dresden
Printed in Germany

Inhaltsverzeichnis

Band 1

Band 2

15

Band 3: Dokumente

Lesehinweise

Aktenzitate ohne Angabe der Fundstelle stammen aus meinen persönlichen Ermittlungs- und Gerichtsakten [32] und [33]. Zitate aus Akten, Büchern und sonstigen Schriftstücken wurden als »*kursiver Text*« in »« geschrieben. Unterstreichungen sind original. Fettdrucke in Zitaten wurden hinzugefügt.

Schwärzungen in Akten und in Zitaten (■■■) wurden vom BStU und Auslassungen in Zitaten (…) von mir vorgenommen. Mündliche wörtliche Rede steht in normalen Anführungszeichen „" als „Gerader *oder kursiver* Text".

(*) Wenn vom BStU in den Akten nicht geschwärzte Nachnamen von mir zusätzlich anonymisiert wurden, so wird dies in Kopien durch (*) gekennzeichnet.

* Diese vom BStU nicht geschwärzten Namen wurden durch Decknamen (willkürlich gewählt ohne Bezug zu namensgleichen Personen) ersetzt und in Kopien zusätzlich durch *Deckname* gekennzeichnet.

Vorwort

„Sind Sie im Knast auch gefoltert worden?" – fragte mich ein Westdeutscher.
„Nein, körperliche Folterungen gab es zu meiner Zeit nicht mehr." –
„Körperliche … ?" – aufatmend – *„Ich verstehe! Natürlich, Sie wollen damit sagen,
daß der Knast auch so schon schlimm genug ist. Aber wenigstens keine Folter!"* –

Dieses Buch beschreibt, wie ich in die Mühlen der Stasi geriet und wie diese mich
zu zermahlen versuchte.

*„Folterungen? Nein, so was machen wir schon lange nicht mehr. Das haben wir
nicht mehr nötig"* -

hatte der Stasioffizier stolz zu mir gesagt – einer dieser Leninschen Ingenieure
der Seele, die die Untersuchungsgefangenen mit psychologischen Mitteln zer-
setzten, mit Folgen nicht so sichtbar wie körperliche Folter, aber lebenslang.

Nach der politischen Terrorjustiz mit drakonischen Strafen für Lappalien
durch offen unrechtsstaatliche Verfahren fallen meine Erlebnisse Anfang der
siebziger Jahre in eine Periode der DDR, als sie den Anschein von Rechtsstaatlichkeit erwecken wollte. Erst genaueres Hinsehen entlarvt ihre politische Strafjustiz als institutionelles Unrecht und Unmenschlichkeit.

1968 wurde die Leipziger Universitätskirche gesprengt. Als sich während der
Sprengungsvorbereitungen vor ihr Menschen ansammelten, wurde ich zusammen mit anderen festgenommen und daraufhin aus politischen Gründen von
der Deutschen Akademie der Wissenschaften, wo ich Assistent war, fristlos entlassen.

Viele Leipziger waren über die Sprengung der Kirche empört. Dagegen prote-
stierten auch fünf junge Physiker zum III. Internationalen Bachwettbewerb in der
Leipziger Kongreßhalle mit einem automatisch entrollten Plakat: *„Wir fordern
Wiederaufbau".* Stefan W., der das Hauptverdienst hat, organisierte die Aktion
und brachte das Plakat auf der Kongreßhallenbühne an, während *Harald Fritzsch*
Schmiere stand. *Rudolf Treumann* war der Maler des Plakates. Mein Bruder *Eckhard Koch* und ich konstruierten den Auslösemechanismus mit einem Wecker.
Ich baute die gesamte Vorrichtung zusammen. Stefan und Harald flohen kurz
nach der Aktion spektakulär in die Bundesrepublik.

Ein SED-naher Politologe aus Stefan W.s neuem westdeutschen Freundeskreis
denunzierte Leipziger Freunde Stefans bei der Stasi, die uns daraufhin verhaftete: 1970 *Ingrid* und *Franz Jütte* (Namen geändert), mich und ein Jahr später *Uwe
May* (Name geändert). Unsere Verhaftungen lösten später die von *Michael Flade*,
eines Freundeskreises um *Jürgen Rudolph* und von *Klaus Knödel* in Potsdam aus.
Wegen staatsfeindlicher Gruppenbildung, Hetze, Fluchthilfe u. a. ließ die Stasi

Ingrid, Franz und Uwe zu Haftstrafen zwischen fünf und sechs Jahren und mich nach 23-monatigem Ermittlungsverfahren zu zweieinhalb Jahren Strafhaft und anschließender unbefristeter Einweisung in die Psychiatrie verurteilen. Ich wurde auch wegen meiner *Beteiligung am Plakatprotest* verurteilt und bin damit *der einzige deshalb Bestrafte.* Flade wurde zu zweieinhalb und Knödel zu dreieinhalb Jahren verurteilt.

Der Plakatprotest als ein Symbol des Widerstandes erschien bisher vor allem als Erfolgsgeschichte. *Erich Loest* (1995, S. 290 f.) schreibt, daß Stefan und Harald (der mit Rudolf Treumann verwechselt wird) *Peter Huchel* besuchten und ihm das Transparent im Garten zeigten. Huchel meinte später: *»Er hätte sie warnen sollen. Aber er hatte ermuntert, das wäre ein tolles Stück, das würde den Gangstern da unten an die Nieren gehen und Ulbricht sowieso.«* Loest vergleicht: *»Professor Huber in München hatte die Geschwister Scholl nicht gewarnt und sein Leben geopfert wie sie.«* Aber auch bei der Plakataktion gab es Opfer – diejenigen, die die Stasi als Beteiligte oder Mitwisser vermutete. *Eckhard Koch* (1999, S. 17) hat dazu bemerkt: *»Dietrich Koch ist der einzige, der wegen seiner Beteiligung an der Plakataktion verurteilt wurde. W... und Fritzsch haben diese Verurteilung (...) verschwiegen. Wenn sie die Plakataktion als eine Art erfolgreichen Coup darstellen, bei dem die Stasi durch ihre Flucht das Nachsehen hatte, so liegt darin eine wesentliche Verkürzung des politischen Aspekts. Die Sprengung der Universitätskirche war ein barbarischer Akt gegen ein Kulturdenkmal; aber die psychische Folter Dietrich Kochs und seiner verhafteten Mitwisser war ein Verbrechen. Die ganze Abscheulichkeit der Stasi zeigte sich in ihrer Reaktion auf den Plakatprotest.«*

Wir waren in den sechziger Jahren in Leipzig ein Kreis von Freunden und Bekannten – die meisten von uns Physiker –, in dem privat Vorträge über philosophische und allgemeinverständliche wissenschaftliche Themen gehalten wurden. Der Initiator war Stefan W. Nach seiner Flucht haben vor allem Ingrid Jütte und Uwe May unsere Vortragsabende fortgeführt. Wir hatten kein gemeinsames politisches Programm. Während die einen den Sozialismus strikt ablehnten, dachten andere an eine Reform von innen her. Gemeinsam war uns eine auf unterschiedlichen Erfahrungen beruhende kritische Einstellung zur DDR. Bereits durch unsere Diskussionen über nichtmarxistische Philosophie von Platon bis Popper waren wir für die Stasi der politisch-ideologischen Diversion schuldig. Dieses Buch berichtet über den Umgang der politischen Strafjustiz der DDR Anfang der 70er Jahre mit einer angeblich staatsfeindlichen Gruppe.

In der Forschung haben die SED-interne Opposition (Gruppe Harich/Janka) und die reformerische Bürgerrechtsbewegung der achtziger Jahre besondere Beachtung gefunden. Der Widerstand aus der Frühzeit der DDR (z. B. des Eisenberger Kreises) wird neuerlich stärker untersucht. Wenig berücksichtigt wurde der Widerstand der sechziger Jahre. Diesen Widerstand gab es, auch wenn wir damals im Vergleich zu den gewachsenen Möglichkeiten Ende der achtziger Jahre nur wenig tun konnten.

Der Plakatprotest in der Kongreßhalle war nur die Aktion einiger aus unserem Kreis, aber die Stasi setzte in den Verhören alle unter Druck, um die Täter zu finden. Dieses Buch berichtet von meinen Erfahrungen mit den Vernehmungsmethoden der Stasi, vor allem bei der Aufklärung dieses Protestes. Die Geschichte der Stasi und ihrer Auftraggeberin SED würde künftig nur die Geschichte sein, die sich aus den Akten der Täter rekonstruieren läßt, wenn die Opfer dem nicht ihre eigenen Berichte entgegensetzten. Ich glaube, daß Wissenschaftler ohne Erfahrung der Stasi-Verhöre allein aus den Akten schwerlich erkennen können, was in den Verhören tatsächlich geschah.

Einerseits hat die Stasi ihre Akten bürokratisch penibel geführt; wenn ich mich z. B. nach 25 Jahren bei der zeitlichen Reihenfolge nicht mehr genau erinnerte, half ein Vergleich mit meiner Akte. Andererseits geben die Stasiakten die Vernehmungswirklichkeit, die ich erlebt habe, nur ganz unzureichend wieder. Eine Textkritik dieser Akten kommt nicht ohne die Erinnerungen der Opfer aus. Ich stelle den Vernehmungsprotokollen meine eigenen Erlebnisse aus zwei Jahren Untersuchungshaft mit der Innenansicht des Beschuldigten, die nicht Gegenstand der Protokolle sein kann, gegenüber. Dabei vergleiche ich die *taktische Konzeption der Stasi*, die ich in meiner Akte gefunden habe, mit den tatsächlich erfahrenen Vernehmungsmethoden. Diese Fallstudie versucht den methodisch heiklen Spagat zwischen meinem subjektiven Erlebnisbericht und einer distanzierten Reflexion.

Die Stasi verfolgte das Ziel, die Beschuldigten umfassend geständig zu machen, bis hin zur Kooperation. Sie wollte die Zerstörung ihrer bisherigen persönlichen Integrität. Dazu setzte sie an deren wunden und am meisten verwundbaren Stellen an. Deshalb fällt es den Opfern besonders schwer, über diese Zusammenhänge zu berichten. Aber die Darstellungen der Stasi-Verhöre blieben zu abstrakt, wenn die Opfer nicht sagten, wie die Stasi ihre Schwächen ausnutzte. Auch mich hat es Überwindung gekostet, manches zu berichten, was normalerweise in die Verschwiegenheit eines Vertrauensverhältnisses gehört. Viele der Stasiopfer sind statt dessen stumm geworden. Aber dieses Schweigen dient nur den Tätern und dem verbreiteten Bemühen, die Unmenschlichkeit der DDR unter den Teppich zu kehren. Zu den Methoden der Stasi gehörte es wesentlich, die Mitbeschuldigten gegeneinander auszuspielen. In der Haft hat es mich tief getroffen, von meinen Freunden belastet zu werden, und auch jetzt ist es schmerzlich, daß mein Bericht darüber sprechen muß. Aber nur eine Darstellung, die auch meine Freunde einbezieht, kann die ganze Niedertracht der Stasi deutlich machen. Gerade dort, wo sich meine Mitbeschuldigten zu Aussagen gegen andere pressen ließen, sind sie in diesem Mißbrauch als Werkzeuge vor allem Opfer der Stasi. Aus Gründen des Persönlichkeitsschutzes habe ich teilweise Decknamen gewählt und einige Namen nicht vollständig angegeben. Da aber die Vorgänge, teilweise durch Publikationen von Beteiligten oder Betroffenen, Teil der Zeitgeschichte geworden sind, ist eine vollständige Anonymisierung nicht mehr möglich.

Von den 21 Bänden meiner Leipziger Strafverfahrensakte durfte ich zunächst nur sechs Bände der Stasi-Ermittlungen einsehen, da die restlichen der Staatsanwaltschaft nicht unter mein Einsichtsrecht nach dem Stasiunterlagengesetz fielen. Mit meinen Erinnerungen konfrontiert wurde deshalb zunächst nur der geringere Teil der einschlägigen Stasiakten – immerhin reichlich tausend Seiten vorwiegend der Protokolle meiner eigenen Vernehmungen. Nachdem ich dieses Manuskript fertiggestellt hatte, konnte ich die weiteren 15 Bände einsehen, wobei allerdings die Aussagen anderer in erheblichem Umfang geschwärzt waren. Dieses umfangreiche zusätzliche Material machte wenige Änderungen nötig, aber ich fand weitere Bestätigungen für das, woran ich mich erinnert hatte, und ich mußte feststellen, daß der Verrat noch umfangreicher war, als ich bisher gewußt hatte. Als ich dann weiterhin die *Operativen Vorgänge* »Atom« und »*Heuchler*« und weitere Akten einsehen konnte, erfuhr ich im einzelnen, wie der Verrat aus Westdeutschland unser aller Verhaftungen verursacht hatte, die der Stasi die Zerschlagung immer weiterer Dissidentenkreise ermöglichte.

Aus diesem Material von weit über zehntausend Seiten wäre eine Geschichte des Widerstandes Ende der sechziger/Anfang der siebziger Jahre und seiner Zerschlagung durch die Stasi zu schreiben. Ich mußte mich auf die Ergänzung weniger direkt für meine Geschichte einschlägiger Erkenntnisse aus diesen Akten beschränken.

Der ständige Themenwechsel zwischen den verschiedenen Beschuldigungen, oft innerhalb einer Vernehmung, sollte den Beschuldigten verwirren. Daher ist es unmöglich, den zeitlichen Gang des Ermittlungsverfahrens nachzuzeichnen. Aber auch eine Anordnung, die sich an den ausgeurteilten Straftatbeständen orientiert, wäre unbefriedigend, weil diese eine Konstruktion der Stasi sind. Der Aufbau des Buches folgt dem Mittelweg, die Beschuldigungen zu mehreren Komplexen zusammenzufassen und innerhalb dieser jeweils dem ungefähren zeitlichen Ablauf der Vernehmungen zu folgen.

Der *Prolog* erzählt die Vorgeschichte meiner Verhaftung, insbesondere den Protest gegen die Sprengung der Universitätskirche 1968 und die Folgen für mich; zum besseren Verständnis werden einige Geschehnisse um die Kirchensprengung referiert. Die Plakataktion hat als ein Fall von Widerstand in der DDR auch nach der Wende öffentliche Aufmerksamkeit gefunden. Sie ist in verschiedenen Publikationen gewürdigt worden, die erheblich auf die unvollständige Darstellung Stefan W.s zurückgehen. Ich berichte hier erstmals umfassend über sie. Zum Schluß wird der Verrat aus Westdeutschland, der unsere Verhaftungen verursacht hat, dokumentiert.

Im 1. *Kapitel* werden die Verhaftung und die Verhöre zu den Beschuldigungen der Fluchtvorbereitung und -hilfe beschrieben. Für das 2. *Kapitel* habe ich aus der Vielzahl der Verhöre zur staatsfeindlichen Hetze einige ausgewählt, die zu meiner Verurteilung beigetragen haben oder mir in besonderer Erinnerung geblieben sind.

Den zentralen Teil meiner Geschichte bilden die Verhöre zu meiner Beteiligung an der *Plakataktion 1968 in der Leipziger Kongreßhalle* in den *Kapiteln 3, 4, 6* und *7*, wobei der Stasidruck im *4. Kapitel* einen Extrempunkt erreicht. Zwar dürften die Beschuldigungen Fluchtvorbereitung, Verbindungsaufnahme, Menschenhandel, Hetze und Gruppenbildung rein quantitativ den größten Teil der Vernehmungen bestimmt haben, aber sie sind willkürliche Konstruktionen, unter denen auch andere hätten beschuldigt werden können. Dagegen war der Plakatprotest ein besonderes Ereignis, das schon vor der Wende über die Grenzen Leipzigs hinaus beachtet worden war. Das ließ der Stasi keine Ruhe. Sie zeigte in meinen Verhören eine große kriminale und – wie ich meine – kriminelle Energie zu seiner Aufklärung. Ich berichte, mit welchem *ungeheuren Aufwand* mich die Stasi zu überführen suchte.

Das *5. Kapitel* dient der Analyse und weiterer Illustration der *taktischen Konzeption der Stasi* und meiner Haltung dazu. Dieser Schlachtplan ist in meinem Fall ungewöhnlich ausführlich, da mich die Stasi offenbar als einen sehr widerständigen Beschuldigten ansah. Deshalb eignet sich mein Verfahren besonders gut als Fallstudie zu den Methoden der Stasi, den Beschuldigten geständig zu machen und ihn in den Zusammenbruch zu treiben. Im *6. Kapitel* stelle ich das zweite Vernehmungsjahr dar; mit der Verhaftung Uwe Mays brachte es neue große Belastungen für mich. Das *7. Kapitel* enthält die psychiatrische Begutachtung in Waldheim auf Antrag der Stasi. Es wird durch eine Skizze der Zersetzungsmaßnahmen der Stasi außerhalb der Haft, zu denen ich keine eigenen Wahrnehmungen habe, ergänzt. Im *8. Kapitel* werden im ersten Teil die Hauptverhandlung und die Rechtsverletzungen beschrieben und im zweiten Teil meine Erinnerungen an die Strafhaft im Psychiatrischen Haftkrankenhaus Waldheim geschildert.

Die *Interludien* erzählen besondere Ereignisse und mehr anekdotische Episoden. Der *Epilog* beschreibt meine ersten Schritte in Westdeutschland. Am Beispiel meiner Rehabilitierung nach der Wende nehme ich zu einigen Fragen der Aufarbeitung der politischen Strafjustiz in der DDR Stellung. Das Gericht hatte meine psychiatrische Unterbringung angeordnet, um die Gesellschaft vor weiteren staatsfeindlichen Aktivitäten meinerseits zu schützen. Allgemein heißt es heute, daß es einen systematischen Psychiatriemißbrauch durch die Stasi nach dem Vorbild der Sowjetunion, wo Andersdenkende als psychisch krank eingesperrt wurden, nicht gegeben habe. Um hier zu einem unabhängigen Urteil zu kommen, habe ich meinen Fall durch die Sächsische Kommission zur Untersuchung des Psychiatriemißbrauchs in der ehemaligen DDR überprüfen lassen: In meinem Fall liegt *Psychiatriemißbrauch* vor. Ich erörtere, wie sich dieser Mißbrauch in das zentrale Programm der Stasi, alle Beschuldigten kooperativ-geständig machen zu wollen, einfügt.

Nach meiner Abschiebung in den Westen habe ich nur gelegentlich wenigen Freunden einzelne Episoden aus meiner Haft erzählt. Im Laufe der Zeit schien ich das meiste vergessen zu haben. Erst als sich nach der Wende eine Vielzahl von Medienbeiträgen mit Themen wie Stasi, IM oder DDR-Strafjustiz befaßte, kamen meine Erinnerungen wieder hoch. Als ich meine Stasiermittlungsakte einsehen konnte, habe ich das meiste kopiert, vermochte das Ganze aber zunächst nicht zu lesen. Mein Bruder las meine Akte und führte mich an sie heran. Ich sah, daß diese von den Stasitätern geschriebene Akte für Außenstehende kein richtiges Bild von der Stasihaft gibt. Als mich Freunde dazu bewegt hatten, meine Erfahrungen aufzuschreiben, merkte ich, daß ich mich nicht zuerst von der Akte führen lassen durfte. Zunächst habe ich festgehalten, was mir in Erinnerung kam, und erst dann in einem zweiten Schritt die Beziehung zu den Protokollen untersucht. Ich bin selbst überrascht, wie viele Einzelheiten mir nach 25 Jahren nach und nach wieder eingefallen sind. Einzelne Szenen standen mir plötzlich wieder bildlich vor Augen, und Sprüche des Vernehmers fielen mir wörtlich ein. Aber diese aufsteigenden Erinnerungen bedrängten mich auch: Ich hatte Alpträume und ein starkes Bedürfnis, mit anderen zu sprechen. Nachdem ich alles aufgeschrieben hatte, verblaßten die Bilder wieder.

Zunächst danke ich all denen aus diesem Buch – insbesondere Marlene und Horst Gurgel, Sigrid und Ekkehard Ihle, Elisabeth und Klaus Knödel, Eckhard Koch, Eva-Maria Koch, Barbara Krüger, Jürgen Rudolph, Christof Tannert, Rudolf Treumann und Dieter Wunderlich – die mir als Reaktion auf die Manuskriptfassung Anregungen und zusätzliche Informationen gegeben haben. Klaus Michael Meyer-Abich danke ich für seine Ermutigung, mich an diese Arbeit zu machen und für sein hilfreiches Verständnis beim mühsamen Fortgang. Meine Frau Heidemarie war eine geduldige und kritische Hilfe in den vielen langen Gesprächen, die sich immer wieder aus unserer gemeinsamen Arbeit am Manuskript entwickelten. Helga Niepoth, Sibylle Schindler und Sabine Dittrich bin ich für die Überarbeitung des Manuskriptes zu Dank verpflichtet. Dankbar für Gespräche bin ich auch Hildegard Jöhren-Ingensiep und alten und neuen Freunden und Fachleuten, wie Mitarbeitern des BStU, Juristen, Theologen, Philosophen, Germanisten und Psychologen, die ich nicht einzeln nenne.

Prolog:
Protest gegen die Sprengung
der Universitätskirche

1. Der Abriß, meine erste Festnahme und die Folgen

Als der Dachreiter der ehrwürdigen Leipziger Universitätskirche St. Pauli am 30. Mai 1968 in den Staubwolken der Sprengung versank, glaubte sich die SED der Vollendung des Sozialismus wieder einen Schritt näher; denn an einen sozialistischen Platz, zu dem der Karl-Marx-Platz werden sollte, passe keine Kirche. Ohne sachliche Rechtfertigung wurde eine der ältesten Kirchen Leipzigs, die zugleich das älteste erhaltene Gebäude der Leipziger Universität war, zerstört.

Noch wußte niemand, daß die DDR bereits die Halbzeit ihrer Existenz erreicht hatte. Die SED verkündete auf ihrem VII. Parteitag im April 1967 den *Aufbau der entwickelten sozialistischen Gesellschaft* in der DDR und meinte, diese sei *der stabilste Staat mit der stabilsten* Regierung, wie der Erste Sekretär der SED-Bezirksleitung Leipzig, *Paul Fröhlich*, am Tage vor dem Sprengungsbeschluß in einer Sitzung der SED-Bezirksleitung gesagt hatte. Sie glaubte, sich ein solches Verbrechen an einem Kulturdenkmal, einen solchen Affront gegen die Bevölkerung leisten zu können. Kurz danach ließ sie auch das Augusteum, das historische Hauptgebäude der Leipziger Universität, abreißen.

Universitätskirche und Augusteum

Die 1240 gegründete Paulinerkirche wurde nach der Reformation Universitätskirche. Das an sie anschließende Augusteum im Stil der Neorenaissance war das historische Hauptgebäude der Universität.[1] Im Zweiten Weltkrieg brannten am

---

1 *Zur Kulturgeschichte des Augustusplatzes (zu DDR-Zeiten: Karl-Marx-Platz):*
Die Paulinerkirche wurde zusammen mit dem Paulinerkloster vom Dominikanerorden als schlichte mitteldeutsche Bettelordenshalle errichtet und 1240 von Erzbischof Hildebrand von Magdeburg zu Ehren des Apostels Paulus geweiht. In den Bauperioden 1485–88 und 1513–21 erhielt sie mit der Erhöhung der Seitenschiffe, dem Einzug des Sternrippengewölbes, dem dreischiffigen Chor und dem Einbau der Empore über dem Kreuzgang die jahrhundertelang fast unveränderte Form der spätgotischen Hallenkirche, vergleichbar der sächsischen Hallengotik in Freiberg, Annaberg, Pirna und Schneeberg.
Nach der 1539 in Sachsen eingeführten Reformation und der Schließung des Paulinerklosters schenkte 1543 Herzog Moritz von Sachsen Kloster und Kirche der 1409 gegründeten Leipziger Universität. 1545 wurde die Paulinerkirche im Beisein Martin Luthers zur Kirche der evangelischen Fakultätsgemeinde geweiht. Sie diente auch als Aula für akademische Festakte, wie Promotionen oder →

Augustusplatz das Augusteum und andere Gebäude aus, während die Kirche unversehrt blieb. In der Bombennacht am 4. Dezember 1943 verhinderten Theologieprofessoren und andere Bürger in persönlichem Einsatz, daß die Flammen auf sie übergriffen. Auch nach 1945 blieb sie Ausbildungsstätte der theologischen Fakultät, in der die Theologiestudenten ihre erste Kanzelpredigt hielten. Nachdem 1943 Bomben die katholische Probsteikirche zerstört hatten, fanden seit 1946 in der Universitätskirche auch die Gottesdienste der Probsteigemeinde statt. Ökumenisch diente sie gemeinsamen Gottesdiensten der katholischen und evangelischen Studenten. Sie war die am besten besuchte Kirche Leipzigs.

Zur Universitätskirche und zum ebenfalls gesprengten alten Universitätshauptgebäude hatte ich vielfältige persönliche Beziehungen. In lebendiger Erinnerung sind mir die aufrüttelnden Predigten des Dominikanerpaters Gordian Landwehr, die eine große studentische Zuhörerschaft begeisterten und viele Konzerte, vor allem die Aufführungen der Bachschen Oratorien und Chorkonzerte mit Werken von Schütz, Schein bis zu Pepping durch den Leipziger Universitätschor unter Universitätsmusikdirektor Professor *Friedrich Rabenschlag*. Seit meiner Oberschulzeit war ich mit Mitgliedern dieses Chores befreundet, in dem auch meine spätere Frau Eva-Maria sang. Während ihres Musikwissenschaftsstudiums hatte sie in der Universitätskirche bei *Robert Köbler*, Professor an der Musikhochschule und Universitätsorganist, Orgelunterricht.[2] In den an das

---

→ Einführung des Rektors. In ihr, vor allem im Kreuzgang, wurden die Honoratioren der Universität begraben. Bei der reformatorischen Renovierung wurden u. a. der Lettner herausgebrochen, das Chorgestühl verbrannt und mehrere Altäre beseitigt. 1546 ging beim Abbruch des östlichsten über die Stadtmauer hinausragenden Chorteils auch das Grab Johannes Tetzels, des wohl bekanntesten Leipziger Dominikaners, verloren. Später wurden u. a. die barocke Orgelempore (die Orgel wurde in Anwesenheit Johann Sebastian Bachs abgenommen), die zweigeschossigen Emporen, die Vorhalle und 1710 das Westportal mit ionischen Säulen hinzugefügt. Die ursprünglichen Gebäude des Paulinerklosters mußten Ende des 15. Jahrhunderts Neubauten weichen, die nach der Reformation der Universität dienten. Nach dem teilweisen Abbruch der älteren Klosteranlage wurde 1836 das *erste Augusteum* eingeweiht: ein repräsentativer Bau mit Aula, Auditorien und Seminarräumen, dessen Fassade und Portal nach Entwürfen Karl-Friedrich Schinkels gestaltet wurden.

Mit dem Augustusplatz hatte sich das Leipziger Bürgertum in einem Jahrhundert ein neues repräsentatives Zentrum außerhalb der mittelalterlichen Stadtmauern geschaffen – einen der großen und schönen Plätze Europas. Den klassizistischen Bauten Post, Bildermuseum (Ludwig Lange 1856–58), Neues Theater (Carl Gotthard Langhans 1864–68) und erstes Augusteum folgte die historische Umgestaltung mit der renaissancistischen Erweiterung des Bildermuseums und dem palastartigen *neuen Augusteum*. Nach Schleifung der restlichen Klostergebäude erbaute Arwed Roßbach dieses 1892–1897, wobei die Substanz des Vorgängerbaus erhalten blieb, im Stil der Neorenaissance mit großer Wandelhalle und durch Max Klinger gestaltete Aula. Der Universitätskirche setzte er eine neogotische Fassade nach dem Vorbild des Doms von Orvieto vor. Es folgten der neobarocke Mendebrunnen und Ende der zwanziger Jahre das Kroch-Hochhaus mit Uhrenturm und das Europahaus, die in der horizontalen Gliederung des geschlossenen Festplatzes Akzente setzten.

2 Nach der Kriegszerstörung des Konzertsaals mit der Orgel in der Musikhochschule fand deren Orgelunterricht an der großen Eule-Orgel (vier Manuale, 90 Register) der Universitätskirche statt.

Augusteum anschließenden rückwärtigen Gebäudeteilen des Universitätshaupt-gebäudes, wie Augustinum und Johanneum, fand noch immer ein großer Teil des geisteswissenschaftlichen Lehrbetriebes statt. Im teilzerstörten Johanneum war auch der Sitz der Sächsischen Akademie der Wissenschaften, an deren öffentliche Sitzungen ich mich erinnere. Im Hörsaal 40 habe ich einige der großen Litera-turvorlesungen von *Hermann August Korff* und später von *Hans Mayer* gehört. Auch *Theodor Frings* durfte ich im Augusteum noch kennenlernen. (Damals erklärte mir einmal ein Genosse in einer FDJ-Versammlung am Physikalischen Institut, daß meine Besuche kunst-, literatur- und musikwissenschaftlicher Lehr-veranstaltungen unerwünscht seien. Sie stellten eine besondere Art der Studien-bummelei dar; denn ich hätte ausschließlich Physik zu studieren.) In diesem Gebäudekomplex war auch das Kunsthistorische Institut untergebracht. Bei den Professoren *Jahn* und *Ladendorf* habe ich mehrere Semester Kunstgeschichte gehört. Bei einer zweiten Hausdurchsuchung ein halbes Jahr nach meiner Ver-haftung, als der Vernehmungsschwerpunkt in der Aufklärung des Plakatprotestes lag, nahm die Stasi auch meine Nachschriften der Architektur- und Plastikvor-lesungen von der Romanik bis zum Barock mit.

Zusammen mit der Thomas- und der Nikolaikirche bildete die Universitäts-kirche auch nach 1945 eines der Zentren kirchlich-geistigen Lebens in Leipzig. Ihre Aufgaben übernahm nach ihrer Sprengung teilweise die *Nikolaikirche*. Dort fanden die Montagsgebete statt, und von dort ging 1989 die friedliche Revolution in Leipzig aus, die zum Ende der zweiten deutschen Diktatur führte.

Abrißgerüchte

Mitte der fünfziger Jahre hatte die SED den Aufbau *sozialistischer Stadtzentren* beschlossen.[3] Der Karl-Marx-Platz sollte zum zentralen Kundgebungsplatz einer sozialistischen Großstadt werden – ein sozialistischer Platz mit einem *einheitli-chen Gesicht* (Walter Ulbricht auf dem V. SED-Parteitag). Dazu passe der SED eine Kirche nicht, ging 1959/60 als Gerücht in Leipzig um. Zeitungen hatten 1959 von Plänen berichtet, die Universitätskirche im Zusammenhang mit Neubauplä-nen der Universität ca. 50 Meter zurückzuversetzen, um eine einheitliche Gestal-tung des Platzes zu ermöglichen. Technisch hielt mein Vater ein solches Unter-nehmen prinzipiell für möglich; er erinnerte sich an Vorkriegspläne, das Reichs-gericht zu drehen. Aber angesichts der technischen Möglichkeiten der DDR und

---

3 Bestand jedenfalls nach dem Krieg zunächst die Absicht, die ausgebrannten Ruinen von Bilder-museum, Augusteum und Neuem Theater wiederherzustellen, was nach dem einhelligen Urteil der Fachleute möglich war, so leitete die Abtragung der Theaterruine mit neuen Vorstellungen vom Karl-Marx-Platz eine verheerende Entwicklung ein. Der Opernhausneubau von Kunz Nierade, der mit Fassadengliederung und kubischer Baumassenverteilung Baugedanken des Vorgängerbaus auf-nahm, hätte sich wohl noch in die historisch getreue Wiederherstellung des Platzes gefügt.

des enormen Mißverhältnisses von Kosten und Nutzen schien uns dieser Plan nur auf die Absicht hinzuweisen, die Kirche zu beseitigen. Auch wenn man den Staatsratsvorsitzenden *Walter Ulbricht* sicher nicht zum alleinigen Schuldigen für den Abriß machen darf, scheint mir das Schicksal der Universitätskirche besiegelt gewesen zu sein, als dieser nach der Eröffnung des Opernhauses im Oktober 1960 auf den Platz trat und zum Leipziger SED-Chef Paul Fröhlich gesagt haben soll (mdr. Sendung des Mitteldeutschen Rundfunks): »*Wenn ich aus der Oper komme, will ich keine Kirche sehen.*« Kunz Nierade berichtet als Ausspruch Ulbrichts bei dieser Gelegenheit (Winter 1998, S. 51): »*Das Ding kommt weg!*«

Im Herbst 1960 sah ich dann im Neuen Rathaus in der Ausstellung zum Leipziger Aufbau nur Bebauungspläne für den Karl-Marx-Platz ohne Universitätskirche. Die Empörung in meinem Freundes- und Bekanntenkreis war allgemein. Diese Pläne wurden als Anschlag auf die geistige Bedeutung der Kirche verstanden. Da ich ahnte, wie gefährdet sie war, machte ich damals Innenaufnahmen. Durch meine Bekanntschaft mit Kunst- und Musikhistorikern und Theologiestudenten erfuhr ich, daß es bereits viele Proteste gab, u. a. von offiziellen Vertretern beider Konfessionen, vom Dresdner Landesamt für Denkmalpflege, von Professoren der Leipziger Universität, vor allem Theologen, und von Theologie- und Kunstgeschichtsstudenten. Die Öffentlichkeit wurde über diesen Widerstand nicht informiert. Nur einmal lasen wir in einem Artikel der Leipziger Volkszeitung (LVZ) indirekt von solchen Protesten: Dem katholischen *Propst Pfeiffer* wurde vorgeworfen, er hätte die Architektenentwürfe zum Vorwand genommen, um *unter Mißbrauch christlicher Gefühle Stimmung gegen die Neugestaltung des Leipziger Karl-Marx-Platzes zu machen*; er solle lieber gegen die NATO-Politik am Rande des Krieges und das Manöver *Flash back* Stellung beziehen (LVZ 29.10.1960).

Dann wurde es ruhig um das Schicksal der Universitätskirche.[4] Erst 1964 hörte ich wieder von ihrer Gefährdung. Vom Herbst 1967 an verdichteten sich die

---

4 Nach den offenbar in diesem Ausmaß nicht erwarteten Protesten wechselte die SED ihre Informationspolitik. Ein LVZ-Artikel wiegelte ab: Über die Universitätskirche sei nicht endgültig entschieden, es gäbe auch Varianten, in denen sie nur versetzt würde. Die Planungen der nächsten Jahre zum Karl-Marx-Platz fanden hinter verschlossenen Türen statt. In offiziellen Verlautbarungen wurde die Universitätskirche nicht mehr direkt genannt. Aber die Beunruhigung über ihr Schicksal verschwand nicht. Den Abbruch des Bildermuseums 1962 empfanden wir als neuen Hinweis darauf, daß die historische Gestalt des Platzes beseitigt werden sollte. Der damalige Stadtbaudirektor Lucas schrieb dazu in der LVZ vom 11.3.1962: »*Es gilt nicht, das Alte und Zerstörte um jeden Preis zu bewahren, sondern den Mut zum Neuen zu haben.*«

Am 9. Mai 1963 wurde der Johanniskirchturm gesprengt; als einziger Barockturm Leipzigs stand er in der Denkmalliste. Ohne eine sachliche Begründung auch nur versucht zu haben, hatte sich die SED über die Proteste von Denkmalschützern und Kirchenvertretern hinweggesetzt. In der Öffentlichkeit wurde nur euphemistisch von *Enttrümmerung des Objekts am Johannisplatz* (LVZ 11.5.1963) geschrieben. Dieser sinnlose Abriß wurde als Paul Fröhlichs Generalprobe zur späteren Sprengung der Universitätskirche verstanden (vgl. Löffler, S. 74 ff.). In den Presseberichten von 1963 über den Neubau →

Gerüchte über ihre Beseitigung immer mehr. Von den Protesten gegen solche Pläne erfuhr die Öffentlichkeit offiziell damals fast nichts. Auf die Gefährdung der Kirche konnte ich nur aus den mündlichen Berichten über solche Proteste schließen.[5] Anfang 1968 hörte ich, daß ein Wettbewerb zur Neugestaltung des Karl-Marx-Platzes stattfinden solle. Nicht einmal die Ausschreibung und deren Ergebnis waren offiziell bekanntgemacht worden. Aber man erzählte sich, daß *Walter Ulbricht* höchst persönlich aus den verschiedenen prämiierten Entwürfen einzelne Gebäude herausgenommen und daraus ein eigenes Modell ohne Universitätskirche zusammengestellt habe, dessen Verwirklichung dann vom Politbüro der SED beschlossen wurde.

Den Weg in die Öffentlichkeit trat erstmalig *Propst Pfeiffer* mit der Kanzelerklärung vom 19. Mai 1968 über seine Sorge um das Schicksal der Universitätskirche St. Pauli an. Zum evangelischen Himmelfahrtsgottesdienst am Vormittag waren mein Bruder Eckhard und ich noch einmal in der Universitätskirche. Von der Empore sahen wir das letzte Mal das schöne Netzgewölbe der dreischiffigen Chorhalle, das Rippengewölbe mit den Jochsternen des Langhauses *(Dok. 61)*, und wir hörten zum letzten Mal die große Eule-Orgel. Die Stimmung war gedrückt; denn zur gleichen Zeit fand die Stadtverordnetenversammlung statt, deren Abrißbeschluß allgemein erwartet wurde. Nach dem Gottesdienst führte die Kunsthistorikerin *Elisabeth Hütter* durch die Kirche.[6] Wir konnten uns nicht vorstellen, daß die Kirche in einer Woche gesprengt sein würde, aber der Erste Sekretär der SED-Bezirksleitung wußte schon: »*Das Gesicht der Stadt Leipzig wird sozialistisch sein.*«[7]

$\cdot$

→ eines *einheitlichen Komplexes von Wissenschaft und Technik* an der Westseite des Karl-Marx-Platzes blieb das Schicksal der Universitätskirche ausgespart. Zur Jahreswende 1963/64 wuchsen die Gerüchte über ihre Beseitigung. Von Bekannten hörte ich, daß die westdeutsche Tagesschau die Sprengung für den 12. Februar 1964 gemeldet hatte. Die LVZ dementierte höhnisch diesen Termin als *Sterndeuterei*, aber eben nur den Termin und nicht grundsätzlich die Abrißpläne (Rosner, S. 26). Was hinter den Kulissen geplant wurde, blieb der Öffentlichkeit unbekannt. Auf dem VII. Parteitag der SED 1967 forderte Walter Ulbricht eine Beschleunigung der sozialistischen Umgestaltung der Großstadtzentren. Die Leipziger Stadtverordnetenversammlung beschloß im Herbst 1967 ein umfangreiches Abrißkonzept. Unter den Schlagworten *Baufreiheit schaffen, sich von Altem trennen, Abbruch alter Buden, altes Gerümpel beiseite schaffen* begann in Leipzig die Abbruchkugel zu wüten: Zerstört wurden u. a. *Deutrichs Hof* in der Reichsstraße, das sehr gut erhaltene älteste Bürgerhaus Leipzigs, das *Unionmessehaus*, das barocke *Hotel de Saxe* in der Klostergasse und die Halbruine des *Gewandhauses* in der Beethovenstraße. Ausgebombt 1943, war diesem neoklassizistischen Bau von 1884 nach dem Krieg ein Notdach aufgesetzt worden, als noch sein Wiederaufbau geplant war.

5 Von Theologen, Kunsthistorikern, Musikwissenschaftlern u. a. erfuhr ich, unter den Protestierenden seien Denkmalpfleger mit dem Landeskonservator Professor *Nadler* an der Spitze, evangelische und katholische Kirchenleitungen – Bischof *Noth*, Superintendent *Stiehl*, der thüringische Landesbischof *Mitzenheim*, Bischof *Spülbeck*, Propst *Pfeiffer* –, einzelne Professoren, vor allem der theologischen Fakultät mit Dekan Professor *Amberg*, Stadtgeschichtler und der Universitätsorganist *Robert Köbler*.

Protestansammlungen gegen den Sprengungsbeschluß

Am Himmelfahrtstag 1968, dem 23. Mai, beschloß die Leipziger Stadtverordnetenversammlung mit einer Gegenstimme[8] den Bebauungsplan des Karl-Marx-Platzes, der den Abriß der Universitätskirche bedeutete. Die bestellte Jubelkampagne der Leipziger Zeitungen vom nächsten Tage – *großartige Perspektive beim Aufbau des Zentrums, Verantwortung für das Ganze* – war seit Jahren die einzige offizielle Mitteilung, wenn auch indirekt, über das Schicksal der Universitätskirche. Nun hatte es die SED-Führung ungeheuer eilig, vollendete Tatsachen zu schaffen. Bis zum 5. Juni 1968, an dem der III. Internationale Bachwettbewerb begann, sollte offenbar von der Kirche und ihren Trümmern nichts mehr zu sehen sein. Außerdem dürfte sie sich über das Ausmaß der Proteste unsicher gewesen sein. Noch am Abend des 23. Mai wurden die ersten Absperrgitter um die Kirche aufgestellt, am nächsten Tag begannen die Sprengungsvorbereitungen, und am 28. waren über 500 Sprenglöcher gebohrt. Am 29. wurde die Sprengung für den folgenden Tag angekündigt und abends der gesamte Karl-Marx-Platz abgesperrt.

Die Universitätskirche war die mit Kunstwerken aus sechs Jahrhunderten am reichsten ausgestattete Leipziger Kirche. Die knappe Woche bis zur Sprengung ließ nur Zeit für eine Notbergung. Der vom Landesamt für Denkmalpflege ausgearbeitete Plan mit bauarchäologischen Untersuchungen konnte nicht verwirklicht werden. Grüfte mußten ausfindig gemacht, Grabstätten umgebettet, Epitaphien teilweise abgebaut werden. Die kleine Orgel wurde von Mitarbeitern des Musikinstrumentenmuseums gerettet. Für die vollständige Bergung der großen Orgel blieb nicht genügend Zeit.[9] Schob die SED für den Abriß noch städtebau-

---

6 *Elisabeth Hütter* hatte 1955 auf Vorschlag Ladendorfs mit einer Arbeit zur Baugeschichte der Universitätskirche begonnen und stellte 1961 ihre Dissertation auch nach dessen Übersiedlung nach Köln fertig, obwohl sie zu einem Themenwechsel gedrängt wurde; schon damals war die Kirche ein Stein des Anstoßes für die SED-Führung. Hütter hoffte, bei einer Abtragung Einzelheiten über die Baugeschichte zu erfahren.

7 *Paul Fröhlich* am 24.5.1963 in einem Brief an den CDU-Generalsekretär Gerald Götting, der im Zusammenhang mit den Leipziger Abrißplänen seiner Sorge über Fröhlichs kirchenfeindliche Politik Ausdruck gegeben hatte (PDS-Archiv Leipzig, zit. nach Löffler S. 76/77).

8 Die Gegenstimme *Pfarrer Hans-Georg Rauschs* im Interesse der Stasi sollte dessen Ansehen in der Pfarrerschaft, wo er seit seiner Trennung von der Landeskirche isoliert war, verbessern. Er arbeitete als GI/IM »Eduard« von 1955 – 1976 für die Stasi, von dieser mit 700 M monatlich besoldet (Stengel 1998, S. 601; vgl. Winter 1998, S. 200; vgl. FAZ vom 17.7.1997).

9 Deren Zinnpfeifen bot die Universität dem Orgelbauer Eule als Altmetall an. Stellvertretend für die vielen in der Literatur nicht erwähnten Leipziger, die sich uneigennützig zur Verfügung gestellt haben, nenne ich den Musiktherapeuten Christoph Schwabe und den Gewandhauscellisten Hans-Peter Linde, die beim Ausbau der Orgel mithalfen.

liche Gründe vor, so wurde für dessen überstürzte Ausführung eine Begründung nicht einmal versucht. 1993 konnte der Hochaltar in der Thomaskirche aufgestellt werden, andere der geretteten Kunstwerke sind noch heute obdachlos.

Als der Beschluß der Stadtverordnetenversammlung am 24. Mai 1968 bekanntgegeben wurde, zitierte die LVZ aus der Rede eines Abgeordneten:

»Wenn unter Berufung auf restaurative Erscheinungen in der CSSR Vertreter christlicher Kreise versuchen, Stimmung gegen die höchste Volksvertretung unserer Stadt zu machen, stellen wir uns hinter den vom Oberbürgermeister vertretenen Standpunkt, gegen diese Kräfte mit allen gesetzlichen Mitteln vorzugehen.«

Hier wurde ein Zusammenhang konstruiert, der in keiner Weise bestand, der aber die Angst der SED-Diktatur vor einem Ausufern der Leipziger Proteste und einem Übergreifen der Reformbewegung in der CSSR auf die DDR zeigte. In meinem Bekanntenkreis war die Entwicklung in der CSSR seit Monaten aufmerksam verfolgt worden. Seitdem der Abriß der Universitätskirche drohte, und besonders in der Woche vor der Sprengung, drehten sich unsere Gespräche immer wieder um diese Barbarei. Sie wurde als ein politischer Willkürakt kulturellen Vandalismus' erlebt, mit dem sich die SED über die Gefühle der meisten kulturell interessierten Leipziger hinwegsetzte. Wir waren empört, weil mit der Kirche ein geistig-kulturelles Zentrum, ein altehrwürdiges Traditionsgebäude der Universität und ein kunstgeschichtlich bedeutendes Bauwerk abgerissen werden sollte. Was unter uns besprochen wurde, wäre, so wie ich später die Strafjustiz der DDR kennenlernen sollte, als vielfache staatsfeindliche Hetze gewertet worden. Aber niemand versuchte, eine Verbindung zur Entwicklung in der CSSR herzustellen oder eine politische Restauration zu erreichen. Entgegen dem geäußerten Stabilitätsoptimismus sprach aus der propagandistischen Verknüpfung die Angst der DDR-Führung. Anderthalb Jahre später wird die Stasi versuchen, mir eine Verbindung zwischen dem Protest gegen den Kirchenabbruch und Reformbestrebungen nach dem Vorbild der CSSR anzulasten.

Die Unwillensäußerungen der Leipziger blieben vollständig friedlich. Wir wußten, daß die SED-Führung nicht vor Gewalt gegen Protestierende zurückschrecken würde. Am 17. Juni 1953 hatte ich als 16-jähriger die ersten spontanen Arbeiterdemonstrationen und anschließend die sowjetischen Panzer erlebt. Seit dem Sprengungsbeschluß versammelten sich jeden Abend Menschen vor den Absperrgittern. Am Anfang waren es einige Dutzend, deren Diskussionsgruppen von Polizeistreifen aufgelöst wurden, in den letzten Tagen mehrere Hundert, gegen die Rollkommandos vorgingen. In diesen Tagen vor der Sprengung war ich dreimal am späten Nachmittag vor der Universitätskirche. Es gab Neugierige, die nur wissen wollten, was hier vor sich gehe, aber die meisten äußerten ihr Unverständnis oder ihre Empörung über die Sprengung. Passanten sahen sich vorsichtig um, warfen schnell Blumen über die Absperrgitter und gingen rasch weiter. Die Menschen hatten Angst. Auch beim Fotografieren mußte man aufpassen, da wiederholt Polizisten kamen und aufforderten, nicht zu fotografieren. Mir gelang es unbemerkt, einige Aufnahmen von den Sprengungsvorbereitungen und den Absperrungen zu machen. Unter den Diskutanten gab es offensichtlich auch bestellte Agitatoren, die den Abriß rechtfertigen sollten. So hörte ich bei meinem zweiten Besuch vor der Kirche: *„Der Aufbau des neuen Universitätskomplexes erfordert den Abriß der Kriegsruinen. Schuld an der Notwendigkeit des Neubaus sind diejenigen Kreise, die den zweiten Weltkrieg angezettelt haben. Dieselben imperialistischen Kräfte bereiten heute wieder einen Krieg vor."* Gegen diese sollten wir uns wenden, forderte uns der Sprengungsprotagonist auf. Es klang so, als ob wir, die wir uns gegen den Abriß der Kirche aussprachen, zu einem Lager von Kriegstreibern gehörten. Mit so jemandem zu diskutieren, lohnte sich nicht. Als sich uns eine Volkspolizei-Streife näherte, ging ich.

Am späten Nachmittag des 27. Mai 1968 war ich das letzte Mal vor der Universitätskirche, wo sich immer mehr Menschen einfanden. Als überraschend Volkspolizei vorfuhr, mehrere Menschen festnahm und auf Mannschaftswagen abtransportierte, war ich unter den ersten Festgenommenen. Für die weiteren Ereignisse zitiere ich deshalb andere Augenzeugen. Der damalige katholische Studentenpfarrer *Clemens Rosner* (Rosner, S. 41) schreibt zusammenfassend über den 27. Mai:

»Die ersten Räumkommandos versuchten, die Leute vom Platz zu drängen, nachdem ein Streifenwagen der VP [= Volkspolizei] aufgefordert hatte: „Bürger der DDR! Verlassen Sie bitte sofort den Karl-Marx-Platz! Ihre Zusammenkunft ist ungesetzlich!" Dabei wurden ca. 30 bis 50 Personen aus der Menge herausgegriffen und zu einer Vernehmung in die Gebäude der Harkort-Straße bzw. Beethovenstraße gebracht. Zwei von ihnen befanden sich noch 6 Wochen in Untersuchungshaft. Andere wurden in Schnellverfahren von einem Sondergericht bis zu 1.000,– M (!) Strafe verurteilt ohne Einspruchsmöglichkeit – oder wurden nach etwa 15 Stunden wieder freigelassen. Bei den Verhören wollte man erfahren, warum man am Karl-Marx-Platz war, ob man andere kennt, ob man von irgendwem oder irgendwo aufgefordert worden sei, dorthin zu kommen, ob man Christ sei, ob Student, ob Verbindung zur Studentengemeinde bestünde.«

Superintendent *Dr. Wolfgang Arnold* von der nahegelegenen Nikolaikirche berichtet über die Zeit gegen 21.30 Uhr (Archiv des Landeskirchenamtes Dresden, zit. nach Löffler, S. 186):

»Auf dem Platz haben sich, vor allem auf den beiden Straßenbahninseln der Mittelfahrbahn einige hundert Menschen angesammelt und sehen stumm zur Kirche hinüber. Die Polizei, offenbar äußerst nervös, ist mit einem Riesenaufgebot vertreten (…) Durch Lautsprecher wird aufgefordert, den südlichen Teil des Platzes zu räumen. Wie ich höre, sind wiederholt Blumen über das Absperrungsgitter zur Kirche hingeworfen worden. Es wird eine Kette von Polizisten mit Gummiknüppeln von der Kirche zum Hotel Deutschland über den Platz gezogen, sodann erfolgt das Kommando: Rollkette marsch!, und die Menschenmenge wird unter dauernder weiterer Aufforderung durch die Lautsprecher nach der Goethestraße und dem Georgiring in

Richtung Oper gedrängt. Eine Anzahl Blaulicht-Pkw der Polizei fahren kreuz und quer über den Platz. Von dort kommen auch die Lautsprecher-Kommandos. Wie ich höre, ist eine halbe Stunde zuvor ein Rufer: Wir haben doch hier keinen Notstand! sofort festgenommen worden. Ich werde das 1. Mal in meinem Leben von der Polizei „geräumt".«

Auf dem Platz sammelte sich auch am 28. Mai wieder eine große Menschenmenge, gegen die die Polizei Räumketten einsetzte. So erzählten mir *Marlene* und *Horst Gurgel*, daß sie an diesem Tag zusammen mit *Pater Gordian Landwehr* vor der Kirche in einen Polizeizugriff gerieten. Horst Gurgel lief absichtlich so, daß Pater Gordian entkommen konnte. Die Polizei nahm seine Personalien auf und meldete diese an seinen Arbeitgeber, die Leipziger Oper. Wie er unter vorgehaltener Hand erfuhr, hatte sich zwar die SED-Parteileitung in seiner Abwesenheit mit ihm beschäftigt, aber die Niederschlagung eines Verfahrens gegen ihn beschlossen.

Im Polizeibericht vom 28. Mai 1968 über Vorkommnisse auf dem Karl-Marx-Platz heißt es (mdr – Sendung des Mitteldeutschen Rundfunks): *»In der Zeit vom 27.5., 17.30 Uhr – 28.5., 22.00 Uhr wurden im Zusammenhang mit der Situation Universitätskirche in Leipzig durch die Sicherheitsorgane insgesamt 34 Personen zugeführt, 21 Personen davon nach Überprüfung zur Entlassung vorgeschlagen, 13 Personen wurden vernommen und Ermittlungsverfahren eingeleitet.«*

Einer derjenigen, gegen die ermittelt wurde, war ich. Nach meiner Entlassung aus dem Polizeigewahrsam am 28. Mai 1968 ging ich vor der Sprengung nicht mehr auf den Karl-Marx-Platz.

Am 30. Mai hatten sich Tausende außerhalb der weiträumigen Absperrung angesammelt, als eines der ehrwürdigsten Leipziger Bauwerke nach über siebenhundertjähriger Geschichte in wenigen Sekunden Banausentum, Kirchenfeindschaft und traditionslosem Fortschrittsglauben zum Opfer fiel. Als sich der Staub der Sprengung verzog, wurde – vom Europahaus aus gesehen – dahinter der Turm der Nikolaikirche sichtbar (*Dok. 60*), wo 1989 die friedliche Revolution in Leipzig begann.

Ich fotografierte die Trümmer, die bis zum raschen Abtransport durch die Polizei bewacht wurden. Die Stasi vernahm mich zweieinhalb Jahre später stundenlang zu allen meinen Aufnahmen, die sie 1970 bei Hausdurchsuchungen bei mir mitgenommen hatte. Der Vernehmer wollte ein Bekenntnis von mir, daß ich politische Motive gehabt hätte, beispielsweise Volkspolizisten im Zusammenhang mit der Sprengung zu fotografieren. 1972 wurden alle meine Aufnahmen zur Sprengung der Universitätskirche und sogar meine Innenaufnahmen von 1960 eingezogen.

Nach der Sprengung wollte die SED auch die Erinnerung an St. Pauli auslöschen. In stadt- und kunstgeschichtlichen Büchern der folgenden DDR-Zeit fehlt sie entweder ganz oder wird meist nur versteckt oder unzureichend erwähnt.

Ermittlungsverfahren

Ich arbeitete als theoretischer Physiker in einer Außenstelle der Leipziger Akademieinstitute der Deutschen Akademie der Wissenschaften zu Berlin (DAdW) in der Petersstraße im Leipziger Stadtzentrum. Als ich drei Tage vor der Sprengung nach Arbeitsschluß zusammen mit meiner Freundin Bärbel Krüger, die auch meine Kollegin war, über den Karl-Marx-Platz ging, hatte sich wieder eine größere Anzahl von Menschen angesammelt, die in verschiedenen Gruppen zusammenstanden. Die meisten empörten sich über den bevorstehenden Abriß. Ein Agitator erklärte, die alte Universität sei so stark kriegsbeschädigt, daß sie nicht wieder aufzubauen sei und gesprengt werden müsse; dabei müsse zwangsläufig die Kirche mit weg. Sie sei ja ohnehin nichts wert. Ich widersprach ihm mit dem Hinweis auf ihre historische und kunstgeschichtliche Bedeutung. Der Agitator: „Gutachten haben ergeben, daß die Kirche keinen Wert hat." Auf die erstaunte Nachfrage argumentierte er: „Das Schönste ist die von hier aus sichtbare Fassade mit den Verzierungen. Ein Gutachten hat nachgewiesen, daß diese Verkleidung erst später hinzugefügt wurde. Sie ist nachgemacht, also ohne kunsthistorischen Wert. Wenn also das Beste an der ganzen Kirche unecht ist, hat diese insgesamt keinen Wert." In einer anderen Diskussionsgruppe sagte ein bestellter Propagandist: „Um den Karl-Marx-Platz zu einem *sozialistischen Platz* umzugestalten, muß *Baufreiheit* geschaffen werden. *Das Alte muß dem besseren Neuen weichen.*" Die meisten engagierten sich für die Kirche, oft nur mit einzelnen Ausrufen, wie „*Pfui!*" oder „*Es ist eine Kulturschande.*" Ich verwies auf frühere Pläne, die Kirche zurückzuversetzen: „Und wenn das zu teuer ist, könnte man sie einfach verkleiden, wie z. B. das Konsumentwarenhaus" und sprach mich drastisch gegen die Sprengung von Kirche und Augusteum aus: „*Was die angloamerikanischen Terrorbomber übriggelassen haben, reißen nun die Stadtväter ab.*"

Plötzlich fuhr Volkspolizei vor und forderte durch Lautsprecher zur Räumung des Platzes auf. Als eine Polizeikette auf uns zukam, liefen die meisten Menschen auseinander. Wegen einer Kniegelenkserkrankung konnte ich mich nicht schnell genug vor der Polizei in Sicherheit bringen. Ich gab Bärbel noch rasch meine Aktentasche, weil sich in dieser ein Exemplar des *Spiegel* befand, und sagte: „Lauf schnell weg!" Ein Volkspolizist ergriff mich am Arm, wobei ich durch die schmerzhafte Drehung in meinem Kniegelenk zu Boden fiel. Von Volkspolizisten hochgerissen und auf einen Mannschaftswagen verfrachtet, wurde ich mit einem Dutzend anderer in den Komplex des Polizeipräsidiums zwischen Beethoven- und Harkortstraße gefahren und ca. 19 Stunden lang festgehalten. Nach meiner Festnahme gegen 17.30 Uhr verhörte mich die Kriminalpolizei die ganze Nacht über pausenlos in vier Vernehmungen und entließ mich am nächsten Tag gegen Mittag. Gegen mich wurde ein Ermittlungsverfahren wegen *Auflauf* gemäß § 116 Abs. 1 StGB/DDR eröffnet unter dem laut Verfügung der Deutschen Volkspolizei vom 27.5.1968 »*dringenden Tatverdacht, am 27.5.1968 in Leipzig 1, Karl-Marx-Platz,*

aus Abneigung wegen des bevorstehenden Abbruchs der Universitätskirche mehr-
fachen Aufforderungen der Volkspolizei, den Platz zu räumen, keine Folge geleistet
zu haben. Er widersetzte sich diesen Aufforderungen und setzte sich auf das Pflaster
des Karl-Marx-Platzes.«

Die erste Vernehmung dauerte über sechs Stunden. Ich fürchtete, einer der Agitatoren vor der Kirche würde mir meine deutlichen Äußerungen gegen die
Sprengung entgegenhalten; aber es gab keinen Belastungszeugen. Auf die Fragen,
warum ich zum Karl-Marx-Platz gegangen sei, erklärte ich, daß mich mein
Heimweg nach der Arbeit zufällig dort vorbei geführt hätte. Im Polizeiprotokoll
vom 27.5.1968 in meiner Stasiakte sind meine Äußerungen zur Universitätskirche
(*Dok. 1*):

»Ich bin einerseits an dem Plan der Neugestaltung des Karl-Marx-Platzes interes-
siert, andererseits habe ich großes Interesse an kulturhistorischen Bauwerken und
ich finde es traurig, daß man die Kirche abreißt. Ich bin für das vorgeschlagene Pro-
jekt, hätte mir jedoch eine Lösung gewünscht, bei der die Universitätskirche erhalten
bleibt, z. B. verschalt wie das Konsument-Kaufhaus oder z B. zurückgerückt, wie dies
bereits vor einigen Jahren zur Diskussion stand.«

Und: *»Schade um die Kirche.«*

Gegen die Behauptungen eines Leutnants der Kriminalpolizei, ich hätte der
Räumung des Platzes passiven Widerstand entgegengesetzt, verteidigte ich mich
wahrheitsgemäß damit, daß ich mich allein wegen der Operation meines Knie-
gelenks nicht schnell genug entfernen konnte, mich auch nicht hingesetzt hatte,
sondern von einem Volkspolizisten umgerissen worden war. Dies wurde nicht
ernst genommen und auch in der späteren Entwicklung stets übergangen. Eine
Gegenüberstellung mit einem Genossen Oberleutnant, der nur formelhaft behauptete, ich hätte passiven Widerstand geleistet, ergab auf mein Nachfragen,
daß er sich weder an meine Person noch an die konkreten Umstände meiner
Festnahme erinnerte.

Im dritten Verhör sollte ich entweder meinen Widerstand bekennen oder aber
zu der Erklärung gebracht werden, der Offizier der Volkspolizei lüge. Diesen direkt der Lüge zu bezichtigen, wagte ich nicht aus Angst, daß mir dies als zusätzlicher Straftatbestand ausgelegt würde. Dazu zitiere ich die stark stilisierte Protokollierung vom 28.5.1968, 1.05 Uhr, die den ausgeübten Druck nicht wiedergibt:

»<u>Frage</u>: Wie lange wollen Sie noch lügen?
<u>Antwort</u>: Ich lüge nicht.
<u>Frage</u>: Wollen Sie damit sagen, daß der Offizier der Volkspolizei, welcher Ihnen er-
klärte, wie Sie sich auf dem Karl-Marx-Platz verhalten haben und aus diesem
Grund Ihre Zuführung veranlaßte, die Unwahrheit sagt?
<u>Antwort</u>: Ich habe mich so verhalten, wie ich es in meiner ersten Vernehmung zu
Protokoll gegeben habe. Ich kann es nur so sagen, wie es war.«

Die Vernehmungsprotokolle, zeigen, daß ich mich sachlich gegen alle politischen Unterstellungen zur Wehr gesetzt und zusammenfassend erklärt habe:

»Ich sehe aufgrund meines Verhaltens auf dem Karl-Marx-Platz keinen Grund, mich deshalb einer Volkspolizeidienststelle zuzuführen.«
In der letzten Vernehmung am 28.5.1968 wollte ein anderer Leutnant der Kriminalpolizei wissen, ein wie aktiver Kirchgänger ich sei, welche Funktionen ich in einer Kirchengemeinde ausübe, ob ich im Kirchenchor sänge oder Kirchenmusiken besuche. Ich räumte ein, daß ich gern auch zu Kirchenkonzerten ginge und selbst in der Weihnachtszeit in Konzerten in der Nikolaikirche Blockflöte gespielt habe. Daran schlossen sich weitere Fragen nach meiner Flötenlehrerin und nach Beziehungen zu Leipziger Kantoren an. In diesen ersten Verhören meines Lebens lernte ich, wie schnell die wahrheitsgemäße Antwort auf Fragen, die zunächst ganz unverfänglich zu sein scheinen, dazu führt, Beziehungen zu Dritten – hier zu kirchlichen Kreisen – auszuforschen, und wie man in Schwierigkeiten gerät, wenn man auf Fragen antworten muß, die ihrerseits schon falsche Tatsachenbehauptungen enthalten. Diese Erfahrungen und die Gespräche mit Freunden darüber waren nach meiner späteren Stasiverhaftung sicher hilfreich, mich nicht sogleich überrumpeln zu lassen.

Fristlose Entlassung

Der Staatsanwalt teilte mir nur mit, daß das Ermittlungsverfahren wegen *Auflaufs* mit Wirkung vom 29.5.1968 eingestellt wurde. Erst nach der Wende fand ich in meiner Stasiakte ein Schreiben der Volkspolizei an meine Arbeitsstelle. Da ich mich nicht strafbar verhalten hatte, sollte meine Haltung zur Universitätskirche durch ein Disziplinarverfahren abgestraft werden, in dem ich keine Verteidigungsmöglichkeiten hatte (*Dok. 2*).[10] Dieser Brief ist die Grundlage für eine Entwicklung, die mein gesamtes Leben aus der Bahn werfen sollte:
Politisch begründete fristlose Entlassung, Arbeitslosigkeit, Übersiedlungs- und Promotionsangebot durch Carl Friedrich von Weizsäcker, Verhaftung, Verurteilung, Psychiatrie Waldheim und Abschiebung nach Westdeutschland.
Erstaunlicherweise erst Wochen später führte mein Chef, *Professor Dr. Günter V.*, ein Disziplinarverfahren gegen mich. Das Verfahren am 15. Juli 1968 fand in einer Atmosphäre politisch aufgeheizter Hysterie statt. Es glich eher einer politischen FDJ-Versammlung, wie ich sie während meines Studiums erlebt hatte, als politisch mißliebige Kommilitonen niedergebrüllt und ihre Relegation

---

10 Außer mir wurden auch andere belangt (Winter 1998, S. 217): *»Für die Zeit vom 23. bis 31. Mai 1968 werden 97 „Zuführungen" genannt, deren Ergebnis elf richterliche Strafbefehle, fünf Abgaben an die Konfliktkommission oder Disziplinarbeauftragte, zwei Einweisungen in den Jugendwerkhof, vier Einstellungen mit Übergabe an die Jugendhilfe, sieben polizeiliche Strafverfügungen (Geldstrafe), fünf Einstellungen des Verfahrens, zwei Übergaben an den Staatssicherheitsdienst und 61 Entlassungen nach Belehrung waren. Die sächsische Kirchenleitung berichtet neben vielen „Zuführungen" von sechs längerwährenden Verhaftungen, Schulentlassungen und Geldstrafen zwischen 150 und 500 Mark.«*

gefordert wurde. Die SED hatte einen Zusammenhang zwischen dem Unmut vieler Leipziger über die Kirchensprengung und konterrevolutionären Umtrieben in der CSSR konstruiert. Professor V. behauptete, die Volkspolizei habe ihm von meinem staatsfeindlichen Auftreten vor der Universitätskirche Mitteilung gemacht. Er legte weder ein Schreiben der VP, noch ein Protokoll, noch irgendwelche Beweise vor. Eine sachliche Verteidigung war unmöglich. Ich versuchte, meine Aussagen vor der Polizei zu wiederholen. Mein Bedauern über die Kirchensprengung legte V. als politische Unruhestiftung aus. Ich hätte mit meinem Verhalten auf dem Karl-Marx-Platz aus politischer Gegnerschaft gegen die DDR im *Auftrag von Hintermännern staatsfeindliche Provokationen* verübt, und mein Benehmen sei für die Akademie unwürdig und ganz allgemein für die Gesellschaft schädigend. Ich versuchte geltend zu machen, daß ich keinen passiven Widerstand gegen die Volkspolizei geleistet hatte, sondern nur wegen meiner Kniegelenksverletzung nicht weglaufen konnte und zu Fall gekommen war. V. war meine Knieoperation bekannt, aber er wollte dies nicht wissen. Ich wurde niedergeschrien. Barbara Krüger, die im Nebenraum arbeitete, hätte V. sofort die Richtigkeit meiner Darstellung zu meinem Verhalten vor der Kirche bestätigen können. Aber er ließ eine Sachverhaltsaufklärung nicht zu. Vergeblich versuchte ich, mich damit zu verteidigen, daß sich für die Vorwürfe gegen mich keinerlei Grundlagen in der Ermittlungsakte der Volkspolizei fänden. Daraufhin warf er mir vor, meine Verteidigung vor der Polizei sei unehrlich, und diese Unehrlichkeit sei Beweis für meine staatsfeindliche Gesinnung. Das eingeforderte Ritual der Selbstkritik, d. h. hier der falschen Selbstbezichtigung, hätte mir auch nichts mehr genützt. Ich sei völlig uneinsichtig. Das Kollektiv distanziere sich von meinen Methoden und Verhaltensweisen. Aus staatsfeindlicher Gesinnung heraus würde ich die gesamte Arbeit der Arbeitsstelle hemmen. V. sprach mir mündlich durch Disziplinarurteil die fristlose Entlassung und den Verlust der Rechte aus dem Assistentenvertrag aus *„wegen Ihres provokatorischen Auftretens im Zusammenhang mit der geplanten Neugestaltung des Karl-Marx-Platzes in Leipzig und Ihrem unehrlichen Verhalten bei der Vernehmung durch die Volkspolizei"*.

In meiner Stasiakte fand ich außerdem eine diffamierende Vollzugsmeldung an die Volkspolizei vom 17. Juli 1968, unterschrieben von Professor V.s Vertreter Dr. Reinhold H., der noch heute als Professor an der Leipziger Universität lehrt.

Schon seit einiger Zeit war es aus einer Mischung von Banalität und Intrige heraus zu Differenzen mit Professor V. gekommen, die zu einem Mobbing geführt hatten. Im 7. Kapitel stelle ich näher dar, wie ich durch Professor V. geschädigt wurde, u. a. meine Dissertation verlor und in der Folge wegen reaktiver depressiver Verstimmungen in psychiatrischer Behandlung war. Ob bei der jetzigen ausschließlich politisch begründeten fristlosen Entlassung die politische Überzeugung des Genossen Professor V. ausschlaggebend war – als politischen Fanatiker hatte ich ihn zuvor nicht erlebt – oder ob er sich nur eines politischen Vorwandes bediente, um einen unliebsam gewordenen Mitarbeiter loszuwerden, sei dahingestellt. Auch die letztere Möglichkeit ist bezeichnend für den Unrechts-charakter der DDR-Justiz. Jemand, gegen den eine politische Beschuldigung er-hoben worden war, hatte keine Chance mehr. Gegen die politisch begründete fristlose Entlassung gab es in der DDR nicht den Weg zum Arbeitsgericht, und da es auch keine Verwaltungsgerichte gab, war sie nicht gerichtlich überprüfbar. Im Fehlen einer Verwaltungsgerichtsbarkeit in der DDR zeigte sich ein erheb-licher Mangel an Rechtsstaatlichkeit.

Ich wehrte mich erfolglos mit Eingaben an *die Staatsanwaltschaft, die Akade-mieleitung, den Generalstaatsanwalt und den Staatsrat der DDR.* Dies waren kei-ne durch ein normiertes Verfahren geregelten Rechtsschritte, sondern praktisch nur Bitten an die Herrschaftsgremien, über die nach Überlegungen politischer Opportunität entschieden wurde. Einem aus politischen Gründen Gefeuerten wollte keiner mehr helfen. Professor Dr. Leibnitz von der Leitung der DAdW rechtfertigte auf meine Beschwerde hin die fristlose Entlassung mit Schreiben vom 20.9.1968:

»Am 24. Juni d.J. ging der Arbeitsstelle für Statistische Physik eine schriftliche Mit-teilung der DVP über Ihr Verhalten am 27.5. im Zusammenhang mit der Neuge-staltung des Karl-Marx-Platzes zu. Wie der Bericht ausweist, sind Sie an diesem Tage zu den auf dem Karl-Marx-Platz befindlichen Gruppierungen gegangen und haben mit diesen diskutiert. Weiter wird dazu festgestellt, daß Sie die Neugestaltung des Karl-Marx-Platzes ablehnen. Als Maßnahmen zur Räumung des Platzes einge-leitet wurden, versuchten Sie diese zu verhindern, indem Sie sich auf den Erdboden setzten. Daher mußten gegen Sie Zwangsmaßnahmen angewandt werden.

Durch dieses Verhalten haben Sie die in § 3 der Disziplinarordnung festgelegte Grundverpflichtung aller Mitarbeiter der staatlichen Organe und Einrichtungen und auch der Mitarbeiter der Deutschen Akademie der Wissenschaften in grober Weise verletzt. In dieser Bestimmung heißt es:

„Die Mitarbeiter des Staatsapparates haben sich innerhalb und außerhalb ihrer dienstlichen Tätigkeit aktiv für die Verwirklichung der Ziele der Deutschen Demo-kratischen Republik einzusetzen, am gesellschaftlichen Leben vorbildlich zu betei-ligen, die demokratische Gesetzlichkeit zu wahren, das Volkseigentum zu schützen, Wachsamkeit zu üben und feindliche Auffassungen und Handlungen jederzeit zu bekämpfen.“

Diesen Pflichten sind Sie nicht nur nicht nachgekommen, sondern haben ihnen im Gegenteil bewußt zuwider gehandelt, so daß Ihr weiteres Verbleiben an der DAdW unmöglich ist. Der Tatbetand der schuldhaften und schwerwiegenden Ver-letzung der Grundverpflichtung des § 3 der Disziplinarordnung wird durch die Ausführungen in Ihrer Beschwerdeschrift nicht aus der Welt geschafft.«

Mit meiner Eingabe vom 16.12.1968 an die Staatsanwaltschaft Leipzig machte ich geltend, daß die Übergabe der Sache durch die Volkspolizei an einen Diszi-plinarbefugten nicht dem Gesetz entsprach. Der Staatsanwalt rechtfertigte mit Schreiben vom 28.1.1969 die Abgabe:

»Keinesfalls bedeutet das, die Handlungsweise damit als gesellschaftsgemäß zu beurteilen. Für das Untersuchungsorgan gab es daher gar keine andere Möglichkeit, als von dieser doch gewiß nicht richtigen Verhaltensweise dem Betrieb Mitteilung zu machen, weil es doch von der richtigen Überlegung ausging, daß man sich mit Ihnen beschäftigen, mit dem Verhalten auseinandersetzen muß, damit weiterem schlechten Verhalten vorgebeugt wird.«

In der Akte fand ich ein Schreiben des Staatsanwalts vom gleichen Tag an die Volkspolizei, indem er rechtlich das Gegenteil sagt (*Dok. 3*). Daraus ergibt sich, daß bereits die Abgabe der Sache zur Einleitung eines Ermittlungsverfahrens das Gesetz verletzte. Der Staatsanwalt sagt auch, daß der Täter nicht geständig war. Im Disziplinarverfahren fand keinerlei Untersuchung oder Beweiserhebung statt. Ohne dieses Schreiben zu kennen, wandte ich mich mit einer ähnlichen rechtlichen Argumentation an den Generalstaatsanwalt der DDR, der die Sache wieder zur Leipziger Staatsanwaltschaft gab. Diese erklärte sich außerstande, die Ermessensausübung des Disziplinarbefugten inhaltlich zu überprüfen.

Zur Vervollständigung greife ich der späteren Entwicklung vor. Auf meine Eingabe an den *Staatsrat der DDR* erhielt ich vom *Präsidenten der DAdW* erst am 28.4.1970, als ich schon in Stasihaft war, eine ablehnende Antwort. Gegen diese Entscheidung wandte ich mich aus der Haft heraus an den *Ministerrat der DDR* und erhielt von dort an das Haftkrankenhaus für Psychiatrie Waldheim die sehr knappe Mitteilung vom 7.11.1971, daß man nach der Entscheidung des Präsidenten der DAdW keine Veranlassung zur weiteren Bearbeitung sähe. Natürlich war mir klar, daß ich als mehrfacher politischer Verbrechen Beschuldigter, der zudem auf Antrag der Stasi psychiatrisch begutachtet wurde, mit meiner Beschwerde gegen meine fristlose Entlassung aus politischen Gründen keinen Erfolg haben konnte. Diese gehörte aber zu meiner späteren Verteidigung, alle politischen Anschuldigungen gegen mich im Zusammenhang mit der Festnahme vor der Universitätskirche als von Anfang an unbegründet zurückzuweisen. Eine sachliche Untersuchung der Vorwürfe, die wegen meiner Festnahme vor der Universitätskirche gegen mich erhoben worden waren, fand niemals statt.

2. Der Skandal in der Kongreßhalle

Das Plakat und der Wecker

Den Physikstudenten *Stefan W.* hatte ich als Klassenkameraden meiner Schwester kennengelernt. Bei meinen Problemen mit Professor V. hatte er sich als hilfreicher Freund erwiesen. Stefan war seit längerem Initiator von philosophisch-literarisch-wissenschaftlichen Vortragsabenden in einem Freundeskreis. Dazu gehörten u. a. die Oberschullehrerin *Ingrid Jütte,* ihr Mann *Franz,* der Mathematik studierte, und die Physiker *Thomas Rust, Uwe May* (Namen geändert), dessen Cousin *Harald Fritzsch* und mein Bruder *Eckhard Koch.*

Wegen der Sprengung der Universitätskirche äußerte Stefan den Gedanken an Protestaktionen. Bereits zwei Tage nach dem Abrißbeschluß hatte er an der Leipziger Thomaskirche das ironisch gemeinte Plakat *„Auch sprengen!"* angebracht. Im Anschluß an einen literarischen Abend in unserem Freundeskreis schlug er spontan vor, Flugblätter gegen die Kirchensprengung zu verteilen. Das wollten wir anderen aber nicht mitmachen.

Als ich Stefan in Potsdam besuchte, wo er seit kurzem als theoretischer Physiker arbeitete, weihte er mich in den Plan ein, zur Abschlußveranstaltung des III. Internationalen Bachwettbewerbes am 20. Juni 1968 in der Leipziger Kongreßhalle ein Plakat zu entrollen. In seinem kleinen Zimmer breitete er das fertige, sehr große gelbe Stofftransparent aus, auf dem die Umrisse der Universitätskirche schwarz aufgemalt waren, die Aufschrift *Wir fordern Wiederaufbau, 1240* als Gründungsjahr, *1968* mit einem *Kreuz* dahinter. Stefan sagte, daß das Plakat sich automatisch entrollen solle. Er erzählte mir, Harald Fritzsch habe versucht, einen mechanischen oder elektrischen Auslösemechanismus zu bauen, aber das Ergebnis sei unbefriedigend gewesen. Stefan fragte mich, ob ich den Bau einer Zeitauslösevorrichtung übernehmen wolle. Ich zögerte und dachte an meine fristlose Entlassung. Stefan lockte mich; er und Harald seien Theoretiker, ich aber habe doch schon viel praktisch mit Uhren zu tun gehabt. Ich sagte zu und bat Stefan, in Berlin – weit weg von Leipzig – einen möglichst großen Wecker zu kaufen, damit dieser ein kräftiges Federwerk habe. Stefan gab mir zu verstehen, daß sein Potsdamer Kollege *Rudolf Treumann* das Plakat gemalt hatte. Als ich dann bei einem Besuch Rudolfs durchblicken ließ, daß ich von seiner Plakatmalerei wußte, erschrak er. Stefan hätte mir nichts sagen sollen, und vor allem durfte Rudolfs Frau nichts erfahren, verstand ich.

Zur Malerei zitiere ich aus einem Rundfunkfeature, in das ein separates Interview mit Treumann eingearbeitet ist (Heller MDR 1998, unautorisierte Mitschrift):

»Nach kurzem Abwägen entschied sich Rudolf Treumann mitzumachen. Seine einzige Bedingung: Niemand durfte davon erfahren, auch nicht Harald Fritzsch. Treumann wollte vorerst in der DDR bleiben, eine Flucht kam für ihn wegen seiner Familie nicht in Frage.

Treumann: „W... hatte damals ein Zimmer in der Potsdamer Vorstadt Richtung Rehbrücke bei einer alten Dame, und eines Tages, als die weggefahren war für ein zwei Tage oder für einen Tag sind wir dann schnell dort hin, haben diesen großen Fahnenstoff auf dem Flur ausgelegt, und dann habe ich mich davorgesetzt und dann aus dem Gedächtnis halt die Fassade der Kirche gezeichnet, also draufgezeichnet, und dann fiel uns ein, wir wußten nicht, was wir draufschreiben sollten, und dann fiel mir ein, daß man oben, wann ist das Ding gebaut worden, so einen Geburtsstern draufzumalen und dann ein Kreuz und dann, als wir damit fertig waren, ein bißchen in Eile, weil wir nicht genau wußten, ob sie nicht gleich kommen würde, die Dame, dann ja, was schreiben wir drauf, haben wir dann so spontan draufgeschrieben, habe ich dann draufgeschrieben ‚Wir fordern Wiederaufbau'."

Sie sahen aus wie in einem Agentenfilm mit Handschuhen und Mundschutz, um keine verräterischen Spuren zu hinterlassen. Sogar an Kopftücher hatten sie gedacht, weil sie befürchteten, daß sonst Haare auf das Plakat fallen könnten. Sie waren sich der Gefahr bewußt, in die sie sich begaben. Hätte man sie erwischt, wären ihnen mehrere Jahre Gefängnis sicher gewesen.

Treumann: „Die größte Schwierigkeit war, daß wir uns verkleiden mußten und die zweite Schwierigkeit war, daß dieser Fahnenstoff die Farbe so schlecht annahm. Darüber haben wir sehr geflucht, und dann kamen wir ein bißchen ins Schwitzen, weil wir dachten, es dauert zu lange."

W ...: „Wir haben dann die Farbe und die Handschuhe, womit wir das gemalt hatten, alles in irgendwelchen öffentlichen Papierkörben versenkt, und Treumann ist der einzige, also, niemand außer mir wußte, wer das Ding gemalt hat. (...)"« [11]

Stefan verschweigt hier, daß er mir Rudolf als Maler des Plakates genannt hatte.

Entweder schon in Potsdam oder später in Leipzig erzählte mir Stefan, daß er den von ihm sehr verehrten Dichter *Peter Huchel*, der in der Nähe Potsdams wohnte, besucht und ihm das Plakat gezeigt hatte. Über diesen Besuch sagte Stefan (Heller MDR 1998): »*Und der [Huchel] war natürlich hochgradig bewacht. Aber wir sind hinten in den Wald gegangen zu einem Stück, das nicht einsehbar war, und da hat er sich gefreut wie ein Schneekönig. Aber das war natürlich auch eine unverantwortliche Leichtfertigkeit.*« Erich Loest (1995, S. 290) schreibt, bei diesem Besuch sei auch Harald (irrtümlich für Rudolf) dabei gewesen; sie hätten Huchel öfter besucht, um Gedichte und Ansichten zu hören. Rudolf berichtete mir: »*Das erste Mal saßen wir im Garten und tranken Kaffee und unterhielten uns über die Unterwanderung der Partei. Huchel war unglaublich vorsichtig, schaute überall herum, sprach fast flüsternd und war sehr ablehnend allen diesen Gedanken gegenüber. Er kannte sich offenbar aus.*« Als Stefan Huchel das Plakat zeigte, war Rudolf nicht dabei: »*Ich kann mir nur Huchels Entsetzen ausmalen. Später war ich dann*

---

11 Vgl. einen Aufsatz Stefan W.s im Internet (www.uni-leipzig.de/~unichor): »*Ich kaufte das größte grellgelbe Tuch, was zu bekommen war, in einem Fachgeschäft für Fahnen in Potsdam, einen Wecker in Berlin am Alex und schwarze Farbe sonstwo, um die Ermittlungen zu erschweren. Mein Kollege Rudolf Treumann vom Geomagnetischen Institut Potsdam (...), ein begabter Grafiker und Musiker, reagierte auf mein Ansinnen, das Plakat zu malen, mit deutlich entsetztem Gesicht, stimmte jedoch sofort zu. Minutiös übertrug er die Konturen, die Rosette und die Türmchen der alten Bettelmönchskirche von einer grafischen Vorlage auf das etwa vier mal zweieinhalb Meter große Tuch, auf dem Teppich meiner Potsdamer „Bude", deren Wirtin nichts sah oder sehen wollte. Rudolf war wohl der einzige, der das Risiko voll empfand, und er selbst trug zugleich das größte Risiko. Er wollte nicht fliehen aus Ostdeutschland. (...) Doch Schweigsamkeit und Glück haben ihn geschützt, selbst als um 1972 viele unserer Freunde als „Staatsfeindliche Gruppe" zu langjährigen Haftstrafen verurteilt wurden (...).*«

noch zweimal bei Huchel im Garten, einmal tippte ich den Einmarsch in der
Tschechei an, worauf er sofort in Flüstern und Abweisung verfiel. Dann redeten wir
nur über Gedichte.«

Von Potsdam wieder in Leipzig zurück, überlegte ich mir einen Mechanismus.
Vor Jahren hatte ich einmal für meine Frau *Eva-Maria* mit einem alten Wecker
eine Zeitschaltung für einen elektrischen Heizofen gebaut. So wollte ich es wieder machen: Beim Auslösen des Weckers sollte sich ein Faden von der Aufzugswelle des Weckerfederwerks abwickeln und dadurch das aufgerollte Plakat freigeben, so daß es sich durch die Schwerkraft nach unten entrollt.

Später gab mir Stefan in Leipzig einen originalverpackten großen Ruhla-
Wecker, den er im Berliner Kaufhaus am Alexanderplatz gekauft hatte. Ich ging in
die Wohnung meiner Eltern, da ich dort geeignetes Werkzeug zur Verfügung
hatte. Meinen Bruder *Eckhard* weihte ich in die geplante Plakataktion in der Kongreßhalle ein. Wir probierten meine Konstruktion aus, bei der eine Simulation
des zusammengerollten Plakates von einem Faden gehalten wurde, der an einem
Ende oben an einer Latte angebracht war und am anderen Ende auf die Aufzugswelle des Weckers gewickelt wurde. Bei mehrfachen Versuchen erwies sich
diese Konstruktion als nicht genügend zuverlässig, da sich der aufgewickelte Faden verklemmte. Wir mußten uns jedoch darauf verlassen können, daß die Auslösung unter allen Umständen funktionierte. Stefan mußte die gesamte Vorrichtung in die Kongreßhalle transportieren und sie in Eile, unter Streß und vermutlich schwierigen Umständen anbringen. Dann kam Eckhard eine gute Idee. Am
Ende des Fadens wird ein Nagel befestigt, der durch die Schlitzöse der Aufzugs-
flügelmutter des Weckwerks gesteckt wird. Wenn sich die Weckerfeder entspannt,
rutscht der Nagel nach einer knappen halben Umdrehung aus der Öse, vom Gewicht des aufgerollten Transparents nach unten gezogen. Wir machten so lange
Versuche mit dieser Konstruktion, bis wir sicher waren, daß der ausgewählte Nagel sich nicht verklemmte und die Auslösung zuverlässig arbeitete. Als der Wecker
bei unseren Versuchen immer wieder klingelte, kam unser Vater aus dem Nach-
barzimmer hinzu, um zu gucken, was wir machten. Wir weihten ihn nicht in die
Sache ein und sagten nur, daß wir etwas ausprobierten. „Dann schaltet doch das
ständige Klingeln ab", meinte er, und er gab uns einen Rat, wie dies am einfach-
sten zu machen war. Wir öffneten den Wecker und verbogen den Anschlagwinkel
des Weckerklöppels, so daß der Wecker beim Auslösen nicht mehr laut klingelte,
sondern nur noch schnarrte. Dabei kam uns der Gedanke, daß es überhaupt
sinnvoll wäre, das Klingeln ausgeschaltet zu lassen. Denn die Zuschauer würden
nicht wissen, ob jemand das Plakat direkt entrollte, oder ob ein Mechanismus
dafür gesorgt hatte. Ohne Weckerklingeln wäre die Aktion noch eindrucksvoller,
wenn das Plakat wie von Geisterhand entrollt auf der Bühne erschiene. Außerdem entfernten wir, da der Wecker ohnehin schon geöffnet war, den Abstellknopf
des Weckwerks, um sicher zu sein, daß Stefan nicht unabsichtlich den Wecker
abstellte. Sorgfältig hatten wir vermieden, Fingerabdrücke zu hinterlassen. Teil-

weise hatte ich bei den Arbeiten Handschuhe getragen. Die fertige Auslösekon-
struktion war ganz simpel. Als Physiker wußten wir, daß die einfachste Lösung
die beste ist.

Anschließend traf ich mich mit Stefan im Keller der Wohnung seines Vaters.
Von der Mitwirkung meines Bruders an der Konstruktion des Auslösemechanismus sagte ich Stefan vorsichtshalber nichts. Ich baute Transparent, Aufhänge-
vorrichtung und Weckermechanismus zusammen. Stefan ging mir dabei zur
Hand. Wir stellten die Zeit auf ungefähr Viertel nach Acht – dreiviertel Stunden
nach Beginn der Veranstaltung – ein, da wir vermuteten, daß dann die eigentliche Preisverleihung zu Ende sei und das Konzert begonnen habe. Mit dem laienhaften Gedanken an Spürhunde schlug ich noch vor, die fertige Einrichtung mit
Pfeffer einzupudern. Stefan versprach mir, das im Keller seines Vaters verwendete Werkzeug einschließlich der restlichen Nägel usw. wegzuwerfen. Als wir fertig
waren und noch die Funktion prüften, kam Harald Fritzsch kurz hinzu. Die Vorrichtung löste zuverlässig aus. Stefan wollte das Plakat am Vormittag des 20. Juni
allein hinter der Bühne der Kongreßhalle anbringen. Harald sollte vor der Kongreßhalle warten und mich warnen, falls Stefan festgenommen würde. Mit
Harald vereinbarte ich, daß er mir die erfolgreiche Installation dadurch mitteilt,
daß er meine Freundin Bärbel telefonisch in ihrer Arbeitsstelle bittet mir auszurichten, das *Quantenmechanikbuch von Landau-Lifschitz* sei eingetroffen. Was
hier als nebensächlich erscheint, ergab später ein Rätsel. *Wir kamen uns sehr
vorsichtig vor.*[12] Am Tag des Konzerts ging ich tagsüber nicht aus dem Haus. Erst
als mir Bärbel am Abend Haralds Nachricht – über deren Bedeutung ich sie *nicht*
aufklärte – ausrichtete, wußte ich, daß es Stefan gelungen war, das Plakat hinter
der Kongreßhallenbühne anzubringen. Auch während des Preisträgerkonzerts
blieb ich zu Hause.

Mit *Horst Gurgel*, Opernkapellmeister, und seiner Frau *Marlene*, einer Musikwissenschaftlerin, war ich seit längerem befreundet. Wir stimmten politisch weitgehend überein und sprachen oft kritisch über uns mißliebige politische Verhältnisse in der DDR, was von der Stasi gleich dutzendfach als staatsfeindliche
Hetze bewertet worden wäre. Über die Sprengung der Universitätskirche hatten
wir uns gemeinsam entrüstet. Horst Gurgel hatte Verbindungen zur Theologischen Fakultät. Von ihm hatte ich von Protesten durch Theologen und Kirchen-
leute erfahren. Gurgels konnte ich in jeder Hinsicht vertrauen. Außerdem war
Marlene ein *Brüderkind* – ihre Familie gehörte zur Herrnhuter Brüdergemeine.
Nachdem ich aus Potsdam zurückgekommen war, hatte ich – ohne Namen zu
nennen – Gurgels von der vorgesehenen Plakataktion erzählt, das Plakat geschil-

---

12 Der Orchesterwart des Gewandhauses, *Achim Günther*, hat gesehen, wie jemand in Arbeits-
kleidung auf dem Schnürboden herumturnte, hat dies aber bei den späteren Vernehmungen
verschwiegen. Da er Stefan nicht kannte, hätte seine Aussage die Stasi auch nicht auf unsere Spur
bringen können.

dert und berichtet, daß ich die Zeitauslösung mit einem Wecker bauen würde. Gurgels bestärkten mich darin, daß es richtig sei, auf diese Weise vor einem internationalen kunstverständigen Publikum gegen den Abriß der Universitätskirche zu protestieren. Nachdem ich den Auslösemechanismus fertiggestellt und mit dem Plakat in Stefans Keller zusammengebaut hatte, besuchte ich anschließend Gurgels. Unterwegs versenkte ich Handschuhe und Werkzeug im Elsterflutbett. Gurgels erzählte ich, daß ich die Automatik gebaut hatte, die technischen Arbeiten abgeschlossen waren und alles gut funktionierte. Die Namen von Stefan und Harald nannte ich nicht, erwähnte aber die Hilfe Eckhards. Sicher war es grundsätzlich falsch, Gurgels einzuweihen; aber ich sah darin keine Gefahr; denn meinen Bekanntenkreis um Stefan hatte ich von meinen älteren Freunden klar getrennt gehalten. Gurgels sind die einzigen, die ich vor der Plakataktion über meines Bruders und meine Mitwirkung informiert habe. Bis zur friedlichen Revolution haben sie niemandem erzählt, was ich ihnen darüber anvertraut hatte.

„Wir fordern Wiederaufbau"

Die *Abschlußveranstaltung des III. Internationalen Bachwettbewerbes* mit Preisträgerkonzert und Preisverleihung war sehr wirkungsvoll gewählt. Im vollbesetzten Saal, in Anwesenheit des Kulturministers Klaus Gysi, des Ministers für das Hoch- und Fachschulwesen, des Leipziger Oberbürgermeisters, des Stadtrates für Kultur und des sowjetischen Konsuls ([10] UV 1 62) entrollte sich das Plakat während der Preisverleihung für das Orgelspiel. Dieser Zeitpunkt war Zufall, da wir den Wecker etwa auf die Veranstaltungsmitte eingestellt hatten. Die Berichte sprechen von minutenlangem, gewaltigem Beifall, den *Rudolf Fischer* [13], der Rektor der Musikhochschule, vergeblich mit dem Mikrofon zu übertönen suchte. Kurt Grahl, einer der Orgelpreisträger, berichtete nach der Wende (Löffler 1993, S. 194 f.):

»*Der erste Preis Orgel wurde verteilt, der zweite, dritte, vierte, fünfte. Und beim sechsten Preis wurde der Beifall sehr stark. Nun war das ein Westdeutscher. Ich dachte: wieder typisch, beim Westdeutschen klatschen sie wie verrückt! Aber der siebente war einer aus der CSSR, da klatschten sie noch mehr. Es nahm kein Ende. Dann kam der achte Platz. Der hatte wirklich nicht so gut gespielt. Und die Massen waren*

---

13 Fischer äußerte auf der Sitzung der SED-Bezirksleitung am Tage vor dem Sprengungsbeschluß zur Neugestaltung des Karl-Marx-Platzes: »*Ich denke daran, über hunderte von Ausländern werden jetzt zum Bachwettbewerb kommen, da brauchen wir gar nicht zu diskutieren, welche wunderbare Sache es darstellt, wenn man mit der Broschüre zeigt, wie der Karl-Marx-Platz aussieht, morgen (…) Die Universitätskirche ist kein Traditionsgebäude, wo Musik gemacht wird. Dazu gehören nur die zwei Kirchen, die Thomaskirche und die Nikolaikirche. Die Universitätskirche hat nur ihre Bedeutung gewonnen, nachdem andere Kirchen zerstört worden sind, aber als irgendwelche Traditionsstätte hat sie nie in Leipzig irgendeine Bedeutung gehabt.*« Darauf Fröhlich: »*Das ist wichtig*« (PDS-Archiv, Leipzig; zit. nach Löffler, S. 105).

hellauf begeistert, tobten. Alle acht gingen ab, und der Beifall hörte nicht auf. Im Gegenteil, das wurde immer mehr.

Ich wollte nun eigentlich meinen Preis in Empfang nehmen, blieb aber sitzen, weil mich der Auszeichnende nicht aufrief. Das war der damalige Rektor der Musik-hochschule, Professor Fischer. Er hatte noch eine Assistentin dabei. Sie standen da, rührten sich nicht und konnten sich das nicht erklären. Die Dauer des Beifalls kann man im nachhinein schlecht einschätzen; aber es waren bestimmt Minuten. Beifall – und nichts. Niemand stand auf der Bühne. Ich konnte mir das nicht erklären. Dann tippte die Assistentin Fischer an und zeigte nach hinten. Er drehte sich um, und sein Gesicht versteinerte sich zusehends. Er schaute ratlos umher. Dann schrie er meinen Namen und meinen Preis durchs Mikrofon. Keinen interessierte das; man verstand es sowieso nicht. Ich nahm meinen Preis, verbeugte mich, obwohl ich wuß-te, daß die Leute nicht für mich klatschten. Ich ging von der Bühne, und dann erst sah ich oben dieses Schild hängen.

Im Saal war Tumult. Ich bemerkte, daß Fotoapparate und Filmapparate einge-sammelt wurden. Im nachhinein wurde uns klar: Als der Beifall einsetzte, standen Leute auf. Wir dachten, sie bringen standing ovations dar. Aber sie wollten sehen, ob im Saal etwas losging, und rannten dann hoch. Das waren also Stasi-Leute. Der Witz war, daß es ihnen nicht auf Anhieb gelang, das Plakat hochzuziehen. Es hing schief, alles lachte. Es war bestimmt sechs, sieben, acht Minuten zu sehen. Irgend-wann schafften sie es dann doch. Für die Preisträger war anschließend ein Empfang im Neuen Rathaus, und dort muß es losgegangen sein mit Meinungsforschung, auf deutsch: mit Verhören.«

Der Generalintendant der Leipziger Bühnen, *Professor Kayser*, wies sofort den Löschmeister an: »*Gucken Sie sich diese Schweinerei an. Sorgen Sie dafür, daß die schnell entfernt wird.*« Der Betriebselektriker hatte inzwischen das Plakat abge-macht. Fünf Minuten später war ein Einsatzfahrzeug mit drei Offizieren der Volkspolizei am Tatort, dann trafen weitere Genossen bis zu einem Oberstleut-nant der K ein ([8] Bd. 1 3 ff., 40 f., 113 f.). Der Leiter der Abteilung K der Polizei berichtete noch in der gleichen Nacht 0.30 Uhr als »*Sofortmeldung durch Kurier*« nach Berlin ([10] UV 1 8):

»Betr.: Gegnerische Tätigkeit

20.06., 19.30 Uhr begann in Kongreßhalle Abschlußveranstaltung und Auszeich-nung der Preisträger des Bach-Wettbewerbes 1968. Gegen 20.00 Uhr entrollte aus Bühnendekoration Transparent aus gelbem Stoff – Größe ca. 145×245 cm, mit Beschriftung: „1968 – Kirchenkreuz gezeichnet – Umrisse ehemalige Universitäts-Kirche –" und in ca. 17 cm großen Druckbuchstaben „Wir fordern Wieder-Aufbau", mittels schwarzer Plakatfarbe. Transparent hing ca. 8–12 Minuten herab und ver-anlaßte Teil der Besucher zu längerem Applaudieren. Entfernung erfolgte durch diensthabenden Betriebselektriker. Untersuchungen wurden sofort gemeinsam durch DHG [= diensthabender Genosse?] und Kriminalisten Komm. I in Zusammenarbeit mit Gen. MfS aufgenommen. Transparent wurde durch an oberen

Querholz angebrachten Wecker, dessen umgebautes Läutwerk auf kurz vor 20.00 Uhr eingestellt war, entrollt. Tatzeit vermutlich zwischen 08.00 und 19.00 Uhr. KT-Untersuchung hat Dez. KT [= Kriminaltechnik] der BDVP übernommen. An Veranstaltung nahmen ca. 1.800 Personen teil, darunter die in- und ausländischen Teilnehmer und Gäste des Bach-Wettbewerbes. An Persönlichkeiten waren anwesend: Min. f. Kultur, Gysi, Min. f. Hoch- u. Fachschulwesen, Gießmann, OBM Gen. Kresse u. a. Die Vorkommnisse auf der Bühne wurden u. a. von Angehörigen einer japanischen Delegation gefilmt. Veranstaltung durch Fernsehfunk aufgezeichnet. Unbekannte Täter gehören vermutlich reaktionären Kirchenkreisen an. Weitere Bearbeitung wurde von KD des MfS übernommen.«

Die DDR-Zeitungen erwähnten bei ihren Berichten vom Bachwettbewerb den Skandal in der Kongreßhalle nicht. Der Leiter der Pressestelle des MfS hielt fest, daß ein Leipziger ADN-Korrespondent über das Vorkommnis eine Meldung für den Internationalen Pressedienst von ADN nach Berlin geschickt hatte, aber der Leiter des Presseamtes beim Ministerpräsidenten hatte veranlaßt, daß diese Meldung blockiert bleibt, und zum Thema Pressefreiheit ([10] UV 1 69):

»Nach Auskunft des stellv. Leiters der Hauptabteilung XX des MfS Berlin besteht bei ADN eine generelle Weisung, daß Berichte der ADN-Korrespondenten über Provokationen, Verbrechen und ähnliches, soweit sich diese gegen die DDR richten, nicht in die ADN-Informationen aufgenommen werden.«

Aber der Evangelische Pressedienst in West-Berlin meldete am 24. Juni 1968 die »Demonstration für den Wiederaufbau der Leipziger Universitätskirche«, bei der das Publikum in »minutenlangen frenetischen Beifall« ausbrach (a. a. O. 68).

Einen Bericht des West-Berliner Tagesspiegels sah ich erstmalig in meinem Strafprozeß, in dem auch die genannten Ermittlungsakten von 1968 »gegen unbekannt« [8] nun als Beweismittel gegen mich beigefügt waren. Aber bis dahin tappte die Stasi noch lange im dunkeln.

Operativer Vorgang »Provokateur«

Dem Ermittlungsverfahren der Volkspolizei folgte ein Vorgang »Kongreßhalle« [10] der Stasi, und schließlich ermittelte diese umfassend im Operativen Vorgang »Provokateur« [9], jeweils in mehreren Bänden von hunderten von Seiten.

Die Kriminalpolizei nahm eine Staubprobe, sicherte die zur Befestigung des Tuches verwendeten Nägel, fand Zigarettenreste, das Beruhigungsmittel Meprobamat, aber insgesamt keine auswertbaren Spuren. Bei der technischen Rekonstruktion am nächsten Tag funktionierte unser Mechanismus wieder sofort. Fotos des Weckers und des Plakates wurden gemacht (Dok. 4). Die kriminaltechnischen Untersuchungen ergaben keine Spuren am Wecker, keine Reparaturzeichen oder ähnliches im Inneren und stellten Blutgruppe B an den Zigarettenresten fest ([8] Bd. 1 5 ff.; [10] GA 1, 4 ff., UV 1 26 ff.). Die Stasi vernahm Fotoreporter und machte sogar Originalfotos der Preisverleihung mit dem gerade entrollten Plakat ausfindig (*Dok. 5*).

Nach einem Maßnahmeplan des MfS vom 24.6.1968 ([9] 26 f.) wurden die von der Kriminalpolizei befragten Zeugen – Saalmeister, Bühnenmeister, Elektriker und Feuerwehrmann – nochmals ausführlich durch das MfS vernommen. Bühnenarbeiter und Beleuchter des Großen Opernhauses, die aushilfsweise in der Kongreßhalle eingesetzt waren, die Hilfskräfte des Gewandhausorchesters, die Dekorationsfirma für die Kongreßhalle, das Theater der Jungen Welt im gleichen Gebäude und das Organisationskomitee des Bachwettbewerbes sollten operativ überprüft werden. Alle im Zusammenhang mit dem Kirchenabbruch angefallenen Personen seien zu überprüfen, und durch zielgerichteten IM-Einsatz in kirchlich gebundenen Kreisen, insbesondere ESG und KSG, sowie unter Kulturschaffenden seien Informationen zu Anhaltspunkten für die Provokation in der Kongreßhalle zu erarbeiten.[14]

Tierpfleger des benachbarten Zoos, Studenten und Lehrkräfte der Musikhochschule und Studenten der Hochschule für Grafik wurden verhört – erschreckend, wie manche die Gelegenheit zu Denunziationen benutzten. Einer der verhörten Grafiker meinte, die Zeichnung der Kirche auf dem Tuch sei von einem Fachmann angefertigt ([8] Bd. 2 73). Ein GI schrieb von Gerüchten, von einer starken Nachfrage nach Fotos von der Kirchensprengung und den Vorbereitungen dazu und von Kollegen und Bekannten, die sich gegen die Sprengung ausgesprochen hatten oder von staatsfeindlichen Äußerungen insgesamt ([9] 142 ff.). Er berichtete, viele Witze würden erzählt, so über den Genossen Walter Ulbricht, »*der mit seiner Frau durch die Straßen geht und einem Mädchen mit Minirock hinterher schaut. Frau Ulbricht verwarnte ihn ein paarmal, wenn er das noch einmal täte, dann würde er von ihr eine heruntergehauen bekommen. Da kommt wieder ein junges Mädchen mit Minirock und Walter Ulbricht schaut sich wieder um und da bekommt der auch schon eine mörderliche Ohrfeige von seiner Frau und im selben Moment stürzt ein älteres Ehepaar auf Walter Ulbricht zu mit einem Regenschirm und schlagen auf ihn ein. Als dann seine Frau entsetzt fragt, was ihnen denn einfiele, ihren Mann zu schlagen, da sagt der Mann ganz verdaddert, ach so, ich dachte es fängt endlich an*« ([9] 145). Dieses bekannte Witzschema gehört zu der zu Ende gehenden Periode einer Fundamentalopposition gegen den Sozialismus, in der noch sein Ende erhofft wurde.

Der GI »*Lester*« berichtete von drei Personen aus Kirchenkreisen, die sich gerühmt hatten, die Plakataktion in der Kongreßhalle ausgeführt zu haben ([9] 142 ff.). Umfangreiche Ermittlungen der Stasi unter Einsatz operativer Kombinationen (beispielsweise dem Abhören von Wohnungen) ergaben, daß dies nur Trittbrettfahrer waren. Im Sommer 1969 geriet die *Leipziger Spielgemeinde*, ein

---

14 Die gegen die Kirchensprengung protestierenden Theologiestudenten *Johannes Hassenrück* und *Helga Salomon* waren bereits am 22.5.1968 verhaftet worden (Winter 1998, S. 217).

christliches Zimmertheater, in Verdacht. Dort hatte man sich über das Plakat in der Kongreßhalle gefreut, erfuhr die Stasi. Vor allem aber war in dem Stück *Langusten* ein blau-grauer ziemlich großer Wecker Fabrikat Ruhla verwendet worden, der nach Absetzen des Stückes aus den Requisiten verschwunden war. Die Stasiakten nennen *Siegfried Hollitzer* und den *Diakon Herbert Dost*. Der evangelische *Superintendent Herbert Stiehl*, der der Stasi durch seine geschickten regimekritischen Predigten ohnehin ein Dorn im Auge war, geriet in falschen Verdacht ([9] 410 ff.).

Aber außer einer Vielzahl politischer Denunziationen erreichte die Stasi nichts.

Beißen den Letzten die Hunde?

Stefan und ich waren aus Vorsicht nicht zur Preisverleihung gegangen. Gurgels hatten eine Opernverpflichtung, hörten aber noch am gleichen Abend von Frau Professor Webersinke vom großen Erfolg der Plakataktion. Marlene erinnert sich, daß es ihr bei deren Erzählung spontan entfuhr: „Also hat es wirklich geklappt." Sie biß sich auf die Zunge, gemerkt hatte niemand etwas. Die richtige kriminelle Kaltblütigkeit fehlte uns. Am nächsten Tag berichteten mir Gurgels. Stefan traf ich erst am nachfolgenden Tag. Er hatte die aufgerollte Vorrichtung in einem Futteral hinter die Bühne der Kongreßhalle transportiert. Im grauen Arbeitsmantel seines Vaters war er nicht aufgefallen. Als er fertig war, hing das Plakat mit dem Gesicht nach hinten, so daß er noch einmal zur Korrektur auf den Schnürboden mußte. Er versicherte mir, daß er das restliche Material weggeworfen hatte, ebenso seine Schuhe, weil deren auffällige Sohlenspuren im Staub hinter der Bühne zu sehen waren. Wir freuten uns, daß alles so gut funktioniert hatte und waren über die Wirkung begeistert. Stefan, Harald, Eckhard und ich gehörten zu keiner der verdächtigen Gruppen. Wie sollte die Stasi gerade uns mit dem Plakat in Verbindung bringen?

Stefan und ich waren uns sicher, nicht entdeckt werden zu können.

Mitte Juli 1968 flohen Harald und Stefan in einer unglaublichen Paddelbootfahrt mit Außenbordmotor von Bulgarien über das Schwarze Meer in die Türkei. So wie Harald in seinem Buch »*Flucht aus Leipzig*« (Fritzsch 1990) die Geschichte erzählt, überzeugt sie mich allerdings nicht: mit einem Außenbordmotor etwa 33 Stunden auf hoher See über 200 km, etwa 70 km vom Ufer entfernt, also ohne Landsicht, mit Meeresströmungen, Wind, teilweise Wellen von beachtlicher Stärke und stundenlangem Kampf gegen die Wellen. Schon allein die navigatorischen Probleme halte ich für unlösbar: nur mit einem Kompaß ausgerüstet, ohne Peilmöglichkeit, nachts teilweise nach den Sternen orientiert, bei höheren Wellen müssen diese senkrecht angeschnitten werden, Wind und Meeresströmungen versetzen das Boot. Stefan traue ich eine solche Tour auch psychisch-physisch nicht zu, da ich ihn im Jahr zuvor auf einer Tour in der Hohen Tatra erlebt hatte.

Der Bulgare *Georgi Trojev* (Name geändert), den sie durch sein Physikstudium in Leipzig kannten, soll ihnen bei der Flucht *»wichtige Hilfe«* geleistet haben, berichtet Uwe May (Fritzsch 1996, S. 85). Ihr bulgarischer Freund, der ständig den Kopf schüttelte und bemerkte, er sei wohl der letzte Mensch, der sie sehen würde, hatte sie am bulgarischen Strand verabschiedet, bevor sie nach einem reichhaltigen Mal gegen 16 Uhr lospaddelten, erzählt Harald (Fritzsch 1990, S. 111). Trojev *»machte im August 1968 in Sofia eine Vermißtenanzeige bezüglich des W…«*, notierte die Stasi im ZOV *»Heuchler«* ([5] Bd. 7 51). Trojevs Namen und seine Hilfe nannte Harald in seinem Buch nicht; denn die Situation sei 1990 in Bulgarien noch unsicher gewesen, erklärte Harald (Mitteilung 4.4.2000). Leider erwähnen auch die Rundfunkinterviews Stefans und Haralds (MDR Feature 1998) Trojev nur knapp, hätte er doch wegen seiner Hilfe *»in selbstloser und hochriskanter Weise«* (Mitteilung Stefan W. 30.3.2000) eine ausführliche Würdigung verdient. Erst jetzt höre ich von Harald, daß ihnen Georgi *»mit wichtigen Hinweisen auf die bulgarische Küste und ihre Bewachung«* geholfen habe: *»Und er hatte uns offiziell ins Zeltlager der Physikalischen Fakultät der Uni Sofia im Süden Bulgariens eingeladen, so daß wir für einen großen Teil der Strecke auf dem Meer ein nachprüfbares innerbulgarisches Ziel hätten angeben können«* (Mitteilung Fritzsch 4.4.2000).

Die Akten enthalten sehr wenig über die Umstände dieser Flucht. Die bulgarische Stasi übergab dem MfS *herrenlos aufgefundene* Gegenstände (vom Rasierapparat bis zum Schlafanzug), die Stefan und Harald zurückgelassen hatten – eine Angabe des Fundortes fand ich nicht ([20] Bd. IV 46). Stefans Potsdamer Vermieterin erwähnte in ihrer Vernehmung, er habe *zwei 5-Liter-Kanister* mit nach Bulgarien zum Motorbootfahren genommen ([20] Bd. IV 51). Daraus konnte die Stasi ihren Aktionsradius berechnen.

Haralds Eltern sagten in ihrer Befragung, er habe in einem Telefonat aus Westdeutschland mitgeteilt, daß er mit Stefan eine Bootsfahrt von *Burgas* aus unternommen habe. Als sie an Land gingen, seien sie auf türkischem Boden gewesen und dort von Reportern empfangen worden ([20] Bd. IV 33 f.). Die Notiz über die Reporter sei vermutlich eine Verzerrung durch die Stasi, meinte Harald jetzt. Er wollte im Telefonat mit seinen Eltern, das sicher abgehört wurde, den Eindruck erwecken, daß sie von Burgas aus gestartet und mehr zufällig in die Türkei geraten seien, es sich also nicht um eine geplante Flucht gehandelt habe. (Mitteilung 4.4.2000)

Harald (Fritzsch 1990, S. 133) schreibt, daß einige der für das Sicherheitssystem an der bulgarischen Schwarzmeerküste verantwortlichen Offiziere wegen des Gelingens ihrer Flucht zur Verantwortung gezogen wurden. Die bulgarische Stasi untersuchte, inwieweit Trojev an der Flucht beteiligt war, aber von Folgen für diesen ist mir nichts bekannt. Stefan erklärte, Trojev habe sich als von ihnen hintergangen darstellen können (Mitteilung Stefan W. 30.3.2000). Trojev durfte sogar wenig später mindestens zweimal nach Westdeutschland reisen, wo er sich auch mit Stefan traf.

Natürlich hatten wir alle schon einmal Fluchtgedanken geäußert und uns über die Gefahren verschiedener Fluchtmöglichkeiten unterhalten, aber von dem beschriebenen nahen Fluchtvorhaben Stefans und Haralds war mir nichts bekannt gewesen. Stefan war im Sommer 1968 sehr unruhig gewesen. Die politische Entwicklung in der CSSR hatte ihn stark beeindruckt. Er träumte auch für die DDR von einer Demokratisierung des Sozialismus und hatte Freunden gegenüber sogar die Idee geäußert, man müsse in die SED eintreten, um von innen her eine Liberalisierung der DDR zu erreichen. Mit Gespür für den Unmut vieler Leipziger über die Sprengung der Universitätskirche hatte er die Plakataktion organisiert. Diese habe Stefan *den nötigen Antrieb zur Flucht* gegeben, berichtete Uwe May nach der Wende (Fritzsch 1993, S. 76). Harald schrieb, daß er und Stefan glaubten, daß es nur eine Frage der Zeit wäre, bis die Stasi die richtige Fährte wegen des Transparents finden würde, ja, daß ihnen täglich die Verhaftung drohte. Die falsche Spur der Stasi, zunächst in kirchlichen Kreisen zu suchen, hätten Stefan und er nur als Zeitaufschub angesehen (Fritzsch 1990, S. 96, 99). Von einer solchen Befürchtung hatte ich bei Stefan nichts bemerkt. Ich halte sie auch nicht für begründet.

Erst kurz vor der Flucht erzählte mir Stefan von ihrem Vorhaben. Er wolle nicht in einer bürgerlichen Existenz als Wissenschaftler versauern, erklärte er mir. Ich war erschrocken: *„Hätte Stefan mir vor der Plakataktion davon etwas gesagt, so hätte ich aus Selbstschutz an ihr nicht mitgearbeitet.'* Stefan versuchte mich zu beruhigen, er habe alle Spuren beseitigt, Kleidung usw. weggeworfen. „Die Stasi sucht in kirchlichen Kreisen nach den Tätern, warum sollte sie auf uns Physiker kommen?" argumentierte er. Das war richtig, aber *nach meiner Ansicht entstünde die Gefahr der Entdeckung gerade durch ihre Flucht drei Wochen nach der Plakataktion.*

Stefans und Haralds Fluchtabenteuer war einzigartig. Man erzählte sich darüber in Leipzig hinter vorgehaltener Hand. Ich hatte nach ihrer Flucht Furcht vor einer Entdeckung und sprach manchmal mit Marlene und Horst Gurgel darüber. Sicher konnte ich nur so lange sein, wie die Aufmerksamkeit der Stasi nicht auf uns gelenkt worden war. Was hätte ich zu meinem Schutz tun sollen? Gleich nach Stefans Flucht habe ich sein Leipziger Zimmer sorgfältig durchgesehen. Darin würde die Stasi nichts Verdächtiges entdecken. Hinzu kam eine weitere Gefahr: Stefan hatte mir versprochen, im Westen nicht über die Plakataktion zu sprechen. Er hatte die Tür effektvoll hinter sich zugeschlagen und sich zugleich die Tür in eine neue Welt geöffnet. Natürlich würden Stefan und Harald im Westen nicht auf dem Marktplatz von der Kongreßhallenaktion berichten. Aber auch Dinge, die man im Westen sehr leise sagte, konnten zur Stasi gelangen. Harald schreibt (Fritzsch 1990, S. 136): *»Etwa ein Jahr nach unserer Flucht erfuhren die Behörden in Leipzig allerdings, daß Stefan und ich irgendwie mit der Installation des Transparents in der Kongreßhalle zu tun gehabt hatten. Vermutlich gelangte diese Information über einen STASI-Spitzel in München nach Leipzig.«*

Erst heute ist bekannt, daß es damals auch im Westen erschreckend viele Stasi-IM gab (Knabe 1999). Leider weiß ich bis heute nicht, wie Harald und Stefan zu ihrem Verdacht kamen. Als ich Stefan 1972 in München wiedersah, hat er mir kein Wort darüber gesagt. 1997 hat er es mir gegenüber so darzustellen versucht, daß sie niemand über die Plakataktion und deren Mitwisser und Mitwirkende auch nur andeutungsweise informiert hätten. Aber daraus, daß Harald und Stefan den Verrat der Plakataktion durch einen Spitzel von München nach Leipzig für möglich hielten, folgt, daß nicht beide absolutes Stillschweigen bewahrt haben können.

Der Bauingenieur *Jürgen Rudolph*, genannt *„Ajax"*, und der Maler *Michael Flade* gehörten zu den Freunden Ingrids und Franz'. Ich hatte gehört, daß sie einen eigenen systemkritischen Kreis bildeten. Im Herbst 1969 sprach mich „Ajax" auf die Kongreßhallenaktion an. *Man erzähle sich, daß sie von zwei Physikern, die inzwischen in den Westen abgehauen sind, gemacht worden sei – und von einem dritten, der aber noch in Leipzig sei.* Seine direkte Frage *„Bist Du der dritte Mann?"* verneinte ich erschrocken. Aber ich befürchtete, daß dieses Gerücht auch der Stasi bekannt sein oder werden müsse. Ingrid hatte mir gesagt, Franz habe von Michael Flade gehört, dieser wisse etwas über die Beteiligten der Plakataktion. Als ich Michael bald darauf auf das Thema ansprach, hatte ich den Eindruck, er hielte mich möglicherweise für einen Beteiligten. Aber wir tasteten uns nur vorsichtig ab, da keiner preisgeben wollte, ob er etwas Genaueres wisse.

Bald darauf traf ich Uwe May. Ich nahm an, er wisse von der Plakatsache nichts und hatte nie mit ihm darüber gesprochen. Er brachte das Gespräch auf sie, und ich merkte, daß er von meiner Beteiligung wußte. Also mußten Stefan oder Harald ihm unvorsichtigerweise etwas darüber gesagt haben. Ich gab dies nicht ausdrücklich zu, bestritt es aber auch nicht. Über Einzelheiten sprachen wir nicht. Aber ich erzählte ihm von dem Gerücht vom dritten Mann und von meiner Furcht, daß ich in die Fänge der Stasi geriete.

Einmal erzählte mir Stefans Vater, daß ihn die Stasi gefragt habe, ob er wisse, was sein Sohn „mit einem Plakat" zu tun habe. Er habe verneint. Mich fragte er, was mir darüber bekannt sei. Ich stellte mich dumm; aber seine Frage ängstigte mich. Wenn sich die Aufmerksamkeit der Stasi auf Stefan richtete, würde sie bald auch mich verdächtigen.

Gemeinsame Freunde haben mir später in Westdeutschland berichtet, daß Stefan nach seiner Flucht große Angst davor äußerte [15], daß die Stasi ihn kidnappen

---

15 Allerdings kann die Furcht so groß nicht gewesen sein; denn bereits im Sommer 1969 fuhr Stefan zusammen mit Harald nach Finnland. Harald nahm an einer Sommerschule über Hochenergiephysik teil. Da diese nicht sehr weit von der russischen Grenze entfernt abgehalten wurde, hatte der Leiter der Sommerschule »spezielle Vorkehrungen getroffen, die letztlich auf eine permanente Observierung *meiner Person hinausliefen*« (Mitteilung H. Fritzsch 4.4.2000). Der ZOV »Heuchler« enthält mehrere Notizen, daß Stefan und Harald in Finnland mit den beiden Leipziger Physikern *Rudolf Laßner* und *Michael Ilgenfritz* zusammentrafen. Laßner war als fanatisch linientreuer Genosse bekannt; in den →

und in die DDR zurückbringen würde wegen einer Sache, die er dort gemacht habe. Was er so offen aussprach, konnte zu Ohren der Stasi gelangen. Diese brauchte nur noch zu prüfen, was im letzten Monat vor Stefans Flucht in Leipzig Spektakuläres geschehen sei, und schon lagen auch Stefans Freunde mit dem Kongreßhallentransparent im Visier der Stasi. Wenn die Stasi Stefan und Harald wegen der Plakataktion verdächtigte und einen Dritten suchte, würde sie mich bald in den möglichen Täterkreis einbeziehen. Ich hatte in Leipzig wohl eine besser begründete Furcht vor einer Entdeckung und Verhaftung. Stefan und Harald waren ausgesprochene Theoretiker, meine Uhrenliebhaberei war allgemein bekannt, mein Vater war Uhrenfachmann:

Für die Stasi käme ich als Verdächtiger für den Bau der Zeitauslösung in Frage.

3. Arbeitslos – neue Hoffnung – das Verhängnis

Hoffnungslos

Nach der fristlosen Entlassung fand ich keine geeignete Arbeit. Das einzige Angebot als Hilfskraft der Lohnbuchhaltung in einer gärtnerischen Produktionsgenossenschaft hatte ich abgelehnt. Einen aus politischen Gründen Gefeuerten wollte niemand einstellen. Offiziell gab es in der DDR keine Arbeitslosen; also gab es auch keine Arbeitslosenunterstützung. Wer nicht arbeitete, galt als Asozialer und machte sich damit strafbar. Ich lebte von der Hilfe meiner Eltern und hielt gelegentlich Physikkurse im Rahmen verschiedener Handwerker-Weiterbildungen. Gesundheitlich ging es mir schlecht, es fehlte mir an Antrieb und Zukunftsorientierung, ich war oft sehr deprimiert und zeitweise wegen einer

---

→ Akten steht: »*erfaßt für HVA/I Gen. Grubein allg. P 13722*« ([5] Bd. 1 145), d. h. für *Markus Wolfs* Spionageabteilung. Ilgenfritz war laut Akten von 1966–1977 bewährter IMG. In dem Nicht-Ostblock-Land, in das sich sogar der DDR-Spionagechef *Wolf* traute, durften diese beiden Hardliner an der Sommerschule teilnehmen. Harald und Stefan trafen also rein zufällig mit ihnen zusammen und nutzten die Gelegenheit, ihnen endlich einmal politisch die Meinung zu sagen. Wie sehr *Thomas Rust* sich bemühte, der Stasi mit Details behilflich zu sein, zeigt seine Niederschrift vom 22.9.1970 (MfS AOP 3375/72, S. 210, 220), in der er schreibt, der zweite angegebene Reisegrund für Harald, Stefan und einen Dritten, den er nur den »*Kurier*« nennt, sei eine Paddelbootfahrt in Finnland gewesen; Rust wundert sich ausdrücklich darüber, daß man zu dritt eine Paddelboottour habe unternehmen wollen, weil dies nicht möglich sei. Dann fehlen leider die Seiten 22 und 23 der Niederschrift Rusts (a. a. O. 220), die – nach den verschiedenen Paginierungen zu urteilen – schon zu DDR-Zeiten entfernt wurden. An dieser Reise ist nichts ungereimt oder mysteriös, erklärte Harald; Stefan unternahm mit einem Bekannten Haralds aus München eine etwa zweiwöchige Bootstour von Jensuu nach Savonlinna (Mitteilung H. Fritzsch 4.4.2000).

depressiven Verstimmung in ambulanter Behandlung. Bärbel hatte ein Sprachenstudium in Rostock aufgenommen.

Zu Ingrid und Franz Jütte hatte sich seit etwa 1968 ein engerer Kontakt entwickelt. Um die weitere Entwicklung und das schwere Unrecht, das die Stasi diesen zufügte, verständlich zu machen, muß ich erwähnen, daß ihre Ehe in Schwierigkeiten war. Franz lebte meist in seiner Nebenwohnung ein Studentendasein. Der Abschluß seiner Diplomarbeit zog sich hin. Er stellte wohl zu große Anforderungen an sich selbst. Ich hatte mehrfach mit ihnen über ihre persönlichen Probleme gesprochen und konnte beide verstehen. Ich hatte viel Zeit und besuchte Ingrid öfter. Sie sprach mir Mut zu, wenn ich deprimiert war, und ich versuchte, ihr etwas zu helfen. Dem politischen System in der DDR stand sie sehr kritisch gegenüber. Als Deutschlehrerin hatte sie Schwierigkeiten mit der von ihr verlangten Indoktrination der Schüler. Sie war frustriert, mit ihren einjährigen Zwillingen allein gelassen und ans Haus gebunden zu sein, während Franz seine Freiheit genoß, ohne sich genügend um seine Familie zu kümmern. Ingrid hatte Briefkontakt zu Stefan und war von ihm und seinen Berichten über sein Leben im Westen fasziniert. Nach seiner Flucht organisierte auch sie die Fortsetzung unserer Vortragsabende. Stefan hatte auf Umwegen Bücher geschickt, die Ingrid nach einem Verteilerschlüssel Stefans weitergeben sollte. Westdeutsche Freunde Stefans, Anhänger der Außerparlamentarischen Opposition, voller sozialistischer Ideale, hatten Ingrid besucht. Jüttes diskutierten über antiautoritäre Erziehung oder die Ideen Herbert Marcuses, während ich selbst all dem skeptisch gegenüberstand. Wenn Ingrid ihre Freundin Steffi in Berlin besuchte, traf sie sich auch mit Bekannten Stefans, die aus West-Berlin kamen. Sie hatte Stefan auch über meine Situation berichtet.

Im Frühjahr 1969 traf ich mich auf eine Nachricht Stefans hin, die mir Ingrid überbracht hatte, in Berlin mit einem seiner Bekannten, der mir ein Fluchtangebot für ca. DM 20.000,– machte. Ich lehnte ab. Ein neues Leben in Westdeutschland zu beginnen, traute ich mir nicht zu, und mich schreckte auch das Risiko einer solchen Unternehmung durch eine kommerzielle Fluchthilfeorganisation. Ich hatte ein ungutes Gefühl. Außerdem wäre Bärbel zu einer Flucht nicht bereit gewesen. Ingrid konnte überhaupt nicht verstehen, daß ich Stefans Fluchthilfeangebot ablehnte. Sie versuchte mir klarzumachen, daß ich nur noch in Westdeutschland eine Chance hätte. Ich lebte nicht mehr zukunftsbezogen und lehnte auch ein zweites Angebot Stefans, bei dem eine Flucht über Ungarn oder Bulgarien geplant war, ab.

Selbst hatte ich Stefan nichts über meine Situation geschrieben, hatte ihn nicht um Fluchthilfe gebeten; er wollte mir helfen. Unser Plakat hatten Stefans Boten nicht erwähnt, aber zu dieser Zeit wuchs meine Furcht, als ich das „Gerücht vom dritten Mann" gehört hatte. Ich fragte mich: ,*Dachte auch Stefan an unsere Plakataktion und an die daraus durch seine Flucht für mich wachsenden Gefahren?*'

Erste Hoffnung: Professor Carl Friedrich von Weizsäcker

Im Sommer 1969 erhielt ich aus Berlin telegraphisch eine rätselhafte Einladung *„von Deiner S."* zum Deutschen Theater in Berlin. Aus Neugierde fuhr ich hin, traf aber am angegebenen Treffpunkt niemanden an. Zur Herbstmesse 1969 richtete mir Hartmann Vetter, ein westdeutscher Freund Stefans, der Ingrid besuchte, aus, daß Stefan sich um eine *legale* Übersiedlung für mich bemühe. Er klärte mich auch auf, daß mir bereits bei dem mißglückten Treffen in Berlin eine Freundin Stefans diesen legalen Plan ankündigen sollte. Vetter, der sich als Marxist bezeichnete, kaufte in Leipzig marxistische Literatur und fragte mich: *„Du bist doch auch für den Sozialismus?"* Ich war irritiert. Er wolle niemandem helfen, nach Westdeutschland zu kommen, wenn dieser dort die reaktionäre Politik unterstütze statt für den Sozialismus zu kämpfen. Damit mein Übersiedlungsunternehmen leichter und billiger vonstatten gehe, müsse ich mich auf ein vereinbartes Zeichen hin – ich gab dazu eine *Postkarte von Christian Rohlfs mit gelben Narzissen* aus Ingrids Sammlung mit – in eine psychiatrische Klinik begeben. Mir entstünden keine Kosten. Offenbar sollte es sich um einen jener Transfers handeln, die man *Abkaufen* durch die Bundesregierung nannte. Ich erfuhr, daß *Professor Carl Friedrich von Weizsäcker* bei dieser legalen Aktion helfe. Bei ihm studierte Stefan in Hamburg Philosophie. Er hatte ihm von mir erzählt. Anders als bei den Fluchthilfeangeboten sah ich in einer legalen Ausreise eine echte Chance. Ingrid redete mir ganz uneigennützig zu, diese nun aber wirklich zu ergreifen. Über Stefans Vater, der als Rentner seinen Sohn in Westdeutschland besuchen durfte, und Ingrid erreichte mich später die Nachricht, daß Weizsäcker mich für Anfang November zu einem Gespräch nach Halle einlud, wo er an einer Leopoldina-Tagung teilnahm. Ich wußte, daß mir dieses Gespräch eine Entscheidung abverlangte. Gerade deshalb hatte ich Angst, dorthin zu fahren. Von Weizsäcker hatte ich während meines Studiums im Physikalischen Kolloquium in Leipzig erlebt, wo er über Interpretationsfragen der Quantentheorie sprach. Von einem so bedeutenden Physiker und Philosophen eingeladen zu werden, war schon für sich genommen eine solche Ehre, daß es ganz unmöglich gewesen wäre, mich zu drücken. Ingrid redete mir wie so oft gut zu und begleitete mich nach Halle.

Professor von Weizsäcker und ich trafen uns im Interhotel Halle. Er begrüßte mich mit den Worten: „Sie sind Herr Koch?" Und als ich bejahte, sah er sich lächelnd mit einer drehenden Bewegung von Kopf und Augen in der Hotelhalle um und sagte nur leichthin: „Es ist vielleicht netter, wenn wir uns etwas beim Spazierengehen unterhalten." Wir gingen ins Freie. Von Weizsäcker begann: „Herr W… hat mir über Sie und Ihr Schicksal berichtet. Sie brauchen mir nichts weiter zu erzählen. Ich möchte mir zunächst persönlich ein Bild von Ihnen machen." Er sah mich einen Moment sehr eindringlich an: *„Herr W… bemüht sich um die Genehmigung für eine legale Übersiedlung für Sie nach Westdeutschland und hat mich um meine Hilfe gebeten. Sie haben Interesse daran?"* „Ja", sagte ich ganz erschrocken und fragte: „Was muß ich dazu tun?" „Sie können von sich aus nichts unternehmen und brauchen nur zu warten. Sie haben sicher schon mal den Namen von *Rechtsanwalt Vogel* aus Ost-Berlin gehört. Herr Vogel wird sich zu gegebener Zeit von sich aus an Sie wenden", war seine Antwort. Meine Frage, ob ich mich in eine psychiatrische Klinik begeben müsse, wie es mir Stefan hatte ausrichten lassen, verneinte von Weizsäcker mit einem Stirnrunzeln und Kopfschütteln.

Er bot mir an: „*Sie können bei mir promovieren und arbeiten*" und ermutigte mich: „*Ihnen stehen alle Möglichkeiten offen. Es wird Ihnen bei uns bald wieder besser gehen.*" Ich war so überrascht, daß ich sprachlos war. Von Weizsäcker fügte hinzu: „Natürlich kann ich Sie auch zu jemand anderem vermitteln, wenn Ihnen das mehr zusagt." Ich sagte, daß ich sehr gern bei ihm arbeiten würde, aber Zweifel habe, ob ich mir das zutraue. Weizsäcker überging meine Unsicherheit und wurde praktisch: „Sie wissen sicher, daß ich von der Physik zur Philosophie gekommen bin und noch in Hamburg an der Universität lehre." Er berichtete mir dann weiter, daß er in Starnberg ein Max-Planck-Institut aufbaue, das sich mit einem weiten Spektrum von Problemen von der Physik über die Philosophie bis zu den Lebensbedingungen in der wissenschaftlich-technischen Welt befassen werde.

„Wenn Sie bei mir philosophisch arbeiten wollen, lesen Sie *Hegel*, und Sie können in der Wartezeit schon anfangen *griechisch zu lernen, um Platon lesen zu können*", riet er mir. Dieser Gedanke war mir so fremd, daß ich irritiert ausgesehen haben muß. Weizsäcker setzte fort: „Sie können sich aber auch mit Problemen der Quantentheorie beschäftigen, wenn Ihnen das mehr liegt." Und er setzte hinzu: „*Aber Platon sollten Sie dennoch lesen.*" Ich erklärte ihm, daß mein Interesse erst einmal bei der Physik liege, und er riet mir, mich wieder intensiv mit Quantentheorie zu befassen. Er fragte mich, was ich von ihm gelesen habe, und ich konnte leider nur *Die Geschichte der Natur* und *Die Verantwortung der Wissenschaft im Atomzeitalter* nennen. Als ich auf die Frage, was ich zur Zeit an Philosophie lese, *Hans Reichenbach: Der Aufstieg der wissenschaftlichen Philosophie* nannte, riet er: „Wenn Sie sich für Wissenschaftstheorie interessieren, dann lesen Sie z. B. *Popper: Logik der Forschung*. Reichenbach ist nicht unbedingt das Beste." Weizsäcker dachte gleich praktisch: „Ich weiß nicht, wie gut Sie an Literatur herankommen. Das ist vielleicht etwas schwierig für Sie." Ich stammelte etwas von Universitätsbibliothek, und er schlug vor: „Herr W… kann Ihnen ja inzwischen etwas schicken." Ob ich außer Physik noch etwas gehört hätte, wollte Weizsäcker wissen. Als ich Musik- und Literaturwissenschaft, Kunstgeschichte und Psychologie nannte, sagte er: „Das ist gut. *Wer Philosophie machen will, sollte erst einmal ein richtiges Handwerk gelernt haben, z. B. Physik*. Und von mehreren Handwerken etwas zu verstehen, ist noch besser." Er fügte lächelnd hinzu: „*Vielleicht kommen Sie doch noch von der Physik zur Philosophie.*" Dann gab er mir noch mit den Worten „meine Frau hat das gekauft" eine Plastiktüte, meiner Erinnerung nach mit Kaffee, Schokolade und Damenstrümpfen. Sehr eindrucksvoll war die besondere Intensität, mit der sich Weizsäcker dem Gespräch mit mir widmete. Den Eindruck, daß es für ihn in einem Gespräch nichts anderes gäbe als eben dieses Gespräch, habe ich auch später mehrfach gehabt. Als das eigentlich Wichtige an dieser Begegnung aber erlebte ich die große Ermutigung, die von ihm ausging. Wie selbstverständlich übertrug er die Zuversicht auf mich, daß ich aus meinem Loch wieder herauskomme.

Erst nach diesem Gespräch fiel mir ein, was ich Weizsäcker auf seine Fragen nach meinen wissenschaftlichen Interessen hätte antworten sollen. Durch Zufall war ich auf das *Paradoxon von Einstein, Podolski und Rosen (EPR)* gestoßen – ein berühmtes Problem, das Einstein 1935 konstruiert hatte, um nachzuweisen, daß die Quantentheorie unvollständig sei –, hatte mich damit näher befaßt und glaubte, dazu etwas gefunden zu haben. Nach einem Vortrag an meiner Leipziger Arbeitsstelle meinte Professor V. nur: „Es wäre ja geradezu verrückt, wenn Sie recht hätten", ohne mir die Erlaubnis für eine Publikation, wie sie in der DDR erforderlich war, zu geben. Um von Weizsäcker zu fragen, ob sich die Bearbeitung dieses Themas lohne, ging ich zum Hotel zurück. Aber es gelang mir nicht, ihn noch einmal zu einem Gespräch zu treffen. Damals wäre es mir unvorstellbar gewesen, daß ich zehn Jahre später bei ihm und *Klaus Michael Meyer-Abich* in Philosophie mit einer Arbeit promovieren würde, die sich, ausgehend von diesen Problemen, mit der Interpretation der Quantentheorie und den Weizsäckerschen Arbeiten dazu befaßte.

Da Weizsäcker mir eine legale Ausreise angeboten hatte, machte ich aus dem Gespräch mit ihm kein Geheimnis. Außer mit meinen Eltern und Geschwistern sprach ich z. B. mit meiner geschiedenen Frau Eva, meiner Flötenlehrerin und meinem Arzt *Dr. Otto Bach* darüber. Er fand es ganz wichtig, daß ich mich wieder der theoretischen Physik widmen wollte. Wie er mir nach der Wende sagte, hatte er meinen Bericht über das Gespräch mit Weizsäcker nicht in meiner Krankengeschichte notiert – vorsorglich als gelernter DDR-Bürger. Alle, denen ich von dem Gespräch mit von Weizsäcker berichtete, ermutigten mich, auf das Angebot einzugehen. Nur Bärbel hatte zwiespältige Gefühle. Sie wußte, daß ich in der DDR keine Zukunft hatte, konnte sich aber für sich einen Umzug nach Westdeutschland nicht vorstellen. Ich hoffte, daß sich auch dafür eine Lösung finden ließe.

Zweite Hoffnung: Wissenschaftlicher Mitarbeiter in der Psychiatrie

Einige Zeit nach dem Gespräch mit Weizsäcker wurde mir von der Leitung der Psychiatrischen Universitätsklinik Leipzig, wo ich 1967 Patient gewesen war, völlig überraschend eine Anstellung als Wissenschaftlicher Mitarbeiter angeboten. Zum einen sollte ich an einem Leipziger psychiatrischen Forschungsprojekt mitarbeiten, zum anderen sollte ich als Wissenschaftsorganisator des Ministeriums für Gesundheitswesen ein DDR-weites psychiatrisches Forschungsprojekt mit einer größeren Zahl psychiatrischer Einrichtungen in der DDR betreuen; die Leitung hatten *Professor Bernhard Schwarz*, Professor für Psychiatrie, und *Professor Wünscher*, Direktor des Instituts für Hirnforschung. Dieses Angebot, das mir *Dr. Bach* übermittelte, war in jeder Hinsicht erstaunlich: Vom ehemaligen Patienten sollte ich zum Mitarbeiter werden; ich hatte zwar etwas Psychologie gehört, mich während meiner Patientenzeit mit klinischer Psychologie und vor allem mit den Diagnosen meiner Mitpatienten beschäftigt, aber eine entsprechende Qualifikation besaß ich nicht. Zu meinen Aufgaben würde das Verhandeln mit einem Dutzend Psychiatrieprofessoren gehören, eine schwierige Aufgabe, die viel Fingerspitzengefühl erfordere, wie mir Dr. Bach sagte. Nach meinem Konflikt mit Professor V. erlebte ich dieses Angebot als besonderen Vertrauensbeweis. Vor allem aber war es geradezu unglaublich, daß ich als aus politischen Gründen Gefeuerter an der Karl-Marx-Universität arbeiten sollte und noch dazu an einem Projekt für das Gesundheitsministerium. In dieser Hinsicht seien noch Abklärungen notwendig, aber die Staatsanwaltschaft Leipzig hielte meine Anstellung nicht für unmöglich, hieß es. Natürlich sagte ich zu. Allerdings zogen sich die erforderlichen Überprüfungen monatelang hin. Ich würde mich später zu entscheiden haben, wenn sich das Angebot Weizsäckers verwirklichen ließe.

Das Verhängnis

Fluchthilfeangebote

Zur Leipziger Frühjahrsmesse Anfang März 1970 bat mich Ingrid nachmittags telefonisch dringend, sie zu besuchen. Bernd, ein Freund Stefans, war aus West-Berlin zu Besuch dagewesen und hatte ihr ausgerichtet, daß Stefan eine Flucht über Ungarn für sie, ihre beiden Kinder und einen Alexander Heyn organisiert habe. Ingrid wirkte ganz überrascht, war sehr nervös, wollte eine Flucht nicht recht und wußte nicht, was sie machen sollte. Eine Rolle spielten wohl auch die verwickelten Beziehungen zwischen ihr, Franz und Stefan in der Vergangenheit, über die ich wenig wußte. Abends sollte Bernd noch einmal kommen, und Ingrid bat mich, dabei zu sein, da sie Franz nicht erreichte. Da ich hoffte, von Bernd etwas über den Stand meiner legalen Übersiedlung zu erfahren, und um Ingrid vor unbedachten Entscheidungen zu bewahren, nahm ich an dem Gespräch teil. Mit dabei war auch der mir unbekannte Physiker *Alexander Heyn*, wahrscheinlich ein Studienkollege Stefans, von dem ich nichts wußte. Noch einmal unterbreitete Bernd den Plan, bei dem jeder ca. DM 18.000 bis 20.000 an eine kommerzielle Fluchthelferorganisation zahlen sollte. Ingrid drängte mich, an ihrer Stelle das Fluchtangebot zu nutzen, um Stefan nicht zu enttäuschen. Auch Heyn drängelte mich. Ich lehnte ab, da ich auf die Hilfe Weizsäckers bei einer legalen Ausreise vertraute, so daß ich zu illegalen Fluchtplänen keine Veranlassung hatte. Zu meiner legalen Übersiedlung konnte mir Bernd nichts sagen. Er hinterließ die Nachricht, daß in einigen Tagen ein weiterer Bekannter Stefans zu Jüttes käme, um die Sache endgültig zu besprechen.

Als ich mit Ingrid allein war, fragte ich sie, wie dieses Fluchthilfeangebot, das sie so überrascht hatte, zustande gekommen sei. Sie hatte Stefan in einem Brief ihre Eheprobleme geklagt und um Hilfe gebeten. Ob sie ihm direkt geschrieben hatte, für sie eine Flucht zu organisieren, wurde mir nicht klar. Jedenfalls hatte Stefan Ingrids Brief so gedeutet und – spontan und hilfsbereit wie er war – eine Flucht in die Wege geleitet. Ich erfuhr außerdem, daß Ingrid zuvor schon bei einem Besuch in Berlin Kontakt mit einem Boten Stefans hatte; damals hatte sie mich gefragt, ob ich einen Alexander Heyn kenne. Ich riet ihr, sich unbedingt mit Franz in Verbindung zu setzen, und noch am gleichen Abend besuchten mich beide. Franz war gegen eine Flucht seiner Frau und der beiden Kinder. Wenn diese abhauten, befürchtete er zu Recht, würde die Stasi ihn festnehmen. Er war entsetzt über das, was Ingrid ohne sein Wissen eingeleitet hatte. Statt aber über die Flucht zu sprechen, entwickelte sich das Gespräch bald zu einem Ehestreit, bei dem auch eine gemeinsame Vorgeschichte mit Stefan eine Rolle spielte. Nach meinem Eindruck verbarg sich hinter dem Fluchtvorhaben Ingrids das eigentliche Problem. Die Verquickung einer so ernsten Angelegenheit, wie der mit hohen Strafen bedrohten, vom Westen organisierten Flucht, die kühle Köpfe verlangte, mit hochemotionalen Beziehungsproblemen und die Verkoppelung mit dem uns unbekannten Heyn hielt ich für gefährlich.

Zur folgenden Zusammenkunft mit einem weiteren Boten Stefans, einem Volker Schwarz aus München, ging ich vor allem deshalb, weil ich verhindern wollte, daß sich Ingrid auf dieses Fluchtunternehmen einließe und weil ich wiederum hoffte, Neues über meine legale Ausreise zu erfahren. Mir war bei der gesamten Angelegenheit äußerst unwohl. Ich erinnere mich noch genau, daß mich an diesem Tag depressive Gefühle quälten, ich mehrere Beruhigungstabletten eingenommen hatte und während des Gesprächs teilweise auf einer Liege bei Jüttes lag, so daß ich nicht alle Einzelheiten – die ich auch nicht wissen wollte – mitbekam. Franz und ich waren dagegen, daß Ingrid Stefans Fluchthilfeangebot annimmt. Ingrid schwankte, wollte eigentlich nicht und lehnte schließlich für sich ab. Da Stefan nun einmal das Unternehmen organisiert habe, glaubte sie aber, einer von uns beiden müsse sich zur Flucht bereit erklären, und drängte mich, statt ihrer mit Heyn zusammen zu fliehen. Meine Einwände, daß ich auf die legale Hilfe Weizsäckers vertraue, und meine Anstellung an der Karl-Marx-Universität kurz bevorstehe, wischte sie weg. Auch Heyn drängte mich massiv. In einer Flucht mit mir sah er offenbar ein geringeres Risiko als mit Ingrid und ihren beiden Kindern. Trotz meiner definitiven Ablehnung wurde ich weiter bedrängt: Ich solle mir alles noch einmal überlegen und am nächsten Tag über Ingrid telefonisch meine Entscheidung Herrn Schwarz mitteilen. Dieser bat mich, ihm vorsorglich ein Paßbild – für meine Anstellung an der Karl-Marx-Universität hatte ich ohnehin welche machen lassen – zu geben. Um jedem weiteren Disput aus dem Wege zu gehen, gab ich ihm eins, obwohl meine ablehnende Entscheidung bereits feststand. Als Heyn und Schwarz gegangen waren, sagte ich Ingrid sofort, sie brauche mich am nächsten Tag nicht anzurufen: „Sag Herrn Schwarz, daß ich nicht zu einer Flucht bereit bin!"

Nervosität

Einige Tage später erschien Heyn überraschend bei mir und beschwor mich noch einmal, mit ihm zusammen zu fliehen. Ich sagte ihm entschieden, daß eine Flucht für mich ausgeschlossen sei. Beiläufig erzählte er mir, daß er Fotos von der Sprengung der Universitätskirche habe, die aus einer unter der Hand in Leipzig verbreiteten Serie stammten. Er bot mir Bilder davon an, die ich bei ihm abholte. Dabei gab er mir noch eine Adresse, wo ich weitere Fotos bekommen könnte. Aus dem Gespräch mit Heyn war mir klar geworden, daß er in seinem Haß auf die DDR ohne Rücksicht auf Verluste unbedingt jetzt die Flucht wagen wollte. Sie sollte nach Stefans Planung über Ungarn stattfinden. Heyn hatte einen Antrag auf Reiseerlaubnis mit einer fiktiven Hochzeitseinladung begründet, was mir sehr unvorsichtig vorkam. Er schien mir kopflos und unbesonnen zu sein, geradezu ein Desperado. Um mit mir Kontakt zu halten, schlug er vor, sich mit mir freitags in der „Motette" in der Thomaskirche zu treffen, wo jeden Freitag und Sonnabend Kirchenkonzerte mit dem Thomanerchor stattfinden. Alle seine Vorschläge lehnte ich ab: Er solle mich in Ruhe lassen und nicht mehr zu mir kommen. Obwohl ich seit Jahren möglichst oft die Motette besuchte, unterließ ich das in der nächsten Zeit, um Heyn nicht zufällig zu begegnen. Abgesehen davon, daß eine illegale Übersiedlung für mich nicht in Frage kam, hätte ich zusammen mit Heyn schon wegen seiner Persönlichkeitsstruktur – oder zurückhaltender gesagt: wegen seiner damaligen offensichtlichen nervösen Hektik – eine solche Flucht nicht unternommen und ihn dafür auch nicht mit Freunden zusammengebracht. Mit Franz war ich mir einig, daß von Heyn eine Gefahr für uns alle ausginge und wir ihm die geplante Flucht ausreden müßten, da sie wahrscheinlich schief gehen würde und uns alle in Gefahr brächte, verhaftet zu werden. Wir sahen aber auch, daß es unmöglich war, ihn davon abzubringen.

Am 1. April 1970 trat ich meine neue Arbeit an der Karl-Marx-Universität offiziell an. Nach meiner Überprüfung hatte der gleiche *Staatsanwalt Kretschmar*, der sich auf meine Eingabe hin außerstande erklärt hatte, die von Professor V. ausgesprochene politisch begründete fristlose Entlassung inhaltlich zu überprüfen, nun der Kaderleitung der Karl-Marx-Universität mitgeteilt, daß gegen meine Anstellung keine Bedenken bestünden. Diese Entscheidung erstaunt mich noch heute.

Wenige Tage später besuchte ich nach der Arbeit zusammen mit Bärbel, die aus Rostock gekommen war, meine Eltern und erfuhr, daß Heyn meine Mutter aufgesucht hatte. Ich war wütend, weil er uns entgegen meinem Wunsch wieder behelligt hatte. Um Bärbel nicht auch noch in dieses Verhängnis hineinzuziehen, sorgte ich dafür, daß sie keine Einzelheiten erfuhr. Heyn hatte meiner Mutter – die er zum ersten Mal in seinem Leben sah – von seinem Fluchtunternehmen erzählt und einen Zettel mit einer Nachricht für Ingrid dagelassen. Ärgerlich sagte ich zu meiner Mutter: „Den bringe ich ihr nicht. Ich habe Heyn gesagt, er soll mich in Ruhe lassen. Ich will nichts mit ihm zu tun haben. Das geht doch alles schief." Meine Mutter aber in ihrem Pflichtgefühl beharrte: „Das kannst Du nicht machen. Herr Heyn verläßt sich auf uns. Ich habe ihm versprochen, daß Frau Jütte die Nachricht erhält. Wenn Du sie ihr nicht bringst, gehe ich zu ihr." Mir fiel ein Ausweg ein. Ich beruhigte meine Mutter: „Ich gehe zu Herrn Jütte", dessen Nebenwohnung in Leipzig-Eutritzsch in unserer Nähe lag. Bärbel begleitete mich. Franz und ich gingen vorsichtshalber ohne sie auf die Straße und kamen überein: Wir geben die Nachricht nicht an Ingrid weiter, Franz trifft sich mit Heyn und sagt ihm, er möge uns endlich in Ruhe lassen. Nach seiner Begegnung mit Heyn berichtete mir Franz: „Alexander ist kopflos und nervös. Bei seiner Flucht verhält er sich möglicherweise so unvorsichtig und auffällig, daß er festgenommen wird." Wenn Heyn der Stasi in die Hände fiele, würde sie bald auch vor unseren Türen stehen, hatten wir Angst. Franz bat mich um Beruhigungspillen für Heyn, und *ich gab ihm ein paar Meprobamat.*

Früher schon hatten wir gelegentlich über das richtige Verhalten nach einer Verhaftung gesprochen – hatte ich doch als einziger durch meine Festnahme vor der Universitätskirche ein ganz kleines bißchen Erfahrung. Ingrid war wenig besorgt und sah kaum eine Gefahr, während Franz und ich aus der Flucht Heyns schlimme Folgen für uns befürchteten. Auf Franz' Bitte probte ich mit Ingrid ein wenig Verhör, um ihren unberechtigten Optimismus zu dämpfen – mit dem entmutigenden Ergebnis, daß sie nach wenigen Minuten heillos in Widersprüchen steckte.

Einige Tage später besuchte mich Franz noch einmal. Heyn war verschwunden, und Franz sorgte sich, daß er vielleicht schon verhaftet sei. Seinen Vorschlag, gemeinsam zu Heyns Wohnung zu gehen, lehnte ich ab. Ich konnte nur noch hoffen, daß Heyns Flucht gelänge und daß dieser keine auf uns weisenden Spuren hinterlassen hätte. Zur Ablenkung stürzte ich mich in meine neue Arbeit und lernte sozialistisches Vertragsrecht. Was hätte ich auch sonst tun sollen? Seit Stefans und Haralds Flucht im Sommer 1968 hatte ich Angst, daß die Stasi gerade durch diese Flucht auf mich als den dritten Leipziger Beteiligten an der Plakataktion käme. Nun aber, seitdem Stefans Boten Heyn das Fluchtunternehmen mit Ingrid und mir als Ersatzmann ins Haus gebracht hatten, wuchs meine ganz konkrete Befürchtung:

Uns allen droht die baldige Verhaftung.

4. Verrat aus dem Westen

Von Uwe und Ingrid auf die Stasiakten »*Atom*« und »*Heuchler*« aufmerksam gemacht, fand ich Erschreckendes. ([1], [6], [24], [25]; vgl. Knabe 1999, S. 227 f.).

Denunziation durch einen westdeutschen DDR-Sympathisanten

Stefan W. kam in Westdeutschland in die achtundsechziger Studentenbewegung hinein. Nachdem er kurz zuvor noch vorgeschlagen hatte, in die SED einzutreten, um eine Demokratisierung unter Beibehaltung des Ziels Sozialismus zu erreichen (Uwe May in [33] GA 7 76 ff., [5] Bd. 10 358) – was die Stasi später uns Zurückgebliebenen als Unterwanderungsabsichten anrechnete, träumte er nun vom Sozialismus in Westdeutschland. Zu seinen neuen politischen Freunden gehörte der Politologie- und Soziologiestudent *Bernard Langfermann*, Mitglied des Sozialistischen Hochschulbundes (SHB), zunächst SEW-nah und später Mitglied der Sozialistischen Einheitspartei Westberlins, einem Ableger der SED. Langfermann sah in der DDR die wünschenswerte sozialistische deutsche Alternative.

Langfermann wurde 1967 während seines Studiums am Braunschweig-Kolleg von SPD-Mitgliedern zum Pfingsttreffen der FDJ in Karl-Marx-Stadt vermittelt. Dort wollte er mit der FDJ in Verbindung treten, nicht aber mit offiziellen Stellen korrespondieren, weil er in seinem Mißtrauen befürchtete, daß seine Briefe gar nicht erst aus der Bundesrepublik herauskämen. Schließlich landete er bei einem Leutnant, der ihm Materialien von der FDJ zu besorgen versprach ([24] 38–41). Bei einer Unterhaltung über politische Probleme »*nahm er eine sehr progressive Haltung ein*«, berichtete der Leutnant. Ob Langfermann von Anfang an wußte, an wen er geraten war, bleibt aus den Akten unklar. Bei der nächsten Begegnung, die dann schon »*Treff mit der Kontaktperson Langfermann*« hieß, »*erfolgte eine Personenübergabe*« von einem Offizier für Äußere Abwehr an einen Genossen der Abteilung XX/5 der Stasi ([24] 42). Die Stasi charakterisierte Langfermann so ([24] 44 f.):

»*Auszug aus IM-Bericht Langfermann, Bernard*
(...) Ehefrau ist Mitglied der SEW. (...) L. ist parteilos, aber der SEW nahestehend. In allen wichtigen Fragen klarer marxistisch-leninistischer Standpunkt (Führende Rolle der Partei, Rolle Arbeiterklasse und Intelligenz; zur Rolle SPD-Führung, Maoismus, CSSR-Ereignisse, zu einigen Fragen VIII. Parteitag, „Ihr seid weiter in der Beherrschung großer Systeme und Komplexe als vermutet; der ehrliche, offene Führungswechsel hat einen größeren Einfluß auf drüben, als es Ihr Euch überhaupt denken könnt." Wirtschaftspolitik und große Anstrengungen der Werktätigen: „Seid froh und Gott sei Dank, daß Ihr Euch ungestört mit diesen Dingen beschäftigen könnt." Z. Zt. Mitherausgeber einer „linken marxistischen Studenten-

Zeitschrift", offene Mitgliedschaft in DKP bzw. SEW sei für ihn nicht angebracht. (...) verhaltene Begeisterung für unsere Sache in logischer Sachlichkeit vorgetragen. Eindruck: klug und zielbewußt. Kauft vermutlich oft Literatur in der DDR-Hauptstadt (...). Bezahlt mit Westgeld, auf kriminelle Dinge „schwarzer Tausch" lasse er sich nicht ein, für ihn sei das „Bewußtseinsfrage".«

Unaufgefordert ließ Stefan W. seinen Freunden in der DDR auf verschiedene Weise Bücher aus dem Westen zukommen – nach Auffassung der Stasi revisionistische, antisozialistische, kurz: feindliche Literatur. Eine Bekannte Ingrid Jüttes, Romanistin an einem Berliner DAdW-Institut, war damit einverstanden, daß über ihre Institutsadresse Belletristik und Lyrik geschickt wurde. Eine zweite Sendung Stefans enthielt »*antisozialistische Literatur*«, die zu einem Disziplinarverfahren gegen die Romanistin führte ([6] Bd. IV 27 ff., 76 ff.).

Stefan suchte einen neuen Weg für seine Büchereinfuhr und verfiel ausgerechnet auf Bernard Langfermann als Kurier. Privat kannte er ihn wohl kaum, so daß er sich über seine menschliche Zuverlässigkeit keinen Eindruck bilden konnte. Seitdem der SHB-Vorsitzende *Linde* 1967 in Ost-Berlin Langfermann mit Stefan bekannt gemacht hatte, war ihm dessen SHB-Beziehung bekannt. Bereits dies hätte es Stefan verbieten müssen, Langfermann das Schicksal von Freunden in der DDR anzuvertrauen. Langfermann lehnte nicht etwa Kurierdienste für Stefan ab, sondern willigte scheinbar in die erbetene Mithilfe ein. Er meldete sich am 5.1.1970 beim Grenzübergang Friedrichstraße in Ost-Berlin und wurde an die Stasiabteilung VI weitergereicht. Die beiden Berichte der Stasi vom 6.1.1970 ([24] 10–12, 13–17) nennen so viele Einzelheiten, daß ein Zugriff der Stasi auf Stefans Freunde in der DDR unausweichlich war (*Dok.* 6). Bis dahin war die Stasi nicht auf unseren Leipziger Freundeskreis aufmerksam geworden.

Stefan W. nennt in seinem Brief vom 4.1.1970 mehrere Namen. Daß „K" sich auf *Koch* bezieht, würde die Stasi bald erfahren. Durch „T" wurde die Stasi auf *Treumann* aufmerksam; nach meiner Überzeugung durfte Stefan seinen Namen – er war der Maler des Plakates – keinesfalls nennen. „F" steht für einen Physiker, bei dem auch die Büchereinschleusung zum Druck bei der späteren IM-Werbung verwendet wurde. Stefan hatte auch gleich noch ausgeplaudert, daß er beabsichtige, »*seine Freundin*« *Inge (für Ingrid), als die Langfermann Ingrid Jütte vermutete, aus der DDR auszuschleusen. Mit Steffi und ihrem Mann waren Ingrids Berliner Freunde einbezogen. Stefan sei »*in unsaubere Geschäfte verwickelt*«, vermutete Langfermann ([24] 12), sei jemand, der »*für Geld alles macht*«. Systematische Einschleusung von revisionistischer Literatur in die DDR mit Verteilercode, bezahlt von einem Büro der SPD – das alles war Wasser auf die Mühlen der SED, die in der neuen Ostpolitik der SPD den neuen Hauptfeind sah, der revisionistisch ihre ideologische Aufweichung wolle.

Langfermann ergänzte seine Denunziation vom 5.1.1970 gemäß einem dreiseitigen Treffbericht vom 2.2.1970: W. sei ihm gegenüber wegen seiner Mitarbeit an der DDR-freundlichen »*progressiven Studentenzeitschrift „Wissenschaft und*

Politik"« »*in seinen Äußerungen sehr zurückhaltend*« geworden. Bei einem Besuch in der Redaktion dieser Zeitschrift hatte W. die Auffassung vertreten, »*daß es notwendig wäre, daß man die Bürger der DDR zum Zwecke der allseitigen Meinungsbildung mit den ideologischen Theorien des Westens bekannt machen müßte*« und dabei auch die Werke der »*Ideologen*« *Marcuse und Habermas* genannt ([24] 53):

> »*Von einem Mitarbeiter der Redaktion wurde dem W… nachgewiesen, daß Habermas sogar in Westdeutschland als progressiver Ideologe umstritten wäre. Es wäre aus diesem Grunde für ihn unverständlich, warum W… dessen umstrittene Ideologie auch noch in der DDR verbreiten möchte.*«

Die Stasi riet Langfermann, er solle sich um ein Vertrauensverhältnis zu W. bemühen und diesem sagen, daß er für die Meinungen der Mitarbeiter der Redaktion nicht verantwortlich sei ([24] 53).

Sehr leichtfertig, daß Stefan überhaupt mehreren ihm kaum bekannten Linken erzählte, daß er Bücher in die DDR für seine Freunde einschleuste. Diese waren offenkundig so DDR-nah, daß ihnen sogar Marcuse und Habermas als für die DDR gefährlich erschienen. Obwohl W. daraufhin Langfermann gegenüber »*sehr zurückhaltend*« geworden sein soll, hielt ihn dies nicht davon ab, ihm seine Freunde in der DDR mit den im Bericht vom 6.1.1970 wiedergegebenen Informationen auszuliefern. Stefan wußte, mit was für einem DDR-Sympathisanten er sich einließ. »*Bezüglich meiner Stellung zur BRD gleite ich immer weiter nach links, bzgl. meiner Stellung zur DDR in letzter Zeit stark nach rechts*«, schrieb ihm Stefan, und er bat ihn um Hinweise auf »*Superlinks-Veröffentlichungen*« ([24] 16). Die mit Langfermann gemeinsame kritische Haltung zur Bundesrepublik hielt er für ausreichend, um ihm Kurierdienste anzuvertrauen. Grotesk! Meine Meinung ist: Selbst wenn es schwer war, einen Boten zu finden, hätte Stefan lieber auf seine Aktivitäten verzichten müssen, als uns durch einen derartig aus politischen Gründen Ungeeigneten zu gefährden – zumal da ich Stefan nicht um Bücher oder Fluchthilfe gebeten hatte.

Die Akte enthält auch mehrere Blätter mit handschriftlichen Notizen der Gespräche zwischen Stefan und Langfermann ([24] 113, 116–121), die der Stasi manchmal zunächst Rätsel aufgegeben, ihr dann aber weitergeholfen haben dürften. So notierte Stefan: »*Postkarte von Koch mit Rohlfs Blumen*«. Langfermann hielt u. a. fest: »*„Budenzauber" Leipzig Kirche*«. Ich weiß dafür nur die Erklärung, daß dies eine Chiffre für den Plakatprotest ist, mit der Stefan geheimnisvoll Langfermann angedeutet hat, weshalb er aus Leipzig geflohen war. *Die Stasi, die jedem kleinen Hinweis akribisch nachging, muß schon durch diese Notiz veranlaßt worden sein, bei Stefans Freunden der Plakataktion nachzuspüren.* Daß Stefan Langfermann meine Beteiligung am Plakatprotest verraten hätte, fand ich nicht in den Akten.

Die Stasi beobachtete Langfermann bei seinen Bewegungen in Ost-Berlin. Zunächst führte sie ihn unter dem Decknamen »*8 2 9 5 3*«, später unter KP »*Buch*« und dann »*Boris Buch*«. Langfermann erklärte sich bereit, die Stasi weiterhin bei der Aufklärung der feindlichen Tätigkeit Stefan W.s gegen die DDR zu unterstützen ([24] 52). Wie sich aus den Treffberichten vom 2.2. und 9.2.1970 ergibt, bemühte er sich zunächst, die Verbindung zu den von Stefan genannten Freunden in Potsdam, Karl-Marx-Stadt, Berlin und zu »Ingrid«, an die er auf Anweisung der Stasi zwei der Bücher Stefans weiterleiten sollte, aufzuklären. Bei telefonischen Rückfragen versuchte er, Stefan weiter auszuforschen ([24] 52–56).

Der Führungsoffizier fragte »Boris Buch« beim Treff am 5.2.1970 nach seiner Haltung zur »Abwerbung von hochqualifizierten Arbeitskräften aus der DDR nach Westdeutschland«. Dieser verurteilte solche Abwerbungen und erklärte ([24] 55): »Sein Bestreben und das einiger Kommilitonen sei, in der Perspektive in WD sozialistische Verhältnisse zu errichten. Er ist sich dessen bewußt, daß die DDR, trotz einiger Vorbehalte seinerseits zu einigen Fragen des sozialistischen Aufbaus in der DDR, bereits dieses sozialistische System errichtet hat. Aus diesem Grunde sollten die sozialistischen Kräfte in WD alles daran setzen zu verhindern, daß der DDR von Seiten reaktionärer Kräfte in WD Schaden zugefügt wird.«

Zum neuen Institut Professor von Weizsäckers in Starnberg, in dem Stefan W. arbeiten werde, meinte Langfermann ([24] 56), »daß er gehört habe, daß dieses Institut mit Hilfe des CIA errichtet wird. Es wird als sogenanntes „Friedensforschungsinstitut" deklariert. Es liege durchaus im Bereich des Möglichen, daß W... die Aufgabe hat, entsprechende Spezialisten für dieses Institut aus der DDR zu beschaffen. (...) Die Möglichkeit feindlicher Handlungen gegen die DDR durch W... wird auch dadurch bestärkt, daß W... ihm bei seinem Telefonat erzählte, daß er nicht über alle Probleme am Telefon berichten könne und ihm deshalb nur das Nötigste sagen kann. W... hat die Absicht, ihm alles Weitere schriftlich zu übermitteln.«

Die Behauptung Langfermanns, Stefan W. habe ihm von der Beziehung des Weizsäckerschen Max-Planck-Instituts zur CIA berichtet ([5] Bd. 14 74 f.; vgl. 6. Kap.), wird in den Stasiunterlagen mehrfach aufgegriffen (z. B. [25] Bd. 2 127). Langfermann hatte nun wirklich genügend Reizwörter genannt, um die Stasi in Alarmbereitschaft zu versetzen. Aber es kam noch schlimmer.

Verrat von Fluchthilfeplänen

Stefan hatte den SEW-nahen DDR-Sympathisanten *Hans-Wilhelm Kr.* 1967 beim Besuch westdeutscher Linker in Ost-Berlin kennengelernt, ähnlich wie Langfermann. Kr. hatte seit 1969 mehrere Gespräche mit dem Mitglied des ZK der SED und Vizepräsidenten des Deutschen Schriftstellerverbandes, *Hermann Kant*, da er beabsichtigte, eine Arbeit über diesen zu schreiben ([11]). Nachdem Stefan gegenüber Langfermann mißtrauisch geworden war, bat er im Januar 1970 Kr., in Ost-Berlin Ingrid brisante Einzelheiten einer Fluchthilfe für diese, einschließlich mehrerer von Stefan erfundener Codes, auszurichten. Ingrid lehnte die abenteuerlichen Pläne Stefans – sie und ihre beiden Kinder mit einem Schlauchboot von Bulgarien über das Schwarze Meer in die Türkei zu bringen – ab. Stefan bat Kr. erneut, nach Leipzig zu fahren, um Ingrid neue Fluchtpläne mit einer kommerziellen Fluchthelferorganisation zu übermitteln. Kr. lehnte ab mit der Begründung, daß er mit seinem Gewissen in Konflikt gerate, wenn er gegen Gesetze der DDR verstoße. Stefan teilte Kr. daraufhin mit, daß er dann eben „Bernd" nach Leipzig schicken werde ([12] 121–152) – wieder eine unverständliche Unvorsichtigkeit. Stefans Bedenken wegen Langfermanns ideologischer DDR-Nähe waren vergessen.

Stefan bat Langfermann am 28.2.1970 in West-Berlin persönlich und in weiteren Briefen, durch einen Besuch in Leipzig Heyn und Ingrid Jütte von einem von ihm in die Wege geleiteten *Fluchthilfeunternehmen* über Ungarn zu unterrichten, Ingrid anzukündigen, daß sie in wenigen Tagen Volker Schwarz aus München besuchen werde, ein weiterer Bote Stefans bei der Fluchthilfe, und mitzuteilen, daß Stefan ein weiteres Treffen mit Fluchthelfern in der Wohnung von Ingrids Berliner Freundin Steffi geplant habe, die er damit auch noch mit hineinzog. Außerdem übermittelte Stefan durch Langfermann mehrere Codenamen und Codesätze und gebrauchte auch im schriftlichen Verkehr mit diesem weitere Codenamen. Langfermann unterrichtete sofort umfassend die Stasi ([24] 57 ff.) und übergab dieser die Briefe Stefans mit den Einzelheiten des geplanten Fluchtunternehmens. In der Akte befinden sich die 4-seitige Abschrift eines Briefes von Stefan an Langfermann vom 28.1.1970 ([24] 59–62), zwei insgesamt zehnseitige Originalbriefe Stefans an Langfermann vom 28.1. und 1.3.1970 einschließlich der zugehörigen Briefumschläge ([24] 92–109, 122–123), von denen ich zwei Seiten als Beleg zitiere (*Dok. 7*).

Außerdem übergab Langfermann eine Aufstellung von Codes: beispielsweise „*Bachmann*" = *Ingrid Jütte*, „*Doris Winkler*" = *Dietrich Koch*, „*Udo*" = *Stefan W.*, „*rechtswissenschaftliches Institut*" = *DDR*, „*Examen*" = *Reise* ([24] 71, 116). Gewiß war es sinnvoll, für Telegramme, die den Erhalt einer Reiseerlaubnis nach Ungarn mitteilen sollten, Decksätze zu vereinbaren. Aber der inflationäre Gebrauch von Decknamen, die mal verwendet wurden, mal aber nicht, wirkt ziemlich pubertär. Ingrid und ich wußten jedenfalls nicht, daß Stefan über uns mit Decknamen korrespondierte. All dies verstärkte bei der Stasi den Eindruck einer gefährlichen professionell arbeitenden staatsfeindlichen Gruppe. In einem Bericht vom 19.6. 1970 ([25] Bd. 2 130) heißt es:

»Der Verdacht besteht, daß es sich bei ■■■, *Koch, Dietrich und den ebenfalls inhaftierten* ■■■ *um eine Untergrundgruppe handelt, die systematisch untereinander und nach außen politisch-ideologische Diversion betrieb. Diese Personen standen ideologisch unter dem Einfluß des W…,* ■■■■■■.

Im Verlaufe der Bearbeitung des Operativ-Vorlaufes „Atom" wurde erarbeitet, daß W… über unsere inoffizielle Quelle versuchte, Bürger der DDR mit Materialien der politisch-ideologischen Diversion zu versorgen. In diesem Zusammenhang wurden nachstehend genannte Bürger, an die die Materialien übergeben werden sollten, bekannt: ■■■■■■«

Im gleichen Bericht sagt die Stasi, daß die Ausschleusung der Personen »*durch die Anwendung nachrichtendienstlicher Mittel und Methoden vorbereitet*« wurde. Bekanntlich reagierte die Stasi ohnehin auf jede Art vermuteter feindlicher Tätigkeit ziemlich paranoid. Stefan hatte ihr mit seiner fatalen Neigung zu einer Konspirationsromantik mit der Verwendung von *Decknamen, Codebuchstaben und verdeckten Mitteilungen* und Langfermann mit den Hinweisen auf W.s Finanzierung durch die SPD und auf eine angebliche Beziehung Weizsäckers zur CIA nun wirklich Futter für ihre Paranoia gegeben, so daß der ungeheure Aufwand der Stasi gegen den Leipziger Freundeskreis schon im Vorfeld verständlicher wird.

Auf Grund der Mitteilungen Langfermanns eröffnete die Stasi den *Operativen Vorgang »Atom«* ([25]). Im Bericht der Hauptabteilung VI, Berlin, 19.6.1970, über dessen Ergebnisse ([25] Bd. 2 128–141) steht dazu ([25] Bd. 2 132–133):

»Im Ergebnis der Festigung des Kontaktes unserer inoffiziellen Quelle zu W… beauftragte dieser ihn, am 28.2.1970 als Kurier nach Leipzig zu fahren, um die Ausschleusung der dort wohnhaften Bürger der DDR ■■■ *und* ■■■ *nach Westdeutschland vorzubereiten. (…)*

Die inoffizielle Quelle wurde von uns beauftragt, die genannten Personen am 4.3.1970 aufzusuchen und die von W… erhaltenen Instruktionen an die zur Ausschleusung vorgesehenen Personen weiterzuleiten.«

Langfermann besuchte in Leipzig Alexander Heyn und Ingrid, die mich hinzu bat. Wir lernten ihn unter dem Namen „Bernd" kennen und vertrauten ihm als einem Freund Stefans. Er berichtete der Stasi detailliert über seine Gespräche mit uns durch einen Tonbandbericht, Abschrift vom 4.3.1970 ([24] 63–68), und einen 12-seitigen Bericht vom 9.3.1970 ([24] 72–83). Aus dem Bericht der Hauptabteilung VI vom 7.3.1970 ([25] Bd. 1 59–65, alle Schwärzungen vom BStU) zitiere ich aus den Seiten 1–3 (*Dok. 8*). Insgesamt ist damit in den Stasiakten umfassend dokumentiert, wie Langfermann uns verraten hat.

Stefan hatte mich Langfermann ausdrücklich als Vertrauensperson Ingrids genannt. Sie hatte mich zum Gespräch mit „Bernd" hinzugezogen und meine Flucht an ihrer Stelle vorgeschlagen, da sie von Stefans Fluchthilfevorschlag überrascht worden war. Langfermann berichtete, Ingrid habe meinen Zustand als sehr schlecht geschildert, und er sagte weiter zu meiner Person ([24] 80):

»Diesen Eindruck hatte ich nicht. Er schien mir zwar etwas unentschlossen zu sein. Auf den Vorschlag von ■■■ *[= Ingrid Jütte], daß er an ihrer Stelle jetzt in den nächsten 4 bis 6 Wochen nach Westdeutschland fliehen solle, reagierte er nicht negativ, aber auch nicht mit deutlich spürbarer Zustimmung. **Er war aber einverstanden.***«*

Dem Eindruck Langfermanns entgegengesetzt, beauftragte ihn sein Führungsoffizier am 5.3.1970, in seinem Beisein an Stefan zu schreiben, daß er »*von Koch keinen guten Eindruck*« gehabt hätte ([24] 86). Weiterhin schrieb Langfermann an Stefan wahrheitswidrig, »*Doris Winkler*« solle gegen »*Bachmann*« ausgetauscht werden, »*Doris Winkler*« stelle nun einen »*Antrag auf Examen*« ([24] 84–85). Wahr dagegen ist, daß ich ausdrücklich eine Flucht *abgelehnt* hatte. Ich hatte keineswegs gesagt, einen Reiseantrag für Ungarn zu stellen. Auf diese Weise förderte die Stasi entgegen meiner Absicht ein Fluchthilfeunternehmen für mich, indem sie Stefan vortäuschte, ich sei fluchtwillig.

Gemäß Treffbericht vom 12.3.1970 sollte »*Boris Buch*« weitere Informationen von Stefan W. über die genauen Fluchtpläne besorgen ([24] 86). Das Schema ([25] Bd. 1 73) der Stasi zeigt die zentrale Rolle Langfermanns (*Dok. 9*).

Maßnahmen der Stasi im Operativen Vorgang »Atom«

Die Hauptabteilung VI erwog für die weitere politisch-operative Bearbeitung im OV »*Atom*« *drei Versionen* ([25] Bd. 1 64–65):

1. Reiseanträge nach Ungarn werden abgelehnt, um Schleusungen zu verhindern.

2. Die Flüchtlinge werden beim Grenzübertritt festgenommen. Da sie vermutlich nur das für einen Touristen übliche Gepäck bei sich hätten, müßte mit Vorhalten gearbeitet werden, um die notwendigen Beweise zu erhalten ([25] Bd. 1 216):

»*Dabei ist zu beachten, daß für die beabsichtigte Flucht der genannten Personen über das sozialistische Ausland keinerlei offizielles Beweismaterial vorhanden ist. Eine Preisgabe inoffizieller Fakten hätte die Gefährdung der Kontaktperson „Boris Buch" zur Folge.*«

3. Deshalb und um die Details der »*Umwandlungsmethode*« (aus Ostdeutschen werden im Flugzeug oder Transitraum Westdeutsche) zu erfahren, entschied sich die Stasi für die dritte Version: Heyn, Ingrid Jütte und Koch werden bis nach Ungarn unter operativer Kontrolle gehalten und dort festgenommen. Voraussetzung dafür ist ein mit den »*ungarischen Bruderorganen*« abgestimmter Plan ([25] Bd. 1 65).

Die Stasi formulierte am 10.3.1970 einen »*Maßnahmeplan zur weiteren Bearbeitung des operativen Materials W…*« ([25] Bd. 1 66–72). Dieser beginnt:

»*Am 3.3.1970 wurde durch die Kontaktperson Boris Buch bekannt, daß der in Westdeutschland wohnhafte, ehemalige Bürger der DDR W…, Stefan (…) beabsichtigt, die Bürger der DDR* ■■■ *sowie deren Kinder* ■■■ *und den* ■■■ *über die VR Ungarn nach Westdeutschland auszuschleusen. Die Kontaktperson hatte den Auftrag, die genannten Personen am 4.3.1970 in Leipzig aufzusuchen, diese von der beabsichtigten Schleusung zu informieren und folgendermaßen zu instruieren (…)*«

Aus den Einzelheiten der Berichte von »*Boris Buch*« erarbeitete die Stasi einen umfangreichen Maßnahmekatalog, um den Weg der vorgesehenen Schleusung und die dabei angewandten Mittel und Methoden festzustellen und schließlich die beteiligten Personen festzunehmen. Sie plante für fünf verschiedene Hauptvarianten der Schleusung: westdeutsche oder ausländische Reisedokumente werden im Flugzeug nach Budapest getauscht; Pässe im Transitraum des Flughafens in Ungarn; mit einem Fahrzeug mit gefälschten Pässen nach Österreich; Realisierung der drei genannten Varianten bei einer Zwischenlandung in Prag; Anreise über die CSSR nach Ungarn mit mehreren Varianten. Schließlich plante die Stasi noch für den Fall, daß die Reisen nach Ungarn nur Ablenkungsmaßnahmen sein könnten, während die eigentliche Schleusung über Berlin oder die »*Staatsgrenze West*« erfolge. Für jeden dieser Fälle mußten mehrere Dienststellen informiert werden.

Die »*bekannten Trefforte*« (Jüttes und Steffis Wohnungen) sollen durch optische und akustische Beobachtung (Abteilung 26, HA VIII, Abteilung O) unter Kontrolle genommen werden. Eine »*ständige operative Kontrolle und Beobachtung*« der verdächtigen Personen und weiterer Beteiligter wurde angeordnet, wobei »*Bildmaterial*« über diese zu beschaffen war. Für alle Verdächtigen wurde eine Postkontrolle (»*Abteilung M*«) eingeleitet. Außerdem wurden »*Sonderkastenleerungen bzw. Telegrammkontrollen*« veranlaßt ([25] Bd. 1 209). Bei Buchung eines Flugtickets sollte sofort der Operative Dienst in Berlin verständigt werden. Alles habe unter strengster Konspiration zu erfolgen. Da es der Stasi in den drei Tagen zwischen den Besuchen Langfermanns und Schwarz' offenbar nicht gelang, in der Wohnung Jüttes und später bei Steffi in Berlin Abhöreinrichtungen zu installieren, und da sie feststellte, daß keiner der Beobachteten Telefon hatte, blieb ihr nur die Personenbeobachtung von außen. Der Wohnungsnachbar Jüttes wurde »*als positiver Bürger und Genosse ermittelt*« ([25] Bd. 1 74 ff.) und berichtete, wann Personen (mit jeweiliger Beschreibung) am 7.3.1970, als W.s Bote Volker Schwarz Ingrid besuchte, Jüttes Wohnung betraten oder verließen und über meine weiteren Besuche bei Ingrid.

Schließlich sollten durch offizielle und inoffizielle Quellen umfassende »*Persönlichkeitsbilder*« der Fluchtwilligen erarbeitet werden. Sie waren eine sehr wichtige Vorbereitung auf die späteren Vernehmungen, in denen die Stasi an den wunden Punkten einer Biographie und den charakterlichen Eigenheiten eines Beschuldigten ansetzte, um ihn kooperativ zu machen. Wegen des Persönlichkeitsschutzes beschränke ich mich auf einen Bericht des Parteisekretärs der Leipziger Akademieinstitute über meine Person. Dessen Beurteilung ist stark von meiner fristlosen Entlassung nach der Festnahme vor der Universitätskirche bestimmt. Wer politisch verwerflich gehandelt hatte, mußte auch ein schlechter Mensch sein ([25] Bd. 167 f.): »*Genosse Dr. E... schätzte den Koch als maßlos überheblichen und bornierten Menschen ein.*«

Neben »*guten fachlichen Leistungen*« spricht er mir »*Rechthaberei*«, »*übertriebenes Geltungsbedürfnis*«, »*Arbeitsbummelei*« (2 Tage Urlaubsüberschreitung) und »*unmoralisches Verhalten (außereheliche Frauenbekanntschaften)*« zu. In der Arbeitsstelle hätte ich mich »*nie negativ über oder gegen die DDR geäußert*«. Ich solle »*stark kirchlich gebunden*« sein. In einem Zusatz ([25] Bd. 1 171) sagt der Parteisekretär: »*D. Koch ist Mitglied der Jungen Gemeinde.*« Das lag nun zwar schon 17 Jahre zurück; aber für ihn galt die *Junge Gemeinde* offenbar seit dem Kampf der SED gegen sie in den fünfziger Jahren noch immer als Hort der Reaktion.[16] Er erwähnt, daß mich mein Bruder an der gleichen Arbeitsstelle stets unterstützt habe und zwischen uns ein enger Kontakt bestehe. Abschließend weist er darauf hin, daß ich 1968 *wegen meiner* »*Beteiligung an der Demonstration anläßlich des Abrisses der Universitätskirche in Leipzig*« *fristlos entlassen wurde* ([25] Bd. 1 167). Die Stasi war gemäß folgender Notiz aus den Akten der Polizei auch für den Komplex *Universitätskirche* auf mich aufmerksam geworden ([25] Bd. 1 169):

»*Der parteilose Dipl.-Physiker Koch, Dietrich wurde am 27.5.1968 durch die VP auf dem Karl-Marx-Platz wegen Beteiligung an den Ausschreitungen festgenommen und für 22 Stunden in Haft gehalten. In der folgenden Aussprache im Betrieb spielte er den Unwissenden und Unschuldigen und sagte, daß er nur zufällig vorbeigekommen ist. Von K. ist bekannt, daß er stark kirchlich gebunden ist.*«

In der weiteren Beobachtung stellte die Stasi fest, daß bisher lediglich Heyn eine Reise nach Budapest beantragt hatte. Was aber war mit Ingrid Jütte und Koch? »*Die inoffizielle Quelle „Boris Buch“ hat keine Möglichkeiten, hierzu nähere Informationen zu beschaffen*« ([25] Bd. 1 214), bedauerte die Stasi. Sie beschloß, Ingrid Jütte, Heyn und mich an der gesamten Staatsgrenze der DDR in Fahndung zu stellen, beim Versuch der Ausreise sofort die Hauptabteilung VI in Berlin zu benachrichtigen und uns nur mit deren Zustimmung ausreisen zu lassen. Aber die bestätigte Variante 3, die zu schleusenden Personen in Ungarn festzunehmen ([25] Bd. 2 5), »*konnte nicht realisiert werden, da es dem Genossen Oberstleutnant (…), Leiter der Hauptabteilung XX/5, nicht möglich war, mit den Genossen des ungarischen Bruderorgans in Verbindung zu treten.*«

Wegen dieser *mangelnden Kooperation des Bruderorgans* wurde nach Version 2 Heyn am 10.4.1970, als er mit dem Zug von Dresden in die CSSR fuhr, hinter der Grenze in Decin festgenommen. Der auf ihn in Prag oder Budapest wartende Fluchthelfer entging seiner Verhaftung. Heyn wurde in Dresden von Spezialisten aus Berlin vernommen. In ihren Berichten vom 17.4.1970 ([25] Bd. 2 6) und vom 19.6.1970 ([25] Bd. 2 128–141) resümiert die Stasi ([25] Bd. 2 134):

»*Die Erstvernehmung des Heyn bestätigte in allen Details die Informationen der inoffiziellen Quelle, woraufhin die* ■■■, *Koch, Dietrich und die* ■■■ [= Jüttes] *festgenommen werden konnten.*«

Die Stasi hatte damit offiziell verwertbares Vorhaltmaterial gegen Ingrid und Franz Jütte und mich, ohne ihre inoffizielle Quelle preisgeben zu müssen. Der Verrat Langfermanns blieb uns bei den späteren Verhören verborgen.

---

16 1952/53 wurde die Junge Gemeinde als Agentenzentrale, faschistische Tarnorganisation und als »*Tarnorganisation für Kriegshetze, Sabotage und Spionage im USA-Auftrag*« (FORUM. Organ des Zentralrats des FDJ für die deutschen Studenten 15/1953, S. 6) diffamiert (zit. nach Straube 1996, S. 81).

Marxistische Literatur als Dank für eine patriotische Tat

Im Treffbericht vom 10.7.1970 ([24] 87–89) berichtet »Boris Buch«, er habe Ende Mai 1970 einen Brief von Stefan W. aus Mülheim an der Ruhr erhalten. Bei der Ausschleusung der Leute, die er in Leipzig aufgesucht habe, sei etwas schiefgelaufen; er solle in nächster Zeit nicht mehr in die DDR einreisen. »Boris Buch« wurde vom Führungsoffizier unterrichtet, daß auf Grund seiner Hinweise die ihm bekannten Personen festgenommen werden konnten ([24] 88):

> *In diesem Zusammenhang wurde der Kontaktperson offiziell der Dank für die von ihm geleistete Hilfe und Unterstützung bei der Verhinderung der geplanten Schleusung ausgesprochen. Die Kontaktperson brachte zum Ausdruck, daß sie sich freue, der DDR einen guten Dienst erwiesen zu haben. Gleichzeitig brachte er seine Freude darüber zum Ausdruck, daß wir die Absicht haben, ihm in Anerkennung seiner geleisteten Hilfe marxistische Literatur zu übergeben. Die KP wird zum nächsten Treff seine Wünsche in dieser Beziehung mitteilen. (…) Die Kontaktperson erklärte sich bereit, auch weiterhin an der Aufklärung und Bearbeitung des W… mitzuarbeiten (…)«*

Über das weitere Gespräch hielt der Führungsoffizier fest, daß die Kontaktperson zum Problem der Schleusungen die gleiche Meinung wie er habe, und:

> *»Der Kontaktperson war auch klar, daß die sogenannten „menschlichen Probleme" bei Schleusungen untergeordneter Natur sind.«*

Die IM-Akte enthält mehrere Quittungen von »Boris Buch« für Auslagen oder Prämien zwischen 100 DM und 200 DM. Beim nächsten Treff am 11.8.1970 zeigte »Boris Buch« Ehrgefühl ([24] 90 f.):

> *»Auf die Frage, welche marx. Bücher sie benötige, entgegnete die KP, daß (…) Gen. Oltn. (…) beim letzten Treff schon von einer Belohnung für ihre geleistete Arbeit sprach. Sie wolle aber keine Belohnung, da sie sich wie ein Agent vorkomme, der für Spitzeldienste Geld bekommt. Dazu wurde mit der KP eine ausführliche Diskussion geführt und dargelegt, daß wir seine bisherige Arbeit für unser Organ als eine patriotische Tat bewerten und ihr Bücher als Unterstützung für ihre redaktionelle Tätigkeit übergeben wollen. Damit war die KP einverstanden.«*

Die KP berichtete, daß sie sich in West-Berlin beobachtet fühle und daß Stefan W. nicht auf ihren Brief geantwortet habe. Später hielt das MfS fest, daß *Langfermann seit 1972 Mitglied der SEW* und somit für eine inoffizielle Zusammenarbeit mit dem MfS nicht geeignet ist ([24] 132). Aber vielleicht war Langfermann auch zu höherem berufen; denn bereits in einer Aktennotiz vom 7.7.1971 steht ([24] 46):

> *»Lt. Absprache mit Gen. Major (…) wurde L. der HVA/3 (…) zur weiteren Aufkl. u. späterer op. Nutzung empfohlen, da L. für die HVA von größerem op. Interesse ist und bessere Ausgangsbasis besteht legendiert mit L. zusammenzuarbeiten.«*

Der Abschlußbericht der IM-Akte ([24] 130) belegt noch einmal die Rollen Langfermanns und Stefan W.s bei unseren Verhaftungen (*Dok. 10*).

Der Sozialistische Hochschulbund (SHB) war von einer sozialdemokratischen Organisation zu einer der SED eng liierten Gruppierung geworden (Knabe 1999, S. 244; Staadt 1993, S. 289 ff.); SHB-Mitglieder fuhren häufig in die DDR, berichteten dort über westdeutsche Verhältnisse, und von der DDR kam wohl auch finanzielle Unterstützung – was alles schon damals bekannt war. Hier gilt eine Variante des politischen Syllogismus ‚Wenn meine politischen Gegner Unrecht haben, habe ich Recht‘: Wer den realen Sozialismus in der DDR kennengelernt hatte, wird die bessere Alternative im freiheitlichen und demokratischen System der Bundesrepublik gesehen haben; umgekehrt mag derjenige, der vor allem die Schattenseiten des Kapitalismus wahrnahm, auf den Sozialismus gesetzt haben. Es sei Langfermann unbenommen, in der DDR das bessere deutsche Modell gesehen zu haben, aber wie die meisten der westdeutschen DDR-Freunde blieb er selbst lieber in Westdeutschland wohnen. Und er glaubte sogar, Stefans Freunde daran hindern zu müssen, in den Westen zu gehen. Das Menschenrecht des einzelnen opferte er seinen DDR-sozialistischen Idealen.

Die Zeitschrift »Wissenschaft und Politik« hieß seit April 1969 »Sozialistische Politik«. Sie wurde herausgegeben im Auftrag des Fachschaftsrates Politologie am Otto-Suhr-Institut der FU durch ein Redaktionskollektiv mit Bernard Langfermann und drei anderen. In dieser vorwiegend marxistisch-leninistischen Zeitschrift mit Nähe zu DKP und SED/SEW, die nicht zur antiautoritären Studentenbewegung um Rudi Dutschke gehörte, wurde die DDR nahezu kritiklos affirmiert. Seit ich diese ideologische Heimat Langfermanns und seine Akte kenne, kann ich nicht mehr verstehen, daß Stefan das Schicksal seiner Leipziger Freunde in die Hände eines SED-liierten ausgewiesenen DDR-Sympathisanten legen konnte.

Ich brandmarke Stefan W. nicht als jemanden, der sehenden Auges seine Freunde der Stasi auslieferte, sondern von ideologisch-politischer Blindheit oder Verwirrtheit geschlagen war. Stefan W. wußte mindestens von der SHB-Beziehung Langfermanns und seiner aktiven Mitarbeit in der genannten DDR-nahen Zeitschrift. Meine Vermutung ist: Bei Stefan W., der selbst *nicht* DDR- und kommunismusbegeistert war, hat der ihm mit Langfermann gemeinsame antikapitalistisch-sozialistische Affekt dazu geführt, daß er gegenüber den von Langfermanns DDR-Sympathie ausgehenden Gefahren für uns in der DDR blind war. Hier wird eine Ambivalenz bzw. Paradoxie der westdeutschen sozialistischen 68-er-Bewegung gegenüber der DDR sichtbar, die aber über das Thema meines Buches hinausgeht.

Im weiteren schildere ich meine Stasi-Haft so, wie ich sie damals erlebt habe – ohne vom Verrat aus Westdeutschland zu wissen. Aber dieser erhellt im nachhinein einiges, das mir während der Haft und selbst nach Einsicht in meine eigene Ermittlungsakte dunkel geblieben war.

Erstes Kapitel:
Die Verhaftung – Fluchtvorbereitung,
staatsfeindliche Verbindungsaufnahme und
staatsfeindlicher Menschenhandel

1. Verhaftung und erste Verhöre

Die Festnahme

Nach unserer Scheidung im Sommer 1969 mußten Eva und ich wegen der Wohn-
raumknappheit und -bewirtschaftung zunächst unsere Wohnung zimmerweise
aufteilen, bis eine bessere Lösung möglich wäre. Da war es oft deprimierend, allein in dem mir zugeteilten Zimmer zu sitzen, und so schlief ich manchmal wo-
anders – zum Beispiel bei meinen Eltern, Gurgels oder Jüttes. In der Nacht zum
16. April 1970 hatte ich bei Ingrid übernachtet. Am Abend war es spät geworden.
Unsere Gespräche hatten sich, wie so oft in den letzten Tagen und Wochen, um
Stefans Fluchtangebote, um meine Hoffnung auf Weizsäckers Hilfe und um unsere Besorgnis wegen Alexander Heyn – zu dem seit einigen Tagen kein Kontakt
mehr bestand – gedreht. Am Morgen weckten uns nicht die Zwillinge, sondern
sehr früh war an der Wohnungstür sturmgeklingelt worden. Ingrid hatte geöffnet, und ehe ich noch einigermaßen wach war, standen einige Herren im Zimmer. Sie sahen so aus, wie ich sie mir immer vorgestellt hatte. Einer trug tatsächlich einen Ledermantel. Ingrid wurde sofort unter Begleitung ins Schlafzimmer
gebracht, und ich mußte im Wohnzimmer bleiben. Wir durften kein Wort mehr
miteinander reden. Der Ledermantelträger herrschte mich an: „Zeigen Sie Ihren
Personalausweis!" Und dann eine Überraschung in seinem Gesicht: „Sie sind
Herr Dietrich Koch?" Er blätterte in Papieren und sagte: *„Sie kommen auch mit."*
Wie später klar wurde, war die Stasi ohnehin bereits zu meiner Wohnung und der
meiner Eltern unterwegs, um mich festzunehmen. Ingrid sah ich erst Monate
später wieder, als sie mir in einem Verhör gegenübergestellt wurde. Die Herren
fuhren mich in den großen Gebäudekomplex der Polizei zwischen Harkort- und
Beethovenstraße, und ich mußte daran denken, wie ich fast zwei Jahre zuvor nach
meiner Festnahme vor der Universitätskirche hier irgendwo verhört worden war.
„Ziehen Sie sich aus, ganz aus!" herrschte mich ein Uniformierter an: *„Machen
Sie die Beine breit! Nach vorne beugen! Nehmen Sie die Hände, und ziehen Sie die
Arschbacken auseinander!"* –, Was könnte ich wohl in den Körperöffnungen ver-
steckt haben, als ich überraschend festgenommem wurde?' fragte ich mich im

stillen. Von Anfang an sollten die Gefangenen eingeschüchtert und entwürdigt werden. Ich mußte meine Kleidung und alles, was ich bei mir trug, abgeben und erhielt Anstaltskleidung: Hose, Jacke und Mantel aus dunkelblau gefärbten schweren ehemaligen Uniformen – alles.viel zu groß, ein weiß-blau gemustertes Sträflingshemd, ganz ausgeleierte Unterwäsche und ein Paar Filzpantoffeln. Daß ich als Untersuchungsgefangener meine eigene Kleidung hätte behalten dürfen, sagte mir niemand. Wie selbstverständlich wurde mir schon äußerlich die Uniformität eines Strafgefangenen aufgezwungen, die mich als bereits schuldig kennzeichnete. Ein junger Uniformierter schrieb alles auf, was ich bei mir trug. Er holte aus meinem Portemonnaie ein Präservativ und fragte: „Was ist das denn?" Als ich es ihm erklärte, wurde er rot. Ein älterer Uniformierter, der dies bemerkt hatte, übernahm sofort die Arbeit. Der Jüngere hatte sich als zu menschlich erwiesen und damit die vorangegangene Erniedrigung abgeschwächt. Die gesamte Behandlung sollte von vornherein herabwürdigen. Gerade am Anfang war dieses kleine Erlebnis für mich wichtig. Der Ältere katalogisierte den weiteren Inhalt meines Portemonnaies – darunter Zettel mit Adressen und zwei Paßfotos, die ich vor wenigen Wochen für meine neue Anstellung an der Psychiatrischen Universitätsklinik Leipzig hatte machen lassen. Sofort fiel es mir siedendheiß ein: Eins dieser Fotos hatte ich ja vor einem Monat zur Leipziger Frühjahrsmesse bei Ingrid Volker Schwarz aus München mitgegeben, der im Auftrag Stefans eine Flucht für Alexander Heyn und Ingrid oder mich vorbereiten sollte. War ich deshalb festgenommen worden? Seit dem damaligen Gespräch hatte ich eine Verhaftung für möglich gehalten. Die Dinge hatten sich allzu unglücklich entwickelt. Es wird nicht mehr lange gutgehen, hatte mir mein Gefühl gesagt. Doch nun traf mich die Festnahme dennoch unvorbereitet.

Ich wurde in eine Zelle zu zwei anderen Gefangenen gebracht und erfuhr, daß ich in der Untersuchungshaftanstalt Beethovenstraße des Ministeriums für Staatssicherheit war. Kaum hatte ich Gelegenheit gehabt, ein paar Worte zu wechseln, rasselte auf dem Gang laut ein Schlüsselbund, die Zelle wurde aufgeschlossen, und der Uniformierte befahl: „Die Drei!" Man wurde nach der zeitlichen Reihenfolge der Zellenbelegung als Nummer angesprochen. Diese Geräusche auf dem Zellengang beim Rasseln mit dem Schlüsselbund und dann beim Aufschließen sollten mich in Zukunft verfolgen, immer von der Angst begleitet: ‚Werde ich zum Verhör geholt?' „Gomm' Se mit!" befahl der Läufer. Er führte mich auf einem Laufgang an mehreren anderen Zellen im Zellenhaus vorbei durch eine Stahltür mit einer Ampelanlage. Gefangene durften sich nicht auf den Gängen begegnen. Gab es einmal eine Panne, weil noch ein anderer Häftling unterwegs war, lautete das Kommando: „Gesicht zur Wand!" Mehrfach kamen Befehle: „Blei'm Se stähn!" Auch die Körperhaltung war vorgeschrieben: „Hände off'n Rücken!" Eine Treppe abwärts, wieder durch eine Stahltür, wieder einen Gang entlang, wurde ich in ein Büro gebracht.

Erster Zweikampf mit dem Vernehmer

Das Verhör begann gegen acht. In einem länglichen karg ausgestatteten Raum saß der Sachbearbeiter in Uniform hinter einem Schreibtisch am Fenster. An seine Person habe ich keine genauere Erinnerung mehr. Namen erfuhr ich niemals, lernte aber bald, daß es ein Leutnant war. Ich mußte auf einem Hocker in der entgegengesetzten Zimmerecke neben der Tür Platz nehmen. Meine Verhöre bei der politischen Kriminalpolizei vor zwei Jahren nach der Festnahme vor der Universitätskirche waren mir sofort gegenwärtig, nein stärker noch: ich war plötzlich wieder mitten drin; es war wie eine Fortsetzung. Diesmal wurde ich nicht so überrumpelt wie damals.

Der Offizier fragte im Ton reiner Formsache: *„Herr Koch, Sie wissen, warum Sie hier sind?"* – *„Nein"*, erwiderte ich. Mir schossen alle möglichen Vermutungen gleichzeitig durch den Kopf: *,War Alexander Heyn verhaftet? Hatte die Stasi einen Fluchthelfer Stefans gefangen? War sie meiner Beteiligung am Plakatprotest in der Kongreßhalle auf der Spur? Oder hatten Weizsäckers Bemühungen um meine Ausreise die Festnahme ausgelöst?'* Ich hatte davon gehört, daß Anträge auf Übersiedlung nach dem Westen zur Vorführung bei der Stasi geführt hätten. Aber Ingrids gleichzeitige Festnahme machte die erstere Möglichkeit am wahrscheinlichsten.

„Kennen Sie eine Ingrid und einen Franz Jütte?" fragte der Leutnant. Deren Bekanntschaft konnte ich nicht leugnen. „Seit wann und woher?" fragte er weiter. Mir fielen genügend harmlose Antworten ein – glaubte ich jedenfalls. Ich dachte daran, wie ich vor wenigen Wochen mit beiden ein Verhör geprobt hatte. Damals sollte der Test nur Ingrid ihre Arglosigkeit nehmen. Er war mir jetzt keine Hilfe im technischen Sinne, trug aber dazu bei, daß ich nicht innerlich überrascht wurde.

Unvermittelt forderte mich der Leutnant barsch auf: „Koch, setzen Sie Ihre Brille ab!" Diese hatte leicht getönte Gläser. Störten ihn diese? – „Warum soll ich die Brille absetzen?" fragte ich zurück. *„Hier stellen wir die Fragen"*, wies er mich scharf zurecht. Ich schwieg. Nach einer Pause antwortete er doch noch: „Ich kann Ihre Augen sonst nicht richtig sehen." Nach einigem Weigern nahm ich meine Brille ab. Der Leutnant fragte weiter nach Jüttes, und ich schwieg auf jede seiner Fragen. „Was ist los mit Ihnen, Koch?" brüllte er. *„Ich kann erst wieder sprechen, wenn ich die Brille wieder aufsetzen darf."* – „Da besteht überhaupt kein Zusammenhang." – „Für mich doch." – „Den müssen Sie mir erklären!" verlangte der Offizier. Ich schwieg. Nach einer Weile gab er nach. Er war also nicht allmächtig.

,Was hätte der Leutnant machen sollen?' frage ich mich heute. Mein Schweigen hinzunehmen und mich in der Zelle schmoren zu lassen, hätte die Überraschungswirkung des Verhaftungsschocks verpuffen lassen. Ich hätte mich sammeln können. Außerdem mußte er mit den Vernehmungen meiner Freunde gleichziehen und seinen Vorgesetzten gegenüber schnell Erfolge melden können. Wahrscheinlich hatte er sich spontan darüber geärgert, daß meine Brille und ich zu undurchsichtig waren. Mit seiner Aufforderung, meine Brille abzunehmen, hatte er einen Fehler gemacht. Rückblickend erscheint mir das Erlebnis, gleich am Anfang in einer Kleinigkeit erfolgreich zu widerstehen, für meine gesamte Haltung den weiteren Verhören gegenüber sehr wichtig gewesen zu sein. Heute weiß ich, daß es ein wichtiges Ziel der *operativen Psychologie* der Stasi war, den Beschuldigten auf jeden Fall zum Reden zu bringen. Der Leutnant durfte mich also keinesfalls schweigen lassen. Nachdem ich die Brille wieder aufgesetzt hatte, ging es weiter: „Kennen Sie einen Stefan W.?" – „Ja, das ist ein ehemaliger Schulkamerad meiner Schwester, der in der gleichen Straße uns gegenüber wohnte." Fragen nach seiner Republikflucht folgten. Ich versuchte, möglichst unverfängliche Antworten zu geben. Und dann kam es heraus: *„Kennen Sie einen Herrn Schwarz, Volker Schwarz?"* „Nein", log ich, *„wer soll denn das sein?"*

Ich hatte furchtbare Angst, zitterte am ganzen Körper, und mir schlotterten die Knie. Dies blieb während dieser gesamten Vernehmung mehr oder weniger stark so. Erst Jahre später beim Bergsteigen in den Dolomiten hatte ich in den Felsen wieder solche körperlichen Symptome: die *Nähmaschine*, wie Bergsteiger diesen Angstzustand anschaulich nennen. Von zukünftigem Bergsteigerglück aber ahnte ich noch nichts. Ich blickte auf meine zitternden Knie, und mir war bewußt, daß der Vernehmer mir meine Angst ansah. 25 Jahre danach lese ich seine damalige Aktennotiz: »*Sehr ängstlich.*«

Erste Beschuldigung und erster Bluff

Der Vernehmer fragte mich weiter nach Franz und Ingrid Jütte, deren Berliner Freundin Steffi, Stefan W. und dessen Vater. Ich sollte erklären, wann und wo ich diese kennengelernt hatte, welcher Art meine Verbindungen zu ihnen seien. Ich gab allgemeine Antworten, aus denen keine Belastungen folgten, und vermied insbesondere alles, an das sich Fragen nach den Gesprächen mit Stefans Fluchthelfern anschließen könnten. So ging es lange. Ich wußte nicht, wieviel Zeit inzwischen vergangen war, da ich auch die Armbanduhr abgeben mußte. Auch in Zukunft vermißte ich sie sehr. Dem Häftling sollte jede Orientierungshilfe genommen werden.

Nun setzte der Leutnant direkter an: „Welche westlichen Besucher haben Sie zur Frühjahrsmesse 1970 in der Jütteschen Wohnung getroffen?" – Auf keinen Fall wollte ich Stefans Freunde Bernd und Schwarz nennen. Statt dessen sagte ich, daß ein mathematischer Linguist *Balmer* aus der Schweiz und *Harry*, ein holländischer Religionslehrer, bei Jüttes zu Besuch waren und wir Gespräche über sprachwissenschaftlich-philosophische Probleme geführt hatten. Diese Besucher glaubte ich nennen zu dürfen, weil ich sie für ganz harmlos hielt. – *Mir fiel ein, daß uns Balmer ein Erlebnis erzählt hatte. Als er bei einer Moskaureise mit seinem Heimatort in Switzerdütsch telefonierte, wurde er nach kurzer Zeit auf hochdeutsch unterbrochen: „Sprechen Sie in einer in Europa verständlichen Sprache!" Dies erzählte ich dem Leutnant natürlich nicht.* – Aber mein Verhalten, die Frage des Vernehmers, die auf die Fluchthelfer abzielte, dadurch zu übergehen, daß ich andere Namen nannte, war hilflos und dumm. Der Stasi-Offizier war kein kleines Kind, das man ablenken konnte, indem man einfach von etwas anderem sprach. Er fragte mich über diese unverfänglichen Gespräche aus und kam dann auf seine Frage nach Schwarz zurück. Ganz ruhig, im Ton wohlwollender Mitteilung, sagte er: *„Sie haben Herrn Schwarz zur letzten Frühjahrsmesse in der Wohnung des Ehepaars Jütte bei einem Schleusertreff getroffen. Sie haben ihm ein Paßbild von sich übergeben zur Anfertigung gefälschter Reisedokumente für Ihre Flucht in die BRD."* *„Davon weiß ich nichts",* entgegnete ich hilflos. Da brüllte der Leutnant los: *„Koch, hören Sie auf zu lügen! Wir wissen alles. Sie haben keine Chance mehr."* Er bekräftigte den Ernst meiner Lage: „Das Untersuchungsorgan teilt Ihnen mit, daß gegen Sie ein Ermittlungsverfahren wegen *Vorbereitung zum illegalen Grenzübertritt* nach der BRD und wegen *staatsfeindlicher Verbindungsaufnahme* eröffnet wurde." Auf einmal stand ich mit dem Rücken zur Wand. Ich mußte ein Empfangsbekenntnis unterschreiben. Der Vernehmer las mir nun aus einschlägigen Gesetzestexten vor und erklärte, daß bei mir ein schwerer Fall vorliege, verweigerte mir aber die Einsicht in ein Strafgesetzbuch.[17] In den vergangenen Wochen hatte ich an eine Verhaftung gedacht und mit Franz und Ingrid über meine Verhörerfahrungen 1968 gesprochen. Damals hatte ich mir hinterher mein Verhalten vergegenwärtigt und mich mit Freunden darüber besprochen, was mir

---

17 »§ *213 StGB/DDR Ungesetzlicher Grenzübertritt*
(1) Wer widerrechtlich in das Gebiet der Deutschen Demokratischen Republik eindringt oder sich darin widerrechtlich aufhält, die gesetzlichen Bestimmungen oder auferlegte Beschränkungen über Ein- und Ausreise, Reisewege und Fristen oder den Aufenthalt nicht einhält oder wer durch falsche Angaben für sich oder einen anderen eine Genehmigung zum Betreten oder Verlassen der Deutschen Demokratischen Republik erschleicht oder ohne staatliche Genehmigung das Gebiet der Deutschen Demokratischen Republik verläßt oder in dieses nicht zurückkehrt, wird mit Freiheitsstrafe bis zu zwei Jahren oder mit Verurteilung auf Bewährung, Geldstrafe oder öffentlichen Tadel bestraft.
(2) In schweren Fällen wird der Täter mit Freiheitsstrafe von einem Jahr bis zu fünf Jahren bestraft. Ein schwerer Fall liegt insbesondere vor, wenn
1. die Tat durch Beschädigung von Grenzsicherungsanlagen oder Mitführen dazu geeigneter Werkzeuge oder Geräte oder Mitführen von Waffen oder durch die Anwendung gefährlicher Mittel oder Methoden durchgeführt wird;
2. die Tat durch Mißbrauch oder Fälschung von Ausweisen oder Grenzübertrittsdokumenten, durch Anwendung falscher derartiger Dokumente oder unter Ausnutzung eines Verstecks erfolgt;
3. die Tat von einer Gruppe begangen wird;
4. der Täter mehrfach die Tat begangen oder im Grenzgebiet versucht hat oder wegen ungesetzlichen Grenzübertritts bereits bestraft ist.
(3) Vorbereitung und Versuch sind strafbar.«

»§ *100 Staatsfeindliche Verbindungen*
(1) Wer zu Organisationen, Einrichtungen, Gruppen oder Personen wegen ihrer gegen die Deutsche Demokratische Republik oder andere friedliebende Völker gerichtete Tätigkeit Verbindung aufnimmt, wird mit Freiheitsstrafe von einem Jahr bis zu fünf Jahren bestraft.
(2) Der Versuch ist strafbar.«

geholfen hatte. Jetzt war keine Zeit zum Nachdenken, aber mir standen diese Gedanken zur Verfügung. Damals hatte ich jede kritische Äußerung gegen die Kirchensprengung geleugnet, erfolgreich geleugnet, so daß mir nichts nachzuweisen war. So müßte ich es wieder machen. Ich vergegenwärtigte mir meinen damaligen Grundsatz für mein Verhalten bei Verhören und nahm mir vor, mich eisern daran zu halten: *Nichts zugeben, was mir nicht bewiesen worden ist.*

Auf die entsprechenden Fragen erklärte ich bestimmt und eindeutig, wie das Protokoll ausweist: Ich habe keine Vorbereitungen zum ungesetzlichen Verlassen der DDR getroffen, hatte keine derartige Absicht und habe keine Verbindungen zu Personen aufgenommen, um mit deren Unterstützung die DDR ohne staatliche Genehmigung zu verlassen. Die Fragen ließen mich vermuten, daß etwas mit Heyn schief gegangen war und die Stasi zumindest einiges wußte. Nach einem Schema, das ich in den folgenden Monaten immer wieder erleben würde, begann der Vernehmer mit einem allgemeinen Vorhalt, der mich nicht erkennen lassen sollte, wieviel die Stasi bereits wußte. Ich sollte verleitet werden, vielleicht etwas mehr zu sagen.

»Frage: Dem Untersuchungsorgan ist bekannt, daß Sie Vorbereitungen zum gesetzwidrigen Verlassen der DDR unternommen haben.

Nehmen Sie dazu Stellung!

Antwort: Ich bleibe bei meiner Aussage, daß ich keine Vorbereitungen zum ungesetzlichen Verlassen der DDR getroffen habe. Mir sind auch keine Personen bekannt, welche die Absicht haben, die DDR auf ungesetzlichem Wege zu verlassen und dazu entsprechende Vorbereitungen unternommen haben.«

Der Fototrick

Der Vernehmer hielt ein Foto von mir hoch: „Koch, dieses Paßbild haben Sie dem Schleuser Schwarz am 7. März 1970 in der Jütteschen Wohnung für gefälschte Reisedokumente übergeben." „Nein", log ich. „Kennen Sie dieses Paßfoto, kennen Sie die darauf abgebildete Person?" fragte er mich mit triumphierender Überlegenheit. „Nein", antwortete ich konsequent-störrisch. Ungläubig wiederholte er seine Frage: „Sie kennen die hierauf abgebildete Person nicht?" „Nein", verrannte ich mich weiter. Daraufhin zeigte er mir, daß ich soeben bei der Effektenaufstellung quittiert hatte, daß in meiner Brieftasche zwei Paßbilder waren. Er nahm eins davon aus dem Zellophantütchen und fragte mich: „Kennen Sie dieses Paßbild, kennen Sie die hierauf abgebildete Person?" – „Ja, das bin ich." Daraufhin nahm er das Foto aus meinem Portemonnaie in die eine Hand und das vorher von mir verleugnete vom gleichen Negativ in die andere und wies mit dem Kopf jeweils auf eins: *„Dieses hier sind Sie, aber diese Person kennen Sie nicht. Habe ich Sie da richtig verstanden, Herr Koch?"* – *„Ja",* sagte ich, *„so ist es."* Der Leutnant schüttelte den Kopf und stöhnte mit einem Seufzer – dies war die erste Gefühlsregung, die ich an ihm bemerkte: *„Mit Ihnen werden wir noch Spaß kriegen."*

Dieser Spaß sollte zwei lange Jahre U-Haft dauern. In einer frühen Notiz lese ich, wie er mich einschätzte: »*Sehr verlogen – aber sehr ängstlich – seine sämtlichen Darstellungen entbehren jeder objektiven Grundlage.*«

Mein Entschluß, auch nicht das Geringste zuzugeben, hatte zu dieser absurden Situation geführt. Ich hatte mehrere Fehler gemacht. Zunächst einmal wäre es klüger gewesen, von dem ersten Foto, das ich Schwarz mitgegeben hatte, frech zu behaupten, es sei eins der beiden aus meinem Portemonnaie. Aber ich war so schockiert darüber, daß entweder Schwarz oder ein anderer Fluchthelfer mit meinem Foto festgenommen worden war, daß ich mich in meiner Hilflosigkeit auf bloßes Leugnen versteift hatte, – mit der eingetretenen verheerenden Konsequenz. Ich hatte mich in eine haltlose Lage hineinmanövriert. Wer so offenkundig log, dem würde die Stasi nichts mehr glauben. Wie sollte sie mir jemals die Wahrheit, daß ich das Foto Volker Schwarz ohne Fluchtabsichten übergeben hatte, abnehmen? Andererseits konnte auch der Vernehmer die hoffnungslose Lage, in die ich mich hineingelogen hatte, nicht ausnutzen, er war machtlos gegen mein Lügen. Dieser Kampf endete patt.

Aber ich hatte einen noch schwereren Fehler gemacht. In der damaligen Situation kam mir überhaupt nicht der eigentlich naheliegende Gedanke: ‚Die Stasi hatte keinen Kurier mit meinem Foto festgenommen.‘ Auch im weiteren Ermittlungsverfahren war ich so mit der Abwehr immer neuer Beschuldigungen beschäftigt, daß ich dies nicht bemerkt habe. Erst bei der Lektüre meiner Stasiakte wurde mir klar, daß der Vernehmer nur die beiden Fotos aus meiner Börse besaß. Er hatte mir mit taschenspielerhafter Geschicklichkeit eins dieser Fotos als das angeblich Volker Schwarz übergebene und das andere als eins von den beiden aus meinem Portemonnaie vorgeführt. Drei Fotos hatte ich tatsächlich nie gleichzeitig gesehen. Meine Angst hatte mich blind gemacht. Dieser erste Bluff war dem Vernehmer so vollständig gelungen, daß ich ihn erst 25 Jahre später durchschaute, als ich meine Vernehmungsprotokolle las und mir die damalige Situation genau vergegenwärtigte.

Der Leutnant fragte weiter nach meinen Beziehungen zu Jüttes, Stefan W., meinen Kenntnissen über seine Flucht und sein Leben in Westdeutschland, beiläufig, ob ich ein Ehepaar *Uwe* und *Marion May* kenne, nach *Dr. Kießig* und meiner Freundin *Bärbel*. Auf die Frage, ob ich ein intimes Verhältnis zu Bärbel hätte, kam ich mir sehr mutig vor: „*Dazu sage ich nichts. Das geht Sie nichts an.*“ – „*Koch, auch Sie werden schon noch lernen, daß uns alles etwas angeht.*“ Dr. Martin Kießig war mein verehrter Klassenlehrer in der Oberschule, bei dem ich 1955 das Abitur gemacht hatte. Ihm verdanke ich vielfältige Anregungen zu Kunst, Literatur und Philosophie. Auch nach seiner Flucht 1958 nach Westdeutschland blieb ich mit ihm befreundet, hatte mich vor dem Mauerbau mit ihm in West-Berlin getroffen und danach mit ihm weiterhin korrespondiert. Meine Beziehungen zu diesem „*Verräter*“ waren in dieser Erstvernehmung und auch später immer wieder heikle Themen. Meine Antworten zu all diesen Bekannten und Freunden blieben allgemein. Aber es entsetzte mich, was die Stasi bereits wußte, und wie sie daraus den Kreis ihrer Themen ausweitete. Zwischendurch fragte der Vernehmer immer wieder: „Und zu Vorbereitungen zum ungesetzlichen Verlassen der DDR ist Ihnen immer noch nichts eingefallen, Koch?" Ich blieb bei meinem Leugnen.

1968 hatte mir mein Verhalten letztlich nichts genutzt. Ich war gefeuert worden, ohne daß mir irgendein schuldhaftes Verhalten nachgewiesen worden wäre. Mein Gefühl sagte mir, daß es mir diesmal nicht besser ergehen würde. Ich war im Bauch des geheimnisvollen Ungeheuers Stasi, das mich nicht wieder freigeben würde, bevor es mich verdaut hätte. Von der Stasi erwartete ich keine Fairneß, keine Rechtsstaatlichkeit. Das wenige, was ich von politischen Prozessen im Sozialismus gehört hatte, half mir, keine falschen Hoffnungen zu haben. Ich wußte vage, daß es die Moskauer Prozesse Mitte der dreißiger Jahre gegeben hatte, wo sich die Angeklagten öffentlich absurder Verbrechen bezichtigt hatten. In der DDR waren Schauprozesse gegen sogenannte staatsfeindliche Gruppen veranstaltet worden; die Namen *Fechner* oder *Harig* standen dafür. Nach dem Volksaufstand am 17. Juni waren viele verurteilt worden. Den 1956 verurteilten evangelischen Leipziger Studentenpfarrer Siegfried Schmutzler hatte ich gekannt. All das war nur ein halbbewußtes Erinnern im Hintergrund. Ich war davon überzeugt, daß die Stasi jeden, den sie einmal verhaftet hatte, verurteilen lassen würde. Wer festgenommen war, war bereits schuldig gesprochen. Nein, das war jetzt nicht die Fortsetzung der Verhöre vor zwei Jahren. Diese waren die Generalprobe gewesen. Jetzt war es bitterer Ernst. Ich glaubte nicht, hier wieder halbwegs heil davonzukommen. Aus der Abgabe aller persönlichen Gegenstände und der Anstaltskleidung – anders als 1968 bei der politischen Polizei – schloß ich, daß ich nicht nach einigen Stunden oder Tagen wieder draußen sein würde. Das bisherige Leben war zu Ende. Meine starke Angst war ein Schutz vor falschen Hoffnungen und ungerechtfertigtem Vertrauen, daß ein paar wahrheitsgemäße Aussagen zu meiner baldigen Entlassung führen könnten.

Innenprojekt

Triumphierend hielt der Leutnant einen Zettel aus meinem Portemonnaie mit einer Telefonnummer und der Notiz *Innenprojekt* hoch: „Was bedeutet Innenprojekt?" Die Bedeutung war ganz harmlos. Es war die dienstliche Telefonnummer von Ingrids Berliner Freundin Steffi, und Innenprojekt war die Abteilung des Betriebes, in dem sie als Architektin arbeitete. Ich hatte sie mir in einem privaten Zusammenhang ohne jede Verbindung zu etwas Strafbarem notiert. Aber auf einmal erhielt sie aus der Situation heraus ein neues Gewicht. Ingrid hatte bei Steffi übernachtet, wenn sie sich mit westdeutschen Freunden Stefans, die nach Ost-Berlin kommen konnten, traf; und erst kürzlich war Franz zu Steffi und ihrem Mann gefahren, um diese aus einem von Stefan bei ihnen geplanten Treffen Heyns mit einem Fluchthelfer herauszuhalten. Ich glaubte noch naiv, daß

Ingrid und Franz all dies verschweigen könnten und wollte deshalb den Namen von Ingrids Freundin nicht nennen: „Ich weiß nicht, wie dieser Zettel in meine Brieftasche kommt, er sagt mir nichts." Der Vernehmer merkte meine Unsicherheit und sagte selbstsicher: „Koch, das klären wir noch auf." Im Ton der Überzeugung, den Zipfel eines ganz großen Dings in der Hand zu halten, fügte er hinzu: „Wir wissen ganz genau, was in Ihren Kreisen ein Innenprojekt ist." Da ich aber die Harmlosigkeit kannte, lernte ich, wie geschickt der Leutnant bluffen konnte, wo er nichts hatte. Ich hielt es nun für besser, ihm zu sagen, daß es die berufliche Adresse von Ingrids Freundin ist. Er glaubte mir nicht und wiederholte nur drohend: *„Innenprojekt! Koch, wir wissen ganz genau, was bei solchen wie Ihnen ein Innenprojekt ist."*

Dann legte mir der Leutnant zwei kleine Notizen in meiner Handschrift aus meinem Portemonnaie mit den Adressen eines *L.* in Berlin und eines *Knödel* in Leipzig vor. Der erste Name hing mit dem Fluchtunternehmen von Heyn und Ingrid zusammen. Dazu durfte ich nichts sagen. Die zweite Adresse hatte mir Heyn gegeben, weil ich dort weitere Bilder von der Sprengung der Universitätskirche bekäme. Wegen der Assoziation zum Plakat in der Kongreßhalle wollte ich zu ihr nichts sagen. Außerdem hatte Klaus Knödel an unseren Vortragsabenden teilgenommen. Um meine Ahnungslosigkeit zu stützen, las ich meine krakelige Handschrift in distanzierender Verballhornung als *„Knöchel".* Ich könne mich nicht erinnern, warum und von wem ich diese Adressen erhalten hätte, und wisse nicht, um wen es sich handele, gab ich zu Protokoll. Das war zwar ganz unglaubwürdig, aber ich wollte von mir aus keine Informationen liefern. Da hatte ich Angst vor Heyns Unvorsichtigkeit gehabt und eine Verhaftung befürchtet, aber ich hatte nicht einmal mein Portemonnaie gesäubert. Was ich übersehen hatte, erhielt auf einmal eine ungeahnte Wichtigkeit.

Das Verhör hatte mit Unterbrechungen für Mittag- und Abendessen von 8.00 bis 23.30 Uhr gedauert. Das zehnseitige Protokoll endet mit der nochmaligen Frage nach Fluchtvorbereitungen. Aber ich blieb konsequent:

»Antwort: Mir sind keine Personen bekannt, die die Absicht haben, die DDR ungesetzlich zu verlassen und dazu entsprechende Vorbereitungen getroffen haben.«

Der Offizier lächelte überlegen: „Koch, damit kommen Sie nicht durch."

Über meine Rechte als Beschuldigter – insbesondere das auf Aussageverweigerung – bin ich nicht belehrt worden. Hier täuscht die Akte. Tatsächlich wurde das Erstvernehmungsprotokoll vom 16.4.1970 handschriftlich angefertigt und mir in Reinschrift mit Formblättern, wonach eine Rechtsbelehrung gemäß §§ 61 und 91 StPO stattgefunden hätte, erst über ein Jahr später zur Unterschrift vorgelegt.

Verwahrraum

Nach dem Verhör führte mich der Läufer in eine andere Zelle – Pardon: Verwahrraum; der Ausdruck „Zelle" war nicht erlaubt. Dort war schon ein Häftling untergebracht – ein Arbeiter, dem versuchte Republikflucht vorgeworfen wurde. Über unsere „Sachen" unterhielten wir uns fast nicht.

Zweimannzellen dieser Art lernte ich noch mehrere kennen: 2 m × 4 m, die Wände mit grünlich-gelber Ölfarbe gestrichen, die Fensteröffnung mit Glasziegeln zugemauert. Im oberen Drittel waren die Glasziegel waagerecht versetzt, so daß ein etwa 10 cm breiter Schacht entstand – die einzige Öffnung, die nur eine ganz unzureichende Belüftung zuließ. An der Stirnseite befand sich eine schwere Tür mit einer Klappe in Bauchhöhe, die der Posten von außen unter lautem Geräusch öffnen konnte. Durch sie wurden morgens Schaufel und Besen gereicht und dreimal täglich das Essen. Und durch die geöffnete Klappe brüllte der Posten, wenn er einem Gefangenen einen Verstoß gegen die Anstaltsordnung vorwarf. Hoch über der Tür war in einer Maueröffnung eine 15-Wattbirne angebracht, die nur von außen an- und ausgeschaltet werden konnte. In der Ecke befand sich das Klosettbecken, immerhin mit Wasserspülung, daneben ein Waschbecken mit fließendem Wasser. Die Möblierung bestand an der Fensterseite aus einem kleinen Tisch – in manchen Zellen nur einem hochklappbaren Brett –, zwei Hockern, einem kleinen Bord für das Zahnputzzeug (wir erhielten Rosodont-Zahnputzsteine, wie ich sie aus der Kriegszeit kannte – offenbar ein großer Restposten) und zwei Holzpritschen mit einer dünnen mit Seegras oder etwas ähnlichem gefüllten Auflage, die nur so vor Dreck starrte. Genauso widerlich schmutzig waren die harten Decken. Aber die blau-weiß karierte Bettwäsche war sauber. Zwischen den Pritschen blieb ein schmaler Gang, in dem jeweils ein Gefangener vier Schritte vor und vier wieder zurück marschieren konnte.

Während der Läufer mit bedrohlichem Stiefelschritt daherkam, schlichen die Posten auf Filzlatschen von Zelle zu Zelle, um aller 2–20 Minuten die Gefangenen durch einen Spion, der mit einer kleinen Klappe verschlossen war, zu kontrollieren, schätzungsweise während meiner Untersuchungshaft einige zehntausend Mal. Meist merkte man erst am charakteristischen Geräusch des fallenden Deckels, daß man wieder beobachtet worden war. Manchmal sah ich zufällig in ein glotzendes Auge hinter dem Spion. Auch nachts schaltete der Posten die Beleuchtung in kurzen Abständen an und spähte durch den Spion. Es muß unendlich langweilig sein, eine Achtstundenschicht lang von Zelle zu Zelle zu gehen und immer wieder die gleichen Gefangenen anzusehen.

Erste massive Vorhalte

Am nächsten Morgen begann der Vernehmer – diesmal in Zivil – ganz sachlich, mir detailliert Aussagen Heyns vorzuhalten. Dieser war also tatsächlich verhaftet und hatte alles, was er über das von Stefan organisierte Fluchtunternehmen wußte, ausgesagt. Die mir vorgeführten Geständnisse mußten echt sein, da sie nicht nur zutreffend über die Gespräche Anfang März in der Jütteschen Wohnung, sondern auch über meine beiden Vier-Augen-Gespräche mit Heyn berichteten. Da Heyn umfassend aussagte, und da von den Teilnehmern an den beiden Gesprächen mit Stefans Fluchthelfern außer mir noch vier verhaftet waren (wegen des Fotobluffs vermutete ich ja, daß die Stasi auch Volker Schwarz gefangen habe), besaßen Ingrid, Franz und ich keine Chance, den wesentlichen Gesprächsinhalt zurückzuhalten. Die Aufklärung war nur eine Frage der Zeit. Dennoch blieb ich bei meinem Entschluß, nur das zuzugeben, was mir zweifelsfrei nachgewiesen werden konnte. Ich wollte weder mich noch andere mit der Angabe zusätzlicher Einzelheiten belasten und sah durchaus Verteidigungsmöglichkeiten, vor allem zu den Motiven und zum Hintergrund. Außerdem glaubte ich – unerfahren wie ich damals noch war – könnten wir den Inhalt von Vier-Augen-Gesprächen verschweigen.

Auf die Vorhalte hin bestätigte ich also nur, was Heyn schon mitgeteilt hatte: Zwei Bekannte Stefans hätten bei den beiden Besuchen Anfang März Heyn, Ingrid und ersatzweise mir Fluchtmöglichkeiten angeboten, die wir beide ablehnten, während Heyn zu einer Flucht bereit war. Ohne meine Foto-Lügenverstrickung vom Vortag zu erwähnen, gab der Leutnant mir geschickt die Möglichkeit, aus dieser Sackgasse wieder herauszukommen. Mein Paßbild, sagte ich wahrheitsgemäß, aber völlig unglaubwürdig, hatte ich ohne Fluchtabsicht nur deshalb abgegeben, um dem weiteren Drängen zu entgehen, mich der Flucht Heyns anzuschließen. Auf diese Verteidigung hin lächelte der Vernehmer nur herablassend: *„Koch, damit kommen Sie nicht durch."*

Namensstreit

Bei der Protokollierung von Alexanders Nachnamen hatte ich darauf bestanden, daß mir dieser unter dem Namen *Heim* bekannt geworden sei, denn so hatte ich den Namen im Ohr. Der Vernehmer sagte mir, sie wüßten, daß mein Heim *Heyn* heiße. Aber ich blieb dabei, nur zu unterschreiben, was ich gehört habe. Wütend brüllte der Leutnant, ich sei kindisch. Als ich auf seine Frage einräumte, den Namen nie geschrieben gesehen zu haben, argumentierte er zutreffend, dann könne ich auch nicht wissen, wie dieser sich schreibe. Er teile mir mit, daß die richtige Schreibweise *„ey"* sei. Da ich nur unterschreiben wollte, daß ich ein *„m"* gehört hatte, einigten wir uns auf die Protokollierung *Heym*. Nach mehreren Malen wurde es dem Leutnant zu dumm, und er schrieb als Vorhalt ins Protokoll: *„Das Untersuchungsorgan teilt Ihnen mit, daß es sich bei der von Ihnen ‚Heym, Alexander' genannten Person um ‚Heyn, Alexander' handelt."* Als der Vernehmer das nächste Mal *„Heyn"* als meine Aussage ins Protokoll schrieb, weigerte ich mich zu unterschreiben, bis ich folgenden Zusatz machen dürfe: *„Der Name ‚Heyn' wurde mir durch das Untersuchungsorgan mitgeteilt, während ich die Person unter dem Namen ‚Heym' kenne."* Der Leutnant brüllte los: *„Ich lasse mich von Ihnen nicht verarschen."*

Als ich ihm darlegen wollte, was ich unter korrekter Protokollierung verstehe, verwahrte er sich aus empörtem Berufsethos dagegen, von mir belehrt zu werden. Ich verteidigte mich: „Wenn später jemand ein Protokoll mit dem Namen *Heyn* liest, ohne Ihre Mitteilung an mich zu kennen, entsteht der falsche Eindruck, ich hätte *Heyn* ausgesagt." „Das Protokoll mit der Mitteilung des Untersuchungsorgans an Sie ist in der Akte, so daß man es nachlesen kann", erwiderte der Leutnant. „Und wenn es verschwindet?" wandte ich ein. Wieder brüllte der Vernehmer: „Koch, werden Sie nicht unverschämt! Bei uns verschwinden keine Protokolle." In späteren Verhören gab ich in der Namensschreibweise nach. Aber das Protokoll dieses Streits fand ich tatsächlich nicht mehr in meiner Akte, und in den späteren Reinschriften steht nur „Heyn". Aus heutiger Sicht scheint dieser Namensstreit lächerlich zu sein. Aber damals war es mir wichtig, mich in einer Kleinigkeit zunächst widersetzen zu können. Auch die Form der richtigen Widerspenstigkeit mußte ich erst lernen.

Haftbeschluß und Haftbefehl

Die Hauptabteilung IX des Leipziger MfS berichtete in einem Telegramm vom 17.4.1970 – dem Tag nach meiner Festnahme – dem MfS Berlin HA IX/8:
»*Seit Ende 1968 unterhält KOCH zur Beschuldigten JÜTTE, Ingrid (Lfd. Nr. 29) und dem Beschuldigten JÜTTE, Franz (Lfd. Nr. 30) enge freundschaftliche Beziehungen.*
Nach Aussagen des Beschuldigten HEYN, Alexander (Lfd. Nr. 28) war der Beschuldigte am 4.3.1970 und am 7.3.1970 in der Wohnung der Jüttes anwesend, als jeweils ein Kurier des W..., Stephan, erschien und Absprachen über die Ausschleusung des HEYN, Alexander, der Jütte, Ingrid, sowie des KOCH, Dietrich, geführt wurden. Bei dem Treff am 7.3.1970 übergab KOCH dem Kurier des W... von sich ein Paßfoto für die Anfertigung gefälschter Reisedokumente zum Zwecke seiner Ausschleusung.
In seinen bisherigen Vernehmungen bestreitet der Beschuldigte, Vorbereitungshandlungen zum ungesetzlichen Verlassen getroffen zu haben. Er gibt auch an, keine Kenntnis über Vorbereitungshandlungen anderer Personen zu haben.«

Als *Quelle* nennt das Telegramm die Aussagen Alexander Heyns. Bei den ersten Verhören und auch später nahm ich wie selbstverständlich an, daß bei seiner Flucht etwas schiefgegangen sei – was mir bei seiner Nervosität verständlich erschien –, daß Jüttes und meine Verhaftungen die Folgen seiner Festnahme seien – ohne je Näheres darüber zu erfahren – und führte das umfangreiche Anfangswissen der Stasi allein auf Heyns sofortige umfassende Aussagen zurück. Tatsächlich aber war die Stasi durch Stefans Konfidenten *Langfermann* alias »*Boris Buch*« schon über den gesamten Fluchtkomplex unterrichtet. In meinen Verhören konnte sie die Existenz ihres Westinformanten verbergen. Das MfS Bezirksverwaltung Leipzig Abtlg. IX führt im Haftbeschluß vom 16.4.1970 – dem Tag meiner Festnahme – nur knapp an, daß ich im *»Operativ-Vorgang „Atom" HA VI Reg.-Nr. VX 1011/70«* erfaßt war, ohne die Rolle *Langfermanns* hier oder irgendwo in meiner Akte zu nennen.

Am Nachmittag des zweiten Tages wurde ich dem Haftrichter vorgeführt. Es war ein kurzer formaler Akt. Auch hier erhielt ich keinerlei Rechtsbelehrung, etwa über ein Aussageverweigerungsrecht als Beschuldigter. Meine Erinnerung an den Haftrichter ist blaß. Auf meine Verteidigung wegen des übergebenen Fotos fragte er erstaunt: „Warum sollte Herr W... Frau Jütte und Ihnen ein Schleusungsangebot gemacht und Sie dem Kurier ein Paßfoto für einen gefälschten Reisepaß mitgegeben haben, wenn Sie beide nicht den illegalen Grenzübertritt geplant hätten?" Ich antwortete, Ingrid habe vermutlich Stefan etwas über ihre Eheprobleme geschrieben, was dieser als Fluchtwunsch mißverstanden und daraufhin mit dem Fluchtangebot reagiert habe. Ich verteidigte mich: *„Da ich ein Angebot Professor von Weizsäckers zur Hilfe bei einer legalen Ausreise erhalten hatte, kamen illegale Pläne für mich überhaupt nicht in Frage."* Darauf reagierte der Haftrichter nur mit Kopfschütteln. Er erließ den Haftbefehl wegen *»Versuchs des ungesetzlichen Grenzübertritts«.*

Erst nach der Wende ersah ich aus dem Formblatt zum Haftbefehl vom 17.4.1970, daß dieser auch wegen *»staatsfeindlicher Hetze«* erging. Dazu wurde mir weder die Eröffnung eines Ermittlungsverfahrens wegen „Hetze" mitgeteilt, noch wurde ich dazu vernommen. Auch vor dem Haftrichter war davon nicht die Rede, und Haftbeschluß der Stasi und richterlicher Haftbefehl enthalten ebenfalls keinerlei Begründung dazu. Belege, daß die Stasi inoffizielles, noch nicht offiziell verwertbares Wissen über meine Mitwirkung am Plakatprotest in der Kongreßhalle gehabt hätte, fand ich in den Akten nicht. Ich glaube, daß sie „Hetze" bei solchen wie mir, wobei ihr schon ein Blick auf meine beschlagnahmten Bücher reichte, routinemäßig hinzunahm, da sich solche bei Geständigwerden des Beschuldigten bestätigte.

„Wir haben Zeit"

In den ersten zwei Wochen nach meiner Verhaftung wurde ich mehrfach zu meinen Beziehungen zu Ingrid und Franz und zu den Gesprächen mit Stefans Boten vernommen. Ich blieb dabei, nicht über das, was die Stasi mir konkret vorhielt, hinauszugehen, um jede weitere eigene oder fremde Belastung zu vermeiden. Nach dem ersten Leutnant hatte ein zweiter Leutnant die Vernehmungen übernommen, war aber wieder durch den ersten ersetzt worden, bis die Stasi in Leutnant D., der für die folgenden zwei Jahre mein hauptsächliches Gegenüber wurde, den für mich gefährlichsten Mann gefunden zu haben meinte. Die Namen der Stasi-Offiziere wurden mir erst nach der Wende aus meiner Akte bekannt.

Auch Leutnant D. war nicht erfolgreicher und resümierte in der tabellarischen Aufstellung und Bewertung aller Vernehmungsergebnisse:

>>*20.4.1970: keine konkreten Aussagen und Belastungen*

30.4.1970: Charakter seiner Verbindungen zum Ehepaar Jütte

(sehr allgemein, keine Belastungen)<<

Offenbar unzufrieden damit, von mir keine belastenden Aussagen zu erhalten, erklärte mir der Leutnant nach diesem Verhör, also zwei Wochen nach der Festnahme: *„Koch, wir haben Ihre Lügen und Ausflüchte satt. Wir sind auf Ihre Mitarbeit nicht angewiesen. Wir holen Sie nicht mehr zu Vernehmungen, bis Sie einsichtig geworden sind und bereit sind, von sich aus umfassend wahrheitsgemäße Aussagen zu machen. Dann melden Sie sich beim Läufer. Sie können in Ihrer Zelle bleiben, bis Sie schwarz werden. Bei jemand wie Ihnen kriegen wir jede Verlängerung des Ermittlungsverfahrens. Wir haben Zeit.“*

Ich schwieg, und er fügte hinzu: *„Aus meiner Erfahrung kann ich Ihnen sagen: Das hält auf die Dauer niemand aus. Bisher hat sich noch jeder Beschuldigte von sich aus gemeldet. Beim einen geht es schneller, beim anderen dauert es etwas länger. Bei Ihnen könnte es etwas länger dauern. Aber ich sage Ihnen: Auch Sie werden eines Tages ankommen und uns anbetteln, Sie anzuhören. Wir arbeiten inzwischen mit den anderen weiter. Wenn wir dann alles aufgeklärt haben, ist es für Sie zu spät. Das Gericht wird die Mitarbeit bei den anderen Beschuldigten strafmildernd berücksichtigen; aber Sie trifft die volle Härte unserer sozialistischen Gesetzlichkeit. Koch, Sie bleiben zum Schluß als der Dumme übrig.“*

Ich wurde in eine andere Zelle verlegt, in der ich allein blieb. Die mit stark verdreckten Glasbausteinen verschlossene Fensteröffnung war zusätzlich von außen zum größten Teil mit Ziegeln zugemauert, so daß es auch tagsüber dunkel war. Die Fünfzehnwattbirne schaltete der Posten außerhalb der Mahlzeiten meist nicht an. In der Zelle gab es nichts, womit ich mich hätte beschäftigen können. Ich hatte weder Besuchs-, Briefschreibe-, noch Einkaufserlaubnis und bekam weder Post noch eine Zeitung – die ich in der Düsternis auch nicht hätte lesen können.

Literarische Erinnerungen

Die Stasi ließ mich für unbestimmte Zeit in meiner Zelle allein. Ich blieb dabei, daß es unklug und unwürdig wäre, sich mit meinen Freunden in einen Wettbewerb einzulassen, wer durch größere Geständnisse mehr Vergünstigungen herausholt. Ich war davon überzeugt, daß zum Schluß nur zählt, was an Geständnissen vorliegt und eine kooperative Haltung nicht belohnt wird: *Der Verrat wird geliebt, aber der Verräter wird verachtet.* Vor allem aber müßte ein solches Wettrennen zu einem totalen Geständnis führen und damit einer Selbstaufgabe gleichkommen. Mit diesen Leuten würde ich mich nicht gemein machen, solange ich noch genügend Kraft hätte.

Was macht man, wenn man auf sich allein angewiesen ist? Ich verbot mir, immer und immer wieder an das zu denken, was noch alles auf mich zukommen könnte, nicht immer mit Erfolg. Vor allem beunruhigten mich vage Andeutungen des Leutnants, daß die Stasi mich verdächtige, an der Plakataktion in der Kongreßhalle mitgewirkt zu haben. Aber ich glaubte, hier standhalten zu können. Immer wieder bemühte ich mich, an anderes zu denken – an ganz private Dinge vor der Haft. In meiner Erinnerung grub ich nach literarischen Texten und erlebte es zum ersten Mal als ein Glück, daß uns die Schule gezwungen hatte, Gedichte auswendig zu lernen. *Goethes Prometheus* fiel mir ein. Unser Deutschlehrer Kießig hatte ihn nicht im verordneten Sinne atheistischer Erziehung, sondern als Ausdruck trotziger Selbstbehauptung besprochen: »*Ich kenne nichts Ärmer's / Unter der Sonn' als euch Götter. / Ihr nähret kümmerlich von Opfersteuern / Und Gebetshauch / Eure Majestät / Und darbtet, wären / Nicht Kinder und Bettler / Hoffnungsvolle Toren.*« Auch die Stasi-Götter waren darauf angewiesen, daß ich sie anerkenne und ihnen opferte.

Kießig hatte einmal voller Bewunderung erzählt, daß auf einer Lesung *Werner Bergengruens Ostergnade* aus dem Gedächtnis vorgetragen worden war. Das hatte mich damals gereizt, die Novelle auswendig zu lernen. Jetzt rekapitulierte ich sie, bis ich den Text wieder gut zusammen hatte. »*Ich übergebe dich deiner eigenen Ehre*«, hatte der Ritter Cesarius seiner jungen Frau zum Abschied gesagt, als er auf eine lange Reise ging. Ein ganz anderer Zusammenhang – aber dieser Satz ging mir nach. Auch was man hier tat, tat man für oder gegen die eigene Seele. Es kam darauf an, das Richtige zu tun. Ich mußte Geduld haben. Dieser passive Kampf des Wartens fiel mir besonders schwer.

Auf langen Spaziergängen hatte Kießig *Rilkes Cornett* deklamiert, und ich hatte den Text mitgelernt. Stück für Stück erinnerte ich mich. Einzelne Abschnitte gewannen in meiner jetzigen Situation einen ganz neuen Sinn: »*Reiten, reiten, reiten, durch den Tag, durch die Nacht, durch den Tag. Reiten, reiten, reiten. Und der Mut ist so müde geworden und die Sehnsucht so groß ...*« – Es kam die Stelle heikler Innerlichkeit mit dem *Rosenblatt*: »*Und es treibt auf und ab auf den Wellen seines Herzens.*« Sicher, das war an der Grenze – der Cornett als der Trompeter von Säckingen unseres Jahrhunderts. Aber jenseits aller ästhetischen Urteile rührte mich die Stelle an, und ich fragte mich, ob eine ganz private Entscheidung in den letzten Jahren richtig war. – Später folgten die wunderbaren Abschnitte der Hoffnung auf ein wirkliches Leben nach der gegenwärtigen Öde: »*Rast! Gast sein einmal. Nicht immer selbst seine Wünsche bewirten mit kärglicher Kost. Nicht immer feindlich nach allem fassen; einmal sich alles geschehen lassen und wissen: Was geschieht, ist gut.*« Nach aller müden Mutlosigkeit doch wieder ein Fest: »*Als Mahl beganns. Und ist ein Fest geworden, kaum weiß man wie ... Aus dunklem Wein und tausend Rosen rinnt die Stunde rauschend in den Traum der Nacht.*« Und dann der furiose Schluß des Kampfes gegen die Übermacht: »*Der von Langenau ist tief im Feind, aber ganz allein. Der Schrecken hat um ihn einen runden Raum gemacht, und er hält, mitten drin, unter seiner langsam verlodernden Fahne. (...) und die sechzehn runden Säbel, die auf ihn zuspringen, Strahl um Strahl sind ein Fest. Eine lachende Wasserkunst.«*

Aber ich hörte vor allem: *die zuspringenden Säbel – der Schrecken – ganz allein.*

Ich meldete mich nicht zum Vernehmer. Nach sechs Wochen ließ mich die Stasi das erste Mal wieder vorführen, offenbar um zu sehen, wie mein Garzustand sei. Auf entsprechende Fragen bestritt ich rundweg, nach Stefans Flucht irgendwelche Verbindung mit ihm unterhalten zu haben, irgendwelche Kenntnisse über Verbindungen von Franz zu Stefan zu besitzen, sagte, nichts über Zusammenkünfte Ingrids in Berlin mit irgendwelchen Personen – natürlich außer ihrer Freundin Steffi – zu wissen und den Namen Vetter, der mir im Herbst 1969 bei Jüttes Stefans legalen Übersiedlungsplan für mich angekündigt hatte, noch nie gehört zu haben. Aus den Fragen merkte ich aber zu meiner großen Bestürzung, daß die Stasi mit Ingrid und Franz vorankam. Der Vernehmer protokollierte unbewegt alle meine Lügen, ohne mir einen Vorhalt zu machen. Ich war also noch nicht zum Pflücken reif und wurde wieder ungewissem Warten überlassen. In dieser langen Zeit des Alleinseins gab es immer wieder Tage, an denen ich dem Verzweifeln nahe war. Ich glaubte zwar nicht, auf sehr lange Zeit „vergessen" zu sein. Aber die Vermutung, die Stasi werde inzwischen in den Verhören meiner Freunde ein unumstößliches Anklagegebäude zusammenzimmern, war schwer auszuhalten. Immer wieder mußte ich mir bewußt machen, daß es der Stasi gerade darauf ankam, diesen Druck zu erzeugen. Zu den psychologischen Waffen Leutnant D.s gehörte es – wie ich später noch mehrfach erfuhr –, seine Druckmittel bisweilen ausdrücklich auszusprechen. Er hatte mir meine sichere Niederlage vorhergesagt: *„Koch, auch Sie werden uns noch anbetteln, Ihre Aussagen entgegenzunehmen."*

Neben meinen Erinnerungen an Literatur war mir auch einiges aus den – viel zu wenigen – philosophischen Texten, die ich gelesen hatte, hilfreich – zum Beispiel *Bertrand Russells* Essay *Was der freie Mensch verehrt.* Als Lebenshilfe wurden nur einzelne Gedanken wirksam: die Verpflichtung, in einer sinnleeren oder feindlichen Welt die eigene Würde zu bewahren und die Solidarität mit Leidensgefährten. Frei blieb, wer sich nicht dem Moloch unterwarf und ihm opferte. Wirklich weise sei erst, wer die *Auflehnung,* die aus der Selbstbehauptung komme, überwunden habe. *Marc Aurels* Selbstbetrachtungen fielen mir ein, aber so weise war ich nicht. Ich hielt es mehr mit der *Auflehnung* in *Camus' Sisyphos.* Außerdem lenkte ich mich mit fachlichen Problemen ab. Freilich ist ein theoretischer Physiker ohne Schreibzeug schlecht dran. Jetzt und immer wieder in den kommenden zwei Jahren dachte ich über das *Paradoxon von Einstein, Rosen und Podolski* nach.

Voller Angst und unsicher über all das, was noch auf mich zukäme, war ich verurteilt, allein in der Zelle zu warten. *Das Schlimmste war die Ungewißheit.*

Die ersten Monate und die ideologischen Operationspläne der Stasi

Die Strategie der Stasi war es offenbar, zunächst meine Mitbeschuldigten zu Flucht und Fluchthilfe auszuquetschen. Sie glaubte, mich danach durch massive Vorhalte vollständig umwerfen zu können, wie aus den handschriftlichen Notizen Leutnant D.s im Untersuchungsplan vom 26.5.1970 hervorgeht:

»Einschätzung des Beschuldigten – vernehmungstaktische Grundsätze:
(...) charakterlich labil – Überschätzung seiner Person – leidet an Depressionen – sehr ängstlich – sehr rechthaberisch (...)
Seine sämtlichen Darstellungen entbehren jeder objektiven Grundlage, er selbst ist stets unschuldig gewesen.

Detaillierten, prekären Fragen für ihn, versucht er mit der Bemerkung, „daß er sich daran nicht mehr erinnern könne" auszuweichen.

In jede Vernehmung Vorhalte einbeziehen, da er nur das zugibt, was ihm nachgewiesen wird – um ihn systematisch von der Haltlosigkeit seines Standpunktes zu überzeugen, um ihn zu einem umfassenden Geständnis zu bringen.

Dabei insbesondere Vernehmungsergebnisse von Ingrid u. Franz Jütte ausnutzen.«

Hier taucht zum ersten Mal ausdrücklich die Formulierung auf, mich *zu überzeugen, ein umfassendes Geständnis abzulegen.* Dieses Ziel einer totalen Geständigkeit bedeutet den Zusammenbruch des moralischen Abwehrsystems und damit die Zerstörung der persönlichen Integrität.

Auch Ingrid und Franz dürften längere Zeit Widerstand geleistet haben. Aus meinem Erleben und meiner Akte kenne ich nur die Vorhalte, die mir aus ihren Aussagen gemacht wurden. Aber diese sind nur das Endergebnis, ihren Widerstand kann ich nicht angemessen rekonstruieren. Als Ehepaar waren sie besonders leicht gegeneinander auszuspielen. Ich kann mir gut vorstellen, wie die Stasi die Beziehung zwischen ihnen und Stefans Rolle dabei ausnutzte, werde dies aber nicht darstellen, um deren Privatsphäre nicht zu verletzen. Ingrid war auch viel stärker als ich in Stefans Aktivitäten verwickelt. Vor allem aber war sie mit der Mutterliebe, ihre Zwillinge möglichst bald wiederzusehen, unter Druck zu setzen. Das Schicksal ihrer Kinder war ein furchtbares Erpressungsmittel. Mein Vernehmer deutete einmal an, die Kinder seien in ein Heim gekommen, später dann zu Franz' Mutter. Über der Familie Jütte schwebte ein Damoklesschwert: Heute ist bekannt, daß die Stasi manchmal Verurteilten die Kinder wegnahm und zur Zwangsadoption gab. Erst Monate nach der Verhaftung, als Ingrid geständig geworden war und mich zu einem geständigen Verhalten bewegen sollte, wurde sie mir gegenübergestellt.

Doch zurück zu den ersten Haftmonaten. Mehrfach in den Akten (z. B. [1] Bd. 2 (A.N.) 8 ff.) wiederholt wird folgender

»Operationsplan zum U-Vorgang Jütte und vier anderen
Das Hauptanliegen des Untersuchungsvorganges ist die Aufklärung und der Nachweis der organisierten Abwerbung wissenschaftlicher Kader aus der DDR unter

Einsatz komplexer Feindmethoden durch den Machtapparat des staatsmonopo-
listischen westdeutschen Staates bei gleichzeitiger Tarnung dieser Bestrebungen
durch die gegenwärtigen sozialdemokratischen Taktiken.

Aus der bisherigen Bearbeitung des UV [= Untersuchungsvorgang] deutet sich
an, daß die in den letzten Jahren in Westdeutschland groß heraus gebrachte Zu-
kunftsforschung (Futurologie), die von der Perspektivlosigkeit des spätkapitalisti-
schen Systems ablenken soll, auch in die Feindtätigkeit gegen die DDR eingeflossen
ist. Damit sollen wissenschaftliche Kader der DDR geködert werden, um sie zum
Verlassen der DDR zu bewegen, welche aber auch gleichzeitig unter Ausnutzung des
in der DDR vermittelten Wissens nach deren Verlassen der DDR der westdeutschen
Futurologie und anderen Wissenschaftszweigen als Kader zugeführt werden sollen.

Hierbei gilt es, den engen Zusammenhang zwischen der politisch-ideologischen
Diversion und dem staatsfeindlichen Menschenhandel sowie die Rolle des Weiz-
säcker-Instituts Hamburg und des Heisenberg-Instituts München in diesem System
nachzuweisen. (…)«

Gemäß diesem Plan, dessen stark ideologisierte Beschuldigungen offenkundig
auf die Denunziation durch die KP »*Boris Buch*« zurückgehen, versuchte die Stasi
zwei Jahre lang, mir in Hunderten von Vernehmungsstunden u. a. folgendes
nachzuweisen: Erstens hätte ich schon seit 1968 Fluchtpläne verfolgt, zweitens sei
das Treffen mit Weizsäcker die Vorbereitung einer illegalen Ausschleusung gewesen, drittens hätten die beiden Zusammenkünfte zur Frühjahrsmesse 1970 meiner
Ausschleusung durch die Schleuserorganisation W. gedient, viertens hätte ich
aktiv an der Ausschleusung Dritter mitgewirkt und schließlich sei all dies Teil der
politisch-ideologischen Diversion der staatsfeindlichen Gruppe W. in Zusammenarbeit mit dem Weizsäckerschen Institut gegen die DDR. Keine dieser Beschuldigungen traf zu, aber die Stasi war nur an Aussagen interessiert, die ihre
Vorurteile stützten.

Nach weiterem dreiwöchigem Schmorenlassen holte mich die Stasi erneut zum
Verhör. Waren die Vorhalte zuvor noch anonym erfolgt, so wurden mir jetzt Aussagen Franz' vorgelesen, wonach ich zur Herbstmesse 1969 bei einem Treff mit
Stefans *Kurier* Vetter in der Wohnung der Familie Jütte anwesend war. Ich leugnete konsequent jedes Zusammentreffen zu dieser Messe bei Jüttes mit irgendwelchen Personen. Aber ich wußte nun, daß die Stasi bei Franz erfolgreich war.
Am folgenden Tag leugnete ich weiterhin genauso stur alle Vorhalte. Damals hatte ich mir mein Verhalten nicht genau überlegt, sondern eher gefühlsmäßig entschieden, der Stasi durch absolutes Leugnen deutlich zu machen, daß Isolation
bei mir nur zu einer Verhärtung führt. Der Leutnant protokollierte meine Lügen
ohne Versuch, mich davon abzubringen. Das empfand ich als unheimlich. Wieder wurde ich zum Warten in die Zelle zurückgebracht. Die Ungewißheit war
schwer zu ertragen.

Meinen Erinnerungen stelle ich die Akten gegenüber. Oberleutnant Henke, der
Vorgesetzte der Vernehmer Püchner, Fessel und Donat von Ingrid, Franz und mir

analysiert in einem 13-seitigen »*Kontrollbericht*« vom 7. Juli 1970 ([1] Bd. 2 (A.N.) 8–20) den Untersuchungsplan, die Vernehmungstaktik sowie die Qualität der Protokollierung und bisherigen Beweisführung. Darin heißt es:

»*Beim Heisenberg-Institut (offizielle Bezeichnung: Max-Planck-Institut) ist z. Z. Stefan W… tätig, nachdem er bereits im Weizsäcker-Institut eingesetzt war, der die Einschleusung von Literatur aus Westdeutschland in die DDR organisierte, damit diese Verbreitung unter studentischen Kreisen und Kreisen der Intelligenz findet, um eine ideologische Vorbereitung des staatsfeindlichen Menschenhandels und der wahrscheinlichen Übermittlung von Informationen nach Westdeutschland in die Wege zu leiten.*

Diese Zielsetzung ist zwar im vorliegenden U-Plan vorhanden, jedoch sind dabei die komplexen Zusammenhänge nicht genügend herausgearbeitet, was sich auch bei den Untersuchungskomplexen widerspiegelt. Insbesondere ist nicht enthalten, daß es gilt, in diesem UV neue Methoden der Feindarbeit herauszuarbeiten.«

Neue Methoden in der Feindarbeit sieht die Stasi in der angeblichen *Kombination von Büchereinschleusungen und Fluchtvorbereitungen* und der Verwendung von Codes (die Stasi nennt einen Brief von Stefan W. einen »*Tipperbrief*«, ähnlich gebe es solche bei Fritzsch und Rust), die sie Stefan als neue raffinierte Methoden unterstellt.

Der Stasi geht es darum, wie detailliert ausgeführt wird, einen Zusammenhang zwischen den Beschuldigungen staatsfeindliche Hetze, staatsfeindlicher Menschenhandel, Vorbereitung zur Republikflucht, staatsfeindliche Verbindungsaufnahme und staatsfeindliche Gruppenbildung herzustellen. Um Verdachtsmomente »*auf die Existenz einer staatsfeindlichen Gruppe unter studentischen Kreisen*« herauszuarbeiten, kritisiert der Oberleutnant, dürfe im U-Plan nicht schlechthin nur von westlicher Literatur und Hetzschriften die Rede sein, vielmehr müssen Verlage angegeben und »*die verschiedenen Kategorien wie Weltliteratur, bürgerlich-philosophische Bücher, linksopportunistische Schriften, Hetzliteratur, Zeitungen, Zeitschriften*« genau angeführt werden. Er lobt, daß die »*vernehmungstaktischen Grundlinien bei allen Beschuldigten*« sehr gut herausgearbeitet wurden und verlangt, die Beschuldigten »*immer wieder einzuschätzen, um neue Maßnahmen treffen zu können*«:

»*Äußerst wichtig ist in diesem UV die genaue Aufklärung des Persönlichkeitsbildes der Beschuldigten, dem aber bis auf Heyn die U-Planung nicht gerecht wird, indem zuwenig Differenzierungen getroffen werden. So ist z. B. bekannt, daß Jütte, Franz Anhänger des bürgerlichen Positionismus [sic!] sein will, kleinbürgerlichen Anarchievorstellungen huldigt und rechts- sowie linksopportunistische Schriften von Djilasy [sic!] über Marcuse bis Mao Tse tung gelesen hat, wovon sich aber keine Anhaltspunkte im U-Plan befinden.*«

Das Hausdurchsuchungsmaterial sei noch nicht differenziert ausgewertet, z. B. noch nicht Fotos über CSSR-Aufenthalte 1968 oder Biermann-Literatur, und: »*Auswertungsmäßig müssen in dem U-Plan auch noch Zusammenhänge zu anderen Vorkommnissen wie der Verbreitung von Hetzzetteln an der KMU und* **die** **Provokation in der Kongreßhalle** *im Jahre 1968 aufgenommen werden, zumal es bereits Hinweise im UV auf eine organisierte Verbreitung von Fotos über die Sprengung der Uni-Kirche gibt.«* Die Stasi zählt hier ungeklärte Vorkommnisse auf, so daß die Erwähnung der Plakataktion nicht bedeutet, daß sie mich zu diesem Zeitpunkt in konkretem Verdacht gehabt hätte.

Zum Stand der Untersuchung wird mein eigener damaliger Eindruck bestätigt: *»Dabei konnte durch intensive Vernehmungen beim Beschuldigten Jütte, Franz ein Einbruch durch Genossen Fessel erzielt werden, wobei es mit diesem Beschuldigten bisher die größten Schwierigkeiten gab.*

Dem am nächsten kommen die Beschuldigten Jütte, I. und Heyn, (...) und **die** **größten Schwierigkeiten bereitet KOCH, welcher Vorhalte anderer Beschuldigter in offen lügnerischer Absicht bestreitet.** *Daß er sich dabei in Zukunft auf psychische Besonderheiten berufen wird, ist nicht ausgeschlossen.«*

Ingrid war durch den Verrat Langfermanns – den wohl auch sie nicht bemerkt hat –, die frühe umfassende Geständigkeit Heyns, die extreme Belastung als Mutter von zwei kleinen Kindern und nun noch durch den Einbruch bei ihrem Ehemann in einer so schwierigen Situation, daß ihr langer Widerstand bewundernswert ist.

Zu ihrer Taktik, mich schmoren zu lassen, erklärte die Stasi nur verdeckt, *»daß die beiden letzten BV nach ergebnislosen Vorhalten infolge* **des sturen Verhaltens** **von KOCH** *aus taktischen Erwägungen abgebrochen wurden.«*

Kritisiert wird, die reichliche Hälfte aller Vernehmungen habe erst nach 8.30 Uhr begonnen, teilweise seien zu große Lücken aufgetreten. Ingrid wird als die *»Hauptbeschuldigte«* bezeichnet. Bei allen seien das *»Persönlichkeitsbild«* und die Vorgeschichte aufzuklären. Zu Koch sind Zeugenvernehmungen der *geschiedenen Ehefrau*, der *Schwester*, der *Mutter*, Ermittlungen zu *Dr. Kießig*, zu *»Knöchel«* (Bilder der Unikirche) und die Beschaffung der *Ehescheidungsakte* geplant. Dann heißt es:

»Da KOCH Vorhalte anderer Beschuldigter bestreitet, ist eine **Änderung der** **Taktik notwendig:**
– zunächst Vernehmung zur Person, um über diesen Weg seine Verbindungen zu
  W... während der Studienzeit zu klären
– Vernehmung der angeführten Zeugen
– weitere BV zur Straftat.
In der Zwischenzeit sind durch BV der Jüttes weitere Belastungen gegen KOCH zu erarbeiten.
(Hinweise dazu befinden sich im Brief von W... an Bernard).«

Auch an anderer Stelle wird auf Anhaltspunkte im Brief von Stefan W. an *Langfermann* hingewiesen.

Die Stasi plant die *Erarbeitung konkreter tatbestandsmäßiger Belastungen* gegen fünf weitere Personen, darunter „*Ajax*", u. a. ([1] Bd. 1 127–131) in einer

»Ergänzung zur Zielsetzung:
- *allseitige Aufklärung der Verbindungen der Beschuldigten Jütte, Ingrid, Jütte, Franz und Koch, Dietrich zu Rudolph, Jürgen („Ajax")*
- *Nachweis erarbeiten, daß Rudolph planmäßig Hetze gegen die sozialistische Gesellschaftsordnung der DDR betreibt. Allseitige Aufklärung seiner sogenannten Arbeitskreise.«*

Mitte August, vier Monate nach meiner Verhaftung, gab die Stasi die Hoffnung auf, ich würde mich von mir aus zum Geständnis melden und begann wieder mit intensiven Verhören. Da ich auch auf massive konkrete Vorhalte hin weiterhin leugnete, wechselte der Vernehmer die Taktik. Er verhörte mich zunächst tagelang intensiv zur Person – zu Elternhaus, Oberschule, Studium –, vor allem zu meiner gesellschaftspolitischen Entwicklung und zur fristlosen Entlassung nach der Festnahme vor der Universitätskirche. Diese Vernehmungen waren deshalb gefährlich, weil sie zwangsläufig Ansatzpunkte zu weiteren Fragen lieferten. „Die gesamte Person wird aufgeklärt", hatte mir Leutnant D. einmal gesagt. Leugnen oder Nicht-Erinnern schieden bei diesen Themen meistens aus. Der Vernehmer versuchte, meine ideologische Entwicklung zum Staatsfeind herauszuarbeiten, während ich wenigstens für die Zeit vor 1967 eine positive DDR-Gesinnung behauptete.

Zum Wechsel der Taktik gehörte, daß ich in eine andere Zelle verlegt wurde. Als Zellenmitbewohner bekam ich einen jungen Mann, der der Vorbereitung zur Republikflucht beschuldigt wurde und aus seinem Freundeskreis heraus verraten worden war. Er erzählte mir viel von seinem geliebten Boxsport, ermunterte mich, etwas Sport in der Zelle zu treiben und brachte mir Kraftübungen bei. Wir trainierten die Bauchmuskulatur, indem wir, den Rumpf über einen Hocker gelegt und die Füße unter die Heizkörper geklemmt, den Oberkörper auf und ab bewegten. Ich lernte, einen Hocker hochzuheben, den ich mit einer Hand ganz unten an einem Bein anfaßte. Und wir kämpften immer wieder durch Armdrücken gegeneinander. Noch ahnte ich nicht, wie nützlich mir gerade diese Kraftübungen Jahre später auf den Klettersteigen in den Dolomiten sein würden. Während die dunkle Zelle meiner Isolationszeit an der Nordseite gelegen hatte, besaß die neue Zelle wenigstens die normalen Glasbaustein-Fenster und zeigte nach Süden. Die Sommerhitze und die schlechte Luft machten uns zu schaffen, da der schmale Spalt in der Glasziegelwand nur eine ganz unzureichende Belüftungsmöglichkeit bot.

In die Haftanstalt wurde eine neue Zentralheizung eingebaut. Es war praktisch, uns Häftlinge jeweils nach Beendigung der Stemmarbeiten mit Schaufel und Besen in eine solche Baustellenzelle zu sperren. In den kommenden Wochen wurde ich mehrfach verlegt und erhielt wechselnde Zellengenossen. Einer davon kam auf die Idee, aus unseren vier Socken einen Ball zusammenzuknoten. Wir warfen ihn uns in den Zwischenzeiten zu, bis der Posten auf seiner Runde wieder an unserer Zelle angelangt war. Natürlich bekam er unser Ballspiel mit, und wir handelten uns auf diese Weise viele Rüffel ein. Nicht nur, daß wir verbotene sportliche Übungen gemacht hatten, wir hatten auch gegen das Verbot verstoßen, in der Sommerhitze die dicken Wollsocken auszuziehen.

Den Vernehmungen zur Person folgten monatelang nahezu pausenlos Verhöre zu den Fluchtbeschuldigungen, zu vielfacher staatsfeindlicher Hetze (2. Kapitel) und zum Plakat in der Kongreßhalle (3. Kapitel). Die Stasi hatte inzwischen erschreckend viele Vorhalte aus den Aussagen meiner Mitbeschuldigten zur Verfügung. Der ständige Wechsel des Vernehmungsgegenstandes gehörte zur taktischen Konzeption der Stasi. Die Themen wechselten nicht nur von Tag zu Tag, sondern oft auch abrupt innerhalb eines Verhörs, um den Beschuldigten zu überrumpeln. Mein Erlebnisbericht muß bündeln und kann den verwirrenden Gang des Untersuchungsverfahrens insoweit nur ungenügend wiedergeben. Im Rest des Kapitels berichte ich unter Ausblendung aller übrigen Beschuldigungen nur über Verhöre zum Komplex *Fluchtvorbereitung* und *-hilfe*.

2. Legale Übersiedlungspläne oder Ausschleusung und Fluchthilfe

Mehrere hundertmal wurde ich den langen Weg zum Verhör geführt. Dieser variierte, weil ich im Zellenbau verlegt worden war oder weil im Haus gebaut wurde. Der Übergang zum Vernehmertrakt wurde noch umständlicher: nach einer Treppe abwärts und Stahltüren wieder treppauf, wieder Türen. Zwischendurch die Kommandos: „*Stähn blei'm! Gesicht zur Wand! Hände uff'n Rück'n!*" Aus Angst war ich nicht frei genug, den Weg zu beobachten. Eine genaue Erinnerung habe ich nicht. Es war ein Labyrinth. Der Gang zum Vernehmer ängstigte mich so, daß ich jedesmal aufs Neue wie vor den Kopf geschlagen war: ,*Was kommt heute wieder auf mich zu?*'

Äußere Haftumstände – Ernährung

Nach dem Wecken früh morgens mußte man sofort aufstehen. Andernfalls klopfte der Posten gewaltig gegen die Tür, riß die Klappe auf und brüllte mich an oder kam in die Zelle, um mich von der Liege zu reißen. Dann reichte er Kehrschaufel und Besen durch die Klappe. Kehrte ich nicht sofort, war eine Rüge fällig. Einmal wöchentlich erhielt ich einen Wassereimer und Schrubber zum Wischen. Sonnabends durfte ich duschen, meist fünf Minuten unter höchstens lauwarmem Wasser. Wöchentlich wurden Unterwäsche und das eine kleine scheuerlappenartige Handtuch gewechselt. Der Freihof und drei Mahlzeiten waren die einzigen Abwechslungen, wenn auch kein Vergnügen. Täglich stand dem Untersuchungsgefangenen eine Stunde frische Luft zu. Die Insassen verschiedener Zellen wurden getrennt in Freihöfe von 2 m × 6 m geführt. Da die Betonmauern doppelt so hoch wie die Breite der Freizelle waren, wirkte das kleine Stück Himmel über mir noch weiter entfernt und machte das Eingesperrtsein besonders deutlich. Ich sah nirgendwo etwas Grünes, nur Stacheldraht, Betonwände, vergitterte oder zugemauerte Zellenfenster und einen Posten mit Maschinenpistole auf einem Wachturm. Der Freigang verkürzte sich praktisch meist auf eine Viertelstunde, wenn er nicht ganz ausfiel. Während der vielen Verhöre entging er mir stets.

Im Prinzip bekam ein Gefangener jede Woche ein Buch zum Lesen zugeteilt. Bisher hatte ich nicht gewußt, was für drittklassige sowjetische Bücher über den heldenhaften Kampf des Sowjetvolkes für den Sieg des Sozialismus oder gegen Klassenfeinde ins Deutsche übersetzt waren. Aber mußte der *Läufer* dieses zweifelhafte Lektürevergnügen auch noch dadurch vervielfachen, daß er mir mehrere Wochen hintereinander denselben unerträglichen Band gab? Nur ganz selten erhielt ich ein gutes Buch.

Was Essen anbelangt, war ich nicht besonders verwöhnt. Nach 1945 hatten wir Brennesseln und anderes Kaninchenfutter gesammelt, aus denen meine Mutter „Spinat" herstellte; Bratkartoffeln aus gestoppelten Kartoffeln hatte sie mangels Fett mit Paraffin oder Stearin gebraten. „Über das Essen spricht man nicht", zitierte mein Vater seine Mutter. Aber vielleicht, so meinte er, hatte sie dies nicht nur aus puritanischer Herrnhuter Gesinnung gesagt, sondern weil sie selbst nicht gut kochen konnte. Ich muß dennoch über das Essen berichten, weil die ungesunde Ernährung zur Stasi-Strategie, die Untersuchungsgefangenen zu zermürben, gehörte. Viermal in der Woche erhielten wir suppenartige Eintöpfe – wie Nudeln, Gräupchen oder Kuttelflecke. Die dazu verwendeten Fleischabfälle bestanden aus Knorpeln, Sehnen und Fett. Sonnabends gab es süße Breis. Nur sonntags war das Essen besser. Und am 1. Mai staunten wir über Kartoffeln mit Fleisch und Pudding zum Nachtisch. Zum Frühstück und Abendessen bekamen wir Brot, zweimal wöchentlich 20 g Butter, sonst kleine Stückchen Margarine – wir nannten sie „Sorte Backen, Braten, Bohnern" – morgens einen Kaffeelöffel voll Marmelade und abends ein kleines Stückchen Wurst, wobei sich 3–4 Sorten während der gesamten Untersuchungshaft abwechselten. Die einzigen Getränke waren Malzkaffee und Tee der Sorte „Seegrasmatratze". Es gab weder Obst noch Salate, die Versorgung mit Vitaminen war kläglich. Immerhin bekam man genügend Brot, so daß man nicht zu hungern brauchte. Während meiner wochenlangen strengen Isolation erhielt ich zum Frühstück und teilweise auch abends nur Brot und einen halben Plastikbecher weißen Zucker. Ich weiß nicht, ob zu dieser Zeit andere Nahrungsmittel ausgegangen waren oder ob diese verschärfte Mangelernährung Teil der Zersetzungsbemühungen war.

Nach etwa fünf Monaten gewährte mir die Stasi die sogenannte Einkaufserlaubnis. Für 7,50 M pro Woche durfte ich aus einer Liste von zwei Dutzend

Artikeln bestellen: die gleichen minderwertigen drei Wurstsorten wie in der Anstaltsverpflegung, Butter, Margarine, zwei Sorten Käse, Bonbons, Kekse; aber es gab weder frisches Obst, Gemüse, Salat, noch Milch oder Fruchtsäfte. Für Raucher war die Verweigerung von Tabakwaren ein besonders wirkungsvolles Druckmittel, das mich als Nichtraucher aber nicht erpreßbar machte.

Als ich aus der Haft entlassen wurde, war ich aufgeschwemmt und wog so viel wie nie zuvor. Vor der Haft hatte ich erstklassige Zähne, noch mit 33 war keinerlei Zahnbehandlung nötig gewesen. Spätestens nach einem Dreivierteljahr begannen die Schäden. Der Zahnarzt der Haftanstalt durfte nur das Notwendigste machen. Nach der Haft hatte ich schlechte Zähne – Mangelernährung, zwangsweise verabreichte Psychopharmaka – und der Streß hatten ihre Wirkung getan.

Die Verhöre zu Fluchtvorbereitungen und -hilfe kamen in mehreren Wellen. Sie wurden etwa ein halbes Jahr nach unseren Verhaftungen intensiviert und erreichten noch einmal ein Vierteljahr später einen Höhepunkt, dem später noch abschließende Fragen und zusammenfassende Vernehmungen folgten. Jeweils tagelang wurde ich mit Wiederholungen ähnlicher Fragen zu den Gesprächen mit Jüttes und Heyn über die Fluchtangebote Stefans vernommen. Die Stasi hatte den Inhalt dieser Treffen nahezu restlos aufgeklärt. Nach den von Anfang an vorliegenden Geständnissen Heyns bestand ohnehin keine Chance, den Inhalt dieser Gespräche zu verschweigen. Die Stasi hatte gewartet, bis sie mir umfassende Vorhalte machen konnte. Während sie im Januar 1971 die Ermittlungsverfahren gegen Heyn (und seine ebenfalls verhaftete Freundin, die mir unbekannt war und in meinen Verhören keine Rolle spielte), abschloß, hatte ich eine Vernehmungspause, was ich damals für ein erneutes Weichkochenlassen hielt. Danach wurde ich von dem sehr gut präparierten Leutnant D. zweieinhalb Wochen lang noch einmal sehr intensiv zum Fluchtkomplex verhört, wobei allein in dieser Zeit über hundert Seiten Protokolle entstanden. Jüttes hatten sich nicht nur zu den Treffen mit den Fluchthelfern, sondern auch über alle Gespräche im Umkreis geäußert. Was insbesondere Ingrid manchmal in einer Mischung aus Realität, schlechtem Gedächtnis, Vermutungen und Schlußfolgerungen ausgesagt haben mag, hatte die Stasi zu meinen Lasten zugespitzt protokolliert. Allein diese Vernehmungsperiode genau wiederzugeben, würde ein ödes Buch füllen. Deshalb beschränke ich mich auf die Grundzüge meiner Verteidigung und auf einige Vernehmungsepisoden, die mir in besonderer Erinnerung geblieben sind.

Meine Verteidigung

Der Vernehmer versuchte, all die ihm bekannten Tatsachen auch noch von mir bestätigt zu bekommen. Dazu las er mir viele sehr detaillierte Vorhalte aus den teilweise zwei bis drei Dutzend Seiten langen Vernehmungsprotokollen Jüttes vor und schlachtete Widersprüche zu meinen Aussagen aus. Durch solche massiven Vorhalte wollte die Stasi mich zum Zusammenbruch meines Widerstandes bringen.

Dieses Ziel erreichte sie jedoch nicht. Die wesentlichen Tatsachen – Stefan hatte eine Flucht von Heyn und Ingrid und mir als Ersatzmann geplant – konnte auch ich nicht leugnen; aber ich ließ mir Einzelheiten erst durch viele Vorhalte abringen und wehrte mich Satz für Satz gegen jede einzelne Anschuldigung und Unterstellung. Da ich nach den Verhören meine Aussagen memorierte und der Leutnant in seiner standardisierten Sprache protokollierte, sind meine Antworten auch im Abstand von Monaten ähnlich formuliert, wie ich heute sehe. Aus Hunderten von Protokollseiten ergibt sich, daß ich auf immer wieder die gleichen Fragen – *„Legale oder illegale Pläne?"*, *„Warum haben Sie an Schleusertreffs teilgenommen?"* und *„Warum haben Sie Ihr Paßbild übergeben?"* – meine Verteidigung aus den ersten Vernehmungstagen mit geringen Korrekturen bis zum Schluß durchhalten konnte:

a) *Für mich kam nur eine legale Übersiedlung in Frage.*
Da ich nach meiner politisch begründeten fristlosen Entlassung in der DDR keine berufliche Chance mehr hatte, nahm ich das Angebot Weizsäckers zu einer legalen Übersiedlung an. Stefan W. und Weizsäcker wollten mir lediglich in meiner beruflichen und gesundheitlichen Misere helfen; irgendwelche Absichten, der DDR zu schaden, hatten sie nicht. Wegen dieser laufenden *risiko-* und *kostenlosen* Bemühungen um eine *legale* Ausreise hatte ich überhaupt keinen Grund, mich auf ein *illegales, teures* und *riskantes* Fluchtunternehmen einzulassen. Deshalb habe ich die illegalen Fluchtangebote, die zusätzlich von Stefan kamen, stets abgelehnt.

Als eines meiner größten Probleme sah ich es damals an, daß ich am 7. März 1970 Volker Schwarz – im Stasi-Jargon: *dem Kurier einer Schleuserorganisation* – mein Paßbild, das dieser für einen falschen Paß haben wollte, gegeben hatte, obwohl ich nicht fliehen wollte. Bei all dem, was ich an Verdrehungen von der Stasi erlebt hatte, konnte ich nicht hoffen, gegen dieses echte, gegen mich sprechende Indiz meine wahren Motive zur Geltung zu bringen. Der Vernehmer drängte mich immer wieder zu unterschreiben, daß ich mein Paßbild übergeben hätte, um meine Ausschleusung vorzubereiten. Ich wiederholte die immer gleiche Verteidigung: Nur um dem massiven Drängen, mich Heyns Flucht anzuschließen, zu entgehen, hatte ich Schwarz mein Paßbild gegeben und damit meine Entscheidung nur zum Schein auf den nächsten Tag verschoben, obwohl meine Ablehnung bereits feststand. Gleich nachdem Heyn und Schwarz gegangen waren, hatte ich Ingrid gebeten, diese Volker Schwarz am nächsten Tag mitzuteilen. Außerdem verteidigte ich mich damit, daß es mir an diesem Tag gesundheitlich schlecht ging, ich Beruhigungsmittel genommen hatte und ich deshalb nicht alle Einzelheiten mitbekommen hätte.

b) *Ich wollte die kopflose Ingrid von dem von Stefan geplanten Fluchtvorhaben abbringen und überhaupt niemandes Flucht unterstützen.*

Mehrfach fragte mich der Vernehmer, warum ich bei dieser von mir behaupteten Ablehnung der Fluchtvorhaben für Ingrid und mich selbst an den beiden *Treffs* teilgenommen habe. Dadurch hätte ich mich an der Organisierung von Schleusungen beteiligt, behauptete er. Vielfach wiederholte ich die gleiche Verteidigung:

»*Frage: In welcher Weise waren Sie an der Organisierung von Schleusungen beteiligt?*

Antwort: Ich war nicht an der Organisierung von Ausschleusungen beteiligt. An den Treffs am 4.3. und 7.3.1970 war ich lediglich beteiligt, um zu verhindern, daß sich Jütte, Ingrid, für eine Ausschleusung nach Westdeutschland bereit erklärt. Außerdem wollte ich etwas von dem Stand der Vorbereitungen meiner legalen Übersiedlung nach Westdeutschland erfahren.«

c) *Freunde verrät man nicht.*

Nach den Verhören klopfte das Vernehmerkollektiv meine Aussagen gründlich auf Schwachstellen ab und fand Möglichkeiten des Weiterfragens, auf die der Leutnant nicht sofort gekommen war. In einem weiteren Verhör setzte der Vernehmer nach und fragte mich, warum ich nicht meiner *Anzeigepflicht*[18] nachgekommen sei, wenn ich mit meiner und Frau Jüttes Ausschleusungen nicht einverstanden gewesen wäre. Das folgende Frage-Antwort-Spiel zeigt, wie ich solche entlastenden Antworten zu finden suchte, an die sich keine gefährlichen Fragen anschließen ließen.

»*Antwort: Mit einer Anzeige hätte ich die mir angetragene legale Übersiedlung nach Westdeutschland gefährdet und außerdem war ich mit Frau Jütte befreundet.*

Frage: Warum versuchten Sie nicht die geplante Ausschleusung von HEYN, Alexander zu verhindern?

Antwort: Ich führe das auf meine allgemeine Gleichgültigkeit zurück. Außerdem machte HEYN auf mich den Eindruck eines Psychopathen, bei dem eine Beeinflussung dieser Art sinnlos erschien.«

---

18 *Anzeigepflicht:* Nach § 225 StGB/DDR wurde mit einer Strafe bis zu 5 Jahren bedroht, wer von einem Vorhaben, der Vorbereitung oder Ausführung einer Straftat gemäß §§ 96–105, 106 Abs. 2, 107, 108–110, 213 Abs. 3 Ziff. 1 bis 4 vor deren Beendigung glaubwürdig Kenntnis erlangt und dies nicht unverzüglich zur Anzeige bringt. Wer also beispielsweise von den Fluchtplänen meiner Freunde, der Büchereinschleusung Ingrids oder unseren Vortragsabenden wußte, hatte sich wegen unterlassener Anzeige strafbar gemacht. Nach diesem Paragraphen hätten Zehntausende, die z. B. vom Fluchtvorhaben von Freunden wußten – fast stets lag ein schwerer Fall vor – eingesperrt werden können. Soweit ich sehe, gab es kaum Verurteilungen nach dieser Bestimmung. (§ 226 ermöglichte, von der Verfolgung abzusehen.) Sie diente aber dazu, Zeugen die Berufung auf ein Aussageverweigerungsrecht zu nehmen und diese unter Druck zu setzen. So wurde etwa meine Mutter in ihrer Zeugenvernehmung mit § 225 StGB bedroht, da sie von meinen angeblichen Fluchtvorbereitungen und Büchereinschleusungen Kenntnis gehabt hätte, ohne mich anzuzeigen, um sie *über alles*, was sie über mich wußte, auszuhorchen.

Der Leutnant kannte mich inzwischen gut genug, um meine Erklärung, daß man einen Freund nicht anzeigt, hinzunehmen. Auf die weitere Frage, warum ich nicht wenigstens Heyn angezeigt habe, verteidigte ich mich damit, daß dann sofort Ingrid und ich in Mitleidenschaft gezogen worden wären.

d) *Stefan W. wollte Ingrid in ihrer belastenden Ehesituation und mir in meiner beruflichen Misere helfen.*
Vor allem versuchte ich, über unsere jeweiligen Motive eine realistische Verteidigungsposition für Ingrid, Franz und mich aufzubauen. Dazu ein Beispiel:
»W..., Stefan kannte meine beruflichen Sorgen und meine gesundheitliche Misere und wollte mir vermutlich helfen, indem er mir die Möglichkeit bot, in Westdeutschland neu anzufangen.«
Wir waren keine staatsfeindliche Schleusergruppe mit dem Ziel, qualifizierte Hochschulabsolventen zum Schaden der DDR in den Westen zu verbringen. Vielmehr war Stefan ein hilfsbereiter Mensch, der die Fluchtunternehmen nur aus ganz privaten, menschlichen Motiven geplant hatte.

Wissentlich falsche Anschuldigungen: Weitere angebliche Fluchtpläne

Fast ein halbes Jahr nach meiner Verhaftung überraschte mich der Vernehmer mit der neuen Beschuldigung, Franz habe ausgesagt, *»daß Sie eine im August 1968 geplante Reise in die CSSR ausnutzen wollten, um von dort ungesetzlich nach Westdeutschland überzusiedeln.«*
Ich war schockiert, da dies überhaupt nicht der Wahrheit entsprach. Zunächst glaubte ich, die Stasi wolle mir eine Aussage vortäuschen, aber der Leutnant zeigte mir die entsprechenden von Franz unterschriebenen Protokollpassagen. Dieser hatte weiterhin behauptet, meine damaligen Fluchtpläne seien nur gescheitert, da ich *»für die CSSR keine Einreisegenehmigung erhielt«*. Stundenlang versuchte ich, dem Vernehmer klarzumachen, daß ich mich zu meinem Geburtstag im August lediglich zum Urlaub mit meiner Freundin, die von einer Ferienreise aus Ungarn zurückkam, in Prag treffen wollte. Ich hatte damals schon alle Reisedokumente in der Hand, die Reise scheiterte aber am Einmarsch der Warschauer-Pakt-Truppen am 21.8.1968 in die CSSR. Weder ich selbst noch Bärbel hatten irgendwelche Fluchtpläne. ‚Sollte nun auch Bärbel mit in Anschuldigungen zur Fluchtvorbereitung einbezogen werden?‘ war meine Angst. Die Stasi verhörte auch Nichtverhaftete, wie Bärbel, meine Mutter und Eckhard, die sie dazu zu einer gewöhnlich ganztägigen Vernehmung vorlud. Mich ließ die Stasi lange im Ungewissen, welche Nichtverhafteten sie verhört hatte. Diese hatten meine obigen Aussagen vollständig bestätigt; doch eine solche Entlastung enthielt mir die Stasi vor.

Jede Verteidigung meinerseits zog einen Rattenschwanz von Fragen nach sich. Bei jeder Antwort mußte ich mitbedenken, was ich sagen konnte, ohne neue Flanken zu öffnen. Dabei ging es nicht nur darum, strafrechtlich erhebliche Belastungen Dritter zu vermeiden, ich mußte auch versuchen, das unersättliche Verlangen der Stasi abzublocken, über jeden meiner Bekannten Informationen zu erhalten. „Was haben Sie statt der geplanten Pragreise im August 1968 gemacht?" hakte der Vernehmer nach. Zunächst besuchte ich ein mir befreundetes Pfarrer-Arzt-Ehepaar in Dresden. „Wer waren diese Freunde, woher kannten Sie diese, was haben Sie bei diesen gemacht, und worüber haben Sie sich unterhalten?" gingen die endlosen Fragen weiter. Anschließend war ich mit Bärbel in Eisenach. Alles prüfte die Stasi nach, hatte sogar versucht, dort im Hotel nachzufragen, das aber inzwischen abgerissen worden war. *Sie waren ungeheuer fleißig.*

Ein weiteres Mal unterstellte mir die Stasi, ich hätte seit längerem Fluchtpläne verfolgt. Der Vernehmer las mir eine Aussage Franz' vor, wonach ich im Frühjahr 1969 eine von Stefan arrangierte Flucht über Ungarn geplant hätte. Tatsächlich hatte ich mich auf Vorschlag Stefans mit einem seiner Bekannten in Berlin getroffen, und dieser hatte mir unerbeten und überraschend in dessen Auftrag eine Fluchtmöglichkeit über Ungarn angeboten; aber ich hatte diese abgelehnt. Als ich in einer früheren Vernehmung beiläufig gefragt worden war, ob ich einen Hartmann Vetter kenne, hatte ich dies bestritten. Aber nun mußte ich zur Verteidigung gegen Franz' falsche Anschuldigungen dieses Treffen in Berlin einräumen. Ich sollte meine Ablehnung begründen und sagte, daß ich keine illegalen Sachen mache und ich mich außerdem damals einem Neuanfang in Westdeutschland gesundheitlich nicht gewachsen gefühlt hätte. Das alles hatte ich Franz erzählt. Wie mag die Stasi ihn dazu gebracht haben, mich wissentlich unrichtig anzuschuldigen? Vor allem aber quälte mich die Frage, was die Stasi damit erreichen wollte. Mit diesen absichtlich konstruierten, falschen Beschuldigungen hatte sie einen gewissen Erfolg; denn ich war so entsetzt, daß ich nach dem Verlesen der Aussagen Franz' gleichsam die Notbremse zog. Im Protokoll steht:

»Das kommt mir gespenstig vor. Ich habe keinen Schimmer, wovon der Jütte redet. Ich fühle mich der heutigen Vernehmung nicht mehr gewachsen.«

Der Leutnant merkte natürlich, wie sehr mich diese Verleumdungen quälten. Als er mich immer weiter in Verzweiflung zu treiben versuchte, stieg ich aus und formulierte folgende handschriftliche

»Erklärung: *4.10.70*

Seit einigen Tagen befinde ich mich in einem depressiven Verstimmungszustand, der es mir im Augenblick unmöglich macht, der Vernehmung sinnvoll zu folgen. Das sagte ich und deshalb kann ich auch das heutige Protokoll nicht unterschreiben. Es wurde mir verlesen.   *Dietrich Koch.«*

Der Erfolg der Stasi, mich mit erlogenen Anschuldigungen von Freunden stark zu verunsichern, ließ sie dieses Verfahren fortsetzen.

Thomas Rust hatte ich bei unseren Vortragsabenden kennengelernt. Ich war ihm bei Jüttes oder bei einem öffentlichen Vortrag begegnet oder hatte ihn zufällig auf der Straße getroffen, aber ich kannte ihn kaum. Im Herbst 1969 war er zusammen mit einem Freund bei einem Fluchtversuch in der CSSR geschnappt worden. Von seiner Verhaftung erfuhr ich durch Palmer, den Leipziger Pfarrer der Christengemeinschaft. Zwar hatten wir nichts mit diesem Fluchtversuch zu tun, aber ich hatte Ingrid und Franz gegenüber besorgt geäußert, daß die Stasi durch ihn auf unsere Namen kommen könnte. Dann aber hatten wir nichts mehr von ihm gehört. Zu meiner Überraschung warf mir die Stasi ein halbes Jahr nach meiner Verhaftung in mehreren ganztägigen Verhören massive Anschuldigungen Thomas' auch zum Komplex Republikflucht vor. Bei einer der flüchtigen Begegnungen 1969 auf der Straße hätte ich Thomas Rust Wichtiges gesagt, hielt mir der Leutnant vor:

»Rust, Thomas sagte aus, (…): An der Organisierung der Übersiedlung sei Prof. Carl Friedrich von WEIZSÄCKER beteiligt. Zu einem gegebenen Zeitpunkt, der von W…, Stefan festgelegt würde, sollten Sie sich einer stationären Behandlung unterziehen, um für Ihre Übersiedlung nach Westdeutschland einen möglichst „niedrigen Preis" zu erzielen.«

Ich konnte mich wirklich nicht erinnern, Thomas etwas derartiges erzählt zu haben. In meiner früheren Aussage, daß Stefan eine legale Ausreise für mich anstrebte, hatte ich verschwiegen, daß ich mich zur Verbilligung bzw. Erleichterung einer Ausreisegenehmigung in psychiatrische Behandlung begeben sollte. Ich mußte dies nun doch noch zugeben und mein früheres Verschweigen erklären, was mir peinlich war. Gefährlicher waren Thomas' weitere Anschuldigungen, ich hätte bei diesen Zusammentreffen auf der Straße von seinen eigenen Fluchtplänen erfahren und ihm außerdem von meiner Absicht berichtet, die DDR illegal zusammen mit meiner Freundin zu verlassen. Solche Pläne hatten weder Bärbel noch ich. Ich konnte dies nur bestreiten und die Vermutung äußern, Thomas habe mich mißverstanden.

Ende Mai 1971 stellte mir die Stasi Thomas als Zeugen gegenüber. Ich hätte ihm gesagt, daß ich die legale Möglichkeit über Professor von Weizsäcker für eine Übersiedlung nicht ausnutzen, sondern lieber zusammen mit meiner Freundin ungesetzlich die DDR verlassen wolle. Ich bestritt diesen Quatsch und blieb auch in der anschließenden mehrstündigen Vernehmung dazu bei meiner Aussage. Immerhin setzte die Stasi mit solchen falschen Anschuldigungen Bärbel unter Druck. In ihrer 23-stündigen Vernehmung bestritt auch sie. Aus der *taktischen Konzeption zu ihrer Bearbeitung* ergibt sich, was Bärbel „gestehen" sollte:

»In der Vernehmung ist herauszuarbeiten: gemeinsame Vorbereitungshandlungen mit KOCH zum ungesetzlichen Grenzübertritt nach § 213, Abs. 1, 2, Ziff. 3, Abs. 3 StGB.«

Im Januar 1971, fünf Monate nach den verschiedenen falschen Anschuldigungen von Franz und Thomas, hatte die Stasi dann auch Ingrid, die lange widerstanden hatte, so weit, daß sie mir folgende Beschuldigungen vorhalten konnte:

»Frage: In der genannten Vernehmung sagte die Beschuldigte weiterhin aus, von Ihnen im Juni 1969 erfahren zu haben, daß Sie die DDR ungesetzlich nach Westdeutschland verlassen wollten und dazu Unterstützung von W..., Stefan erhofften, wozu Ihnen ein Auszug, von Blatt 4–5, beginnend mit den Worten „Im Juni 1969 ..." endend mit den Worten „... in 703 Leipzig, ...", vorgelesen wurde. Nehmen Sie Stellung dazu!

Antwort: Ich bitte um wörtliche Protokollierung: „Das ist eine ganz unverschämte freche Schwindelei." Frau Jütte hatte mich laufend gedrängelt, ich solle illegal nach Westdeutschland übersiedeln, was ich stets abgelehnt hatte.« [19]

Meine empörte Formulierung zeigt, wie empfindlich ich auf solch ungerechtfertigte Vorhalte reagierte. Und meine Retourkutsche, daß Ingrid mich gedrängelt habe, belegt, wie die Stasi Aussagen durch Ausnutzung spontaner Rachegefühle erreichen konnte. Zwar hatte Ingrid dies schon längst selbst ausgesagt, aber dennoch war der letzte zitierte Satz hier für meine Verteidigung nicht erforderlich. In der Konzeption (*Dok. 32* S. 4) plante die Stasi, bei mir *Rachegefühle gegen das Ehepaar Jütte* wegen dessen Aussagen gegen mich zu erzeugen und auszunutzen. Es hatte mir Mut abverlangt, eine Formulierung wie *»freche Schwindelei«* überhaupt auszusprechen; denn eine belastende Aussage als Lüge zu bezeichnen, faßte die Stasi als gegen sich gerichtet auf. Nach der Vernehmung machte ich mir Sorgen, zu weit gegangen zu sein und setzte handschriftlich hinzu:

»Die harte Formulierung „unverschämte ... Schwindelei" möchte ich zurücknehmen, da ich nach nochmaligem Durchdenken zu der Meinung gelangt bin, daß Frau Jütte nicht mehr weiß, was sie mir erzählt hat und was nicht. Der Sache nach allerdings bleibe ich dabei, daß ich nicht illegal nach Westdeutschland wollte.«

Einmal hätte ich im Sommer 1968, dann wieder im Frühjahr oder Sommer 1969 Fluchtpläne gehabt. Wie soll man sich gegen solche aus der Luft gegriffenen Beschuldigungen verteidigen, die unsubstantiiert sind, aber immerhin von drei Zeugen behauptet werden? Meine Aussage, daß ich mit Bärbel und einem befreundeten Paar im Sommer 1969 eine Paddelboot-Zelt-Wanderung durch die Mecklenburgische Seenplatte unternommen hatte, interessierte den Vernehmer ausnahmsweise nicht. Die Stasi hatte bewußt kalkuliert, mit wissentlich falschen Anschuldigungen – noch dazu von Freunden unterschrieben – bei mir einen

---

19 Methodisch weiterfragend setzte der Leutnant fort:
»Frage: Warum wollten Sie die DDR nicht illegal verlassen?
Antwort: Ich habe hier in der DDR meine Eltern, Geschwister und meine Freundin, zu denen ich die Verbindung nicht verlieren will. Ich wollte nicht Gefahr laufen, gegen die bestehenden Gesetze der DDR zu verstoßen, weshalb für mich nur eine legale Übersiedlung in Frage gekommen wäre. Deshalb hatte ich im Sommer 1969 noch kein Interesse an einer Verbindung mit W..., Stefan. Erst ab Herbst 1969 zeigte ich Interesse daran, weil W..., wie ich schon darlegte, Bemühungen zeigte, mir beim legalen Verzug nach Westdeutschland behilflich zu sein.«

Nerv zu treffen, wie sich auch aus ihrer taktischen Konzeption (*Dok. 32* S. 5; dazu ausführlich im 5. Kapitel) ergibt:

»*Auf ungerechtfertigte Vorhalte ist er besonders empfindlich.*«

Um zu erklären, wie die Stasi wohl zu einer solchen Persönlichkeitseinschätzung kam, muß ich etwas weiter ausholen. Ich habe schon erwähnt, daß ich 1966/67 wegen einer depressiven Verstimmung in psychiatrischer Behandlung war. Die Stasi hatte sich rechtswidrig meine damalige Krankengeschichte, die ich in meiner Stasiakte fand, verschafft. Mein behandelnder Arzt Dr. Otto Bach hatte in der Anamnese Äußerungen meiner damaligen Frau Eva-Maria zu meiner Persönlichkeit notiert: »*Er habe ein ausgeprägtes Gerechtigkeitsempfinden.*« Und ähnlich aus einem Gespräch mit meiner Mutter: »*Von jeher habe Pat. ein sehr starkes Rechtsempfinden, das an der Grenze zur Übersteigerung liege.*« Solche Beurteilungen meines Charakters hatte die Stasi in ihre Taktikkonzeption eingearbeitet. Sie konstruierte falsche Anschuldigungen, um mich zu unbedachten Reaktionen zu provozieren und vor allem, um mich weichzuklopfen. Noch stärker als auf Beschuldigungen mit einem zutreffenden Kern dürfte gerade derjenige, der besonders empfindlich gegen ungerechtfertigte Vorwürfe ist, auf erlogene Anschuldigungen, gegen die er aber keine Verteidigungschance hat, mit Hoffnungslosigkeit und Selbstaufgabe reagieren. Die Stasi könnte erwartet haben, daß ich auf eine solche provozierte Auswegslosigkeit hin aufgebe: *Eine Verteidigung hat überhaupt keinen Sinn, wenn die einfach nur etwas zu erfinden brauchen, das ihnen dann Mitbeschuldigte unterschreiben; die machen mit mir, was sie wollen; ich gebe auf und unterschreibe auch alles, was sie mir vorlegen.*

Außerdem dürfte ich auf offensichtlich konstruierte, falsche Beschuldigungen wohl anders reagiert haben, als wenn ich sonst leugnete. Während ich mich auf Anschuldigungen mit wenigstens teilweise zutreffenden Momenten eher zäh, sachlich und kühl verteidigt habe, erinnere ich mich, auf einen absurden Vorwurf einmal empört gesagt zu haben: *„Herr Leutnant, wenn Sie wüßten, wo Sie die Leiche hernehmen sollen, würden Sie mir auch noch einen Mord anhängen.“* Der Vernehmer tat in seiner Berufsehre gekränkt: *„Na, na, Herr Koch, wir dichten niemand etwas an. Das haben wir nicht nötig. Bei uns geht es nur um die Wahrheit.“*

Die Stasi hatte die Lügen meiner angeblichen Fluchtpläne vor 1970 nur zu meiner Zersetzung konstruiert und ließ sie nicht in die Anklage aufnehmen.

Carl Friedrich von Weizsäcker als Schleuser?

Die Verhöre zu Carl Friedrich von Weizsäcker stelle ich ausführlich dar. Nach meinem Eindruck wollte die Stasi nicht nur mir Strafbares nachweisen, sondern auch *Belastendes gegen von Weizsäcker* erhalten. Seine Reisen in die DDR waren ihr sicher ein Dorn im Auge, und sie hätte gern etwas in der Hand gehabt, um ihn unter Druck setzen zu können. Dieser Gefahr war ich mir damals wohl bewußt.

Stefans Boten, der mir legale Ausreisepläne angekündigt hatte, hatte ich der Stasi zunächst verschwiegen, später auf allgemeine Vorhalte hin geleugnet und schließlich nach konkreten Aussagen Jüttes dazu zugegeben: Hartmann Vetter habe mir zur Herbstmesse 1969 in der Jütteschen Wohnung Grüße von Stefan W. ausgerichtet und mir mitgeteilt, daß dieser sich für mich um eine *legale Übersiedlung* nach Westdeutschland bemühe. Im Protokoll finde ich noch meine Verwunderung:

»Hartmann stellte an mich noch die Frage, ob ich eine reaktionäre Einstellung hätte, was ich verneinte. Darauf gab er mir zu verstehen, daß er nicht dazu beitragen wollte, eine Person nach Westdeutschland zu verbringen, die sich für die dortige reaktionäre Politik einsetzen würde.«

Die Bemerkung Hartmanns, nur einem Sozialismus-Anhänger auf dem Wege nach Westdeutschland behilflich sein zu wollen, hatte mich schon 1969 irritiert. Ich sagte weiter aus, daß sich Hartmann als Marxist bezeichnet habe und ich ihn zum Leipziger Staatlichen Zentral-Antiquariat begleitete, wo er *Karl Marx: Das Kapital* und Ähnliches kaufte. War es eine Art *magischen Denkens,* der Stasi die Legalität meiner Übersiedlungspläne dadurch glaubhafter machen zu wollen, daß sie mir von einem marxistischen Sozialisten übermittelt wurden?

Zum Abschluß des Verhörs kam wieder die Frage, warum ich bisher gelogen hatte. Diese peinlichen Aufforderungen sollten mich zersetzen. Ich erklärte meine Kehrtwendung.

»Antwort: Mein Gespräch, das nach der Begegnung mit Hartmann zwischen mir und Prof. von WEIZSÄCKER stattfand, habe ich als Fortsetzung der Unterhaltung, die zwischen mir und Hartmann stattfand, angesehen, weil sich Prof. von WEIZSÄCKER ebenfalls auf Stefan W… berufen hatte. Zum Treff mit Prof. von WEIZSÄCKER sagte ich bereits in meinen Vernehmungen am 2.9. und 3.9.1970 aus.

Frage: Warum haben Sie nicht bereits in Ihrer Vernehmung am 29.6.1970 Aussagen zu Ihrer Begegnung mit dem Hartmann gemacht?

Antwort: Zu dem genannten Zeitpunkt war ich nicht bereit auszusagen, daß es Vorstellungen zu einer legalen Übersiedlung meiner Person nach Westdeutschland gab. Ich bin zu der Erkenntnis gelangt, daß ich das im weiteren Verlaufe der Untersuchung nicht länger verschweigen konnte und nehme außerdem an, daß die genannte Möglichkeit einer legalen Übersiedlung nach Westdeutschland meiner Entlastung dienlich ist.«

Im Starnberger Institut Weizsäckers sah die Stasi ein *Zentrum der politisch-ideologischen Diversion,* das qualifizierte Hochschulkader aus der DDR abwerben und ausschleusen wollte. Sie wertete deshalb mein Gespräch mit ihm in Halle als *staatsfeindliche Verbindungsaufnahme* und ließ mich auch dafür anklagen. Weizsäcker habe von Stefan W. den Auftrag zu meiner Ausschleusung erhalten, behauptete mein Vernehmer. Ich konnte ihm nicht einmal klarmachen, daß ein

Herr von Weizsäcker von einem seiner Promovenden keinen Auftrag erhalten kann. Um solche absurden Verdächtigungen von mir unterschrieben zu bekommen, kam der Vernehmer immer wieder auf mein Gespräch mit Weizsäcker und auf das Gesprächsumfeld zurück und fragte:

»Warum erhielten Sie die Nachricht zum Treff mit Professor von Weizsäcker über Frau Jütte?« – »Warum erhielten Sie diese nicht auf anderem Wege?« – »Warum redete Ihnen Ingrid Jütte zu, an diesem Treff teilzunehmen?« – »Welche Verbindungen bestehen zwischen Stefan W... und Professor von Weizsäcker?« – »Warum hatte Professor von Weizsäcker ein persönliches Interesse, Sie kennenzulernen?« – »Welche beruflichen Perspektiven wurden Ihnen in Westdeutschland aufgezeigt?«

Aber die Stasi-Neugierde betraf auch Umstände, über die ich nichts wußte, beispielsweise, was ich über seine Frau *Gundula* und seinen Sohn *Wolfgang von Weizsäcker* wisse, deren Geburtsdaten mir sogar vorgelegt wurden.

Das Angebot von Weizsäckers

Ich hatte keine Bedenken, über das Gespräch mit Weizsäcker auszusagen. Im Gegenteil, gegen alle Schleusungsvorwürfe verteidigte ich mich gerade damit: Da Weizsäcker mir seine Hilfe bei einer *legalen, kostenlosen und risikolosen* Übersiedlung durch Vermittlung des Ost-Berliner Anwalts Dr. Vogel zugesagt hatte, besaß ich keinerlei Veranlassung zu einer illegalen Flucht. Ich sagte, was mir Weizsäcker angeboten hatte: *„Ihnen stehen alle Möglichkeiten offen, von der Philosophie bis zur Physik. Sie sollten zunächst promovieren."* Die erste Vernehmung zu dem vielleicht viertelstündigen Gespräch dauerte zehn Stunden – mit einem mageren Protokoll als Ausbeute. In einer späteren Vernehmung behauptete der Leutnant, die Unterhaltung habe länger gedauert, also müsse noch mehr besprochen worden sein. Die Stasi wollte unbedingt etwas hören, das Weizsäcker belastete. Aber es gab nichts Belastendes, und natürlich hätte ich auch nichts derartiges aus einem Vieraugengespräch preisgegeben. Unsere Unterhaltung hatte keinen staatsfeindlichen Inhalt, und nach und nach sagte ich in knapper, dürrer Form das meiste von dem aus, was ich im Prolog erzählt habe. Alles wurde notiert.

Ingrid berichtet in einer eigenhändigen *Niederschrift* vom 1.9.1970 ([1] Bd 1 (A.N.) 349–352), daß sie mich seit Ende April 1969 kennt und ich mich in schlechter psychischer Verfassung mit Depressionen befand und:

»Trotzdem hat er mir aufopferungsvoll, selbstlos und ganz uneigennützig geholfen, daß ich in diesem für mich entsetzlichen Jahr 1969 (hervorgerufen durch meine Ehesituation) den Willen weiterzuleben nicht aufgab. Aus diesen wechselseitigen Beziehungen entwickelte sich (zumindest aus meiner Sicht) eine enge Freundschaft. Und als sich D. K.s psychischer Zustand im Laufe des Sommers immer stärker verschlechterte, versuchte ich natürlich zu helfen, so wie es in meinen Kräften stand, aber ich empfand meine Möglichkeiten als sehr gering. In meiner Ratlosigkeit und

Verzweiflung habe ich etwa im August an Stephan W... geschrieben und ihm die ganze Misere des Dietrich K., die ich fast täglich miterlebte und den Grad seiner Depressionen geschildert, in der Absicht, einen Rat von ihm zu bekommen.«

Der Vater Stefans habe dann die Einladung Weizsäckers zu einem Gespräch in Halle mitgebracht, die sie mir übermittelte:

»Ich vereinbarte daraufhin mit Dietrich K., ihn zu begleiten. (...) Bei dem Gespräch selbst war ich nicht zugegen. Es dauerte etwa 15 Minuten nach meinen Erinnerungen. Herr Professor v. W[eizsäcker] war offenbar durch Stephan W... in etwa über den besorgniserregenden, depressiven Zustand, in dem sich D. K. befand, informiert und muß dafür sehr viel Verständnis aufgebracht haben. Er muß ihm zuerst einmal direkte Lebenshilfe versucht haben zu geben, indem er Koch auf Wissensgebiete hinwies, in denen es sich unbedingt lohne zu arbeiten, u. er ihm damit Mut machte, überhaupt sich wieder mit etwas zu beschäftigen, denn D. Koch hatte nicht nur diesen Mut aufgegeben, sondern allen Mut zum Leben.

Darüber hinaus deutete Herr Professor v. W. an, daß man (er selbst eingeschlossen) versuchen wolle und werde, Dietrich Koch auf Grund seiner schweren Krankheit auf legalem Wege in die BRD zu holen, weil auch er (gemeint ist Herr Professor v. W.) offensichtlich keinen anderen Weg für ein weiteres sinnvolles Leben des Dietrich Koch in der DDR sah. Denn D. Kochs berufliche Aussichten waren so hoffnungslos geworden, (die Ursachen hierfür sind mir nur wenig bekannt), daß er selbst schon längst nicht mehr glaubte eine ihm angemessene Stellung als Dipl.-Physiker auf dem Gebiet der Theoretischen Physik zu finden.

Herr Professor v. W. deutete in diesem Zusammenhang an, daß er (...) im Begriff sei, (...) einen Brief an offizielle Stellen zu schreiben, der das gesamte Problem der Situation von Dietrich Koch betreffe u. seine legale Übersiedlung. Er solle Mut behalten und aushalten.

Zusammenfassend ist mir prinzipiell in Erinnerung, daß es sich bei diesem Gespräch des Herrn Prof. von Weizsäcker mit Dietrich Koch um die Findungsmöglichkeit gehandelt hat, eine legale Übersiedlung in [die] BRD mit Dietrich Koch zu erreichen. Es wurde in keiner Art von einer illegalen Ausschleusung gesprochen.

Ingrid Jütte«

Natürlich enthielt mir die Stasi eine derartig entlastende Aussage meiner *legalen* Pläne vor. Deutlich ist auch, daß sich Ingrid aus menschlicher Hilfsbereitschaft wegen meiner depressiven Verstimmungen und der aussichtslosen beruflichen Lage an Stefan gewandt hatte, daß also von einer *organisierten Abwerbung von Hochschulkadern im Rahmen einer Feindtätigkeit von westdeutschen Zentren der PID* nicht die Rede sein kann.

Psychiatrisierung

Die Stasi hatte mir vorgehalten, Thomas Rust habe über den Psychiatrisierungsplan Stefans zu meiner Ausreiseerleichterung ausgesagt. Auf die Frage, wie sich

Weizsäcker dazu geäußert habe, konnte ich wahrheitsgemäß antworten, daß dieser mich beruhigt hatte, so etwas sei nicht erforderlich. Als kurios empfand ich es, daß selbst hier der Leutnant routinemäßig weiterfragen mußte.

»*Frage: Warum fragten Sie Prof. von Weizsäcker danach, ob es notwendig sei, sich in stationäre Behandlung zu begeben?*«

Ich reagierte heftig: *„Herr Leutnant, können Sie sich nicht vorstellen, daß es einem Gesunden keinen Spaß macht, sich in eine Irrenanstalt zu legen, nur um aus der DDR 'rauszukommen?"* Der Vernehmer nickte. Das verstand er wirklich. Im Protokoll steht es gemäßigter.

»*Antwort: Ich hatte einfach nicht das Bedürfnis, (…) stationär untergebracht zu werden, weil das für mich nicht gerade angenehm war.*«

Diesen Psychiatrisierungsgedanken hat die Stasi auf sich beruhen lassen. Von Weizsäcker war er nicht zuzurechnen. Auch der Richter fragte später dazu nicht weiter. *War es vielleicht sogar ihm peinlich, daß ein Gesunder bereit war, sich in die Psychiatrie zu legen, nur um die DDR verlassen zu können?*

Literatureinschleusung durch von Weizsäcker?

Der Leutnant hatte die Planvorgabe, das *Weizsäcker-Institut als ein Zentrum der Politisch-ideologischen Diversion (PID)*, das Wissenschaftler ausschleuse, zu überführen. Dafür blieb ich wohl als einziger Kandidat; aber auch bei mir fand sich nur legales Ausreisebemühen. Wenn die Stasi Weizsäcker schon nicht meiner Ausschleusung beschuldigen konnte, so vielleicht der *Einschleusungen westdeutscher Bücher?* Von Weizsäcker hatte mir gesagt, Stefan W. könne mir doch gelegentlich etwas Literatur schicken. Dieser hatte für mich *Der Positivismusstreit in der deutschen Soziologie* mit Beiträgen von *Adorno* bis *Albert* abgeben lassen. Zum Inhalt sagte ich unter Verweis auf Adorno nur, daß ich das Buch als ganz unverständlich beiseitegelegt hätte. Die Frage, ob ich über die Einfuhr dieses Buches *Absprachen mit von Weizsäcker* getroffen hätte, verneinte ich. Doch auch dieser Titel erschien in der Anklageschrift (S. 8):

»*Anfang 1970 wurde speziell für den Beschuldigten Koch das Buch „Der Positivismusstreit in der deutschen Soziologie" durch den Kurier Vetter eingeschleust und übergeben.*«

Wieder war Franz der Stasi behilflich:

»*Frage: Auf Blatt 2 des Protokolls der genannten Vernehmung sagte der Beschuldigte Jütte, Franz aus, Sie hätten ihm gegenüber geäußert: „Ich sollte schon immer anfangen zu arbeiten." Im Zusammenhang damit sollten Sie sich mit dem Buch „Logik der Wissenschaft" von POPPER, das von Westdeutschland in die DDR eingeschleust werden sollte, befassen. Dieses Buch sei jedoch nicht eingetroffen und vermutlich von den DDR-Zollorganen beschlagnahmt worden.*«

Ich antwortete, Weizsäcker habe mich gefragt, was ich gerade an Philosophie lese. Als ich *Hans Reichenbach: Der Aufstieg der wissenschaftlichen Philosophie* nannte, riet er mir: „Da ist *Popper: Logik der Forschung* aber besser." Dieses Buch sollte auch nicht *eingeschleust* werden und sei auch nicht *beschlagnahmt* worden; vielmehr hatte ich es mir aus der Leipziger Universitätsbibliothek *ausleihen* wollen, wo es aber gerade *verliehen* war. Selbst das prüfte die Stasi nach und legte mir meinen Bestellzettel vom 5.12.1969 vor. Franz' Bemühen, der Stasi möglichst viel über mich zu berichten, ging über die Genauigkeit seiner Erinnerung. Während ich ihm von meiner *Reichenbach*-Lektüre erzählt hatte, gab er an, ich hätte mich mit einem *amerikanischen Philosophen* namens »*Reichenberg oder Rauschenberg*« befaßt. So unwichtig das auch war, jedes Detail mußte mühsam aufgeklärt werden.

Fachliche Ratschläge

Das einzige, was nicht einmal die Stasi als verdächtig empfand, war der Rat Weizsäckers, *Griechisch zu lernen, um Platon im Original lesen zu können.* Aber seine Empfehlung, mich wieder intensiver mit Fachliteratur zu beschäftigen, ließ den Vernehmer nach einem Zusammenhang zwischen Literaturhinweisen und beruflichen Möglichkeiten in Westdeutschland suchen. Ich blieb vorsichtig:
»*Ich sehe keinen bestimmten Zusammenhang. Ich betrachtete es als „Einführung in das geistige Klima", in dem Prof. von Weizsäcker sich bewegt.*«
Soziologie war damals noch eine für die DDR ideologisch anrüchige bürgerliche Wissenschaft. Irgendein Mißversteher hatte mich in diese Ecke gerückt.
»*Frage: Dem Untersuchungsorgan ist weiterhin bekannt, daß bei dem genannten Treff über eine mögliche Betätigung Ihrerseits auf dem Gebiete der Soziologie gesprochen wurde. Nehmen Sie dazu Stellung!*«
Diesen Unsinn bestritt ich. Der Leutnant setzte allgemeiner an:
»*Frage: Welchen wissenschaftlichen Problemen hatten Sie sich nach dem Treff mit Weizsäcker zugewandt?*«
Ich nannte das Paradoxon von *Einstein, Podolski und Rosen* und als Literatur die bekannten Quantenmechanikbücher von *Johann von Neumann* und *Günther Ludwig*, die ich aus dem Leipziger Physikalischen Institut entliehen hatte. Alles wurde protokolliert, aber wenigstens diese Bücher kamen nicht in die Anklageschrift.
Ein Belastungszeuge mit einem guten Gedächtnis ist schlimm, aber ein kooperativer mit ungenauer Erinnerung ist nicht besser. Die Stasi hielt mir weiter die Konfusionen Franz' vor: Zur Vorbereitung auf meine berufliche Tätigkeit in Westdeutschland hätte ich mich mit »*Problemen der formalen Ethik*« und »*der theoretischen Psychologie*« beschäftigen sollen. Ich stellte richtig, daß ich mich zur Vorbereitung auf meine Anstellung an der Psychiatrischen Universitätsklinik Leipzig mit derartiger Literatur befaßt habe und nannte einschlägige Psychologiebücher. Außerdem brachte ich hier auch gleich *Moore, Stevenson: Ethics, Language, and Truth* und andere Titel analytischer Ethik, die bei mir gefunden

worden waren, unter. Daß diese nichts mit der Auswertung psychologischer Untersuchungen zu tun hatten, entging dem Leutnant. Tatsächlich war ich damals dabei, einen Vortrag über analytische Ethik und Menschenrechte für unsere Vortragsabende vorzubereiten, was der Stasi aber glücklicherweise verborgen blieb. Außerdem behauptete der Leutnant von einem Dutzend weiterer Bücher, sie bewiesen Weizsäckers Absicht, mich auszuschleusen. Zu folgenden *eingezogenen* überwiegend physikphilosophischen Titeln *Einstein, Albert: Die Evolution der Physik. Hamburg 1956 / Heisenberg, Werner: Das Naturbild der heutigen Physik. Hamburg 1956. – Physik und Philosophie. Frankfurt/Main / von Weizsäcker, Carl Friedrich: Atomenergie und Atomzeitalter. 1958. – Die Geschichte der Natur. Göttingen 1962 / Wiesner: Organismen, Strukturen, Maschinen. 1959 / von Weizsäcker, Viktor: Anonyma. Bern 1946. – Menschenführung. Göttingen 1955. – Am Anfang schuf Gott Himmel und Erde. Göttingen 1961 / Wenzel, Aloys: Die philosophischen Grenzfragen der Physik. Stuttgart 1954 / Mittelstaedt, Peter: Philosophische Probleme der Physik. Mannheim 1963 / Adorno, Theodor. W. (Hrsg.): Der Positivismusstreit in der deutschen Soziologie 1968* steht im Bücher-Einzugs-Protokoll: *»Die aufgeführte Literatur unter den Pos. 364–371 studierte Koch in Vorbereitung seiner beruflichen Tätigkeit als Physiker in der BRD, die er nach gelungenem **illegalem Grenzübertritt** dort ausüben wollte.«*

Dies sind überwiegend physikphilosophische Bücher für den Nichtphysiker. Viktor von Weizsäcker hatte mich interessiert, als ich mich mit anthropologischer Psychiatric beschäftigte. Aber das wollte der Vernehmer nicht hören. Da die Stasi C. F. von Weizsäcker damals noch für einen Schleuser hielt, mußten die Bücher des Onkels auch gefährlich sein. Zum *Positivismusstreit* habe ich bereits berichtet. Die übrige wissenschaftstheoretische Literatur hatte ich zehn Jahre zuvor während meines Studiums gelesen. Der Leutnant behauptete, sie hätte meiner Berufsvorbereitung für Westdeutschland gedient. Vergeblich verwies ich auf ihren eher allgemein verständlichen Charakter und die frühen Erscheinungsjahre meiner Ausgaben. Zum Indizienschema der Stasi für die Vorbereitung eines *illegalen* Grenzübertritts gehörte offenbar auch eine Berufsvorbereitung auf Westdeutschland. Wenn ich Ausreisepläne bestritten hätte, wäre die Lektüre von westdeutscher Fachliteratur möglicherweise ein Indiz für solche gewesen, aber zur Unterscheidung zwischen legaler und illegaler Ausreise sind solche Ermittlungen völlig untauglich. Aber das wollte die Stasi nicht einsehen, da für sie die Absicht einer legalen Übersiedlung außerhalb ihres damaligen Horizontes lag. Das Problem der „*Antragsteller*" wurde erst Jahre später virulent. Der MfS-Schlußbericht (S. 17) und die Anklage stützten sich ausdrücklich auch auf diese Bücher.

Allein zu *C. F. von Weizsäcker: Die Verantwortung der Wissenschaft im Atomzeitalter* verfügte der Leutnant zum Schluß des Ermittlungsverfahrens: *»Pos. 357 zu den Effekten«*. Weizsäcker war als anfänglicher Feind später aus übergeordneten politischen Gesichtspunkten im Ansehen der DDR gestiegen. Deshalb konnte auch sein Buch nicht mehr gefährlich sein. Aber warum übergab es die Stasi nicht mit den anderen nicht eingezogenen Büchern meiner Mutter? Hatte sie mit mir weitere Pläne, so daß sie mir dieses Buch als eine Art Morgengabe zugedacht hatte?

Nochmaliger Versuch einer „Verbindungsaufnahme"?

Von Ingrid, die mich nach Halle begleitet hatte, aber bei dem Gespräch nicht dabei war, wußte die Stasi, daß ich am Nachmittag noch einmal versucht hatte, Weizsäcker zu sprechen, allerdings vergeblich. Zum Beleg dafür, daß die Stasi alles wissen wollte, auch über Nichtzustandegekommenes, zitiere ich aus dem Protokoll.

»Frage: Warum versuchten Sie nochmals Verbindung zu Prof. von WEIZSÄCKER aufzunehmen?

Antwort: Ich wollte ihm mitteilen, daß ich mich mit dem quantenmechanischen Paradoxon von EINSTEIN, ROSEN und PODOLSKI beschäftigte.

(Es gelang mir nicht, dem Leutnant auf sein Verlangen hin zu erklären, worum es dabei geht.)

Zur Erklärung möchte ich hinzufügen, daß die genannten Wissenschaftler im Jahre 1937 in einer Veröffentlichung Kritik an der Quantenmechanik übten. Ich habe mich damit beschäftigt und versucht, diese Kritik zu entkräften und glaube die Lösung dazu gefunden zu haben. Da mir bekannt war, daß sich Prof. von WEIZSÄCKER in seiner wissenschaftlichen Tätigkeit stark für die Quantenmechanik interessierte, wollte ich ihm aufzeigen, daß ich mich ebenfalls damit befassen würde und ihm die Frage stellen, ob es sich lohnen würde, weiter daran zu arbeiten. (…)

Frage: Warum wollten Sie Prof. von WEIZSÄCKER mitteilen, daß Sie sich mit Problemen der Quantenmechanik befaßten? (…)

Antwort: Wie ich bereits aussagte, wollte ich seinen wissenschaftlichen Rat einholen, weil er beurteilen konnte, ob es sich lohnt, daran weiterzuarbeiten. Er sollte auch, wie ich ebenfalls bereits aussagte, erkennen, daß ich mich mit ernstzunehmenden wissenschaftlichen Fragen befaßte, was sich auf mein Gespräch mit ihm zu den mir aufgezeigten beruflichen Perspektiven bezog, ohne daß ich darauf direkt Bezug genommen hätte.«

Auf diese Weise geht das Protokoll einer 13½-stündigen Wiederholungsvernehmung zehn Monate nach der Verhaftung weiter.

Natürlich hatte der Leutnant mit seiner Frageformulierung nach der erneuten *Aufnahme von Verbindung* auf Staatsfeindliches gezielt, da *staatsfeindliche Verbindungsaufnahme* ein Straftatbestand war. Mit dem EPR-Paradoxon zu antworten, war zutreffend, aber natürlich hatte es mich auch gejuckt, den Leutnant in eine Sackgasse zu führen. Während eines langen Vernehmungstages verschaffte mir ein solches Thema vorübergehend etwas Luft. Mag sein, daß der Vernehmer auch an den Verrat geheimhaltungsbedürftiger Forschungsergebnisse dachte.

Aber das EPR-Paradoxon war ein so esoterisches Thema, daß es mir auch ein gewisses Vergnügen machte, nach der *Heisenbergschen Unschärferelation*, über die ich im Hetze-Kapitel berichten werde, nun auch noch dieses Problem in einem Stasi-Protokoll stehen zu haben – ein Vergnügen damals nur für mich. Denn daß ich dieses Protokoll 25 Jahre später zitieren könnte, ahnte ich nicht.

Der Staatsanwalt gründete seine Anklage (S. 8) wegen Vorbereitung zum ungesetzlichen Verlassen der DDR ausdrücklich auf die Empfehlungen Weizsäckers und die oben genannten Bücher, die nichts damit zu tun hatten:

»Der Beschuldigte griff diese Hinweise auf und beschäftigte sich seitdem wieder intensiv mit der Quantenmechanik. Auch studierte er ab November 1969 insgesamt neun naturwissenschaftliche Bücher westdeutscher Verlage.«

Konspiration

Die angebliche Illegalität meines Ausreiseplanes versuchte die Stasi, auch durch die Verwendung konspirativer Mittel zu belegen. Das ist natürlich verfehlt; denn es gibt Gründe, ein legales Vorhaben nicht auf den Marktplatz zu tragen, ohne daß es deshalb strafbar würde.

(1) Weizsäcker hatte mit mir nichts Illegales besprochen. Aber ein Vieraugengespräch, bei dem die Stasi allein auf meine Aussage angewiesen blieb, machte sie mißtrauisch. Das Gespräch sei schon dadurch konspirativ, daß wir es im Freien geführt hätten, warf mir der Leutnant vor. So ganz unrecht hatte er nicht. Weizsäckers Gestik hatte ich schon so aufgefaßt, daß er keine Zuhörer haben wollte. Er verstand die DDR-Verhältnisse sehr gut. Die Stasi dürfte sich in ihrer Observierungswut über unseren Spaziergang geärgert haben. Ich sollte begründen, warum wir ins Freie gegangen seien. Der Gedanke, den Vernehmer mit einer geistreichen Antwort zu verspotten, lag mir unter dem Druck des Verhörs fern, so daß ich nur erklärte: *»Das genannte Gespräch wurde vor dem Hotel geführt, ohne daß mir für die Wahl des Ortes unserer Unterhaltung von Prof. von Weizsäcker eine Begründung abgegeben wurde.«*

(2) Warum ich mich nicht selbst an offizielle DDR-Stellen gewandt hätte, fragte der Vernehmer. Mein Verhalten zeige doch, daß ich Verbotenes vorgehabt hätte. Ich erwiderte, daß mir Weizsäcker versichert hatte, dies sei nicht erforderlich, Rechtsanwalt Dr. Vogel würde zu gegebener Zeit an mich herantreten. 1969/70 war es in der DDR noch ungewöhnlich, eine legale Ausreise zu versuchen. In meinem Bekanntenkreis gab es keinen Fall. Deshalb hatte mir Stefan seine erste Ankündigung aus begründeter Vorsicht persönlich durch Hartmann Vetter mitteilen lassen. Diesen sah die Stasi wegen anderer Verbindungen zu Jüttes als einen *Kurier* an, der z. B. Bücher für diese eingeschleust habe. Verständlicherweise war es für Stefan schwer, zuverlässige und selbstlos-mutige Freunde zu finden, die solche Botendienste übernahmen. Aber die Stasi wertete diese Personengleichheit als ein willkommenes Argument für die Illegalität meiner Pläne.

»Frage: Sie sagten in dieser und in vorangegangenen Vernehmungen mehrfach aus, daß W..., Stefan Vorbereitungen für Ihren legalen Verzug nach Westdeutschland traf. Warum bediente er sich dazu verschiedener Kuriere, die sich unter anderem mit der Organisierung von Ausschleusungen von DDR-Bürgern befaßten, und warum benutzte er Erkennungszeichen und übermittelte verklausulierte Nachrichten?«

Ich antwortete, dies sei ganz am Anfang geschehen, als die Verwirklichungsmöglichkeit noch völlig offen war. Zum Beleg, daß ich mich nicht geheimniskrämerisch verhalten hatte, gab ich zu Protokoll, außer Ingrid auch meinem Bruder, meinen Eltern, meiner geschiedenen Frau und meiner Flötenlehrerin von diesem legalen Übersiedlungsangebot offen erzählt zu haben. Diese Zeugen hätten bestätigen können, daß ich nur Legales vorhatte, wurden aber nicht dazu gefragt; denn die Stasi wollte kein Entlastungsmaterial. Eine entsprechende entlastende Aussage Bärbels, die ich jetzt in meiner Akte fand, enthielt sie mir vor. Unverändert suchte der Leutnant weiterhin, die Illegalität zu beweisen:

»Frage: Warum bediente sich W..., Stefan konspirativer Mittel und Methoden bei der Aufrechterhaltung der Verbindung in Vorbereitung Ihrer Übersiedlung nach Westdeutschland?

Antwort: Ich vermutete, daß W... mir, zum Beispiel bei der Arbeitssuche in der DDR, eventuell Unannehmlichkeiten ersparen wollte, wenn meine legale Übersiedlung nach Westdeutschland vor ihrer Verwirklichung bekannt würde, weshalb er sich dritter Personen bediente (...) Für mich war entscheidend, daß im Endergebnis meine Übersiedlung nach Westdeutschland legal erfolgen sollte, was mir Prof. von WEIZSÄCKER Ende Oktober 1969 beim Treff in Halle versichert hatte.«

Da legale Übersiedlungsanträge in den 70er Jahren in der DDR geächtet wurden und ich mit einem Ausreiseantrag beispielsweise keine Arbeitsstelle gefunden hätte, müßte das auch für die Stasi eine verständliche Erklärung gewesen sein.

(3) Alles, was der Vorbereitung meines legalen Verzuges diente, wollte die Stasi genau wissen, da sie darin Beweise für meine Fluchtvorbereitung sah. Ein Beweis für die Illegalität meiner Pläne war für sie zum Beispiel der Rat Stefans, den Führerschein zu machen. Dazu schrieb sie im Schlußbericht (S. 17):

»Im Dezember 1969 fand Koch in seiner elterlichen Wohnung eine schriftliche Nachricht von einem Kurier aus der BRD vor, der den Beschuldigten nicht angetroffen hatte. Darin hieß es, daß er im Auftrag von W... in seiner ehelichen Wohnung verbleiben und die Fahrerlaubnis erwerben sollte. Dem Beschuldigten wurde angedeutet, daß er in der BRD einen eigenen Pkw erhalten würde und eine entsprechende Entschädigung bekäme, wenn er seinen eigenen Hausstand aufgeben würde. Koch schloß daraus, daß seine Ausschleusung nach der BRD bevorstünde.«

Natürlich waren auch diese praktischen Ratschläge zur Unterscheidung zwischen legalen und illegalen Ausreiseplänen unbrauchbar. Daß ich mir in der Bundesrepublik einfach ein Auto hätte kaufen können, wollte meinem Vernehmer nicht in den Kopf. Er dachte vielleicht an die sieben- bis zehnjährigen Wartezeiten in der DDR und konnte sich nur vorstellen, daß ich von Westdeutschland für den *Verrat* an der DDR sofort einen eigenen Pkw als Belohnung gestellt bekäme. (4) Die Stasi wollte mir auch nachweisen, daß ich Geheimnisträger sei (*Dok. 32:* Konz.1.1.5 und 1.5.8) und Weizsäcker mich zum Zwecke des Geheimnisverrats ausschleusen lassen wollte – dazu handschriftlich im Operationsplan vom 26.5. 1970: »*Prüfung der Version des Geheimnisverrats (§§ 97/98 StGB) (§ 245 StGB) – Was wurde anderen Personen von Koch über dessen Tätigkeit bei Forschung auf dem Gebiet der Plasmaphysik bekannt?*«[20]

Bereits mein Dissertationsthema unterlag der Geheimhaltung. Darüber hinaus hatte mich Professor V. vor 1967, als er Sekretär der Plasmakommission der DDR war, mit der Erledigung von als geheim eingestuften Arbeiten für diese Kommission betraut. Aber nachdem ich bei ihm in Ungnade gefallen war, wollte er diesen besonderen Vertrauensbeweis nicht mehr wahrhaben. Auf eine Anfrage der Stasi teilte er am 20.7.1970 wahrheitswidrig mit, zu geheimhaltungsbedürftigen Forschungsergebnissen und Verschlußsachen hätte ich keinen Zugang gehabt. So half er mir unfreiwillig. Beschuldigungen nach den genannten Paragraphen waren höchst gefährlich, da deren Tatbestandsmerkmale viel allgemeiner und weiter gefaßt waren als etwa bei Spionage nach dem StGB der Bundesrepublik. Nach den zitierten Operationsplänen gegen mich und gegen Uwe May waren jedenfalls Weizsäcker eine Person und sein Institut ein Zentrum der PID im Sinne der DDR-Gesetzesauslegung, und der Kreis der geheimzuhaltenden Tatsachen war weit ausgedehnt.[21] Nach der DDR-Rechtsprechung wäre jede Mitteilung über die Forschungsprojekte, an denen ich gearbeitet hatte, unter diese Strafbestimmungen gefallen. Dieser großen Gefahr war ich mir auch ohne Gesetzeskenntnis

---

20 »*§ 97 Spionage*
(2) *Wer es unternimmt, Tatsachen, Gegenstände, Forschungsergebnisse oder sonstige Nachrichten, die im politischen oder wirtschaftlichen Interesse oder zum Schutze der Deutschen Demokratischen Republik geheimzuhalten sind, für einen imperialistischen Geheimdienst oder für andere Organisationen, Einrichtungen, Gruppen oder Personen, deren Tätigkeit gegen die Deutsche Demokratische Republik oder andere friedliebende Völker gerichtet ist, oder deren Vertreter oder Helfer zu sammeln, an sie auszuliefern oder zu verraten, wird mit Freiheitsstrafe nicht unter fünf Jahren bestraft. (...)*
(4) *In besonders schweren Fällen kann auf lebenslängliche Freiheitsstrafe oder Todesstrafe erkannt werden.*«
»*§ 98 Sammlung von Nachrichten*
(1) *Wer Nachrichten, die geeignet sind, die gegen die Deutsche Demokratische Republik oder andere friedliebende Völker gerichtete Tätigkeit von Organisationen, Einrichtungen, Gruppen oder Personen zu unterstützen, für sie sammelt oder ihnen übermittelt, wird mit Freiheitsstrafe von zwei bis zwölf Jahren bestraft. (2) Vorbereitung und Versuch sind strafbar.*«

21 Das OG der DDR hatte die geheimzuhaltenden Tatsachen ausgedehnt auf »*Nachrichten aus dem Gebiet der Produktion, des Transports, auch des Kulturlebens*« (NJ 1952, S. 276). Unter Nachrichtensammlung fielen z. B. »*Berichte über die Stimmung der Belegschaft des Betriebes, über Besuch von Mitgliederversammlungen der Parteigruppe, über das Verhältnis von Vorgesetzten zu Arbeitern, über die Meinung der Arbeiter zu den bestehenden Normen*« (NJ 1958, S. 176).

bewußt. Übrigens haben weder Weizsäcker noch später sonst jemand in Westdeutschland danach gefragt, ob ich in der DDR etwas Geheimzuhaltendes gemacht hätte.

(5) Nach einem Jahr Ermittlungsverfahren unternahm die Stasi noch einen Versuch, Legales und Illegales zu vermischen. Zum dutzendsten Mal hatte ich – unglaubwürdig genug – geantwortet, mein Foto nur deshalb an den *Kurier* übergeben zu haben, um dem Drängen zur Flucht zu entgehen. Und nun baute mir der Vernehmer eine Brücke. Für meine legale Ausreise sollte ich Angaben zur Person über Stefan W. an Weizsäcker übermitteln. Sei es nicht vielleicht so, daß ich mein Paßbild Volker Schwarz für diesen Zweck mitgegeben hätte, lockte mich der Leutnant. Mit einer solchen Aussage hätte ich dieses gefährliche Indiz für meine Schleusung in der legalen Ausreisegeschichte untergebracht. Aber in diese Falle ging ich nicht; denn dadurch wäre der Stasi eine Vermengung des Schleusungsangebotes mit meinen legalen Plänen und damit deren Kriminalisierung gelungen. Ich blieb lieber bei der wahren, wenn auch unglaubwürdigen Geschichte. Aus dem Protokoll ist dieser Versuch, mich hereinzulegen, nur zu erkennen, wenn man von ihm weiß.

Anklage

Obwohl es der Stasi nicht gelungen war, im Hilfsangebot Weizsäckers etwas Illegales zu finden, ließ sie mich unter Mißachtung aller Zeugenaussagen und meiner eigenen Angaben wegen der legalen Übersiedlungspläne mit Weizsäckers Hilfe der *Schleusungsvorbereitung* und *staatsfeindlichen Verbindungsaufnahme* anklagen. Im MfS-Schlußbericht (S. 16) steht, Weizsäcker habe sich mit mir getroffen, *»um Einzelheiten mit KOCH zu dessen Ausschleusung nach der BRD zu besprechen, (...), von Weizsäcker sicherte dem Beschuldigten Unterstützung bei der illegalen Übersiedlung nach der BRD und bei der späteren beruflichen Tätigkeit zu.«*

Die Stasi wußte damals längst, daß sie mich falsch anschuldigte. Ihr ging es um die Erfüllung der absurden Planvorgabe, das Weizsäckersche Institut als ein Zentrum der politisch-ideologischen Diversion gegen die DDR zu erweisen.

Fluchtgespräche

Um Ingrid zu entlasten, brauchte ich nur wahrheitsgemäß auszusagen, was ich im *Prolog* über die Fluchthilfeangebote berichtet habe: Ingrids Eheprobleme, die der Stasi ohnehin bekannt waren, Stefans private Hilfsbereitschaft und seine Beziehung zu Ingrid, ihre Kopflosigkeit ohne wirkliche Bereitschaft zu einer Flucht und ihr Vorschlag, mich als Ersatzmann zu nehmen. In den ersten Verhören nach meiner Verhaftung hatte ich verschwiegen, daß auch sie mich gedrängt hatte, Stefans Fluchtangebot anzunehmen. Aber nachdem mir nun ihre Selbstbelastungen vorgelegt wurden, mußte auch ich dies zugeben (vgl. *Dok. 11*). Auch Franz hatte sich beschuldigt, mich gedrängt zu haben, anstelle Ingrids zu fliehen, doch daran konnte ich mich beim besten Willen nicht erinnern. Immer wieder gab ich zu Protokoll, daß Ingrid mir nur helfen wollte. Mehrfach hob ich hervor, daß Ingrids Kontakte zu Stefan privat und nicht politisch motiviert waren.

Nach dem ersten Zusammentreffen mit Stefans Boten im März 1970 waren Ingrid und Franz noch abends zu mir gekommen. Das Gespräch zeigte mir noch einmal deutlich, daß es im Grunde um eine persönliche Auseinandersetzung zwischen beiden ging. Auch diesen Streit mit mir als Moderator machte die Stasi mehrfach zum Vernehmungsgegenstand, wobei sie in ganz unangemessener Weise aus einem Ehestreit strafrechtlich verwertbare Formulierungen zu holen suchte. Bei einem erneuten Verhör dazu gab ich folgende längere Erklärung ab, meine ausführlichste im gesamten Ermittlungsverfahren. Sie enthält die wesentlichen Elemente meiner Verteidigung: *Dem W.schen Fluchthilfeangebot lagen persönliche Motive zu Grunde. Ingrid war kopflos; sie wollte mir helfen. Ich versuchte, sie von einer solchen Flucht abzuhalten. Für mich kam nur eine legale Ausreise in Frage:*

»Frage: Sagen Sie über den Inhalt Ihres Treffs am 4.3.1970 mit dem Ehepaar Jütte, der in Ihrer elterlichen Wohnung stattfand, aus!

Antwort: Während unserer Absprache war ich gesundheitlich stark angegriffen und müde. Jütte, Ingrid machte einen konfusen Eindruck und Jütte, Franz befand sich im angetrunkenen Zustand. Ich bin heute nicht mehr in der Lage, das stattgefundene Gespräch im Detail wiederzugeben. Erinnern kann ich mich nur, daß Jütte, Franz bereits die Fakten der Ausschleusungsaktion kannte, bevor er in der Wohnung meiner Eltern erschien. Technische Probleme der Ausschleusung wurden an diesem Abend nicht mehr besprochen. Frau Jütte hatte nochmals versucht, mir die Bereitschaft zur Ausschleusung nach Westdeutschland abzugewinnen, wobei sie wiederum mit den Argumenten, daß ich beruflich mehr Erfolg und die Verbesserung meines Gesundheitszustandes in Westdeutschland erwarten könnte, polemisierte. An dieser Stelle möchte ich erklären, daß Frau Jütte dabei von der Vorstellung ausging, mir etwas Gutes zu tun. Sie hatte bei mir seit dem Frühjahr 1969 alle schweren Krankheitsstadien miterlebt und mich auch selbst in das Krankenhaus nach Dösen gebracht. Sie glaubte, durch radikale Änderung meiner Umweltbedingungen sei eine Heilung meiner Krankheit am erfolgversprechendsten. Ich betonte nachdrücklich, mich nicht nach Westdeutschland ausschleusen lassen zu wollen, weil meine legale Übersiedlung nach Westdeutschland mit Hilfe von Prof. von Weizsäcker laufen würde. Außerdem hätte ich eine gute berufliche Tätigkeit in Aussicht, was Frau Jütte negierte und behauptete, ich brauchte damit nicht mehr zu rechnen, weil sich das schon so lange hingezogen hätte. Ich beharrte jedoch auf meinem Standpunkt. Franz Jütte verhielt sich zu dieser Problematik indifferent.

Frau Jütte ging von dem Grundgedanken aus, es müßte entweder sie oder ich bereit zur Ausschleusung sein, wozu eine Entscheidung getroffen werden müsse. Ich war gegen Frau Jüttes Ausschleusung, wobei ich von drei Gedanken ausging:

1. Es ist unverantwortlich, wenn sich eine Mutter mit zwei 1jährigen Kindern in solch eine Ausschleusungsaktion einläßt, denn es könnte den Kindern oder der Mutter dabei etwas passieren.

2. Frau Jütte kann nicht einfach ihrer Ehesituation entfliehen, denn damit wären die Ehekonflikte nicht gelöst.

3. Die Ausschleusung von Jütte, Ingrid würde endgültige Trennung von Ehemann bedeuten.

Diese Argumente konnte ich nicht direkt vorbringen, denn sonst hätte ich Frau Jüttes Widerspruchsgeist geweckt. Ich ging deshalb taktisch so vor, daß ich der Frau Jütte scheinbar nicht widersprach und ihre eigenen Bedenken aufgriff, um damit versteckt zu argumentieren. Dem Jütte, Franz war eine Trennung völlig egal. Er befürchtete nur, etwas mit den Sicherheitsorganen der DDR zu tun zu bekommen, wobei sein Lebenswandel – er ging keiner geregelten beruflichen Tätigkeit nach – Anstoß erregt hätte. Das ganze Gespräch artete dann in gegenseitige Beschimpfungen der Eheleute aus, und ich gab deshalb zu verstehen, daß ich das Gespräch als beendet betrachtete. (…)

Frage: Sie hatten ausgesagt, mit der Ausschleusung Ihrer und anderer Personen nicht einverstanden gewesen zu sein. Warum haben Sie sich trotzdem an Treffs beteiligt, an denen Ausschleusungen von DDR-Bürgern nach Westdeutschland geplant wurden?

Antwort: An dieser Stelle möchte ich erklären, es bereits vor meiner Inhaftierung bereut zu haben, daß ich mich an derartigen Treffs beteiligt hatte. Zur Teilnahme an dem 1. Treff mit dem Kurier „Bernd" am 4.3.1970 hatte mich Frau Jütte gebeten. Zu diesem Zeitpunkt der Aufforderung war mir von einer geplanten Ausschleusung noch nichts bekannt. Bei dem geschilderten Treff am 4.3.1970 in meiner Wohnung wollte ich aufgrund der zu erwartenden Risiken auf Jütte Einfluß nehmen, sich mit Ihren Kindern nicht nach Westdeutschland ausschleusen zu lassen, und am 7.3.1970 wollte ich am geplanten Treff teilnehmen, weil ich verhindern wollte, daß sich Frau Jütte eventuell doch noch zur Ausschleusung nach Westdeutschland überreden lassen würde. Außerdem wollte ich etwas von meiner legalen Übersiedlung nach Westdeutschland erfahren, wozu ich bereits Aussagen machte.«

Das Wenige, was Ingrid mir lange nach der Haft über die Verhöre sagte, war, sie habe sich sehr über solche Aussagen geärgert, sie habe sie als kränkend erlebt. Dies war nicht meine Absicht, ich wollte ihr helfen. Noch heute glaube ich, daß es die sachlich richtige Verteidigung war, ihre persönliche Bedrängnis hervorzuheben: Sie wollte in erster Linie ihrer Ehesituation entfliehen, und sie wollte mir helfen. Das sind keine staatsfeindlichen Motive.

Außerdem wollte der Vernehmer möglichst alles über die Gespräche im Umkreis der beiden *Treffs* wissen. Wochen zuvor war Ingrid schon in Berlin gewesen, hatte sich mit *„Mike"*, einem Freund Stefans, getroffen und dabei den Namen *Heyn* erfahren. Jetzt sagte sie aus, mir damals ausführlich von diesem Treffen erzählt zu haben, was nicht zutraf. Sie bezog mich gleichsam rückwirkend mit ein, und die Stasi wertete dies als meine Beteiligung an der Schleusungsaktion. Ich bestritt und verstand nicht, warum Ingrid sich und mich so belastete, und warum sie überhaupt über Gespräche mit mir unter vier Augen, zu denen ihr nichts vorgehalten worden sein konnte, Aussagen machte. All unsere Gespräche in den folgenden Wochen vor Heyns Festnahme, als meine Furcht vor dessen Verhaftung wuchs und auch Franz immer besorgter wurde, untersuchte die Stasi minutiös. Zu allem wurden mir seitenlange Jüttesche Aussagen vorgehalten. „Wer hat wann wen angerufen; wer hat sich mit wem wo, z. B. in der Motette in der Thomaskirche, getroffen oder wollte sich treffen; wer hat welche Vermutungen über Heyn geäußert; wer hat welche Absprachen zur Absicherung bei einer möglichen Verhaftung getroffen oder vorgeschlagen?" fragte die Stasi monatelang.

Bei der ersten Zusammenkunft Anfang März 1970 hatte Ingrid gefragt, ob Stefan auch Vorstellungen hätte, ihrem Mann bei einer Flucht zu helfen. Stefan hatte keine. Der Kurier *Bernd* sagte nur als seine persönliche Meinung, solange Franz kein Diplom habe, könne er ein Fluchtunternehmen nicht bezahlen, so daß Stefan ein solches auch nicht geplant habe. Dies war sicher sachlich richtig, aber Franz erlebte es als einen Affront Stefans gegen sich. Aus dieser persönlichen Abwertung Franz' konstruierten Stasi und Staatsanwalt, es sei der Schleusergruppe W. nur auf die Abwerbung qualifizierter Hochschulabsolventen angekommen; Franz sei deshalb von Stefan für eine Ausschleusung nicht vorgesehen worden. Franz hatte von dem brieflichen Hilferuf Ingrids an Stefan nichts gewußt und wurde von dessen Fluchthilfeangebot für Ingrid ebenso überrascht wie ich. Er war aus berechtigter Angst entsetzt und sprach sich klar dagegen aus, was ich zu seiner Entlastung aussagte.

Beim zweiten Treffen hatte Schwarz Ingrid einen Brief Stefans mitgebracht, in dem sich dieser ironisch über die Jüttesche Ehesituation und vor allem über Franz ausließ. Daß er von einem früheren „*Dreiecksverhältnis*" zwischen ihnen schrieb, empörte Franz sehr. Auch diesen Brief hielt mir die Stasi vor, und ich sagte, wie kränkend Franz Stefans Bemerkungen empfunden hatte. Schon vor der Verhaftung hatte ich es als außerordentlich unglücklich empfunden, daß Stefan ein Fluchtunternehmen, das wahrlich einen kühlen Kopf erforderte, mit sehr persönlichen Konfliktthemen zwischen diesen Dreien verquickte. Nach Ingrids endgültiger Fluchtabsage kam eine Postkarte Stefans aus Paris, auf der er schrieb, er habe diese Stadt eigentlich „*mit einer Freundin*" besuchen wollen, die es sich aber anders überlegt habe. Diese Anspielung auf Ingrids Absage an das Fluchtunternehmen hatte Franz schon vor der Verhaftung geärgert. Irgend jemand hatte auch über diese Karte ausgesagt. Auch hierzu wurde ich unter Vorhalten vernommen. Mir war bewußt, wie die Stasi all diese persönlichen Angelegenheiten gegen Franz ausschlachten würde und wie schrecklich dies für ihn sein mußte. Die Stasi setzte ihn emotional unter Druck, indem sie ihm die Eheprobleme anlastete.

Stefan hatte ein weiteres Treffen mit einem Kurier bei Ingrids Berliner Freundin Steffi geplant. Statt Ingrid fuhr Franz dorthin, um zu verhindern, daß unnötiger- und unverantwortlicherweise auch noch Steffi belastend einbezogen würde. Die Stasi legte ihm diese Reise jedoch fälschlich als Organisationsbeitrag zur Flucht Heyns aus. Franz wollte niemandes Flucht unterstützen. Er hatte nur versucht, Ingrid von Stefans Angebot abzuhalten, seitdem er davon erfahren hatte. An Heyns Flucht hatte er ebensowenig Interesse wie ich.

Gelbe Narzissen

Mehrere hundert Stunden wurde ich zum Themenkomplex Flucht und Fluchthilfe verhört. Mehrere hundert Protokollseiten verfaßte der Vernehmer dazu. Den Druck in diesen Verhören, der sich aus den Anschuldigungen, Fragen, dem Vorhalten der Aussagen meiner Freunde, Unterstellungen, Drohungen, Täuschungen und Tricks ergab, können Zusammenfassungen nicht wiedergeben. Um die tatsächliche Situation im Verhör zu verdeutlichen, schildere ich ein Beispiel und zitiere einige Protokollseiten dazu. Ich habe dieses – für sich allein genommen nicht besonders wichtige – Detail gewählt, da es den Kampf um die Bewertung meines Verhaltens als legal oder illegal beleuchtet, vor allem aber, da der Vernehmer einen Bluff versuchte, der aus dem Protokoll nicht zu erkennen ist.

Als die Stasi nach fast einem Jahr Untersuchungshaft die Gespräche mit Stefans Fluchthelfern, die ihr durch die Aussagen meiner Freunde nahezu vollständig bekannt waren, noch einmal zum Schwerpunkt der Verhöre machte, mußte ich auf umfassende Vorhalte hin nun doch noch einiges von dem bestätigen, was ich bisher verschwiegen oder geleugnet hatte. Thema des zweitägigen laut Protokoll 13 ½-stündigen Verhörs waren zum wiederholten Mal die beiden Besuche von Stefans Boten Bernd und Schwarz bei Ingrid zur Frühjahrsmesse Anfang März 1970. Nach einigen Stunden Verhör stand ich wieder einmal vor der peinlichen Situation, eine frühere Falschaussage eingestehen zu müssen. Vor zehn Monaten hatte ich die Übergabe meines Paßfotos an Volker Schwarz damit verteidigt, daß ich dessen und Heyns Drängen zur Flucht ausweichen wollte. In Wahrheit aber hatte auch Ingrid auf diese Weise auf mich eingeredet, was ich nicht hatte sagen wollen. Da sie sich inzwischen jedoch selbst damit belastet hatte, mußte ich auf den Vorhalt hin einräumen, zuvor zu ihren Gunsten die Unwahrheit gesagt zu haben. So der Lüge überführt zu werden, empfand ich jedesmal als deprimierend.

Unvermittelt hielt der Vernehmer eine Postkarte hoch und stellte die
»*Frage: Ihnen wird eine Kunstpostkarte mit darauf abgebildeten gelben Narzissen vorgelegt. Kennen Sie diese Karte?*«
Ich war völlig überrascht und mußte mir augenblicklich die Geschichte dieser Karte vergegenwärtigen. Als mir Hartmann Vetter im September 1969 mitteilte,

daß Stefan sich mit Unterstützung Weizsäckers um eine legale Ausreise für mich bemühe, richtete er mir weiterhin aus, daß ich mich zur Erleichterung bzw. Verbilligung in eine psychiatrische Klinik begeben müsse. Den Zeitpunkt dafür wolle Stefan mir durch die Zusendung einer Postkarte, die ich Vetter mitgeben solle, signalisieren. Ich hatte dazu aus Ingrids Postkarten *Christian Rohlfs: Gelbe Narzissen* ausgesucht. Da Ingrid bei diesem Gespräch zumeist in der Küche war, hatte sie zwar die Auswahl und Übergabe der Karte mitbekommen, deren Bedeutung aber nicht erfahren. Mit Weizsäckers Antwort, daß für meine Übersiedlung eine Psychiatrisierung nicht notwendig sei, hatte sich für mich die Verwendung dieser Karte erledigt.

Doch nun hielt der Leutnant die Gelbe-Narzissen-Karte in der Hand. ‚Sie haben die Karte, also haben sie einen Freund Stefans gefangen‘, schoß es mir durch den Kopf. Jede Kenntnis dieser Karte zu leugnen, wäre aberwitzig gewesen. Ich dachte an das Desaster mit meinen Paßbildern am ersten Vernehmungstag, und gerade eben erst hatte mich der Leutnant zur Korrektur einer früheren Lüge gezwungen. Nur mit meinem Gespräch mit Stefans Boten konnte es zusammenhängen, daß die Stasi mir genau diese Karte zeigte. Da ich aber nicht wußte, wie sie in ihre Hände gelangt war, entschied ich mich blitzschnell zu einer vorsichtig tastenden Reaktion, bei der ich Hartmann Vetter erst einmal nicht erwähnte, und gab die ausweichende

»Antwort: Ja, diese Karte kenne ich. Es handelt sich um den Druck einer Malerei von Christian ROHLFS. Nach meiner Erinnerung findet sich eine solche Kunstpostkarte in meiner persönlichen Sammlung.«

Mir gingen die verschiedensten Möglichkeiten durch den Kopf, wie die Stasi zu dieser Karte gelangt sein könnte. Hatte sie schon vor meiner Verhaftung einen Boten Stefans gefaßt, wie ich schon seit den ersten Verhören vermutete? Oder hatte Stefan noch einmal einen Freund in die DDR geschickt, um die Karte meinen Eltern zu geben, die mir von ihr berichten sollten. Sollte dies ein Zeichen dafür sein, daß ich auch in meiner jetzigen Situation mit einer Abschiebung rechnen könne, oder sollte es bedeuten, daß ich jetzt *auf Macke machen* müsse – einen derartigen Rat aus Westdeutschland hatte meine Mutter schon bei einem Besuch angedeutet? Aber all das ergab keinen rechten Sinn; denn Stefan hätte die Karte mit der Post schicken können. Ich hatte im Verlauf der Verhöre den Eindruck gewonnen, daß die Stasi einen heimlichen Mitarbeiter in Stefans Umgebung haben müsse. Aber wie sollte dieser an die Postkarte gekommen sein? All das erschien mir als zu abenteuerlich.

Nach einem Jahr kannte mich der Leutnant einigermaßen. Er hatte natürlich meine gespannte Unsicherheit und mein Entsetzen bemerkt und reagierte auf meine nicht ausgesprochenen Fragen. *„Koch, da staunen Sie; wir haben mehr Möglichkeiten, als Sie glauben; manche Leute halten sich für schlauer als sie sind; so ein Schleuser lebt gefährlich“*, triumphierte er. Er versuchte, mir den Eindruck zu vermitteln, die Stasi hätte einen westdeutschen Besucher oder vielleicht sogar

Stefan selbst gefangen. Ich schwieg entgeistert. „Herr Koch, geben Sie doch zu, daß Sie die Postkarte kennen. Sie ist ein Erkennungszeichen zwischen Stefan W. und Ihnen. Sie merken, wir wissen das alles schon. Leugnen bringt Ihnen also jetzt nichts mehr. Aber mit Schweigen kommen Sie hier auch nicht mehr 'raus. Wollen Sie wieder einmal warten, bis wir Ihnen die Zeugen gegenüberstellen? *Dann ist es zu spät für Sie, doch noch etwas für sich 'rauszuholen.*"

Aber irgendwie hatte ich das Gefühl, daß etwas nicht stimmte. Die Vorhalte des Vernehmers schienen mir recht allgemein zu sein. Ich schwieg. Er rückte konkreter mit einer Aussage Ingrids heraus: „Sie haben diese Karte im September 1969 bei Jüttes Hartmann Vetter als Erkennungszeichen für Stefan W… mitgegeben. Koch, es hat keinen Sinn weiter zu schweigen. Sie brauchen uns nur noch zu bestätigen, daß diese Karte als Erkennungszeichen dienen sollte. *Werden Sie doch endlich einmal so klug, einen Schritt von sich aus zu machen, bevor wir Sie dahin bringen!*" Ich schwieg weiter. Mir fiel auf, daß außer der Aussage Ingrids kein konkreter Vorhalt kam. „Ich kann mich im Augenblick nicht mehr so ganz erinnern", sagte ich und mehr aus Verlegenheit: *„Könnten Sie mir die Karte bitte 'mal geben!"* Der Leutnant stand hinter seinem Schreibtisch auf, selten genug, und brachte mir die Karte in meine Ecke, wo ich hilflos und ängstlich hockte. Schon um Zeit für eine Antwort zu gewinnen, schaute ich mir die Postkarte genau an. Und auf einmal sah ich: *Ich hielt nicht dieselbe Karte, die ich für Stefan mitgegeben hatte, in der Hand, sondern nur eine gleichartige. Der Druck schien mir etwas kräftiger zu sein; auf Ingrids Exemplar waren die Narzissen blasser gewesen.* Und ich wußte: *Die Stasi hatte weder Stefan noch einen seiner Boten mit der Kunstpostkarte aus Ingrids Sammlung gefangen. Die Stasi kannte nur das Wenige, das ihr Ingrid zur Kartenübergabe berichtet hatte.*

Ich kann nicht behaupten, daß es nach anderthalb Jahren unter so ganz anderen Umständen der Farbunterschied allein war, der mir die Augen öffnete; aber das gesamte Gebäude von Vorhalten und Anspielungen war zu dürftig. Der Leutnant hatte seine einzige Trumpfkarte zwar geschickt ausgespielt, aber ihm fehlte das Beiblatt, da er nur die beschränkte Kenntnis Ingrids hatte, die den genauen Verwendungszweck der Karte nicht kannte. Nach fast einem Jahr Untersuchungshaft hatte ich einige Erfahrung mit den Täuschungsmanövern der Stasi. Sicher wäre ich am Anfang des Ermittlungsverfahrens auf diesen Bluff hereingefallen.

Zunächst war ich ungeheuer erleichtert. Die Stasi hatte keinen weiteren Boten Stefans gefangen. Das Beste würde nun sein, die Wahrheit über die Karte zu sagen, um schlimmere Unterstellungen abzuwenden. Die Kartenvereinbarung betraf nichts Strafbares, und ich würde niemanden zusätzlich belasten. Ich widerstand der Versuchung, dem Vernehmer triumphierend auf den Kopf zuzusagen: ‚Sie wollten mich täuschen, ich habe Sie durchschaut!' Ohne Anspielung darauf, daß ich sein Falschspiel erkannt hatte, sagte ich schlicht: *„Diese Karte ist in den Farben kräftiger als das Exemplar, das ich Vetter mitgegeben habe."* Der Leutnant hatte sich gut in der Gewalt. Ich bemerkte kaum eine Spur von Enttäuschung über das Mißlingen seines Tricks. Mir hatte er einmal gesagt: *„Koch, Sie haben ein Pokergesicht."* Er selbst hatte wirklich eins. Er überging die in meiner Feststellung liegende Bloßstellung von der Verdopplung der Karten ebenfalls wortlos und fragte: *„Können Sie sich nach so langer Zeit so genau an die Farben einer Postkarte erinnern? Könnten Sie sich da nicht irren?"* Natürlich gestand ich ihm zu, daß man bei einem solchen Farbvergleich aus der Erinnerung heraus nicht absolut sicher sein könnte, erzählte ihm, daß ich Rohlfs Blumenbilder besonders liebe und daß ich mich deshalb an dieses Bild sehr genau erinnere. Der Vernehmer überspielte, daß er soeben noch versucht hatte, mir die Vorlage der Originalkarte und die Festnahme eines Kuriers vorzutäuschen (*Dok. 11*).

Mit meiner Einlassung hatte ich implizit und absichtlich zugestanden, die sich daraus zwangsläufig ergebenden Fragen zu beantworten: *Unter welchen Umständen hatte ich die Kunstpostkarte übergeben, welchem Zweck sollte sie dienen, war sie später zu diesem Zweck verwendet worden?* Zur Bedeutung der Karte drehte sich das Verhör in einem nun schon mehrfach durchlaufenen Kreis. Der Vernehmer wollte von mir gestanden haben, daß der *konspirative Kunstpostkarten-Code* beweise, meine angeblich legalen Übersiedlungspläne seien in Wahrheit ein Ausschleusungsunternehmen. Dem hielt ich entgegen, daß mir durch Zusendung der Karte lediglich mitgeteilt werden sollte, wann ich mich zur Erleichterung einer legalen Ausreise in ein psychiatrisches Krankenhaus legen sollte. Die Stasi versuchte, ihre Version durch Aussagen Ingrids zu beweisen. Wie sich aus dem Protokoll ergibt, wollte die Stasi von Ingrid eine Aussage erhalten, daß die Karte eine Bedeutung für die *Ausschleusung* meiner Person gehabt hätte. Eigene Kenntnis hatte Ingrid nicht, und so sagte sie dies laut Protokoll nur als ihre eigene *Schlußfolgerung* aus.

Zwar verstand ich, daß Ingrid zu den Gesprächen, über die mehrere Bescheid wußten, vor allem Alexander Heyn, Geständnisse abgelegt hatte; aber warum mußte sie etwas ausplaudern, wonach die Stasi sie nicht einmal fragen konnte? Warum, fragte ich mich, mußte Ingrid so kooperativ sein, auch noch genau das richtige Kunstwerk zu beschreiben, so daß die Stasi eine entsprechende Karte besorgen und damit diesen Bluff versuchen konnte? Erst aus der Akte *»Boris Buch«* ([24]) erfuhr ich, daß die Stasi bereits vor meiner Verhaftung über Langfermann eine *handschriftliche Gesprächsnotiz Stefans* erhalten hatte: *»Postkarte von Koch mit Rohlfs Blumen«*. ‚Aber wieso erfuhr Langfermann von Stefan überhaupt etwas über ein Zeichen für einen Plan, mit dem er nichts zu tun hatte und der inzwischen überholt war?' frage ich mich heute.

Bemerkungen zur Protokollierung

Die berechtigte Frage des Leutnants, welche Bedeutung die Postkarte hatte, nachdem der Psychiatrieplan aufgegeben worden war, konnte ich nicht beantworten.

Ich habe die Karte, falls sie Schwarz mitgebracht haben sollte, nicht wahrgenommen, weil sich ihre Verwendung erledigt hatte. Ich weiß nicht, als Zeichen wofür Stefan sie hätte verwenden sollen. Natürlich glaubte mir der Vernehmer das nicht, sondern vermutete etwas besonders Kriminelles. Sollte Stefan aber wirklich Schwarz gebeten haben, die Karte vorzuzeigen, so kann ich ihm den Vorwurf nicht ersparen, daß es wenig Sinn hatte, ein vereinbartes Erkennungszeichen außerhalb der vereinbarten Bedeutung zu verwenden. Bis heute kenne ich Stefans Absicht nicht und vermute, daß seine Neigung zur Mystifikation mitgespielt hat.

Nachdem meine Aussagen analysiert worden waren, hakte der Leutnant später noch einmal nach. Auf seine Frage, warum ein derartiger *Code* gewählt worden sei, wenn die Karte doch gemäß meiner Aussage nur eine Bedeutung für eine legale Übersiedlung gehabt hätte, antwortete ich:

»Ich wollte nicht, daß meine legalen Übersiedlungspläne vorzeitig bekannt würden, um Nachteile für mich – etwa bei der Arbeitssuche – zu vermeiden.«

Der Vernehmer fragte nicht weiter nach, wußte er doch am besten, wie seine Firma Ende der sechziger Jahre *Antragsteller* behandelte.

Die Bedeutung der Karte für meine legale Ausreise überging die Stasi. Kurzschlüssig schloß sie aus dem konspirativen Mittelcharakter auf die Illegalität meines Ausreiseplans. Daß es bei einer Zeugenaussage nur darauf ankommen darf, welche Wahrnehmungen der Zeuge hatte, nicht aber welche Schlußfolgerung er zieht, übersah der Staatsanwalt großzügig in der Verwertung von Ingrids Aussage. Die Anklageschrift (S. 9) führte diese Postkarte als Beweis für eine geplante Ausschleusung meiner Person an.

Außerdem konnte der Stasi mein Eingeständnis, die Karte anfänglich für die Erleichterung oder Verbilligung meiner legalen Ausreise verwenden zu wollen, nicht gefallen; denn damit hatte ich ein tabuisiertes Thema offen ausgesprochen: *die Devisenquelle Menschen gegen Geld,* noch dazu mit einer *Preisminderung wegen Macke.* Als ich später einem westdeutschen Bekannten diese Kartengeschichte erzählte, meinte er: „Ihr braucht Euch über die ausgedehnten Verhöre des Stasi nicht zu beschweren, wenn ihr solche krummen Sachen macht. Natürlich war die Postkarte ein konspiratives Mittel, um die DDR zu täuschen. Du wolltest Dir eine Ausreisegenehmigung erschleichen, zumindest aber den Kaufpreis drücken, indem Du eine psychiatrische Erkrankung simulieren solltest." Einem solchen Rechtspositivismus, der die DDR wie einen Rechtsstaat beurteilt, kann ich nur entgegenhalten: *Was ist das für ein Staat, wo jemand auf die Idee kommt, sich psychiatrisieren zu lassen, nur um den Staat verlassen zu dürfen?*

Während der Verhöre protokollierte der Vernehmer im allgemeinen zunächst nicht. Erst nachdem er sein Vernehmungsziel erreicht oder aber dessen Unerreichbarkeit eingesehen hatte, fertigte er im letzten Drittel bis Viertel der Vernehmungszeit ein Protokoll an. Dieses sieht zwar in seiner Dialogform wie ein Verlaufsprotokoll aus, gibt aber den tatsächlichen Vernehmungsverlauf meistens nicht richtig oder sogar grob verfälscht wieder. Was der Vernehmer im Verhör nicht an Aussagen bekommen hatte, versuchte er häufig durch die verschiedenen Möglichkeiten offener oder versteckter Falschprotokollierung nachträglich zu erreichen. Über den allgemeinen Kampf um die Protokollformulierung berichte ich im 5. Kapitel ausführlicher. Diesmal hatte der Vernehmer bei der Protokollformulierung auch das Ziel, das mißlungene Täuschungsmanöver – angeblich gefaßter Kurier, von dem die Stasi Ingrids Rohlfs-Karte habe – zu verbergen. Dazu findet sich nichts im Protokoll. Dieses Beispiel zeigt, wie schwer es für einen Außenstehenden ist, den Wahrheitsgehalt von Protokollen zu beurteilen. Ich zeige dies beispielhaft an zwei irreführenden Protokollsätzen, die zunächst nur als Verlaufsbrüche erkennbar sein können.[22]

»Ich möchte dazu sagen, daß es sich bei der ...« (Protokoll, S. 9) erscheint als Zusatz gleichsam beiläufig, aber viel zu spät in einem Protokollteil bei meiner Schilderung der Postkartenübergabe, der meine Beobachtung der unterschiedlichen Farbnuancen einleitet. Mir war dieser Inhalt wichtig. Auch der Leutnant wollte diese Passage im Protokoll haben, um sich vielleicht gegenüber seinen Vorgesetzten für das Mißlingen seines Täuschungsmanövers zu rechtfertigen. Aber er hatte keine Frage formulieren können, auf die meine Farberinnerung eine Antwort wäre, ohne bereits in seiner Frage die Existenz zweier Karten einzugestehen. Deshalb mußte er meine Beobachtung künstlich anfügen; denn es gehörte nicht zu meinem Aussageverhalten, über das aus den Vorhalten Erzwungene hinaus der Stasi freiwillig zusätzliche Informationen zu liefern.

»Es könnte eine Parole sein« (Protokoll, S. 7) als meine angebliche Antwort auf die Frage nach der Bedeutung der Karte ist ein anderes Beispiel für eine verfälschende Protokollierung. Weder dem Wortlaut noch dem Sinn nach habe ich etwas derartiges gesagt. Es wäre seltsam, wenn ich über den Gegenstand eigenen Handelns in der Form einer Vermutung gesprochen hätte. Vor allem aber hätte diese Antwort mein sofortiges Geständnis bedeutet, weil sie notwendig weitere Fragen – *eine Parole wofür?* – hätte nach sich ziehen müssen. Dramaturgisch wollte der Leutnant hier genau den falschen Eindruck erwecken, als hätte ich schon auf das Vorzeigen der falschen Karte hin ausgepackt, als habe es das längere, nicht protokollierte Täuschungsmanöver nicht gegeben. Auf die angebliche Parolen-

---

22 Weitere Anmerkungen zum zitierten Protokoll: Bei meiner anfänglichen Aussage zu meiner legalen Ausreise hatte ich verschwiegen, daß ich mich in psychiatrische Behandlung begeben sollte, wofür die Kunstpostkarte das Signal geben sollte. Im jetzigen Verhör hält mir der Vernehmer vor, diesen Sachverhalt am 30.10.1970 ausgesagt zu haben, als sei ich einfach so aussagebereit geworden. Tatsächlich hatte mir der Leutnant in jenem Verhör Aussagen Thomas R.s vorgehalten, die mich zur Richtigstellung meiner früheren Aussage zwangen. Dies Beispiel belegt, daß man aus einem Protokoll nicht erkennen kann, daß dieses vielleicht das Ergebnis von Vorhalten ist. Belastende Aussagen eines Freundes sind vielleicht nur der am prägnantesten formulierte Abschluß einer Vorhaltskette, die mit jemand anderem begonnen haben mag.

Wenn ich mich bei einer Antwort auf das Datum eines früheren Protokolls beziehe, so war mir dieses vom Vernehmer genannt worden; denn ich hatte die Protokolle nicht zur Verfügung.

Antwort folgt aber nicht die zu erwartende Nachfrage, sondern ein Vorhalt aus Ingrids Aussagen, weil ich diese leicht auszubeutende Antwort eben nicht gegeben hatte.

Am Ende einer Vernehmung hatte ich fast stets das Problem, daß ich das Protokoll als falsch oder änderungsbedürftig zurückweisen, eine Ergänzung verlangen oder aber eine verfälschende Protokollierung hinnehmen mußte. Die allgemeine Apologie, man sei mit Drohungen und Erpressungen zu einer Unterschrift gezwungen worden, ist zu einfach, wie ich näher im 5. Kapitel ausführe. Vielmehr lag es meist an Ermüdung und einem Mangel an Kraft am Ende eines Vernehmungstages, die meinen Widerstand gegen Falschprotokollierungen davon abhängig machte, ob es sich um einen folgenreichen Fehler handelte. Im vorliegenden Fall hatte ich die für meine eigene Verteidigung erforderlichen Passagen im Protokoll, und ich hätte nichts davon gehabt zu versuchen, auch noch den Bluffversuch protokollieren zu lassen, um den Leutnant bloßzustellen.

Die taktische Konzeption der Stasi (*Dok. 32*) in meiner Akte ist ungewöhnlich detailliert; dennoch muß sie für einen Außenstehenden in vielem abstrakt bleiben. Auch wenn ich dem Kartentrick nicht erlegen bin, erfuhr ich doch erst aus meiner Akte, wie langfristig die Stasi ihre *»Kombinationen zum Zwecke der Täuschung«* (Konzeption, S. 8; s. 5. Kapitel) plante. Eine *Karte* wird in der Konzeption mehrfach erwähnt. Offenbar hatte die Stasi dieses Manöver seit Monaten geplant, vielleicht schon auf Grund Langfermanns Notiz. Was sie sich von Hausdurchsuchungen für die *»Karte«* (Konzeption 1.5.5) erhoffte, ist mir unklar geblieben. Die *»Karte«* sollte verwendet werden, um mir falsche Vorhalte aus Aussagen anderer zu machen (Konzeption 1.4.7). Vor allem aber sollten in mir Zweifel gesät werden, wer in Stefans Umkreis für die Stasi arbeitet bzw. welche Kuriere gefaßt wurden (Konzeption 1.4.5). Die geschilderte Vernehmung war ein Versuch solcher Täuschung, vielleicht auch nur ein vorbereitender Schritt zu einem weiteren Bluff, über den ich im *Interludium Klopfzeichen 2* berichte.

Meprobamat

Franz hatte auch gestanden, was wir uns über den nervösen Alexander Heyn unterhalten hatten und daß ich ihm für diesen ein paar Tabletten des Beruhigungsmittels Meprobamat gegeben hatte. Aus den Vorhalten konnte ich natürlich nicht entnehmen, ob er durch Heyns Aussagen dazu gezwungen worden war. Ich wich aus. Öfter einmal hätte ich einem Freund auf dessen Bitte hin Beruhigungsmittel gegeben, könne mich aber nicht erinnern, daß auch Franz welche von mir erhalten habe. Aber auf mein Geständnis kam es nach den Aussagen der anderen nicht mehr an. Die Stasi wollte erreichen, daß ich staatsfeindliche Motive bekenne. Der Vernehmer hielt mir vor, daß Franz ausgesagt hatte, *»Ihnen und seiner Ehefrau gegenüber geäußert zu haben, daß die Ausschleusung Heyns nach West-*

deutschland verhindert werden müßte, weil durch das unvorsichtige Verhalten Heyns er, seine Ehefrau und Sie gefährdet wären.«

Franz und ich waren uns darüber einig gewesen, daß es das Beste wäre, wenn wir Heyn von seinem Fluchtvorhaben abbringen könnten, daß dies aber bei dessen Persönlichkeit unmöglich sei. Hier lauerte eine Gefahr. Tatsächlich hatte ich schlicht das elementare Interesse, nicht selbst verhaftet zu werden. Aber zuzugeben, daß ich die Gefährdung mehrerer verhindern wollte, hätte mir die Stasi als Absicherung der staatsfeindlichen Gruppe ausgelegt. Sie wollte von mir das Bekenntnis, daß ich Heyns Fluchtunternehmen durch das Beruhigungsmittel hätte fördern wollen, *um aus politischer Gegnerschaft gegen die DDR die staatsfeindliche Schleusertätigkeit der Gruppe W. zu unterstützen und um deren Existenz nicht zu gefährden.* Eine solche Bezichtigung erhielt sie von mir nicht. Ich räumte lediglich ein:

»Wir gelangten nur zu der gemeinsamen Auffassung, daß Heyn sich von seinem Vorhaben von uns nicht abbringen lassen würde, weil er unter allen Umständen nach Westdeutschland gelangen wollte.«

Auch dort, wo an der Tatsachenoberfläche nicht mehr zu kratzen war, erschien mir der Kampf um solche Hintergründe wichtig. Ich habe mich niemals dazu bringen lassen, mich in irgendeiner Form als Staatsfeind zu bekennen. Die Stasi versuchte, solche Selbstbezichtigungen zu erreichen, weil sie ein Schritt zur Kooperation und zur Selbstaufgabe sind.

Nach den Verhören beschäftigte mich in der Zelle nicht nur die jeweilige Vernehmung: ‚Was hatte ich gesagt, was hatte ich noch an Geständnissen meiner Freunde zu erwarten, worauf wollte der Vernehmer jeweils hinaus, welche Verteidigungsmöglichkeiten hatte ich noch?' Immer wieder ging mir quälend auch durch den Kopf, was ich vor der Verhaftung falsch gemacht hatte. Ganz zu Anfang hätte ich bereits jeden Kontakt zu Heyn ablehnen müssen, machte ich mir Vorwürfe. Als ich einigermaßen Bescheid wußte, war es bereits zu spät. Da Ingrid von Stefans Aktivitäten fasziniert war, hätte ich auch den Kontakt zu ihr und damit zu einem Teil meines Freundeskreises abbrechen müssen. Was wäre dann aus meinen legalen Ausreiseplänen geworden? Aber je länger ich meine Verhörerfahrungen überdachte, desto klarer wurde mir, daß mich nicht einmal mehr ein solch radikaler Abbruch aller Beziehungen geschützt hätte, da Heyns Verbindung mit Ingrid zu einem gemeinsamen Fluchtunternehmen eine fatale Entwicklung in Gang gesetzt hatte. Selbst wenn ich die Beschuldigung der Schleusungsvorbereitung hätte vermeiden können, würde die Stasi einige Zeit nach Ingrids und Franz' Verhaftungen, die die zwangsläufige Folge von Heyns Festnahme sein mußten, aus deren Geständnissen all die anderen Beschuldigungen gegen mich erheben können – staatsfeindliche Gruppenbildung; vielfache staatsfeindliche Hetze; mein Gespräch mit Weizsäcker als staatsfeindliche Verbindungsaufnahme zum Zweck der Ausschleusung; Protest gegen die Sprengung der Universitätskirche –, die dann auch zu meiner Verhaftung geführt hätten. Diese Einsicht half mir damals, mich nicht auch noch mit zuviel quälenden Selbstvorwürfen über ungeschicktes Verhalten in der letzten Zeit vor meiner Verhaftung zu belasten. Heute weiß ich, daß auch ich keine Chance mehr hatte, nachdem Langfermann uns im Januar 1970 an die Stasi verraten hatte.

Vor der Verhaftung hatte ich nur hoffen können, daß Heyns Flucht gelänge. Meine Meprobamat sollten ihn in meinem eigenen Interesse vor allzuviel Nervosität bewahren. Aber mit dieser Gabe war ich nach DDR-Recht zu einem *staatsfeindlichen Menschenhändler* geworden. In meiner Anklageschrift (S. 9) heißt es dazu:

»Am 7.4.1970 suchte Franz Jütte den Beschuldigten auf und bestätigte dessen Verdacht hinsichtlich der Gefährdung der Gruppe durch Heyn. Da Heyns Kopflosigkeit und Nervosität auffällig war und der Beschuldigte sowie Franz Jütte die Ausschleusung möglichst gefahrlos durchgeführt wissen wollte, händigte Koch Jütte eine Packung des Beruhigungsmittels Meprobamat für Heyn aus.«

Zum Prozeß Heyns im Frühjahr 1971 wurde ich als Zeuge vorgeführt. Zum Sachverhalt hatte Heyn offenbar alles gesagt. Über ein Aussageverweigerungsrecht wegen der Gefahr der Selbstbelastung wurde ich weder belehrt, noch wußte ich darüber Bescheid. Um mir nicht selbst zu schaden, verhielt ich mich aussageunwillig und mochte mich nur an wenig erinnern. Auf die Frage, was ich über Heyns Motive zur Republikflucht wisse, sagte ich mit der Absicht, ihn zu entlasten, Heyn habe auf mich in seinem Drang, unter allen Umständen aus der DDR wegzuwollen, geradezu krankhaft getrieben gewirkt. Er sei in meinen Augen ein *Psychopath*. Meine Formulierung erboste den Staatsanwalt, weil sie mir als einem medizinischen Laien nicht zustünde, so daß ich eine Kontroverse mit ihm hatte, bis er mir schließlich drohte: *„Passen Sie nur auf! Jetzt sind Sie nur Zeuge, aber in Ihrem Prozeß sehe ich Sie als Angeklagten wieder."*

Drei Jahre später in Freiburg im Breisgau sagte mir Heyn, daß er bei seiner Verhaftung sofort entschlossen war, alles zu gestehen und sich als einen solchen unversöhnlichen Feind der DDR darzustellen, daß er so schnell wie möglich abgeschoben würde, da er doch nur eine Belastung für sie bliebe. Damit hatte er Erfolg. Meine Psychopathen-Charakterisierung hat er mir nicht übel genommen, im Gegenteil, sie paßte in sein Konzept.

3. Planerfüllung

Sowohl wegen des Gesprächs mit Weizsäcker als auch wegen der Zusammenkünfte Anfang März mit Stefans Fluchthelfern ließ mich die Stasi durch den Staatsanwalt wegen *Vorbereitung zum illegalen Grenzübertritt* und *staatsfeindlicher Verbindungsaufnahme* anklagen. Von dem ersten Anklagepunkt sprach mich das Gericht insgesamt frei und führte in den Urteilsgründen aus, ich habe bei jeder Gelegenheit gesagt, daß nur eine legale Übersiedlung für mich in Frage komme. Wegen dieses Teilfreispruchs wurde ich auch im zweiten Anklagepunkt freigesprochen. Für mich war es erstaunlich, daß ich mit meiner Verteidigung aus den ersten Vernehmungen, die ich zwei Jahre lang gegen die maßlosen Unterstellungen und Erpressungsversuche der Stasi durchgehalten habe, Erfolg hatte. Nachdem ich die Akte „Boris Buch" kenne, nehme ich an, daß die Stasi so unbeirrt daran festhielt, ich hätte fliehen wollen, weil Langfermann ihr im März 1970 wissentlich unwahr gesagt hatte, ich sei mit Stefans Fluchthilfeunternehmen für mich einverstanden gewesen.

Verurteilt wurde ich wegen *staatsfeindlichen Menschenhandels*, weil ich Franz auf seine Bitte einige Meprobamat gegeben hatte, die er an Heyn weitergab. *Diese Abgabe eines Beruhigungsmittels ist die einzige Beschuldigung im gesamten Komplex Flucht und Fluchthilfe, die mir zutreffend vorgeworfen werden konnte – und selbst diese hat Franz als Zeuge in meinem Prozeß widerrufen.* Die weitere allgemein formulierte Urteilsbegründung, ich hätte Aufträge zur Vorbereitung der Schleusung von Heyn und Ingrid erledigt, ist durch Tatsachen nicht gedeckt.

Ingrid und Franz Jütte wurden wegen staatsfeindlichen Menschenhandels, staatsfeindlicher Gruppenbildung u. a. zu fünfeinhalb bzw. fünf Jahren Haft verurteilt. Nachdem uns der Fluchtplan Stefans für Ingrid, ihre Kinder und Heyn bekannt geworden war, hatten Franz und ich nur versucht, Ingrid von einem solchen Vorhaben abzuhalten und die Entstehung neuer Gefahren, die von dem nervösen Heyn ausgingen, abzuwenden. Selbst nach den Maßstäben der DDR-Rechtsprechung scheint mir Franz in besonderer Weise ein Opfer der politischen Planziele der Stasi geworden zu sein. *Die Stasi hatte laut zitiertem Operationsplan die Vorgabe nachzuweisen, daß eine staatsfeindliche Gruppe W. durch ideologische Diversion und Schleusertätigkeit einen Kampf gegen die DDR führe und dabei Hochschulabsolventen abwerbe und ausschleuse.*

Selbst wenn man rechtspositivistisch zugesteht, daß Fluchtvorbereitung und -hilfe nach den DDR-Gesetzen strafbar waren, so begingen Stasi, Staatsanwalt und Gericht schon dadurch schweres Unrecht, daß sie *einen privaten Konflikt zu einem Akt ideologischer Diversion verfälschten.* Ein korrektes Strafverfahren hätte für Ingrid und Franz nur ergeben können, daß Ingrid sich aus ihrer Eheproblematik heraus an Stefan gewandt und dieser ihr aus persönlichen Gründen Hilfe angeboten hatte. Daraus machte die Stasi im Schlußbericht des MfS (S. 13),

»*daß W..., Stefan mit Hilfe einer in der BRD existierenden Gruppe durch politisch-ideologische Diversion und staatsfeindlichen Menschenhandel einen Kampf gegen die DDR führte, was in den Verfahren gegen (...) und gegen das Ehepaar Jütte nachgewiesen werden konnte.*«

Der Stasi war aus unseren Vernehmungen längst bekannt, daß Stefan Ingrid und mir nur in unseren persönlichen Notlagen helfen wollte. Um ihr ideologisch vorgegebenes Plansoll zu erfüllen, trennte sie Jüttes von ihren beiden kleinen Kindern und fügte damit auch diesen schweren Schaden zu.

Noch einmal: Wer waren denn nun diese „hervorragenden Wissenschaftler", die von einem Zentrum der politisch-ideologischen Diversion zum Schaden der DDR abgeworben werden sollten? – Heyn, ein Physiker, der später in Westdeutschland in die Datenverarbeitung ging, eine Oberschullehrerin, die wegen ihrer Kinder damals nicht berufstätig war und ich – ein aus politischen Gründen seit zwei Jahren arbeitsloser Physiker, dem Weizsäcker aus menschlicher Anteilnahme helfen wollte.

Interludium 1:
Hase oder Wildschwein?

„Erzählen Sie doch mal einen politischen Witz!" forderte mich der Vernehmer auf. Wollte er mir staatsfeindliche Hetze anlasten, weil vielleicht einer meiner Freunde berichtet hatte, daß ich gern politische Witze erzählte? Ich zierte mich. Der Leutnant lockte: *„Sie brauchen keine Angst zu haben, Herr Koch, was Sie hier erzählen, ist keine Hetze."* Da ich mich weigerte, erzählte er mir einen Witz:
„Eine Nähnadel und eine Stecknadel gehen spazieren, und die Nähnadel sagt zur Stecknadel: ‚Soll ich Dir mal einen politischen Witz erzählen?' – ‚Pst', sagt daraufhin die Stecknadel: ‚Hinter uns geht eine Sicherheitsnadel'."
Inzwischen hatte ich mir sorgfältig einen Witz zur Revanche ausgesucht:
„Ein Jäger, ein Mathematiker und ein Mitarbeiter des westdeutschen Bundesamtes für Verfassungsschutz gehen in den Wald, um ein Wildschwein zu fangen. Wie machen sie das? Der Jäger läßt eine Treiberkette das Wildschwein durch den Wald treiben, stellt sich an eine Schneise, und als das Wildschwein dort erscheint, erschießt er es. Der Mathematiker teilt den Wald in zwei Hälften, in einer ist das Wildschwein. Diese teilt er wieder in zwei Hälften: In einer davon ist das Wildschwein. Dieses Verfahren setzt er solange fort, bis er den Punkt gefunden hat, wo das Wildschwein ist – Herr Leutnant, die Mathematiker nennen das eine Intervallschachtelung – und setzt einen Käfig darauf. Der Beamte vom Bundesamt für Verfassungsschutz geht in den Wald, fängt sich einen Hasen, sucht sich einen Knüppel und haut dem Hasen so lange zwischen die Löffel, bis der Hase zugibt, daß er das Wildschwein ist."
„Wieso Bundesamt für Verfassungsschutz?" fragte der Stasi-Offizier fachgerecht nach.
„Herr Leutnant, ich erzähle diesen Witz immer nur mit dem Mitarbeiter des westdeutschen Bundesamtes für Verfassungsschutz."
Da lief der Leutnant rot an.

Zweites Kapitel:
Staatsfeindliche Hetze

Verfechter des Liberalismus
Vertritt pluralistische Ansichten
(Stasi-Aktennotizen, 6. und 9.11.1970)

So hat er als Mitglied einer staatsfeindlichen Gruppierung planmäßig und zielstrebig über einen längeren Zeitraum politisch-ideologische Zersetzungsarbeit
geleistet, indem er die gesellschaftlichen Verhältnisse in der DDR als Ganzes angriff, (...) und innerhalb der Gruppe gegen die führende Rolle der SED, die sozialistische Kultur- und Informationspolitik und die Grenzsicherungsmaßnahmen hetzte sowie gegen den sozialistischen Internationalismus auftrat und
gegen die Volkswahlen am 22.3.1970 Stimmung machte.
(Anklageschrift, S. 10)

Getreu dieser Zielstellung verunglimpfte Koch (...) die Entwicklung der gesellschaftlichen Verhältnisse in der DDR und propagierte den sich bis zum
21.8.1968 in der CSSR vollziehenden konterrevolutionären Liberalisierungspro-
zeß zum bürgerlichen Parlamentarismus (...) und wandte sich gegen die Hilfe
der sozialistischen Länder gegenüber der CSSR am 21.8.1968.
(Anklageschrift, S. 5)

Wegen vielfacher staatsfeindlicher Hetze [23] wurde ich verurteilt auf Grund von
Äußerungen, die ich in privatem Rahmen unter vier oder sechs Augen Freunden

---

23 »§ 106 *Staatsfeindliche Hetze*
(1) Wer mit dem Ziel, die sozialistische Staats- oder Gesellschaftsordnung der Deutschen Demokratischen
Republik zu schädigen oder gegen sie aufzuwiegeln,
1. Schriften, Gegenstände oder Symbole, die die staatlichen, politischen, ökonomischen oder anderen ge-
sellschaftlichen Verhältnisse der Deutschen Demokratischen Republik diskriminieren, einführt, herstellt,
verbreitet oder anbringt;
2. Verbrechen gegen den Staat androht oder dazu auffordert, Widerstand gegen die sozialistische Staats-
oder Gesellschaftsordnung der Deutschen Demokratischen Republik zu leisten;
3. Repräsentanten oder andere Bürger der Deutschen Demokratischen Republik oder die Tätigkeit staat-
licher oder gesellschaftlicher Organe und Einrichtungen diskriminiert;
4. den Faschismus oder Militarismus verherrlicht,
wird mit Freiheitsstrafe von einem Jahr bis zu fünf Jahren bestraft.
(2) Wer zur Durchführung des Verbrechens Publikationsorgane oder Einrichtungen benutzt, die einen
Kampf gegen die Deutsche Demokratische Republik führen, oder das Verbrechen im Auftrage derartiger
Einrichtungen oder planmäßig durchführt, wird mit Freiheitsstrafe von zwei bis zu zehn Jahren bestraft.
(3) Im Fall des Absatzes 1 Ziff. 3 ist der Versuch, in allen anderen Fällen sind Vorbereitung und Versuch
strafbar.«

gegenüber gemacht hatte oder nach deren Aussagen angeblich gemacht haben soll. Der Haftbefehl war mir mit den Beschuldigungen *Fluchtvorbereitung* und *staatsfeindliche Verbindungsaufnahme* verkündet worden, nicht aber wegen Hetze. Nach mehr als fünf Monaten Untersuchungshaft erfolgte die Erweiterung des Ermittlungsverfahrens auf *Hetze* und die Mitteilung darüber an mich. Wie ich erst heute aus meiner Akte ersehe, enthielt bereits der Haftbeschluß des MfS ohne jede Begründung die Beschuldigung *staatsfeindliche Hetze,* was mir weder Stasi noch Haftrichter eröffnet hatten. Entweder meinte die Stasi damit von Anfang an meine Mitwirkung am Plakatprotest, wofür sie zu diesem Zeitpunkt kein offizielles Wissen hatte; oder sie ließ eine solche Hetze-Beschuldigung routinemäßig mit aufführen, da sich bei ihrer Praxis entsprechende Anschuldigungen gleichsam von selbst ergaben, wenn sie nur genügend intensiv ermittelte.

Jeder ist schuldig

Warum wurden gerade wir wegen staatsfeindlicher Hetze angeklagt? In den Hetzeanschuldigungen gegen meine verhafteten Freunde und mich wird ein allgemeiner Zug der SED-Herrschaft sichtbar. Wer hatte in der DDR nicht den Mangel an Reisefreiheit beklagt, sich nicht über die Scheinwahlen mokiert, seinem Herzen nicht hinter vorgehaltener Hand mit Witzen über die fehlende Meinungsfreiheit Luft gemacht, Gerüchte über die Bespitzelung durch das MfS geflüstert oder sich über die Intervention 1968 in der CSSR empört? In der DDR dürfte millionenfach solcherart angebliche staatsfeindliche Hetze begangen worden sein. Meine Freunde hatten fast alle ähnlich wie ich gedacht, ebenso die Klassenkameraden während meiner Oberschulzeit oder die meisten Kommilitonen meiner ersten Seminargruppe. Ein überzeugter Genosse machte uns Schwierigkeiten. Im gesamten Studienjahr gab es allerdings einige solche. In den späteren Jahren dürften es aber mehr geworden sein. Auch bei meinen späteren Kollegen am Akademieinstitut zeigte sich, sobald man privat ins Gespräch kam, eine kritische Einstellung zur DDR, im Gegensatz zu den öffentlichen Äußerungen.

Die Verurteilung der verhafteten Mitglieder unseres Freundeskreises könnte für diejenigen, die mit den damaligen Verhältnissen in der DDR weniger vertraut sind, den Eindruck erwecken, als hätten wir der DDR besonders kritisch gegenübergestanden. Gewiß waren Stefan, Ingrid und Uwe durch die Initiative zu unseren Vortragsabenden besonders aktiv. Aber dies waren keine politischen Veranstaltungen, und unsere Meinungen dürften denen der meisten in der DDR entsprochen haben. Wir waren keine Minderheit von Dissidenten, sondern die zum öffentlichen Schweigen verurteilte Mehrheit. Für die zweite Halbzeit der DDR kann ich mir allerdings kein Urteil erlauben.

Wann immer die Stasi ein paar Freunde verhaftete, konnte sie sicher sein, auch staatsfeindliche Hetze im Angebot zu haben, wenn sie erreicht hatte, daß diese geständig geworden waren. Ihr dichtes Spitzelnetz muß überreichlich Material für Hetzebeschuldigungen zur Verfügung gestellt haben. Aber so viele konnte sie nicht vor Gericht stellen. Und sie brauchte dies nicht; denn um die auf Einschüchterung beruhende SED-Herrschaft aufrecht zu erhalten, reichte es, immer mal wieder an einzelnen ein Exempel zu statuieren. Bei meiner Hausdurchsuchung hatte die Stasi auch *Walter Jens: Nein, die Welt der Angeklagten, Zeugen und Richter* mitgenommen. Ende der fünfziger Jahre wurde dieses Buch unter meinen Freunden mit allergrößter Vorsicht weitergegeben. Jens hatte bei seiner Charakterisierung eines totalitären Systems wohl an die Erfahrungen mit dem Nationalsozialismus gedacht; aber der real-existierende Sozialismus fühlte sich offenbar auch getroffen. Die Stasi zog auch dieses Buch ein.

Darin sagt der oberste Richter, wie ich mich in der Untersuchungshaft vage erinnerte, daß jeder schuldig war (Jens, S. 54):

»Jedermann auf der Erde müßte, wenn unser System vollendet wäre, an jedem Tag angeklagt werden. Ich nehme nicht einmal mich aus. Denn jedermann begeht jeden Tag eine Handlung, die gegen die Gesetze der Obrigkeit verstößt. Aber erst in dem Augenblick, wo ein Mensch von einem anderen oder von der Obrigkeit selbst angeklagt wird, kann seine Schuld sichtbar werden, und erst an diesem Punkt setzt der Gegenschlag der Obrigkeit ein.«

Der Schlag der DDR-Obrigkeit gegen mich wurde möglich, als vor allem Franz und Ingrid über die politischen Gespräche, die wir geführt hatten, berichteten. Jedesmal, wenn mir der Vernehmer entgegenhielt, was sie aus ganz privaten Unterhaltungen preisgegeben hatten, erlebte ich dies als erneuten Verrat. An der Echtheit der mir vorgehaltenen Aussagen hatte ich keine Zweifel, da mir die unterschriebenen Protokolle gezeigt wurden und diese Einzelheiten und meine früheren Formulierungen enthielten, die die Stasi nicht erfunden haben konnte. Im Kern waren diese Aussagen zutreffend, auch wenn die Vernehmer meine Äußerungen öfter stark vergröbernd und auf strafrechtliche Verwertbarkeit hin zugespitzt formuliert hatten. Sachlich und menschlich gehörten die Vernehmungen über die Hetze-Vorhalte aus den Aussagen meiner Freunde zu den schlimmsten Erlebnissen meiner Haftzeit. Geschickt setzte der Leutnant ein, was er an Vorhalten hatte, um mich weichzuklopfen. Die Verhöre folgten häufig einem ähnlichen Schema: Ich leugnete zunächst, mich überhaupt politisch geäußert zu haben oder konnte mich nicht erinnern. Dann wurden mir Aussagen eines Mitbeschuldigten vorgehalten, so daß ich es für klüger hielt, diesen etwas entgegenzusetzen. Diese Vorhalte sind meist nicht protokolliert. Erst nachdem meine Aussagen dem Vernehmer nicht ausreichten, machte er mir massive Vorhalte, wobei er dann aus den Protokollen vorlas und mir diese samt Unterschrift auch zeigte. Sobald mir in einer Vernehmung klar wurde, worauf die Fragen zielten, versuchte ich zunächst, mich zu erinnern, zu wem ich was über das Thema gesagt hatte. Auf die ersten konkreten Vorhalte hin überlegte ich, wer noch beim jeweiligen Gespräch dabei war und was wir so alles gesprochen hatten. Dann versuchte ich, meine jeweilige Verteidigung aufzubauen, aber immer wieder mußte ich auf

Grund neuer Vorhalte weiter zurückstecken. Vernehmungstaktisch war der Leutnant beharrlich, immer wieder fragte er nach, wenn ich ihm auswich. Die häufige Wiederholung der gleichen Themen war zermürbend. Bei jeder neuen Vernehmung hoffte ich aufs neue, Jüttes könnten doch noch einiges von unseren privaten Gesprächen verschwiegen haben; aber jedesmal wurde diese Hoffnung wieder enttäuscht. Diese ständigen Niederlagen deprimierten mich sehr.

Ich hatte nicht den Ehrgeiz, im Verhör das Unrechtsregime der DDR mit flammenden zitierbaren Sentenzen zu geißeln, um ein Held oder Märtyrer zu werden. Aber dort, wo mir eine Verurteilung ohnehin sicher war, verteidigte ich sehr vorsichtig meine kritischen Auffassungen als nicht staatsfeindlich, so beispielsweise zur Menschenrechtslage in der DDR, zu Ausreiseverweigerung, fehlender Meinungsfreiheit oder zum Scheinwahlsystem. Die drastischsten Vorhaltformulierungen suchte ich durch Argumente zu relativieren, die DDR-apologetische Pflichtübungen mit nachvollziehbaren kritischen Überlegungen verbanden. Ich setzte möglichst an einem Punkt an, der nicht so einfach als feindliche Position abzutun war. Beispielsweise verteidigte ich meine Äußerungen zu Israel mit der deutschen Schuld an der Judenvernichtung; mein Eintreten für die Menschenrechte knüpfte an die offizielle DDR-Zustimmung zur UNO-Menschenrechtserklärung an; oder ich relativierte meine Äußerungen auf bestimmte Erfahrungen, z. B. eine Kritik an den Wahlen auf den Abriß kunsthistorisch wertvoller Gebäude in Leipzig. Für dieses Kapitel habe ich Vernehmungsthemen ausgewählt, die entweder zu meiner Verurteilung beigetragen haben oder mir in besonderer Erinnerung geblieben sind. Um den ständigen Themenwechsel anzudeuten, wurden die einzelnen Abschnitte des Hetze-Kapitels zwischen die anderen Kapitel eingeschoben. Diese Hetzeanschuldigungen mit immer neuen Vorhalten aus den Aussagen anderer dienten dazu, eine hohe Dauerbelastung aufrechtzuerhalten. Der ständige Druck in diesen Verhören zeigt sich in den Protokollen heute vor allem als Öde und Monotonie. So quälend-mühsam sollen auch einige der Hetze-Abschnitte wirken.

Vernehmung zur Person

Wüßte die Stasi über die Person alles, besonders über ihre Schwächen, dann hätte sie die Basis dafür, sie zu zerbrechen und total über sie zu verfügen. Leutnant D. hat mir einmal als sein Ziel genannt: *„Die ganze Person wird aufgeklärt."*

Als ich vier Monate nach meiner Verhaftung nach wie vor alle Beschuldigungen bestritt, setzte der Leutnant mit tagelangen Vernehmungen zur Person neu an. Auch später befragte er mich immer wieder dazu. Nach einem Jahr Haft wurde ich dann in einer nochmaligen Welle intensiv zur Person verhört. Die Stasi hatte inzwischen private Briefe aus Westdeutschland und solche meiner Freundin ausgewertet, politische Beurteilungen aus 15 Jahren hinzugezogen und verfügte über mannigfache Zeugenaussagen. All dies konfrontierte der Vernehmer mit meinen früheren Aussagen und brachte mich durch Widersprüche in Verlegenheit. Sein Ziel war es, die *gegnerischen Einflüsse* von Elternhaus, Schule, Studienzeit und westdeutschen Freunden herauszuarbeiten, die zu meiner feindlichen Entwicklung geführt hätten. Demgegenüber behauptete ich meine positive Einstellung und machte die Schwierigkeiten, die mir Professor V. ab 1966/67 gemacht hatte, für all das verantwortlich, was mir politisch angelastet wurde.

Auch wenn mein Freundes- und Familienkreis durchweg regimekritisch eingestellt war, erhielten wir doch nach außen eine positive Fassade aufrecht. Das war notwendig, um etwa zur Oberschule oder zum Studium zugelassen zu werden. Es gab Rigorosere, z. B. manche Pfarrerskinder, die schon die Mitgliedschaft bei den Jungen Pionieren und der FDJ ablehnten und lieber auf Oberschule und Studium verzichteten. Für die große Masse der kritisch Eingestellten aber gehörten Lippenbekenntnisse und sogenannte gesellschaftliche Arbeit, Mitgliedschaft in den Massenorganisationen, wie Junge Pioniere, Freie Deutsche Jugend, Gesellschaft für deutsch-sowjetische Freundschaft, FDGB oder Kulturbund zur Standardtarnung, die in dieser Diktatur für das Überleben notwendig war. Aus solchen Pflichtübungen darf weder auf innere Nähe zum SED-Regime noch auf opportunistische Kooperation mit ihm geschlossen werden. Überschritten wurde nach meiner damaligen wie heutigen Auffassung die Grenze zum Opportunismus, zur moralisch nicht mehr akzeptablen Unterstützung der Parteidiktatur grundsätzlich jedenfalls durch aktive Mitarbeit bei den Trägern der Diktatur, etwa durch Eintritt in die SED. Mit meinen Freunden war ich mir einig, daß man aus dem Dreieck *linientreu – intelligent – anständig* nicht mehr als zwei Positionen besetzen kann. Gerade im akademischen Bereich war eine SED-Mitgliedschaft aus Karrierismus nicht eben selten. SED-Mitglieder waren durch Parteidisziplin und Parteiaufträge in besonderer Weise zur aktiven Unterstützung der Parteidiktatur verpflichtet. Dies ist kein starres Kriterium für eine Grenzziehung, Einzelfälle mögen jeweils anders zu beurteilen sein. In den Blockparteien gab es sowohl Mitglieder, die dort Statthalter der SED waren, als auch andere. Manche Aushängeschild-Parteilose waren genau so schlimm wie Parteigenossen. Und es gab im Einzelfall SED-Mitglieder entgegen ihrer Überzeugung, deren Mitgliedschaft dennoch nicht von vornherein als Opportunismus verurteilt werden kann. Auch konnte man als früheres SPD-Mitglied durch die Zwangsvereinigung mit der KPD in die SED gekommen sein. Es gab Intellektuelle, die nach 1945 voller Hoffnung auf das bessere Deutschland in die DDR gekommen waren. Dr. Walter Eisen, einen nach England emigrierten Juden, der nach dem Krieg im Osten den Neuanfang suchte und aus antifaschistischer Gesinnung SED-Mitglied wurde, habe ich in dankbarer Erinnerung; er hat mir 1968 nach meiner fristlosen Entlassung auch materielle Hilfe angeboten. Nicht jedes dieser idealistischen SED-Mitglieder, das seine sozialistischen Hoffnungen scheitern sah, fand die Kraft zu einer äußerlich oder wenigstens innerlich klaren Entscheidung. Ich kannte nur wenige, die aus innerer Überzeugung der SED angehörten. Mein Schwiegervater Landeskirchenrat Pfarrer Dr. Werner Meinecke war als Antifaschist und SPD-Mitglied in die SED gekommen. Während einer seiner SPD-Freunde wegen seines Widerstandes gegen die Zwangsvereinigung in ein kommunistisches Lager kam, bekannte er sich ausdrücklich zum wissenschaftlichen Sozialismus, dem Marxismus, und wurde später Vorstandsmitglied im staatsnahen *Bund evangelischer Pfarrer*, der mit ausdrücklicher Unterstützung des Politbüros der SED gegründet worden war.

Elternhaus

Die Untersuchung meiner ideologischen Fehlentwicklung begann mit dem Elternhaus. Doch ich leugnete alle Hetzevorwürfe und wies jede der DDR feindliche Gesinnung von mir. Das Urteil (S. 1) bescheinigt mir eine *traditionell-christliche Erziehung* und zunächst eine positive Einstellung zum Staat trotz ideologischer Zwiespältigkeit. In Wahrheit stand ich der offiziellen Ideologie kritisch gegenüber, seit sich in der Oberschulzeit meine eigene Meinung herausgebildet hatte.

Ich bin in einem liberalen Elternhaus aufgewachsen. Der Erziehungsstil meiner Eltern war nicht autoritär. Gab es Probleme, so setzte man sich in der Familie zusammen und besprach diese, wobei die besseren Argumente galten. Offene Diskussionen waren eine Selbstverständlichkeit. Mein Vater hatte eine ausgesprochen soziale und sozialdemokratische Einstellung mit einem gewissen antikapitalistischen Affekt. In politischen Diskussionen zu Hause vertrat er eine linkere Position als seine Söhne. Er war ein Gegner der Nazis, und ihn stieß die Verlogenheit der DDR-Propaganda ab. Von ihm hörte ich, daß das KZ Buchenwald nach 1945 zunächst von den Kommunisten weitergeführt worden war, z. B. für Sozialdemokraten, die mit der Zwangsvereinigung von KPD und SPD nicht einverstanden waren. Die DDR-Propaganda empfanden wir angesichts der erlebten Wirklichkeit als verlogen. Meine Schwester flog von der Oberschule, weil sie eine despektierliche Bemerkung über das blaue Halstuch der Jungen Pioniere gemacht hatte, und mußte sich in der Produktion bewähren. Eckhard hatte keine andere Möglichkeit, zum Studium zugelassen zu werden, als sich „freiwillig" zur Nationalen Volksarmee zu melden.

Eine meiner DDR-Grunderfahrungen ist: *Im Sozialismus ist kritisches Denken gefährlich, man muß geistig ein Doppelleben führen.* Zu all dem konnte die Stasi in ihren Verhören nicht recht vordringen. Bekenntnisse meiner wirklichen Ansichten gab ich nicht ab. Sie hätten zu weiteren Ausforschungen meiner Eltern und Geschwister geführt und mich selbst nur belastet. Der Leutnant fragte nach der staatsbürgerlichen Erziehung im Elternhaus, und ich sagte nur, daß meine Eltern diese hauptsächlich der Schule überlassen hatten. Er fragte nach der religiösen Erziehung, und ich antwortete, daß unsere Familie zur *Herrnhuter Brüdergemeine* gehört, was bei mir Interesse an religiösen Fragen geweckt habe. Auf die Frage, was das denn für eine Sekte sei, sagte ich: „Das ist keine Sekte, sondern eine evangelische Kirche mit Ursprüngen bei den alten böhmischen Brüdern. Diese mußten wegen ihrer Überzeugungen die Heimat verlassen. Der Brüdergemeine war ein gemeinsames christliches Zusammenleben wichtig. Im Mittelpunkt stehen nicht irgendwelche dogmatischen Lehren, sondern praktizierte Nächstenliebe – Schulen, Krankenhäuser, Mission – soziales Engagement, würde man heute sagen." Der Leutnant fragte nicht weiter. Wenn die Vernehmung auf Religion kam, war er auffallend zurückhaltend. Auch wenn nach offiziellen Äußerungen kein Gegensatz zwischen christlicher Religionsausübung und sozialistischem Gesellschaftssystem bestand, zeigt der MfS-Schlußbericht (S. 4) deutlich, was die Partei wirklich über dieses Verhältnis dachte:

»Koch, Dietrich wurde von seinen Eltern einseitig im kleinbürgerlich-christlichen Sinne erzogen und so bereits während des Grund- und nachfolgenden Oberschulbesuches in Widerspruch zur schulischen Erziehung und damit zur gesellschaftlichen Entwicklung in der DDR gebracht.«

Oberschulzeit – Martin Kießig

In der Schule mußten ideologische Lippenbekenntnisse abgegeben werden. Die doppelte Buchführung lernte man schnell. Martin Kießig[24] hat mir später erzählt, was ein Schulrat während einer Lehrerweiterbildung gesagt hatte: „Wir wissen, daß viele Schüler nur eine positive Einstellung zu den gesellschaftlichen Verhältnissen in der DDR heucheln. Das macht nichts; denn was sie oft genug aussprechen, wird auf die Dauer zu ihrer Überzeugung werden."

Ich erinnere mich an die geradezu widerliche *Stalin-Verherrlichung* in drittklassigen Werken, die zur Pflichtlektüre des Deutschunterrichts gehörten. Als Stalin starb, erlebte ich die verlogene öffentliche Hysterie. Einer meiner Klassenkameraden flog von der Schule, weil er es bei einer Gedenkfeier an irgendeiner Devotionsbekundung hatte fehlen lassen. Schlimm war die Hetzkampagne gegen die *Junge Gemeinde*, die von der SED als unliebsame Konkurrenz zur offiziellen

---

24 *Martin Kießig* promovierte 1936 bei *Hermann August Korff* über *Martin Luserke*, aus dessen Reformpädagogik er wichtige Anregungen bezog. Seit Anfang der dreißiger Jahre war er aktives Mitglied der *Ludwig-Klages-Gesellschaft* und schrieb bis in die letzten Jahre Beiträge u. a. in der *Zeitschrift für Menschenkunde*. Er war ein feinsinniger Humanist mit umfassender literarischer Bildung, der seine Liebe zu Kunst und Literatur seinen Schülern mit pädagogischem Eros vermitteln konnte. Die DDR verließ er, als er merkte, daß ein Lehrer seiner Geisteshaltung dort nicht mehr wirken konnte. Nach der Gaudig- und Leibniz-Oberschule in Leipzig arbeitete er an westdeutschen Landschulheimen in Traunstein, Scheinfeld und Altötting. Er publizierte Literaturkritiken, Gedichte, besorgte Ausgaben u. a. von *Novalis' Gedichten, Hermann Hesse: Im Presselschen Gartenhaus, Paul Alverdes: Pfeiferstube, Dichter erzählen ihre Träume* (1976) und 1992 den zweiten Band der Werke und Briefe *Christian Morgensterns: Lyrik 1906-14*. Der Tod riß ihn aus der Arbeit an einem größeren kunsthistorischen Werk. Als er 86-jährig hochverehrt starb, hatte er bis zuletzt intensiven Kontakt zu ehemaligen Schülerinnen und Schülern gehalten.

Jugendorganisation FDJ bekämpft wurde. Zum offiziellen atheistischen Kampf gehörte, die Teilnahme an der außerschulischen *Christenlehre* zu verpönen.

Im Unterricht behandelten wir *Friedrich Engels' Beitrag der Arbeit zur Menschwerdung des Affen, Stalins* epochale Arbeiten zur Linguistik oder *Lyssenkos* angebliche praktische Züchtungserfolge aus seiner Lehre von der Anwendung der Vererbung erworbener Eigenschaften. Mich widerte an, daß derartige staatsnahe Wissenschaft dogmatisch hingenommen werden mußte und einer rationalen und auf empirische Einwände gestützten Diskussion nicht offenstand. Aus dem Vergleich der *Geschichte der Kommunistischen Partei* der Sowjetunion (Bolschewiki) mit einer älteren Ausgabe des gleichen Werkes aus dem Bücherschrank meines Vaters erfuhr ich, wie Geschichte umgeschrieben wurde.

»Frage: Welchen Klassenstandpunkt haben Sie sich während der Oberschule erarbeitet?

Antwort: Während des Besuches der Oberschule habe ich mir eine positive Einstellung zur gesellschaftlichen Entwicklung in der Deutschen Demokratischen Republik (DDR) erarbeitet, was sich in meiner gesellschaftlich aktiven Arbeit ausdrückte.«

Meine Antwort war durch die sogenannten *gesellschaftlichen Beurteilungen* der Schule, die die Stasi hinzugezogen hatte, gedeckt. Daß diese mir eine fortschrittliche positive ideologische Einstellung zur DDR und entsprechende Mitarbeit in der FDJ bescheinigten, war kein Wunder; denn z. B. mein Klassenlehrer Kießig kannte zwar meine wirklichen Ansichten, dachte aber ebenso. Ohne derartige Beurteilungen wäre es unmöglich gewesen, zum Studium zugelassen zu werden. Kießig und andere ältere Lehrer der Leibnizoberschule, z. B. in Geschichte, Chemie, Latein, Kunstgeschichte, hatten aus ihrem Fundus an im besten Sinne bürgerlicher Kultur einen ausgezeichneten Unterricht gemacht. Meine Schulkameraden und ich waren in einem Ausmaß mit Literatur, nichtmarxistischen philosophischen Vorstellungen, Kunstgeschichte und allgemeiner Geschichte bekannt gemacht worden, das nicht den DDR-Lehrplänen entsprach. Kießig hatte im Deutschunterricht Namen wie Hans Carossa, Werner Bergengruen und Hermann Hesse genannt. Thomas Mann oder Theodor Fontane, die deutsche Klassik und vor allem die romantische Dichtung, aber auch Immanuel Kant waren in einem weit über den Lehrplan hinausgehenden Umfang besprochen worden, während der sozialistische Realismus im Eilverfahren abgehandelt wurde. Selbst nach über 40 Jahren erinnere ich mich bei meiner philosophischen Lehrtätigkeit dankbar an vieles, was ich bei ihm gelernt habe. Kießig pflegte auch außerhalb des Unterrichts mit vielen seiner Schülerinnen und Schüler Kontakt, hatte ihnen Literatur geliehen und sie mit kulturellen Bereichen bekannt gemacht, die in der sozialistischen Schule ausgeblendet waren. *Zu all dem sagte ich nichts.*

Als Kießig die DDR verließ, schrieb die *Neue Zeit* am 4.9.1958 in einem längeren Schmähartikel, er habe sich *treulos für den Adenauer-Staat entschieden,* obwohl er gewählter Gewerkschaftsfunktionär war, und dort *die dreiste Lüge auf-*

getischt, »wonach Christen in der Deutschen Demokratischen Republik keine Möglichkeit hätten, gemäß ihrem Glauben zu wirken«. Der wahre Grund sei, daß Kießig, der rein philologisch ausgebildet gewesen sei, *nicht die geringsten naturwissenschaftlichen Kenntnisse gehabt hätte* und *»nicht einmal einen Nagel in die Wand schlagen konnte«*, aus Angst vor der Einführung des wöchentlichen Produktionstages in bedauerlicher Verblendung *Verrat geübt* habe. Nach der Flucht wurde er in Abwesenheit noch in einem politischen Strafverfahren verurteilt.

In Schwierigkeiten brachte mich die Stasi mit Fragen nach Kießig, *da dieser 1958 die DDR verriet* (Anklageschrift, S. 2), das heißt: nach Westdeutschland ging. Ich verteidigte mich damit, daß er ein väterlicher Freund war, der mein Interesse an bildender Kunst und klassischer Musik weckte, mich zu Vortragsabenden mitnahm – auf einen Vorhalt, denn die Stasi wußte alles schon: auch zu anthroposophischen –, aber keinen politischen Einfluß auf mich ausübte. Er habe *»eine bürgerlich-humanistische Einstellung mit religiöser Tendenz«* gehabt, sei am politisch-aktuellen Tagesgeschehen desinteressiert gewesen, mußte ich mich winden. Warum er die DDR verlassen hatte, wisse ich nicht, da ich mit ihm keine politischen Gespräche geführt hätte. Es war ein langer Kampf, bis solche recht harmlosen Formulierungen im Protokoll standen:

»Frage: Wie vertrug sich Ihre Aktivität in gesellschaftlicher Mitarbeit mit der politischen Desinteressiertheit von Dr. KIESSIG und Ihren freundschaftlichen Beziehungen zu ihm?

Antwort: Ich hatte hierbei keinen Widerspruch gesehen, denn Dr. KIESSIG brachte mir väterliche Freundschaft entgegen und erweckte in mir Interesse zur Kunstgeschichte und zur klassischen Musik. Auseinandersetzungen zu politischen Fragen hatte ich mit ihm nicht und sah auch keine Veranlassung, mich mit ihm über solche Probleme zu unterhalten.«

Es sei ein Widerspruch zu meiner behaupteten positiven ideologischen Einstellung, daß ich mit diesem *Verräter* nach dessen Flucht Briefwechsel gehabt, von ihm Literatur geschickt bekommen und mich sogar mit ihm in West-Berlin getroffen habe. Ich betonte den unpolitischen Charakter unserer Beziehung. Tatsächlich stand Kießig mit seinen sozialdemokratischen Auffassungen eher links von meinen liberalen. Gegen diese Ausforschung meiner privaten Beziehungen wehrte ich mich, indem ich auf einer strikten Trennung der politischen und privaten Sphäre bestand:

»Ich hatte auf diese Verbindung Wert gelegt, weil ich Dr. KIESSIG als meinen väterlichen Freund betrachtete. Ich sah diese Kontakte als „meine privaten Angelegenheiten" an und vollzog eine Trennung zu meiner sonstigen politischen Einstellung.«

Der Leutnant warf mir vor, daß diese Trennung von Politischem und Privatem bereits meine ideologische Fehlentwicklung zeige. Im Schlußbericht (S. 4) bescheinigte mir die Stasi, *»Überheblichkeit gegenüber seiner Umwelt, was noch von Dr. KIESSIG genährt worden war, der sich als Klassenleiter während des Oberschulbesuches dem Beschuldigten intensiv widmete, bürgerliches Gedankengut ihm* *zugänglich machte und damit die Zweifel KOCHs an der Richtigkeit der Politik der DDR vertiefte. Schließlich unterlag KOCH weiter den Einflüssen seines ehemaligen Lehrers, der laut beigefügter Bestätigung im Jahre 1957 illegal nach Westdeutschland übersiedelte und seit dieser Zeit KOCH auf postalischem Wege mit Büchern versorgte, deren Inhalt von belletristischer Literatur über Werke bürgerlicher Philosophen bis hin zu revisionistischer und offen antikommunistischer Literatur reichte. Das Beschäftigen mit dieser Literatur führte bei ihm schließlich zur Absage der marxistischen Philosophie.«*

Studienzeit

Für die ersten Jahre des Studiums lagen der Stasi politische Beurteilungen über meine angeblich positive Einstellung zur DDR vor. Ich war von der Hochschulleitung als Seminargruppensekretär eingesetzt und sagte dazu:

»*Ich habe diese Funktion etwa drei Jahre ausgeübt, regelmäßige Versammlungen durchgeführt und Zirkelabende des FDJ-Lehrjahres organisiert.*«

Die FDJ-Gruppenleitung bestand aus politischen Freunden. Wir waren wohl die letzte Generation, die von solchen Positionen noch eine gewisse Opposition versuchten, obwohl der Kampf für demokratische und liberale Verhältnisse auch an den Hochschulen längst verloren war. Die meisten meiner Kommilitonen dachten wie ich. Sie wußten, daß ich das, was ich in den politischen Schulungen – im *FDJ-Lehrjahr* – erzählte, nicht glaubte, und sie glaubten es auch nicht. Aber wir schrieben uns gute politische Beurteilungen. Neben vielen anderen denke ich an *Christian Noack*, der von *Paul Tillich* begeistert war, *Wolfgang Ilberg*, der nach dem Physikstudium später Pfarrer wurde und in Leipzig in der Drogenhilfe arbeitet, *Wilfried Meyer* und *Dieter Wunderlich*, mit dem wir Hausmusik bei Freunden machten, und der heute als renommierter Sprachwissenschaftler in Düsseldorf lehrt. Als ich drei Jahre später in eine Seminargruppe mit mehr Linientreuen versetzt wurde, begannen die Schwierigkeiten. Der Leutnant warf mir vor:

»*In der Beurteilung vom 29.9.1959 wird dementsprechend eingeschätzt, daß Sie nicht zu Gruppenversammlungen erschienen, die deshalb geübte Kritik ablehnten und sich nicht entsprechend Ihres Wissens bemühten, das Leistungsniveau der Gruppe zu heben.*«[25]

Ich verteidigte mich mit meiner damaligen Nierenerkrankung, zeitlicher Anspannung und mangelnder Erinnerung.

Die Stasi hatte auch kleinere vergangene Sünden erforscht, für die ich mich rechtfertigen mußte. Warum ich mich nicht freiwillig zum Ehrendienst bei der

---

25 Zum Verständnis: Damals wurde ich mit ein oder zwei leistungsschwächeren Linientreuen zu einem sozialistischen Kollektiv zusammengespannt – darunter die leistungsschwache Kommilitonin Gisela –, und unser Stipendium sollte sich nach unseren gemeinsamen Durchschnittszensuren richten. Gisela stieg später über die SED-Schiene zu wissenschaftlichen DDR-Würden auf.

damaligen Kasernierten Volkspolizei gemeldet, nicht an der militärischen Ausbildung der *Gesellschaft für Sport und Technik (GST)* teilgenommen und mich vor dem Studentenlager im Sommer gedrückt habe, fragte der Leutnant.

Westkontakte zu Verrätern

Während des Studiums gingen immer wieder Kommilitonen in den Westen. *Dieter Wunderlich* schrieb mir jetzt, warum er 1959 geflohen war: »*Der Auslöser für mein Weggehen aus Leipzig war jene denkwürdige Sitzung im Großen Hörsaal, wo wir kollektiv die Exmatrikulation einiger Studenten aus dem 4. oder 5. Studienjahr unterstützen sollten; dieser Art von Gehirnwäsche fühlte ich mich nicht gewachsen.*« Als einige dagegen stimmten, erinnere ich mich, sagte ein Funktionär: „*In der nächsten Versammlung beschäftigen wir uns mit diesen Staatsfeinden.*"

In den Verhören brachte mich in Verlegenheit, daß ich zu meinen Studienfreunden Dieter Wunderlich und Wilfried Meyer auch nach deren Flucht Kontakt gehalten hatte. Da es für die Stasi immer einen Verführer geben mußte, heißt es im MfS-Schlußbericht (S. 5), Kießig habe mich veranlaßt, »*sich negativ eingestellten Mitstudenten zuzuwenden sowie persönlichen und brieflichen Kontakt zu ehemaligen Kommilitonen zu unterhalten, die die DDR durch ihre illegale Übersiedlung nach der BRD verraten hatten. Selbst während seiner Tätigkeit als Seminargruppensekretär fuhr er, ohne das Institut in Kenntnis gesetzt zu haben, zu einem Treffen der Evangelischen Studentengemeinde (ESG) und zu Treffs mit Dr. Kießig nach Westberlin.*«

Zunächst eine Bemerkung zur Rede vom *Verrat der DDR*: Unter Verrat versteht man üblicherweise die Preisgabe eines Geheimnisses oder einen Treuebruch. So kann man außer Einzelpersonen auch eine Gemeinschaft oder Organisation verraten, der man durch gemeinsame Ziele oder Vorgeschichte in besonderer Weise zur Treue verpflichtet ist, einen religiösen Orden, einen Geheimbund, vielleicht durch Desertion die Verpflichtung aus einem Fahneneid. Aber einen Staat durch bloßen Wegzug zu verraten, unterstellt, daß der Staat ein Gebilde hohen Eigenwertes sei, das einen moralischen Anspruch auf Treue seiner Glieder hat. Woher aber sollte ein solcher Anspruch des Staates, in den man ohne eigenes Zutun hineingeboren wird, oder der in meinem Falle erst nach meiner Geburt gebildet wurde, kommen?

Nach der herrschenden Ideologie galt der sozialistische Staat als Organisationsform der höchstentwickelten Gesellschaftsordnung, die im notwendigen Gang der Geschichte den jeweils höchsten Entwicklungsstand auf einem Wege des Fortschritts zum Guten – der klassenlosen Gesellschaft – darstellte. Aus dieser Geschichtsmetaphysik eines objektiven notwendigen Fortschreitens zum Höherentwickelten und objektiv Besseren erwachse die Forderung, dieses objektiv Fortschrittliche und damit Gute, verkörpert im sozialistischen Staat, zu unterstützen und ihm die Treue zu halten.

Mühsam quälten sich die Verhöre auch bei den strafrechtlich unerheblichen Beziehungen zu westdeutschen Freunden. In einer ersten Vernehmung hatte ich abgewiegelt, Dieter Wunderlichs Fluchtentscheidung betrachte ich »*als eine private Angelegenheit, weshalb mir keine Beurteilung zustand*«. Als die Stasi später Informationen gesammelt hatte, wurde ich noch einmal ganztägig zu beiden Freunden vernommen. Ob wir Wunderlichs ungesetzliches Verlassen der DDR in der Seminargruppe ausgewertet hätten, schließlich sei ich damals Seminargruppensekretär gewesen, trieb mich der Leutnant in die Enge. Auf meine vorgespiegelte damalige positive Einstellung festgenagelt, behauptete ich etwas zu weitgehend, Dieters Flucht abgelehnt zu haben. Die Briefkontakte zu ihm hatte ich geleugnet, bis der Vernehmer mir Briefe Dieters vorlegte, die die Stasi bei der Hausdurchsuchung mitgenommen hatte. Ihr Inhalt war gänzlich unpolitischer, rein privater Natur, doch auch dazu sollte ich mich äußern. Es war widerlich, wie der Leutnant auch in alle Einzelheiten meines nichtpolitischen Privatlebens eindringen wollte, und ich wand mich:

»*Frage*: *Sie sagten aus, die strafbare Handlung des ungesetzlichen Grenzübertritts nach Westdeutschland abgelehnt zu haben. Im Gegensatz dazu steht, daß Sie doch briefliche Verbindungen unterhielten. Äußern Sie sich dazu!*

Antwort: *Ich kann nur sagen, daß ich im Prinzip die Haltung von Personen verurteilte, die von der DDR nach Westdeutschland ungesetzlich übersiedelten. Ich bin jedoch tolerant genug gewesen, um einen Briefwechsel mit einer solchen Person zu führen, mit der ich gemeinsame Erlebnisse hatte. Außer dem gemeinsamen Studium habe ich bis zu seinem illegalen Verlassen der DDR u. a. gemeinsam mit WUNDERLICH bei der Familie WALCH Hausmusik gemacht.*«

Heimlicher Besuch

Aus meinem Briefwechsel mit Dieter Wunderlich kannte die Stasi auch meine Kontakte zu Wilfried Meyer, der am 13. August 1961, als die Berliner Mauer gebaut wurde, gerade auf der Rückreise von Bulgarien in die DDR war. Als sein Zug in Wien hielt, hörte er die Zeitungsausrufer vom Mauerbau berichten, stieg kurz entschlossen aus und fuhr in die Bundesrepublik weiter. Seine Diplomprüfung hatte er kurz zuvor abgelegt, aber noch kein Zeugnis in der Hand. Noch in der Semesterpause besorgte ich ihm über das Dekanat sein Physikdiplom, bevor seine Flucht offiziell bekannt wurde. Die Dekanatsangestellte Frau Cohn muß diese Zusammenhänge später bemerkt haben, hat mich aber nicht verraten.

Während der Leipziger Messe besuchte Wilfried einmal verkleidet und mit falschem Paß seine Eltern in Leipzig und erschien überraschend auch in unserer Wohnung. Alles ging gut. Bei der späteren Wiederholung eines solchen heimlichen Besuches traf ich mich mit ihm in der Leipziger Innenstadt. Einen Tag später wurde er von der Stasi verhaftet und später verurteilt. Soweit ich weiß, wurde er auf Bemühungen *Werner Heisenbergs* hin vorzeitig abgeschoben.

Natürlich befürchtete ich während der Verhöre, daß die Stasi von meinen Verbindungen zu Wilfried wisse. Zu den Gründen seiner Flucht meinte ich, seine Entscheidung, am 13. August in Wien aus dem Zug zu steigen, sei »eine Art von Affekthandlung« gewesen. Solche Naivität nahm mir der Leutnant nicht ab. Er sah Widersprüche zu meiner behaupteten positiven gesellschaftspolitischen Einstellung, aber ich blieb dabei:

»Meine privaten Kontakte wirkten stärker, und ich sah darin keinen Widerspruch zu meiner gesellschaftlichen Einstellung und Entwicklung.«

Auf die Frage, wann ich Wilfried zum letzten Mal gesehen habe, berichtete ich nur von seinem zweiten Besuch, ohne die etwaige Illegalität seiner Einreise zu erwähnen, daß ich mich während der Leipziger Messe mit ihm kurz getroffen habe. Und da dies der Stasi ohnehin bekannt war, fügte ich hinzu:

»Von seinen Eltern erfuhr ich, daß er verhaftet worden sei. Den Grund dafür erfuhr ich nicht. Später sagten mir die Eltern, daß er zu einer Freiheitsstrafe verurteilt und danach wieder aus der DDR ausgewiesen wurde.«

Darin lag nichts mich Belastendes. Dann aber kam die gefährliche

»Frage: Welche weiteren Begegnungen hatten Sie mit MEYER?

Antwort: Weitere Begegnungen haben zwischen mir und MEYER nicht stattgefunden.«

Während ich stundenlang weiter verhört wurde, ging mir durch den Kopf, daß es verdächtig war, Wilfrieds ersten heimlichen Besuch verschwiegen zu haben. Ich rang mich dazu durch, am Schluß der Vernehmung von mir aus zu ergänzen, Wilfried habe mich schon 1962 oder 1963 in meiner Wohnung besucht, meine Frau sei nicht zu Hause gewesen, er habe als Grund seines Leipzigaufenthaltes den Besuch bei seinen Eltern genannt, mir erzählt, daß er Bergsteiger geworden sei und von seinem Münchener Studium bei Professor Bopp berichtet. Den heimlichen Charakter der Reise erwähnte ich nicht. Natürlich mußte ich sogleich rechtfertigen, warum ich zu dieser Begegnung zunächst keine Aussagen gemacht hatte:

»Ich kann dazu keinen Grund nennen, sah aber nach einigen Überlegungen keinen Grund, es zu verschweigen.«

Mir war bewußt, daß mein anfängliches Leugnen eine Dummheit war, die die Stasi aufmerksam gemacht haben mußte. Sie reagierte erst in einer späteren Vernehmung. Vom heimlichen Besuch Wilfrieds hatte ich auch Jüttes erzählt. Sie berichteten auch dies der Stasi, wie mir der Leutnant später vorhielt. Dabei zeigte er mir zu meinem größten Erstaunen auch ein Foto, das Wilfried und mich vor dem Leipziger Kino Capitol zeigte, wo wir uns tatsächlich bei Wilfrieds zweitem Besuch getroffen hatten. Die Stasi hatte uns also damals beobachtet, aber warum hatte das keine Konsequenzen für mich gehabt? Der Vernehmer warf mir vor, Wilfried in strafbarer Weise bei seiner illegalen Einreise unterstützt zu haben. Ich hätte ihn anzeigen müssen. Diese Anschuldigungen erlebte ich als sehr bedrohlich: ‚Meinte die Stasi sie ernst oder spielte sie sie nur hoch, um mich in die Enge zu treiben?' Später kam sie noch einmal auf diese heimliche Einreise zurück. In meiner Stasiakte fand ich noch weitere solcher Observationsfotos vom 23.4.1965 in der Petersstraße und der Grimmaischen Straße von Wilfried und mir, beschriftet mit: »„*Motte*" *mit V6*«.

Wissenschaftlicher Mitarbeiter

Auch für die Zeit nach meinem Studium, als ich wissenschaftlicher Mitarbeiter bei der DAdW war, konnte die Stasi mir keine gegnerische politische Einstellung nachweisen. Ich schilderte die ersten Jahre meiner erfolgreichen wissenschaftlichen Arbeit. Zwar hatte ich im politischen Bereich, wo agitatorische staatliche Ziele und Machtansprüche von oben nach unten durchzusetzen waren – SED-Mitgliedschaft, Betriebskampfgruppen, vormilitärische Ausbildung, – nichts zu bieten. Aber ich konnte auf Fragen nach meiner gesellschaftlichen Tätigkeit einiges aufzählen: Gewähltes Mitglied der Institutsgewerkschaftsleitung, Bevollmächtigter für soziale Fragen, Mitglied der Kommissionen für Ferien- und Wohnungsfragen der übergeordneten Gewerkschaftsleitung, Mitglied im Rat für Sozialversicherung. Die Position entsprach etwa der eines Personalratsmitglieds. Betriebe verfügten über eigene Ferienplätze, die durch die entsprechende Kommission verteilt wurden. Wohnraum war in der DDR bewirtschaftet, so daß man nur durch ein Wohnungsamt zu einer Wohnung kommen konnte. Als großer Betrieb hatte die Akademie der Wissenschaften ein eigenes knappes Kontingent zu verteilender Wohnungen. Es war wichtig, die Wohnungsbedürfnisse der Kollegen des eigenen Instituts in der zentralen Verteilungskommission aktiv zu vertreten. Diese Funktionen durchweg im sozialen, gewerkschaftlichen Bereich bewiesen das Vertrauen meiner Kollegen bei ihrer Interessenvertretung. Meine gesellschaftliche Tätigkeit bot keinerlei Beleg für die Behauptung, die Professor V. bei der fristlosen Entlassung wegen des Protestes gegen die Sprengung der Universitätskirche nachgeschoben hatte, ich hätte aus politischer Gegnerschaft gegen die DDR die Arbeit des Instituts jahrelang gestört. Auch von meinen Kollegen am Akademieinstitut glaube ich, daß die meisten der DDR ähnlich kritisch wie ich gegenüberstanden. Sogar Reinhold H., Stellvertreter Professor V.s, der eine schlimme politische Anklage bei meiner fristlosen Entlassung unterschrieb, dürfte privat über die Sprengung der Universitätskirche ähnlich wie ich gedacht haben. Doch für Intrigen waren politische Beschuldigungen durch nichts an Wirksamkeit zu überbieten.

Hetze 1:
Rechtmäßigkeit der DDR

Er hetzte insbesondere gegen die führende Rolle der Arbeiterklasse und ihre Partei.

Der Beschuldigte hat (...) planmäßig und zielstrebig politisch-ideologische Zersetzungsarbeit gegen die gesellschaftlichen Verhältnisse in der DDR geleistet, indem er (...) dazu aufrief, gegen die Kandidatenliste der Nationalen Front zu den Volkswahlen am 22.3.1970 zu stimmen.
(Anklageschrift, S. 5, 1)

Die Wahlen in der DDR bezeichnete er als Einüben des Ja-Sagens. (...) Er diskriminierte die Wahlen in der DDR, weil diese keine Alternative besitzen würden.
(Urteil, S. 4, 5)

1. Ausweichmanöver

Heute wirken die Vernehmungsprotokolle über weite Strecken öde, bürokratisch-langweilig, oft geradezu banal. Immer wieder werden die gleichen Fragen gestellt und die Antworten in der standardisierten Sprache des Vernehmungsoffiziers formuliert. Die eigentlichen Kämpfe im Verhör sind ihnen meist nicht zu entnehmen. Aus einer langen Vernehmung u. a. zum DDR-Wahlsystem und zur Menschenrechtssituation in der DDR zitiere ich zunächst den Anfang eines Protokolls. Dieses gibt stilisiert die vernehmerischen Bemühungen wieder, von mir zunächst ohne Vorhalte Aussagen zu erhalten. Obwohl der Leutnant auf diese Weise kaum jemals etwas Verwertbares von mir erhielt, versuchte er so immer wieder, mich zu zermürben. Spätere massive Vorhalte waren wirksamer, wenn sie mich nach anfänglichem Leugnen der Lüge überführten. Obwohl ich bei den Verhören zum Vorwurf staatsfeindlicher Hetze anfangs stets auszuweichen versuchte, hat der Leutnant dies nicht jedes Mal so ausführlich protokolliert (*Dok. 12*).

Ich ließ mich nicht dazu verleiten, mich als einen Gegner der DDR zu bekennen. Für die Zeit, bevor Professor V. begann, mir berufliche Schwierigkeiten zu machen, behauptete ich, eine positive Einstellung zur Staats- und Gesellschaftsordnung der DDR gehabt zu haben. Für die Entwicklung meiner kritischen Haltung habe ich mich immer wieder mit den beruflichen Schwierigkeiten und

der mangelnden Unterstützung durch die von mir um Hilfe gebetenen gesellschaftlichen Institutionen in der DDR verteidigt. Nach meinem Eindruck war
auch dem Vernehmer klar geworden, daß V. mich tatsächlich in einer nicht zu
rechtfertigenden Weise geschädigt hatte. Immer wieder kam ich darauf zurück.
Bald mochte der Leutnant diese Verteidigung nicht mehr hören und protokollieren, verwies aber ab und zu auf meine früheren Aussagen dazu. Der Stasi gelang
es nicht, in einem der Protokolle unterschrieben zu bekommen, daß ich den gesellschaftspolitischen Verhältnissen in der DDR auch vor dieser Zeit sehr kritisch
gegenübergestanden hatte. Da ich meine mitinhaftierten Freunde erst 1967/68
kennengelernt hatte, konnten sie mich nur von da an mit politischen Äußerungen direkt belasten. Aber sie machten mir große Mühe, den Eindruck früherer
Staatstreue aufrechtzuerhalten, weil sie der Stasi auch berichteten, was ich gelegentlich aus der Zeit vor unserer Bekanntschaft erwähnt hatte.

2. Wahlen

Bürgerliche und sozialistische Demokratie

Nach meinen zitierten Ausweichversuchen wurde der Vernehmer konkreter. Da
das Protokoll nur eine vergröbernde Zusammenfassung in seiner DDR-ideologi-
schen Sprache, die ich nicht gebraucht habe, ist und um einen lebendigeren Eindruck von meinen Eiertänzen zu geben, rekonstruiere ich das Verhör aus meiner
Erinnerung unter Verwendung des Protokolls und baue einige Protokollstellen
ein, die ich im Verhör natürlich anders formuliert habe. Als mich ein Freund
nach Lektüre dieses Abschnittes gefragt hatte, ob denn dieses Verhör wirklich so
gewesen sei und ich ihm das Protokoll mit den entsprechenden Phrasen zeigte,
war er beruhigt. Aber darin liegt eine Überschätzung der Protokolle, mit denen
man allenfalls die jeweilige Thematik und einige Schlüsselbegriffe belegen kann,
nicht aber den tatsächlichen Vernehmungsverlauf. Warum sollten sie zutreffen-
der als meine Erinnerung sein? Selbst meine Rekonstruktion des Verlaufs dürfte
sich noch zu stark an den vorliegenden ergebnisbetonten Protokollformulierun-
gen orientieren. Die hier und später dargestellten Verhöre zu Hetze-Beschuldigungen waren *keine politischen Diskussionen* zwischen dem Stasimann und mir.
Die Vorhalte von Aussagen meiner Freunde über politische Gespräche zwangen
mich zu einer Verteidigung. Ich wollte die mir zur Last gelegte Hetze nicht bestätigen; aber ich wollte meine kritischen Auffassungen auch nicht verleugnen,
sondern so einkleiden, daß sie strafrechtlich nicht gegen mich zu verwerten
wären. Ein Diskurs kann nur unter herrschaftsfreien Umständen gelingen, nicht
aber unter den Zwangsbedingungen eines Stasiverhörs.

Vernehmer: „Uns ist bekannt, daß Sie mit dem Ehepaar Jütte Gespräche über die Wahlen in der DDR geführt haben. Was haben Sie zum *sozialistischen Wahlsystem* in der DDR gesagt?"

In unseren Gesprächen über die letzten Kommunalwahlen und über den Volksentscheid zur Verfassung hatte ich Kritisches über die Scheinwahlen gesagt, wußte aber noch nicht, was Jüttes davon der Stasi berichtet hatten. Von mir aus wollte ich nicht mehr als unbedingt nötig zugeben, mußte aber auch Anknüpfungsstellen für eine Relativierung späterer Jüttescher Vorhalte schaffen.

Koch: „Eventuell habe ich gelegentlich Bemerkungen zu Jüttes gemacht, aber ich kann mich nicht mehr erinnern, was ich im einzelnen gesagt haben könnte."

V: „Was können Sie gesagt haben?"

K: „Das weiß ich nicht mehr. Ich kann Ihnen nur meine Meinung zum Wahlsystem sagen; denn ich könnte nur etwas gesagt haben, was meiner Meinung entspricht."

Diese Verteidigungsfigur habe ich mehrfach verwendet, da sie für die weitere Entwicklung des Verhörs Spielraum bot. Das Thema DDR-Wahlen war heikel; denn diesen fehlte das entscheidende Charakteristikum der Auswahlmöglichkeit zwischen Alternativen. Es gab nur eine Einheitsliste, so daß man sich nicht zwischen mehreren Parteien oder auch nur Kandidaten entscheiden konnte. Der Wahlakt war rein mechanisch: Man hatte einen Zettel in eine Urne zu stecken. Mir ist folgende besonders treffende Charakterisierung der DDR-Wahlen in Erinnerung. 1956 wurden Studenten in Jena gemaßregelt, weil sie in einer Vorwahlzeit u. a. folgende wortlose Szene im Programm des *Kabaretts des Physikerballs* hatten: *Ein Hund läuft mit einem Zettel im Maul auf die Bühne und läßt diesen in einen Kasten fallen.*[26]

Dagegen sah die DDR-Propaganda die sozialistische Demokratie in der Vorbereitung der Wahlen verwirklicht, in der durch eine breite Kampagne die Mobilisierung der Bevölkerung zur noch besseren Verwirklichung der gemeinsamen Ziele des Aufbaus einer sozialistischen Gesellschaft erreicht würde. Dem würden Wählerversammlungen mit Aussprachen mit den Kandidaten und Wähleraufträge dienen. Der eigentliche Wahlakt der Stimmabgabe bestätige dann nur noch einmal, was die in der Nationalen Front zusammengefaßten demokratischen Kräfte bei der Wahlvorbereitung geleistet hätten. Der Leutnant wollte mich dazu bringen, diese Wahlfarce in gut zitierbaren Äußerungen bloßzustellen. Einerseits wollte ich ihm diesen Gefallen nicht tun, andererseits wäre es auch nicht klug gewesen, nur die offiziellen Propagandatiraden nachzuplappern; denn erfahrungsgemäß kamen im späteren Vernehmungsverlauf konkrete Vorhalte hinzu, die abzufangen ich jetzt schon vorbereiten mußte. Deshalb verband ich DDR-

---

26 *Peter Hermann*, der Autor des Kabaretts, und andere Mitglieder des „*Eisenberger Kreises*", insgesamt 24 Angeklagte, wurden 1958 in vier Prozessen wegen „Staatsverrat, Terror, Diversion" usw. verurteilt, *Ammer* zu 15, *Herrmann* und *Frömel* zu je 14 Jahren (von Zur Mühlen 1985).

apologetische Versatzstücke mit kritischen Einwänden so, daß möglichst wenig gegen mich Verwertbares entstand.

V: „Sagen Sie aus, was Sie zum Wahlsystem gesagt haben können!"

K: „Meiner Ansicht nach muß man ein Wahlsystem danach beurteilen, ob es demokratisch ist."

»Frage: Wann ist ein Wahlsystem nach ihrem Standpunkt demokratisch?

Antwort: Wenn man ein Wahlsystem beurteilt, geht es meiner Ansicht nach darum, ob es demokratisch ist oder nicht. Ich ließ mich im Zusammenhang damit von zwei Gesichtspunkten leiten:

1. Ist das Wahlsystem formal demokratisch.

2. Ist das Wahlsystem dem Inhalt nach demokratisch.

Nur wenn man beide Standpunkte betrachtet, kann man ein Wahlsystem beurteilen. In der DDR gibt es kein bürgerlich-demokratisches Wahlsystem.«

Diese Antwort gefiel dem Leutnant nicht. Dem Wortlaut nach hatte ich nur gesagt, was der offiziellen Phraseologie entsprach, aber er wußte natürlich, daß ich meinen Satz ohne das Beiwort *bürgerlich* meinte. Wie er es gelernt hatte, fragte er nach, um mich doch noch zu einer unvorsichtigen Präzisierung zu verleiten.

»Frage: Was verstanden Sie darunter, daß es in der DDR kein bürgerlich-demokratisches Wahlsystem gäbe?«

Ich hatte ausdrücklich vorausgeschickt, daß ich keine Aussagen über Gespräche, die ich geführt habe, mache, sondern nur über meine Meinung. Indem der Leutnant in seiner Frage *verstanden* formulierte, unterstellte er, daß ich über frühere Äußerungen berichtete. Dies war nur ein harmloser Versuch, eine Antwort im Protokoll durch eine falsche Frage-Protokollierung zu verzerren. Um nicht zu fassen zu sein, mußte ich versuchen, nur unverfängliche Tatsachen auszusprechen, aus denen sich nur indirekt meine Meinung ergab. Ich wich in bewährter Weise auf Beispiele aus.

»Antwort: Ich verstand darunter, daß es in der DDR nicht den praktizierten Parlamentarismus wie zum Beispiel in Westdeutschland, den USA und Indien geben würde.«

Der Leutnant bohrte weiter, wodurch nach meiner Auffassung der bürgerliche Parlamentarismus gekennzeichnet sei.

»Antwort: Dabei steht bei einer Wahl in den USA und in Westdeutschland der formale Inhalt der Wahl in dem Vordergrund«

– der Leutnant hakte sofort nach, was ich unter dem formal-demokratischen Gesichtspunkt verstehe, und nun mußte ich bekennen –

»indem der Möglichkeit einer Auswahl unterschiedlicher Parteien Rechnung getragen wird.«

V: „Herr Koch, Sie haben die USA als ein Beispiel für Auswahlmöglichkeit im bürgerlichen Parlamentarismus genannt. Aber dort bestehen zwischen den Demokraten und den Republikanern keine nennenswerten Widersprüche. Die Wähler können also keine wirklichen Entscheidungen treffen. Diese Wahlen haben nur einen formalen Charakter. Herr Koch, ist das Ihre Auffassung von demokratischen Wahlen?"

Darüber wollte ich nicht streiten und wich aus:

K: „Ich kann die Verhältnisse in den USA nicht genügend gut beurteilen. Aber ich bin da ganz Ihrer Meinung, daß die Unterschiede zwischen Demokraten und Republikanern gering sind."

V: „Koch, Sie haben außerdem Westdeutschland als Beispiel genannt. Auch dort besteht kein echter Unterschied zwischen den Parteien, weil diese letztlich nur die Interessen der Monopole vertreten. Ist das Ihr Vorbild für demokratische Wahlen?"

Soweit wollte ich mich nicht beugen. Außerdem mußte ich bedenken, womit mich meine Freunde schon belastet haben könnten. Ich wurde vorsichtig kritisch.

K: „In Westdeutschland bestehen nach meiner Kenntnis durchaus erhebliche Unterschiede zwischen den Parteien."

V: „Weshalb besteht nach Ihrer Auffassung ein wesentlicher Unterschied zwischen den westdeutschen Parteien?"

»Antwort: In Westdeutschland besteht dagegen ein wesentlicher Unterschied zwischen der alten CDU- und der neuen SPD-Regierung, was sich im Gewaltverzichtsvertrag der jetzigen Bundesregierung mit der Sowjetunion ausdrückt.«

V: „In der BRD können die Wähler die Regierungspolitik nicht entscheidend beeinflussen, wenn die Parteien den gleichen Standpunkt vertreten. Denken Sie an das bestehende KPD-Verbot in Westdeutschland, wobei es keinen Unterschied zwischen CDU und SPD gibt. Äußern Sie sich dazu!"

Ich dachte an eine Diskussion mit Bärbel, in der ich ihr auf diesen Einwand entgegengehalten hatte, daß es notwendig zur Demokratie hinzugehört, die Bedingungen für das Fortbestehen von Meinungsfreiheit aufrechtzuerhalten, gerade auch im Kampf gegen diejenigen, die diese abschaffen würden. Wir hatten eine längere Auseinandersetzung darüber, ob der Satz *„Keine Freiheit für die Feinde der Freiheit"* selbstwidersprechend sei. Damals hatte ich sogar unter Bezug auf Bertrand Russell mengentheoretisch mit Mengen verschiedener Stufe argumentiert. Doch jetzt wäre es Wahnsinn gewesen, mich darüber auf eine Diskussion mit dem Vernehmer einzulassen. Bald hätte er die Frage gestellt, ob ich die KPD Westdeutschlands für einen Feind der Freiheit halte. Da stimmte ich dem Leutnant lieber erst einmal zu, aber laut Protokoll mit einer Begründung, die meine Zustimmung wieder aufhob.

K: „Da bin ich Ihrer Auffassung; *denn das Grundgesetz garantiert das Recht der freien Meinungsäußerung."*

Der Leutnant überging meine Berufung auf das Grundgesetz.

V: „Bei der Frage nach dem demokratischen Charakter der bürgerlichen Wahlen kommt es nicht darauf an, ob sich die Wähler zwischen Parteien mit kleinen Unterschieden entscheiden können. Können sich die Arbeiter im Kapitalismus etwa gegen die Ausbeutung durch die Unternehmer entscheiden? Nein, das können sie nicht. Die für eine Gesellschaft entscheidende Frage ist die nach den Eigentumsverhältnissen an den Produktionsmitteln. Glauben Sie etwa, daß die herrschende Klasse im Kapitalismus eine Veränderung der Eigentumsverhältnisse durch Wahlen zulassen würde? Was soll da Ihr Gerede von bürgerlicher Demokratie, Herr Koch?"

Ich gab mich naiv.

K: „Ich halte es für denkbar, daß in einer bürgerlichen Demokratie eine Veränderung privaten Produktiveigentums in gesellschaftliches möglich ist."

V: „Das glauben Sie doch selber nicht, Koch."

»Antwort: Ich war jedoch zu der Einschätzung gelangt, daß durch den bürgerlich-demokratischen Parlamentarismus auch die Veränderung der kapitalistischen Eigentumsverhältnisse in gesellschaftliches Eigentum möglich wäre, wozu zum Beispiel durch die Mehrheit von kommunistischen Abgeordneten in verschiedenen italienischen Provinzen und im indischen Bundesstaat Kerala die kommunistischen Abgeordneten die Mehrheit erhielten.«

V: „Für die weitere historische Entwicklung kommt es auf die Hauptkräfte des Kapitalismus an, wie zum Beispiel die USA und Westdeutschland. Koch, Sie wollen mir doch nicht weismachen, daß Sie glauben, dort könnte der Kapitalismus durch Wahlen beseitigt werden?"

Auf eine solche Grundsatzdebatte wollte ich mich nicht einlassen.

»Antwort: Ich gelangte jedoch auch zu dem Standpunkt, daß durch den bürgerlichen Parlamentarismus in den USA und in Westdeutschland eine Veränderung der dortigen Eigentumsverhältnisse nicht möglich wäre.«

Nach diesem Ausweichen setzte der Leutnant bei meiner Person an.

V: „Warum haben Sie sich so eingehend mit dem bürgerlichen Parlamentarismus beschäftigt?"

Ich griff auf eine inzwischen bewährte Verteidigung zurück.

»Antwort: In Verbindung mit meinem hier dargelegten Standpunkt möchte ich die Situation beschreiben, in welcher ich mich seit dem Jahr 1969 befand. Ich hatte vor, nach Westdeutschland überzusiedeln, um mich persönlich und beruflich zu verändern. Aus dieser Tatsache heraus mußte ich mich mit den gesellschaftlichen Verhältnissen in Westdeutschland vertraut machen und konnte dazu nicht sofort eine Kontrastellung beziehen. Ich versuchte, die Staats- und Gesellschaftsordnung in Westdeutschland zu verstehen und zum Teil zu bejahen.«

Da der Leutnant im bisherigen Verhör nichts Verwertbares erreicht hatte, begann er wieder von vorn, und auch ich wiederholte mich:

V: „Welchen Standpunkt haben Sie zur sozialistischen Demokratie und dem sozialistischen Wahlsystem vertreten?"

Der Vernehmer protokollierte meine Antwort im DDR-Funktionärs-Deutsch:

»Antwort: Ich vertrat den Standpunkt, daß die sozialistische Demokratie und ihr Wahlsystem auf die inhaltliche Seite schwerpunktmäßig orientiert.«

V: „Wie drückt sich das Ihrer Ansicht nach aus?"

K: „Das zeigt sich in der Vorbereitung von Wahlen, Wählerversammlungen und Diskussionen, bei denen die Abgeordneten und Kandidaten Rechenschaft ablegen sollen."

Ich gab die offiziellen Phrasen von mir, doch der Leutnant wollte etwas über mein eigenes Verhalten hören.

V: „Haben Sie sich an Wählerversammlungen beteiligt und Ihre Rechte aus dem sozialistischen Wahlrecht wahrgenommen? Was haben Sie für eigene Erfahrungen gemacht?"

K: „An Wählerversammlungen habe ich zwar in den letzten Jahren nicht teilgenommen, aber es gibt auch negative Erfahrungen."

V: „Was sind das für negative Erfahrungen?"

K: „Mein Vater hat mir von einer Wählerversammlung zu den letzten Kommunalwahlen erzählt, daß Kritik auch nicht immer erwünscht ist."

V: „Wo fand diese Versammlung statt, und was wurde Ihnen darüber gesagt?"

K: „In der Versammlung in der Berufsschule Metall, wo mein Vater arbeitet, wurde ein leitender Lehrer, der SED-Mitglied ist, kritisiert. Er hatte auf der Versammlung Kritik an etwas geübt. Daraufhin war ihm vorgeworfen worden, wie er ,so etwas als Genosse' sagen könne."

V: „Um welche Kritik ging es dabei angeblich?"

K: „Weiter hat mir mein Vater dazu nichts gesagt."

Auch dieses ungeheuerliche Vorkommnis protokollierte der Vernehmer, aber ihn interessierten vor allem meine eigenen Reden.

V: „Herr Koch, Sie haben gesagt, daß Sie ein Wahlsystem unter zwei Gesichtspunkten beurteilen. Welchen Standpunkt haben Sie zur Berücksichtigung des formalen Gesichtspunktes – wie Sie das nennen – vertreten?"

K: „Ich habe dazu nichts vertreten, ich sage lediglich hier meine Meinung."

V: „Welchen Standpunkt haben Sie zur Wahl zwischen verschiedenen Parteien in der DDR?"

Ich wagte mich wieder etwas vor und sagte, daß ich keinen Grund sehe, warum es in einem sozialistischen Wahlsystem nicht die Möglichkeit geben könnte, zwischen mehreren Parteien zu wählen, daß es aber in der DDR diese Möglichkeit nicht gibt. Der Leutnant formulierte verfälschend, ich hätte solche Standpunkte *vertreten*.

»Antwort: Ich vertrat weiterhin die Ansicht, daß eine Wahl auch nach formalen Gesichtspunkten vertretbar sei, wenn die Möglichkeit der Auswahl verschiedener Parteien gegeben wäre, was im Wahlsystem der DDR nicht der Fall sei.«

V: „Sie forderten also die Einführung eines Mehrparteienwahlsystems in der DDR?"

Wieder einmal hatte der Vernehmer meine Meinung im Verhör zu meiner Forderung vor der Verhaftung uminterpretiert. Das mußte ich sofort korrigieren, sonst stünde später im Protokoll, ich hätte solche Forderungen aufgestellt.

K: „Nein, ich habe nichts gefordert. Ich meine nur, daß es eine Wahlmöglichkeit auch in der DDR schon gegeben hat."

Der Leutnant wollte wissen, was ich damit meine.

»*Antwort: So wurde bei der Volksabstimmung im Jahre 1968 zur Annahme der sozialistischen Verfassung der DDR den Wahlberechtigten die Möglichkeit gegeben, mit „Ja" oder „Nein" zu stimmen.*«

V: „Ein wichtiges Merkmal unserer sozialistischen Demokratie ist es, daß vor der Abstimmung umfassende Diskussionen über den Entwurf der Verfassung stattgefunden haben, wobei die Bürger dazu Änderungsvorschläge einbringen konnten. Aber für Sie, Herr Koch, ist bei der Beurteilung der sozialistischen Demokratie in der Abstimmung zur sozialistischen Verfassung der DDR nur wichtig, ob die Wahlberechtigten die Möglichkeit hatten, mit „Ja" oder „Nein" zu stimmen. Äußern Sie sich dazu!"

K: „Das habe ich nicht gesagt. Ich habe auch die Aussprachen im Vorfeld der Verfassungsabstimmung gar nicht bestritten."

V: „Mit welchen Personen haben Sie Gespräche über den Volksentscheid geführt?"

K: „Ich kann mich an keine derartigen Gespräche erinnern."

V: „Dem Untersuchungsorgan ist bekannt, daß Sie das Ergebnis der Volksabstimmung zur Verfassung abgelehnt und die Rechtmäßigkeit der DDR geleugnet haben. Äußern Sie sich dazu!"

Auf solch einen anonymen Vorhalt hin brauchte ich nur zu bestreiten. Ich begründete, daß ich so etwas nicht gesagt haben könne.

»*Antwort: Mit dem Ergebnis des Volksentscheides wurde die Legitimität des Staates DDR nachgewiesen.*«

Da es bei dieser Verfassungsabstimmung eine Entscheidungsmöglichkeit gab, hielt ich es für eine demokratische Pflicht, von dieser Möglichkeit auch tatsächlich Gebrauch zu machen, auch wenn dies keine praktischen Folgen für das Wahlergebnis hätte. Auch Ingrid teilte diese Auffassung. Darüber hatten wir bei Jüttes mit Eckhard diskutiert, der sich deutlich dafür ausgesprochen hatte, noch so kleine demokratische Wahlmöglichkeiten auszunutzen. (Er hat auch später bei Wahlen, bei denen es keine Möglichkeit, mit „Nein" zu stimmen, gab, konsequent alle Kandidaten der Einheitsliste gestrichen. Die Kommunalwahlen im Mai 1989, an deren Ergebnissen die SED massive Wahlfälschungen vornahm, haben den Sinn derartiger Zivilcourage bewiesen: Sie half mit, die friedliche Herbstrevolution 1989 einzuleiten.) Ich befürchtete, daß mir nun eine Belastung Eckhards durch Jüttes vorgehalten würde; aber glücklicherweise geschah dies nicht.

V: „Dem Untersuchungsorgan ist weiterhin bekannt, daß Sie die Behauptung aufgestellt haben, in der DDR würde ein Druck auf die Wähler ausgeübt. Äußern Sie sich dazu!"

Ich mußte daran denken, wie wir als Studenten in sogenannten Wahleinsätzen Wähler, die lange vor Schließung der Wahllokale ihre Stimme noch nicht abgegeben hatten, zu Hause aufsuchen, zur Stimmabgabe holen und über etwaige Weigerungsgründe oder abfällige Bemerkungen berichten sollten.

K: „Das ist nicht wahr. Wer stellt denn solche Behauptungen über mich auf?"

V: „Hier stellen wir die Fragen. Warten Sie nur ab! Wie haben Sie sich zum angeblichen Druck auf die Wähler geäußert?"

Mit Jüttes und Eckhard hatten wir uns auch darüber unterhalten, und ich hatte dabei aus meinem Herzen keine Mördergrube gemacht. Ich war enttäuscht, daß auch diejenigen, die gegen die neue sozialistische Verfassung der DDR waren, aus Feigheit oder wegen der fehlenden Erfolgsaussichten mit *Ja* gestimmt hatten. Also hielt ich es für klüger, etwas vorzubauen. Ich bestritt, behauptet zu haben, daß auf die Wähler Druck ausgeübt worden sei, und äußerte eine vorsichtigere Kritik:

»*Antwort: Überzeugt war ich auch davon, daß verschiedene Wähler mit „Ja" stimmten, weil sie bei einem gegenteiligen Entscheid fürchteten, persönlichen Schwierigkeiten und Nachteilen ausgesetzt zu werden. Dazu trug noch der Umstand bei, daß es die Wähler in der DDR wenig gewohnt waren, in dieser Weise sich entscheiden zu können.*«

V: „Woher wollen Sie wissen, daß Wähler solche Befürchtungen gehabt haben sollen? Von wem haben Sie derartige Äußerungen gehört?"

K: „Mir hat niemand etwas Derartiges gesagt, ich war nur davon überzeugt, daß es solche Menschen gibt."

V: „Da Sie behaupten, daß verschiedene Wähler ihre *Ja*-Stimme nur unter Druck abgegeben hätten, bestreiten Sie also, daß die sozialistische Verfassung rechtmäßig angenommen wurde."

Ich hatte mich offenbar mit meiner Meinung von der fehlenden demokratischen Übung der DDR-Bürger zu weit vorgewagt und mußte meine Kritik abschwächen.

»*Antwort: Ich war im Zusammenhang damit jedoch der Ansicht, daß nur ein geringer Teil der Wähler entgegen ihrer Überzeugung ihre Stimme abgegeben haben.*«

V: „Herr Koch, Sie eiern wieder herum. Ich frage Sie noch einmal: Welche Unterschiede haben Sie zwischen der bürgerlichen und der sozialistischen Demokratie gemacht?"

K: „Dazu habe ich mich in dieser Vernehmung bereits ausführlich geäußert."

V: „Weichen Sie der Frage nicht aus! Zu welchem Ergebnis sind Sie beim Vergleich zwischen der bürgerlichen und der sozialistischen Demokratie gelangt?"

K: „Ich bin zu der Ansicht gekommen, daß sowohl die bürgerliche als auch die sozialistische Demokratie in ihrem jeweiligen Bereich große Möglichkeiten haben."

V: „Dem Untersuchungsorgan ist bekannt, daß Sie forderten, das bürgerliche Wahlsystem auf die DDR zu übertragen. Äußern Sie sich dazu!"

Zunächst mußte ich wieder bestreiten, etwas gefordert zu haben.

»Antwort: Ich gelangte zu dem Standpunkt, daß sowohl die bürgerliche als auch die sozialistische Demokratie in ihrem jeweiligen Wirkungsbereich große Möglichkeiten hätte, daß man jedoch keine Wahlen ihrem Inhalt und ihrer Form nach auf eine andere Gesellschaftsordnung übertragen kann.«

Doch völlig wollte ich meine Kritik an den DDR-Wahlen nicht aufgeben:

»Ergänzen möchte ich jedoch, daß ich zu der Überzeugung gelangt war, daß in der DDR weniger dem formalen Charakter der Wahlen als dem inhaltlichen Genüge getan wäre.«

<u>V</u>: „Mit welchen Personen haben Sie derartige Gespräche geführt?"

<u>K</u>: „Was ich hier gesagt habe, ist meine Meinung. Aber ich habe diese niemandem gegenüber so dargelegt."

<u>V</u>: „Dem Untersuchungsorgan ist bekannt, daß Sie mit dem Ehepaar Jütte und ihrem Bruder auch über die Kommunalwahlen im März 1970 diskutiert und dazu aufgerufen haben, die Kandidaten der Nationalen Front zu streichen. Äußern Sie sich dazu!"

Dieses Gespräch hatte tatsächlich stattgefunden, und ich befürchtete, daß mich noch einiges erwartete. Deshalb zog ich mich auf ein konkretes Beispiel zurück.

<u>K</u>: „Eine solche Forderung habe ich nicht aufgestellt. Ich habe mich nur über ein Problem meines Bruders unterhalten. Mein Bruder lebte unter sehr schlechten Wohnverhältnissen. Obwohl er verheiratet war, konnte er nicht mit seiner Frau zusammenwohnen, weil sie keine gemeinsame Wohnung zugewiesen bekamen."

<u>V</u>: „Koch, weichen Sie nicht aus! Beantworten Sie die gestellte Frage!"

Ich sagte, daß es nach meiner Ansicht nicht immer ausreiche, nur in der Wahlvorbereitungsphase mitzuwirken, und wurde deutlicher:

»So müßten die Wähler beim Wahlakt selbst bestimmen können, welche Abgeordneten Ihre Stimme erhalten, um damit zum Beispiel besseren Einfluß auf den Wohnungsbau nehmen zu können. Darüber habe ich besonders mit meinem Bruder Eckhard gesprochen, der unter schlechten Wohnverhältnissen lebt.«

Die schlechte Wohnraumversorgung war für den Leutnant ein peinliches Thema, auf das er sich nicht einließ. Zudem ging ich mit meinem Beispiel absichtlich an der DDR-Wirklichkeit vorbei: Die zentralen Planungsstellen entschieden auch über den Umfang des Wohnungsbaus, so daß der einzelne Abgeordnete nur den jeweiligen Planungen zuzustimmen hatte.

Nachdem der Vernehmer in vielen Stunden Verhör nicht erreicht hatte, daß ich mich belastete, kamen nun doch noch die befürchteten konkreten Vorhalte:

»<u>Frage</u>: Ihnen wird ein Auszug aus der Vernehmung des Beschuldigten Franz Jütte vom 28.9.1970, Blatt 3 bis 4, ab den Worten „in dem von mir genannten Gespräch lehnte ..." bis zu den Worten „... Einüben des Ja-Sagens" vorgelesen. Diese Aussage beinhaltet, daß sie die Rechtmäßigkeit des Bestehens der DDR negierten, das sozialistische Wahlsystem ablehnten und behaupten, daß in der DDR ein Druck auf die Menschen ausgeübt würde. Beziehen Sie dazu Stellung!«

Das war massiv. Auf bewährte Weise wollte ich erst einmal Zeit gewinnen.

»Antwort: Franz Jütte hatte meine Worte völlig verdreht. Ich muß diesen Vorhalt „Stück für Stück" noch einmal hören, um dazu überhaupt Stellung nehmen zu können.«

Als mir der Vernehmer nun stückchenweise und nach seinen vergeblichen Mühen geradezu genüßlich meine drastischen Formulierungen vorwarf, erwies sich meine vorangegangene Verteidigung als vergeblich. Ich habe es immer wieder als niederschmetternd empfunden, wenn mein stundenlanges hartnäckiges Ringen durch die Vorwürfe meiner Freunde zunichte gemacht wurde. Die schärfsten Formulierungen *Parteidiktatur, Einüben des Ja-Sagens* stritt ich ab. Franz müsse mich mißverstanden haben, meine Auffassungen seien in primitiver Weise verdreht wiedergegeben. Aber es wäre sinnlos gewesen, all dies im Detail auseinanderzunehmen. Ich zog die Notbremse, mich nicht im einzelnen darauf einzulassen:

»Ich habe die gesellschaftliche Ordnung im Gegensatz zur Aussage von Jütte nie generell abgelehnt.

Zur Rechtmäßigkeit der Existenz und Stellung der DDR habe ich in dieser Vernehmung ausgesagt und habe dem nichts mehr hinzuzufügen.«

Die Vorhalte des Leutnants zitierten Franz richtig, wie ich in meiner Akte im Protokoll vom 28.9.1970 fand, aus dem ich drei Seiten zitiere (*Dok. 13*). In meinem Urteil finden sich auch diese Anschuldigungen Franz' wieder.

Zur Verurteilung wegen staatsfeindlicher Hetze reichten die Aussagen eines einzigen Zeugen über ein Gespräch unter vier Augen.

Parteidiktatur der SED

Einen Monat später nahm sich der Leutnant das Thema Wahlen erneut vor. Wie so oft, zeigte sich auch hier die Asymmetrie: Hatte ich mich durch ungünstige Formulierungen belastet, so konnte ich diese nicht wieder zurückziehen; war es dem Vernehmer aber nicht gleich gelungen, mich in die Enge zu treiben, klopfte er meine Aussagen in Ruhe auf Schwachstellen ab und bereitete neue Fragen vor. Jetzt hatte er sich frisch munitioniert:

»Frage: Dem Untersuchungsorgan ist bekannt, daß nach Ihren Äußerungen die SED in der DDR unrechtmäßig ihre führende Rolle im Verhältnis zu den anderen Parteien, die in der nationalen Front vereint sind, ausübe, denn diese Partei sei nicht aus freien Wahlen hervorgegangen. Nehmen Sie dazu Stellung!«

Diesen namenlosen Vorhalt wies ich schlicht zurück. Aber es reizte mich, den Leutnant durch Fragen nach dem DDR-Wahlsystem in Verlegenheit zu bringen. Meine Fragen enthielten die scharfe Kritik, daß all das offizielle Gerede von Kandidatenauswahl ziemlich leer war, da die führende Rolle der SED auf eine ganz undurchsichtige Weise, über die öffentlich nichts bekannt wurde, festgeschrieben war:

»*Für mich ergaben sich aus der gemeinsamen Kandidatenliste, auf der die Vertreter aller Parteien und Massenorganisationen vereint sind, mehrere Fragen. Ich interessierte mich dafür, wie die Kandidatenliste zustandekommt, wer das prozentuale Verhältnis der Parteien und Massenorganisationen festlegt und ob von Wahl zu Wahl dazu Veränderungen eintreten, wobei ich schloß, daß der Wähler bei der unmittelbaren Wahl darauf keinen Einfluß hätte. Weiterhin stellte ich mir unter der Annahme, daß die Mehrheit der Wähler einen Kandidaten streichen würde, die Frage, ob ein Kandidat der gleichen Partei oder Massenorganisation oder einer anderen nachrückt. An Diskussionen dieser Art erinnere ich mich nicht.*«

Ich bat den Vernehmer, mir diese Fragen zu beantworten. Darauf ließ er sich aber nicht ein: „*Hier stellen wir die Fragen.*“ Er wollte wissen, in welchen DDR-Publikationen ich selber eine Antwort gesucht hätte. Verschiedene Broschüren und die tägliche Lektüre des *Neuen Deutschland* und der *Leipziger Volkszeitung* hätten keine Antworten gebracht. Warum ich mich nicht mit weiteren Dokumenten vertraut gemacht hätte, um eine Antwort auf diese Fragen zu finden, bohrte der Leutnant weiter.

Natürlich wußte auch er, daß die DDR-Wahlen keine echten Wahlen waren, da Alternativen fehlten. Genau das wollte er von mir als Antwort hören, ohne es als Frage formulieren zu können. Insofern führten wir ein beiderseitiges Scheingefecht, bis mir diese Spiegelfechterei reichte und ich mich auf Krankheit zurückzog: »*Die von mir angeschnittenen Fragen ergaben sich für mich erst in den letzten Jahren. Einen konkreten Zeitraum kann ich nicht nennen. Durch meine Krankheit konnte ich nicht die nötige Konzentration aufbringen, um mich mit den betreffenden Dokumenten zu befassen.*«

Daraufhin griff mich der Vernehmer erneut an: „*Sie waren aber nicht zu krank, um gegen die führende Rolle der Partei der Arbeiterklasse zu hetzen.*“ Ich bestritt diese Behauptung, ahnte aber schon, daß er noch einen Trumpf in der Hand hatte.

»*Frage: Dem Untersuchungsorgan wurde weiterhin bekannt, daß sie behaupteten, das Wahlergebnis würde zugunsten der SED manipuliert, die SED übe eine „Parteidiktatur“ zur Unterdrückung demokratischer Regungen in der DDR aus und die Masse der DDR-Bevölkerung wäre mit der Politik dieser Partei nicht einverstanden, würde aber aus Angst vor dieser „Diktatur“ dagegen nicht vorgehen. Beziehen Sie dazu Stellung!*«

Dieser Vorhalt gab meine Meinung zutreffend wieder. Da es aber dumm gewesen wäre, dies zuzugeben, und da er bisher nur anonym war, bestritt ich einfach:

»*Offensichtlich wurden dabei gelegentliche Äußerungen, die ich gemacht haben kann, verdreht. Ich weiß ja gar nicht, wer das ausgesagt hat.*«

Aus schlechter Erfahrung wußte ich, daß ich vorsichtig sein mußte, weil dann meist doch noch namentlich Vorhalte folgten. Aber diesmal variierte der Vernehmer das Thema und bezog sich auf ein Gespräch zwischen Ingrid, Franz, meinem Bruder und mir, wo wir uns über Möglichkeit und Gefahren, bei den Kom-

munalwahlen 1970 Kandidaten zu streichen, unterhalten hatten, und fragte mich nach den Gründen, die die anderen zum Streichen gehabt hätten. Da Eckhard damals die DDR-Wahlen besonders scharf kritisiert hatte, befürchtete ich, mich bald Vorhalten Jüttes gegenüberzusehen, die ihn belasten, und blockte ab: *»Das müssen Sie jeden selbst fragen. Ich weiß das nicht.«*
Meine Weigerung, andere zu belasten, war dem Leutnant nichts neues. Trotzdem wollte er wohl manchmal für seine Vorgesetzten festhalten, wie frech und widerspenstig ich antwortete. Solche Protokollbelege freuen mich heute. „Koch, werden Sie nicht frech, Ihre Arroganz wird ihnen noch vergehen", rügte mich der Leutnant. Er zitierte eine Aussage Ingrids, daß wir bei den letzten Kommunalwahlen aus politischer Gegnerschaft hätten Kandidaten streichen wollen. Ich bestritt eine feindliche politische Motivation und sagte abwiegelnd, *»gemeinsam mit Ingrid Jütte mit verschiedenen Baumaßnahmen, **wie dem Abriß kunsthistorisch wertvoller Bauten in der Stadt Leipzig nicht einverstanden gewesen** zu sein. Ausschließlich aus diesem Grund wollten wir Kandidaten streichen, wobei in keiner Weise festgelegt worden war, um welche Kandidaten es sich handeln sollte.«*

Hinter dem letzten protokollierten Nebensatz verbirgt sich, daß der Vernehmer von mir das falsche Geständnis erhalten wollte, wir hätten *planmäßig Gegenstimmen organisiert,* was mir als Straftat ausgelegt worden wäre.

Nun wies mich der Leutnant auf das Recht gemäß Artikel 22 der sozialistischen Verfassung der DDR hin, wonach jeder Bürger Kritiken, Änderungsvorschläge usw. bei der zuständigen Wahlkommission oder in Wählerversammlungen vorbringen könne und wollte wissen, warum ich diese Möglichkeiten nicht genutzt hätte. Damit waren wir wieder bei der offiziellen Argumentation angekommen, wonach sich der demokratische Charakter der sozialistischen Wahlen im Vorfeld des Abstimmungsaktes bei Kandidatenauswahl und Wähleraufträgen erweise. Mein Verständnis von echten Wahlen wollte ich jedoch nicht ganz verleugnen.

»Antwort: Ich kann das nicht genau sagen. Ich hätte es lieber gesehen, wenn der Wähler zwischen mehreren Möglichkeiten bei der unmittelbaren Wahl entscheiden könnte.

Frage: Was verstehen Sie unter der Formulierung „zwischen mehreren Möglichkeiten" zu entscheiden?«

Der Leutnant wollte offenbar meine Kritik an den DDR-Scheinwahlen provozieren, aber ich zog mich auf ein Beispiel zurück.

*»Antwort: Ich hätte mich z. B. bei Kommunalwahlen für Kandidaten entscheiden mögen, die **gegen den Abriß von kunsthistorischen Bauten** wären.«*

Jedesmal, wenn ich von *kunsthistorisch* sprach, dachte ich an den Abriß der Universitätskirche und an unser Protestplakat, und ich fragte mich, ob der Vernehmer bei soviel Kunstgeschichtsverteidigung nicht auch daran dachte. *‚Wer sich verteidigt, klagt sich an‘,* erinnerte ich mich an einen Spruch meines Vaters, aber der Verdacht der Stasi, daß ich am Plakatprotest in der Kongreßhalle beteiligt gewesen sei, war längst Vernehmungsgegenstand.

Meiner Akte entnehme ich heute, daß ich auch in größeren Abständen das gleiche sagte. Ein halbes Jahr nach der zuletzt zitierten Aussage warf mir der Leutnant Gespräche mit meiner Freundin, die inzwischen verhört worden war, als staatsfeindliche Hetze vor. Aber ich war inzwischen geübt genug, mich nicht auf generelle antisozialistische Auffassungen festlegen zu lassen, sondern wich wieder auf meine kunstgeschichtliche Verteidigung aus. Auf den Vorhalt, ich hätte Bärbel gegenüber für die DDR ein Mehrparteiensystem gefordert, sagte ich:

»Antwort: Ich kann ihr gesagt haben, es müßten für den Wähler mehrere Möglichkeiten bei der Wahl geschaffen werden.

Frage: Was verstanden Sie unter der Formulierung „mehrere Möglichkeiten für die Wähler"?

Antwort: In früheren Vernehmungen sagte ich bereits darüber aus. Ich verstand darunter, daß im Rahmen der sozialistischen Gesellschaftsordnung mehrere Kandidaten zur Wahl aufgestellt werden, zwischen denen man sich dann entscheiden könnte. So stellte ich mir z. B. bei Kommunalwahlen vor, daß ich einen Kandidaten wählen könnte, der für die Erhaltung kunsthistorischer Bauten eintreten würde und einen Kandidaten abzulehnen, der sich in dieser Frage nicht einsetzt.«

Was Jüttes über unser Gespräch zur Möglichkeit, bei den Kommunalwahlen Kandidaten zu streichen, ausgesagt hatten, klang im MfS-Schlußbericht (S. 10) so:

»Bei einem Treff im März 1970 mit den Zeugen Jütte, Ingrid, Jütte, Franz und KOCH, Eckhard, forderte KOCH die Treffteilnehmer auf, bei den Volkswahlen am 22.3.1970 gegen die nominierten Kandidaten zu stimmen, weil dies eine legale Möglichkeit sei, ihren Protest gegen die bestehenden Machtverhältnisse in der DDR zum Ausdruck zu bringen. Die vom Zeugen Jütte dabei geäußerten Bedenken zerstreute KOCH mit dem Hinweis auf das jedem Bürger zustehende.«

Der Staatsanwalt (Anklageschrift S. 6) klagte mich auch deshalb an:

»Anläßlich eines Treffs (…) forderte Koch die Teilnehmer auf, bei den Volkswahlen am 22.3.1970 gegen die Kandidaten zu stimmen, weil dies eine legale Form des Protestes sei.«

Diesen Anklagepunkt halte ich auch nach DDR-Recht für Rechtsbeugung. Wir hatten uns in privatem Rahmen darüber unterhalten, von einer gesetzlich vorgesehenen Wahlmöglichkeit Gebrauch zu machen, und ich hatte mich für eine legale Verhaltensweise auf der Grundlage der DDR-Verfassung ausgesprochen. Zwar wußte ich, daß im Sozialismus alles verboten ist, was nicht ausdrücklich erlaubt war, aber nun belehrte mich die Anklage, daß es sogar strafbar sein konnte, sich über die Ausübung eines legalen Rechts privat zu unterhalten.

Aber tat die SED nicht recht, wenn sie Leute wie meine Freunde und mich einsperrte? Die Partei verfügte über das Wissen des objektiv richtigen Weges. „Die Partei, die Partei hat immer recht, die Partei, die Partei, die Partei", hatte der Dichter gesungen. Folglich hatten die Wahlen dazu zu dienen, daß diese Wahrheit eine überwältigende Mehrheit bekam. Wer Wahlen mit Alternativen wollte, stellte den Wahrheitsanspruch der SED, ihre Geschichtsmetaphysik und den darauf beruhenden Herrschaftsanspruch in Frage. Also mußte die Stasi als Schild und Schwert der Partei helfen, daß sich auch in den Wahlen die historische objektive Wahrheit gegen solche wie mich durchsetzte.

3. Alleinvertretungsanspruch

Der Angeklagte erklärte, daß die Staatsmacht in der DDR nicht rechtmäßig an die Macht gekommen sei, weil keine freien Wahlen durchgeführt worden wären.

Weiterhin vertrat er die Auffassung, daß nur die westdeutsche Regierung das Recht habe, das gesamte deutsche Volk zu regieren.
(Urteil, S. 4).

Zu meiner Bestürzung gaben Ingrid und Franz auch meine Auffassung zur Existenzberechtigung der DDR wieder.
»*Frage: In der Wiedergabe der von Ihnen gemachten Äußerungen sagte die Beschuldigte Jütte, Ingrid aus, daß Sie äußerten (…) die Politik der DDR sei unreal durch die Forderung nach völkerrechtlicher Anerkennung durch die BRD. Der einzig rechtmäßige deutsche Staat sei die aus „freien Wahlen" hervorgegangene BRD. Äußern Sie sich dazu!*«
Ich war in größter Verlegenheit. Jüttes hätten mich mißverstanden. Ich hätte lediglich gesagt, daß zum damaligen Zeitpunkt – ich bezog mich auf das Erfurter Treffen zwischen Willi Brandt und Erich Honnecker – eine Anerkennung der DDR durch die Bundesrepublik nicht zu erwarten gewesen sei, und räumte ein:
»*Ich kann im Zusammenhang damit gesagt haben, daß die DDR diese Forderung hätte nicht an den Anfang stellen sollen und andere Verhandlungspunkte diskutieren und verhandeln sollen.*«
Dann verteidigte ich mich mit einem absichtlich zweischneidigen Argument:
»*Ich habe nie gesagt, daß die DDR durch die BRD völkerrechtlich nicht anerkannt werden dürfte, denn ich hatte zu Jüttes gesagt, daß die DDR spätestens durch den am 6.4.1968 durchgeführten Volksentscheid über die sozialistische Verfassung die Berechtigung ihrer völkerrechtlichen Existenz nachgewiesen hat.*«
Bereits fünf Wochen zuvor hatte ich ein ähnliches Argument gebraucht. Dies ist ein Beispiel dafür, wie ich meine Kritik am DDR-Wahlsystem mit DDR-apologetischen Äußerungen zu verbinden suchte. Gerade dadurch, daß ich die Rechtmäßigkeit der DDR an die einmalige Volksabstimmung mit Entscheidungsmöglichkeiten knüpfte, machte ich zugleich deutlich, daß die sonstigen alternativlosen Wahlen eine Farce waren. Im weiteren Verlauf des Verhörs kamen

aber dann Vorhalte hinzu, die ich als besonders schwerwiegende Beschuldigungen erlebte, da ich den *Bonner Alleinvertretungsanspruch* verteidigt hatte:

>*Frage: Ihnen wird ein Auszug aus der Vernehmung des Beschuldigten Jütte, Franz vom 28.9.1970, Seite 5, ab den Worten „KOCH vertrat auch die Auffassung …" bis zu den Worten „… in der DDR erst demokratisiert werden" vorgelesen.*

Aus dem Inhalt gehen von Ihnen aufgestellte Behauptungen hervor, daß nur die westdeutsche Regierung das Recht hätte, das gesamte deutsche Volk zu vertreten. Nur in Verwirklichung des Völkerrechts und einer „Demokratisierung" der gesellschaftlichen Verhältnisse der DDR sei eine völkerrechtliche Anerkennung der DDR möglich. Sagen Sie dazu aus!«

Damals habe ich Jüttes Mitteilungen über unsere Gespräche zu zweit oder zu dritt als entsetzlichen Verrat erlebt. Mir fiel nichts Besseres ein, als mich auf mein bisheriges Bestreiten zu berufen und die mir zur Last gelegten Äußerungen als probeweises Ausloten verschiedener Standpunkte zu erklären.

>*Antwort: Ich habe in dieser Vernehmung bereits dazu ausgesagt und kann dem nichts hinzufügen.*

Frage: Wie erklären Sie sich dann die Übereinstimmung dieser Aussagen mit denen der Beschuldigten Jütte, Ingrid?

Antwort: Ich kann das nicht genau sagen. Gesprächsweise haben wir versucht, den Standpunkt der Regierung der BRD zu verschiedenen politischen Fragen zu verstehen. Es kann sein, daß ich dann von diesem Ausgangspunkt derartige mir vorgehaltene Äußerungen machte, was nicht meinem eigenen Standpunkt entsprach.

Frage: Warum wollten Sie politische Fragen vom Standpunkt der westdeutschen Regierung betrachtet haben.

Antwort: Ich habe natürlich auch versucht, vom Standpunkt der DDR an politische Themen heranzugehen.

Frage: Warum haben Sie von verschiedenen politischen Standpunkten politische Fragen erörtert?

Antwort: Ich wollte damit Beweggründe für die Politik des jeweiligen Staates erkennen.

Frage: Warum wollten Sie zu bestimmten Erkenntnissen gelangen?

Antwort: Darauf weiß ich keine Antwort.«

Das Schema ist deutlich: Der Vernehmer fragte ständig weiter nach, und ich mußte solche nichtbelastenden Antworten finden, die zu einem Abbruch der Fragekette führten. Was im Nachhinein als banales Frage- und Antwortspiel erscheint, erlebte ich damals als einen erbitterten Kampf dagegen, unter der Last der Beweise umfassend geständig zu werden und dadurch meine persönliche Integrität zu verlieren. Mir war bewußt, daß ich die DDR in einem ganz empfindlichen Punkt getroffen hatte. Sie bemühte sich damals um ihre internationale Anerkennung. Der nie aufgegebene grundsätzliche Anspruch des Grundgesetzes auf Wiedervereinigung Deutschlands in Frieden und Freiheit und der Bonner Anspruch, so lange für das gesamte deutsche Volk zu sprechen, wie den Ostdeutschen eine selbstbestimmte Entscheidung verwehrt wurde, war der DDR-Führung verständlicherweise extrem unangenehm. Und diesen Standpunkt hatte ich vertreten.

Verglichen mit meinen späteren Erfahrungen in Westdeutschland waren die DDR-Bürger die bewußteren Gesamtdeutschen. Die DDR wurde ganz selbstverständlich als ein Teil Gesamtdeutschlands aufgefaßt. Die vage Hoffnung auf Wiedervereinigung, auch wenn sie immer weniger als ein in der eigenen Lebenszeit erreichbares Ziel angesehen wurde, war stärker als in Westdeutschland. Die Versuche der DDR-Führung, über die faktische Eigenstaatlichkeit hinaus von einer eigenen *sozialistischen deutschen Nation* zu reden, wurden in meinem Bekanntenkreis als lächerlich empfunden. Später versuchte die DDR-Führung, sich dadurch von der *Bonner BRD* abzugrenzen, daß sie an einige deutsche Traditionen anknüpfte. Mit dem Wachaufzug in Berlin begann ein Wechsel im Verhältnis zum Preußentum, von dem ein Teil als positive Tradition angeeignet werden sollte; Losungen wie *„Dürer ist unser"* oder *„Luther ist unser"* versuchten in einer Art umgekehrtem Alleinvertretungsanspruch, die DDR in die Kontinuität einer fortschrittlichen deutschen Vergangenheit zu stellen, deren legitime Erbin sie allein sei. Diese Vereinnahmungen, die zugleich Abgrenzungen von der *kapitalistischen BRD* darstellen sollten, wurden in meinem Bekanntenkreis als unangemessene Versuche, die deutsche Spaltung zu unterfüttern, angesehen. Dennoch erschien der Bonner Alleinvertretungsanspruch auch manchen meiner Freunde als eine Anmaßung, die sie als Gegensatz zum Wunsch der Ostdeutschen, über sich selbst bestimmen zu können, empfanden. In diesem Punkt konnte sich die DDR-Führung insbesondere bei Jüngeren auch schon auf ein DDR-Gefühl *„Wir sind doch auch wer"*, das sich langsam zu entwickeln begann, stützen. Gegen das gelegentliche Unbehagen über den westdeutschen Alleinvertretungsanspruch, der nicht immer richtig verstanden wurde, habe ich damals in meinem Freundeskreis argumentiert: Durch die Volkskammer kann ich mich nicht vertreten fühlen, da sie nicht aus freien Wahlen hervorgeht. Zwar habe ich den Bundestag auch nicht gewählt, aber bei einer gesamtdeutschen Bundestagswahl wäre dieser auch mit den ostdeutschen Stimmen ähnlich zusammengesetzt. (Ich vermutete damals allerdings, daß im Gebiet der DDR die SPD erheblich mehr Stimmen als die CDU erhalten würde.) Deshalb fühlte ich mich durch den Bundestag – stellvertretend für ein Parlament, das ich hätte mitwählen wollen – besser vertreten als durch die DDR-Volkskammer.

Obwohl ich mich mit solchen Meinungen als ein grundsätzlicher DDR-Gegner erwiesen hatte, walzte die Stasi diesen Hetzevorwurf nicht so stark aus, wie den, ich hätte die DDR liberalisieren wollen; denn die SED sah in ihrer tagespolitischen Abhängigkeit zum damaligen Zeitpunkt die größere Gefahr in einer Liberalisierung der DDR als in einem prinzipiellen Infragestellen ihrer Existenzberechtigung.

Interludium 2:
Geheimdienst Liechtenstein

Mehrfach hatte mich der Vernehmer nach meinen Verbindungen zu westlichen Geheimdiensten gefragt. Da ich solche niemals hatte, beunruhigten mich diese Fragen nicht, und ich wies die darin enthaltenen Verdächtigungen selbstsicher zurück.

Mitten in irgendeinem Verhör stellte der Leutnant unvermittelt wieder einmal die Frage:

„Herr Koch, für welche westlichen Geheimdienste haben Sie gearbeitet?"

Da ich die wiederholten Unterstellungen dieser Art leid war, antwortete ich:

„Ich habe für den Geheimdienst von Liechtenstein gearbeitet."

Der Leutnant war überrascht. Wie er es gelernt hatte, fragte er einfach nach:

„Wieso haben Sie für den Geheimdienst Liechtenstein gearbeitet?"

Ich sagte: *„Weil Liechtenstein den größten Geheimdienst der Welt hat."*

Der Vernehmer irritiert: *„Liechtenstein?"*

Und getreu seiner Methode, stets weiterzufragen:

„Koch, wieso hat Liechtenstein den größten Geheimdienst der Welt?"

Meine Antwort war:

„Herr Leutnant, das kann ich Ihnen leicht erklären. Das können Sie daran erkennen, daß in Liechtenstein selbst im Vergleich zu anderen Ländern nur sehr wenig Menschen leben. Das wiederum liegt daran, daß all die anderen Liechtensteiner dem Geheimdienst angehören und überall in der Welt als Agenten arbeiten."

Der Leutnant hatte eine rasche Auffassungsgabe:

„Koch, sie wollen mich wohl verarschen?"

Drittes Kapitel:
Erste Vernehmungsphase zum Plakat –
die Schlinge zieht sich langsam zu

Bei meiner Verhaftung schoß mir durch den Kopf, wie ich fast zwei Jahre zuvor von der Polizei vor der Universitätskirche aufgegriffen worden war. Seitdem fragte ich mich immer wieder, ob diese erneute Festnahme etwas mit unserem Plakatprotest in der Kongreßhalle zu tun habe. Mehrere Wochen vergingen, ehe der Vernehmer ihn das erste Mal erwähnte. Ich war mit der Abwehr all der anderen Beschuldigungen beschäftigt, aber der Gedanke an Plakat und Wecker ließ mich nicht los. Immer wieder – während der Verhöre, in meiner Zelle, vor allem nachts – quälte mich die Frage, was die Stasi davon wissen könnte. Ich war mir sicher, daß wir in technischer Hinsicht alle Spuren beseitigt hatten. Die Stasi konnte weder an Wecker und Plakataufhängung Fingerabdrücke noch zu Hause irgendwelche Hinweise finden. Eckhard und Treumann in Potsdam würden schon im eigenen Interesse schweigen. Auf Horst und Marlene Gurgel konnte ich mich verlassen; außerdem hoffte ich, daß die Stasi gar nicht erst auf sie käme. Ich war überzeugt, daß mich keiner meiner Freunde, die etwas wußten oder auch nur ahnten, denunzieren würde, weder Ingrid, Eva noch Bärbel. Außerdem hatte ich ihnen gegenüber nur mehr oder weniger vage Andeutungen gemacht. Nun versuchte ich, mir zu vergegenwärtigen, zu wem ich was gesagt hatte. Die Stasi würde sicher Bärbel gegen Ingrid ausspielen wollen, aber auch Bärbel vermutete allenfalls etwas. Wer aber könnte sonst noch etwas wissen? Immer wieder mußte ich daran denken, daß ich 1969 von „Ajax" das Gerücht gehört hatte, von drei Leipziger Physikern, die die Sache gemacht hätten, seien zwei nach dem Westen geflohen, während ein dritter noch hier sei. Darüber und über meine Befürchtungen hatte ich kurz mit Uwe May gesprochen. Auch er schien Kenntnis über meine Mitwirkung zu haben, bei seiner Freundschaft mit Stefan und Harald erklärlich. Über Einzelheiten sprachen wir nicht, und Uwe war zuverlässig. Aber es blieb die bohrende Frage: *Wie konnte ein derartiges Gerücht entstehen?* Stefan hatte mir erzählt, er habe in Potsdam *Peter Huchel* in unser Vorhaben eingeweiht. Dieser war über jeden Zweifel erhaben. Aber Stefan hatte einem Außenstehenden etwas gesagt, warum also nicht auch weiteren Freunden, die er für verläßlich hielt, insbesondere neuen in Westdeutschland? Dort vermutete ich die Quelle des Gerüchtes. War Stefan zu unvorsichtig gewesen? Bei der Plakataktion hätte ich nicht mitgemacht, wenn ich ihn nicht für zuverlässig gehalten hätte, versuchte ich mich zu beruhigen. Aber Stefan hatte mir damals seine nahen Fluchtpläne verschwiegen. Das war nicht fair. Er war hilfsbereit, spontan und etwas chaotisch. Nach seiner Flucht hatte ich seinen Kontakt zu uns als theatralisch-konspirativ erlebt. Die Art, wie er das Fluchtunternehmen für Alexander, Ingrid oder mich gehandhabt hatte, schien mir recht unbedacht zu sein, was die jetzigen Vernehmungen bestätigten. ,Könnten Stefans Fluchthilfeangebote seit 1969 damit zusammenhängen, daß er für mich eine wachsende Gefahr aus der Plakatsache sah?' ging mir durch den Kopf. Mich statt Ingrid auszuschleusen, war sinnlos, da sich bereits Weizsäcker um meine legale Übersiedlung bemühte – es sei denn, Stefan war eine akute Gefahr bekannt geworden. Diese konnte nur aus dem Plakatprotest kommen. Aber wie könnte Stefan auf meine etwaige dringliche Gefährdung gekommen sein? Was könnte aus München durchgesickert sein und auf welchem Wege? Auf alle diese quälenden Fragen konnte ich keine Antwort finden. Aber ich war sicher, daß das gefährliche Gerücht auch zur Stasi gelangt war. Wenn sie in Stefans Bekanntenkreis nach einem Mittäter suchte, mußte sie mich verdächtigen.

Hinzu kamen meine Uhrenliebhaberei und meine Festnahme vor der Universitätskirche. Wenn die Stasi mich von Anfang an in Verdacht hatte, warum stellte sie dazu keine Fragen? War das ein gutes oder schlechtes Zeichen? Als ich die verschiedenen Flucht- und Hetzebeschuldigungen hartnäckig leugnete, sammelte die Stasi zuerst Belastungen durch Freunde, die sie mir dann massiv vorhielt. Genauso würde sie beim Plakat vorgehen wollen; aber meine Mitverhafteten wußten darüber allzu wenig. Was würde sie machen, wenn sie trotz starkem Verdacht gegen mich keine ausreichenden Belastungen aus anderen herausholen könnte? Mich beunruhigte auch folgende Überlegung: Vor meiner Verhaftung hatte ich gehört, daß die Stasi die Täter in kirchlichen oder kunsthistorischen Kreisen gesucht hatte. Man erzählte sich in Leipzig von Festnahmen, die aber zu keiner Aufklärung geführt hatten. Die Leipziger Stasi würde nun bei jedem aus politischen Gründen Verhafteten auf den Busch klopfen. Also müßten sie mich schon längst dazu gefragt haben. Ihr Schweigen war kein gutes Zeichen. Die Ungewißheit war quälend. Wenn wenigstens die Fragen begännen, hoffte ich, würde ich vermuten können, was sie wußten. Ich versuchte, mir Mut zu machen. So wie mir bei den anderen Beschuldigungen auch zu massiven Vorhalten meiner Freunde immer noch etwas eingefallen war, würde ich mich zur Kongreßhalle erst recht herausreden können. Die Stasi würde nicht mehr als vereinzelte Indizien zusammentragen und mich nicht überführen können, war ich noch immer überzeugt. In der Stasi-Konzeption zum Vorgehen gegen mich fand ich überraschend deutlich deren allgemeine Strategie, mich *ständig in Unruhe zu halten, durcheinander zu bringen* und so *intensiv zu vernehmen,* daß mir möglichst *keine Pausen zur Erholung* bleiben sollten (*Dok. 32:* Konzeption 1.3.2, 1.1.4, 1.1.5). Ich ahnte nicht einmal, wie genau sie ihre psychologische Taktik geplant hatte, mich in den Zusammenbruch zu treiben. Aber ich fühlte, daß sie es auf meine Zersetzung angelegt hatte. Sie versuchte, mich durch Täuschungen, Anspielungen, Motivsuche, Konstruktion von vermuteten oder absichtlich falschen Zusammenhängen, Tricks, Drohungen, fortgesetzte Beunruhigung mit immer neuen richtigen oder falschen Indizien, gerechtfertigte und ungerechtfertigte Vorhalte und Bluffs – unvorhersehbar eingestreut in die fortgesetzten Verhöre zu den anderen Beschuldigungen – in die nervliche Erschöpfung zu treiben. Sie plante später (Konzeption, S. 5): »(...) *ausführliche Vernehmung zu Uniki und Kongreßhalle mit ihn verwirrenden Andeutungen evtl. ungerechtfertigten Vorhalten, da er in diesen Beziehungen nicht mehr weiß, was er im einzelnen wem erzählte und wer noch welche Kenntnis hat.*«

Die Stasi hoffte vergeblich auf meine ungenügende Erinnerung; ich wußte recht genau, wem ich was erzählt oder angedeutet hatte. Die Themen wechselten ständig, und ich mußte versuchen, mir all meine verschiedenen Aussagen zu merken, während sich der Vernehmer Notizen machte. Die Stasi wollte mich in angebliche Widersprüche verwickeln und mir ein Wissen vortäuschen, das sie nicht hatte. Diesen Kampf empfand ich auch als intellektuelle Herausforderung.

In diesem Kapitel beschreibe ich, wie sich die Stasi der Plakataktion näherte. An die einzelnen Geschichten erinnere ich mich deutlich, nicht aber an ihre genaue zeitliche Einordnung. Vieles wurde nicht protokolliert. Der Vernehmer hatte den Ehrgeiz, möglichst glatte Protokolle zu verfertigen, die nichts von seinen Tricks und Täuschungsmanövern enthalten und den psychischen Druck des gesamten Verfahrens nur ganz ungenügend wiedergeben. Statt einer durchgängigen chronologischen Schilderung habe ich die einzelnen Geschichten thematisch stärker geordnet, als es dem absichtlich verwirrenden Verhörablauf entspricht.

Haftbedingungen als Druckmittel

Verteidigerin

Das in Verfassung und Strafprozeßordnung der DDR gewährte Recht auf Verteidigung, wozu die Hilfe durch einen Anwalt gehörte, war stark verkürzt. In der Rechtsanwältin Marianne Brendel hatten meine Eltern eine engagierte Verteidigerin gewonnen. Sie fand den zivilrechtlichen Vorwand, daß nach meiner Scheidung noch etwas zu regeln sei, um mich nach ungefähr fünf Monaten Haft überhaupt ein erstes Mal besuchen zu dürfen. Das Gespräch fand in Gegenwart des Vernehmungsoffiziers statt. Frau Brendel gefiel mir. Sie durfte mir Grüße von meinen Eltern ausrichten und mir sagen, daß sie sich um eine Besuchserlaubnis für diese bemühe. Es war uns aber verboten, über irgend etwas im Zusammenhang mit meiner Strafsache oder über Angelegenheiten der Haftanstalt, also etwa über meine Haftbedingungen, zu sprechen. Als sie mir mitteilte, daß sie noch keine Akteneinsicht hatte und ihr unbekannt sei, wessen ich beschuldigt würde, unterbrach sie der Leutnant sofort. Zum Schluß sagte sie mir, sie käme wieder, wenn sie Akteneinsicht bekommen habe. Das sei aber gewöhnlich erst nach Abschluß der Ermittlungen der Fall. Hier nahm ihr der Stasioffizier wieder das Wort. Ich wußte nun zumindest, daß ich im Ermittlungsverfahren auch weiterhin ganz auf mich allein gestellt bleiben würde. Mehrfach bat ich meinen Vernehmer um Einsicht in eine Strafprozeßordnung und in ein Strafgesetzbuch. *„So weit sind Sie noch nicht. Außerdem informiere ich Sie über alles Nötige"*, weigerte er sich. Ich bekam sie niemals zu sehen.

Hafterleichterungen

Den Untersuchungsgefangenen standen bestimmte Rechte zu. Aus den Berichten anderer Stasi-Häftlinge weiß ich heute, daß sie diese oft schon nach einem Monat erhielten. Bei mir setzte die Stasi deren Verweigerung ausdrücklich als Druckmittel ein. Erst nach fünf bis sechs Monaten, als sie erkennen mußte, daß ich nicht kooperativ werden würde, und als die Staatsanwaltschaft wohl auch meiner Anwältin gegenüber wegen einer weiteren Verweigerung in Verlegenheit gewesen sein dürfte, gewährte sie mir einige meiner Rechte. Ich hatte meinen Vernehmer immer wieder um die Erlaubnis gebeten, von meinen Eltern besucht werden und an sie schreiben zu dürfen. *„Das hängt ganz von Ihnen ab; so wie sie bisher mitarbeiten, wird das noch eine Weile dauern"*, schob er mir die Schuld zu. Wie ich nach der Haft erfuhr, hatten auch meine Eltern mehrfach um Besuchserlaubnis nachgesucht. Nach der Wende ersah ich auch aus der Akte meiner Anwältin, daß sie deshalb wiederholt an die Staatsanwaltschaft geschrieben hatte. Etwa ein halbes Jahr nach meiner Verhaftung durfte meine Mutter mich zum ersten Mal besuchen. Sie wirkte sehr angegriffen, aber auch beherrscht, konzentriert und ungebeugt. Der Vernehmer war bei dem halbstündigen Besuch die gesamte Zeit anwesend. Über meine Sache und über Anstaltsangelegenheiten durften wir kein Wort miteinander sprechen. Der Leutnant drohte zum Beispiel sofort mit dem Abbruch des Gesprächs, als ich meiner Mutter etwas über das Essen oder über meine Gesundheit berichten wollte. Sie hatte mir ein paar Bananen und Apfelsinen mitgebracht, die sie wieder mitnehmen mußte. *„Südfrüchte sind hier verboten"*, sagte der Leutnant. Bei einem späteren Besuch durfte mir meine Mutter ein paar Äpfel dalassen. Monatlich stand mir ein *„Sprecher"*, wie der Besuch offiziell hieß, zu. Aber dieser wurde mehrfach ohne Angabe von Gründen abgesagt. Besuchen durften mich nur mein Vater oder meine Mutter, nicht aber beide zusammen, und auch niemand außer ihnen. Wie die Besuchserlaubnis verweigerte mir die Stasi auch andere Rechte bis etwa fünf Monate nach meiner Verhaftung. Dann durften meine Eltern und ich uns aller zehn Tage Briefe von zwei Seiten schreiben, natürlich mit den bereits genannten starken inhaltlichen Beschränkungen. Zum Briefschreiben wurde ich in eine leere Zelle geführt, wo mich ein Posten ständig beaufsichtigte. Papier und Stift mußte ich danach wieder abgeben. Vielfach hielt die Stasi meine Briefe zurück, da ich angeblich etwas Unerlaubtes geschrieben hätte. Zweimal während dieser zwei Jahre erlaubte die Stasi meiner Mutter, mir ein kleines Päckchen zu schicken.

Verbote

Andere Gefangene durften die Tageszeitungen *Leipziger Volkszeitung* oder *Neues Deutschland* beziehen, ich niemals. Eine negative ideologische Beeinflussung durch die sozialistische Presse war ja wohl ausgeschlossen, und über politische Strafverfahren stand in der Zeitung sowieso nichts. Dieses Verbot dürfte Teil der allgemeinen Strategie der Stasi gewesen sein, mich zu isolieren. Sich Notizen machen zu können, hätte der Verteidigung gedient; folgerichtig war Schreibzeug verboten. Auf meine wiederholten Bitten, ein Fachbuch lesen zu dürfen, hatte der Leutnant gesagt, darüber könne man reden, wenn ich gut mitgearbeitet hätte. Daraus wurde nie etwas.

Laut Anstaltsordnung konnten Untersuchungsgefangene die Erlaubnis erhalten, sich Spiele, z. B. Schach, von der Anstalt zu leihen. Meine wiederholten Anträge wurden stets abgelehnt. Im zweiten Haftjahr knetete ich mir zusammen mit einem Zellengenossen aus Brot Schachfiguren, was auch verboten war. Bei den häufigen Kontrollen durch den Spion konnten wir nur spielen, wenn einer der etwas weniger eifrigen Posten Wachdienst hatte. Natürlich wurde das Schachspiel bald entdeckt und eingezogen. Ich erhielt einen Verweis. Verboten waren auch sportliche Betätigungen. Die schon genannten Kraftübungen mußten wir in den Minuten zwischen zwei Spion-Blicken machen. Einige der Wachsoldaten waren hierin manchmal großzügig, andere brüllten mich jedesmal zusammen, wenn sie entdeckten, daß ich beispielsweise Liegestütze machte. Der Bewegungsmangel und die Unmöglichkeit kreislaufstärkender Ausdauerübungen führten bald dazu, daß mich schon das Treppensteigen auf dem Weg zum Verhör oder zum Freihof außer Atem brachte. Häftlinge auch körperlich zu erschöpfen, gehörte zur Strategie der Stasi.

Hinzu kamen andere Reglementierungen. Es war verboten, sich tagsüber aufs Bett zu setzen oder gar zu legen. Auf dem Hocker durften wir nur sitzen, ohne uns an die Wand zu lehnen. Sobald der Posten einen Verstoß entdeckte, schlug er gegen die Tür oder brüllte durch die Klappe. *„Nicht anlehnen!"* Auch beim Schlafen konnte man gegen die Anstaltsordnung verstoßen, wenn man die *vorgeschriebene Schlafstellung* nicht einhielt: *„Näh'm Se de Hände uff de Bettdecke!"* oder *„Decke vom Gesicht 'runter!"* Solche Bestimmungen dienten der Einübung in Gehorsam. Der Gefangene sollte ständig erfahren, daß er nicht mehr über sich selbst zu bestimmen hatte, daß keine auch noch so kleine Verfehlung unentdeckt blieb, daß er völlig der Stasi ausgeliefert war. Den Willen zu brechen, fing mit Kleinigkeiten an. Zur Entpersönlichung und Desorientierung gehörte auch das Verbot jedes privaten Gegenstandes: keine Fotos von Verwandten, keine Armbanduhr, keine private Kleidung. Als ich später in einer Anstaltsordnung vom Recht auf Zivilkleidung las, sagte mein Vernehmer, das sei eine veraltete Bestimmung, und ich hatte dafür nicht genug Kraft, eine Beschwerde beim Staatsanwalt zu versuchen.

Für den Untersuchungsgefangenen gilt die Unschuldsvermutung; auch in seinen Haftumständen darf er nicht wie ein Strafgefangener behandelt werden. Bei der Stasi war es anders. Wir waren von Anfang an schuldig und mußten nur noch gestehen. Auch die Haftumstände – Mangelsituation, Isolation, schikanöse Reglementierung, Uniformierung, Herabsetzungen und Verweigerung von Rechten als Druckmittel – dienten dazu, die Untersuchungsgefangenen in Folgsamkeit einzuüben, sie zu demütigen und ihre Würde zu verletzen, um letztlich ihren Willen zu brechen.

1. Eröffnungszüge

Anspielungen

Mitten in einer Vernehmung unterbrach sich der Leutnant, schwieg eine Weile und sagte dann: *„Da kommt noch 'was auf Sie zu, Koch!"* Ich guckte ihn nur ruhig an. *„Sie wissen genau, was ich meine. Wir wissen mehr als Sie glauben",* drohte er, sah mir forschend ins Gesicht und setzte dann sein Verhör fort. In einer anderen Vernehmung fragte er unvermittelt: *„Herr Koch, Sie denken sicher manchmal an die Sache, die wir bisher noch nicht bearbeitet haben?"* – „Ich weiß nicht, was Sie meinen." – „Ich glaube, Sie wissen genau, wovon ich rede", ließ er seine Frage beunruhigend stehen. Ein andermal gab er mir irritierend in die Zelle mit: *„Da ist noch die Sache, über die wir bisher noch nicht gesprochen haben. Da können Sie sich auf 'was gefaßt machen. Denken Sie schon 'mal genau darüber nach, Herr Koch!"*

Gerade solche hingeworfenen Bemerkungen wirkten bedrohlich. Da immer neue Anschuldigungen hinzukamen, könnte der Leutnant irgend etwas meinen, aber natürlich dachte ich sofort an die Plakatsache. Und ich vermutete, daß er gerade diese meinte. Mir war klar, daß die Stasi mich mit solchen wohlüberlegten Einwürfen beunruhigen und weichkochen wollte; doch meine Einsicht in diese Taktik konnte ihre Wirkung auf mich nicht aufheben.

Der Vernehmer schrieb an irgendeinem Protokoll, als er aufblickte und wie beiläufig fragte: *„Kongreßhalle Juni 1968, sagt Ihnen das was, Herr Koch?"* Ich erschrak und konnte nur hoffen, daß ich mich äußerlich genügend in der Gewalt hatte. Mein Gefühl war, es wäre verkehrt zu antworten ‚Das sagt mir nichts'; denn natürlich würde ich davon gehört haben; aber es wäre auch falsch, darauf einzugehen. Also zuckte ich nur mit den Schultern und sah den Leutnant fragend an. Er forderte mich auf: „Beantworten Sie die gestellte Frage!" Und als ich zurück fragte „Was soll denn da gewesen sein?" fuhr er mich an: *„Hier stellen wir die Fragen."* Aber diesmal ließ er es bei seiner unbeantworteten Frage bewenden. Zwar hatte er das Thema angetippt, aber noch immer brauchte ich mich nicht getroffen zu fühlen. Ich wollte mich nicht herauslocken lassen. Hatte der Aufklärungskampf um meine Beteiligung nun schon begonnen?

Bei seiner nächsten Anspielung wurde der Leutnant deutlicher: *„Herr Koch, Sie haben sicher von der Provokation zu den 3. Internationalen Bachfestspielen 1968 gehört?"* – „Ich weiß nicht, von welcher Provokation Sie reden." – „Aha, Sie wissen also von *mehreren* Provokationen, wenn Sie nicht wissen, welche ich meine. Sagen Sie aus, welche Provokationen zum Internationalen Bachwettbewerb 1968 Ihnen bekannt sind!" – „Herr Leutnant, Sie haben mich mißverstanden. Ich habe nicht gemeint, mir seien Provokationen bekannt." Der Vernehmer sollte als erster von der Plakataktion sprechen. – „Koch, ich meine das Plakat mit der provokatorischen Forderung zum Wiederaufbau der Universitätskirche in der Leipziger Kongreßhalle. Und davon wollen Sie angeblich nichts gehört haben?" – „Doch, von einem solchen Plakat habe ich etwas gehört." – „Da Sie gerade behauptet haben, daß Ihnen von einer Provokation nichts bekannt sei, leugnen Sie also, daß es sich bei dieser Sache um eine Provokation gehandelt hat?" Derartige Verdrehungen zu konstruieren, war eine der Spezialitäten des Leutnants. – „Sie drehen mir die Worte im Munde herum." – „Koch, werden Sie nicht frech!" – „Sie haben das Wort ‚Provokation‘ gebraucht, und ich habe es nur aufgenommen. Ich wollte nur zum Ausdruck bringen, daß ich nicht weiß, wovon Sie reden." – Fangversuche dieser Art gingen noch eine Weile weiter. Dann kam der Leutnant zur Sache: „Was haben sie von der Provokation in der Kongreßhalle gehört?" – „Nur so viel, wie Sie eben selbst gesagt haben, daß da ein Plakat wegen der Universitätskirche in der Kongreßhalle war." – „Auf die Einzelheiten kommen wir noch!" drohte er. „Von wem haben Sie davon gehört?" Auf diese Frage hatte ich mir seit längerem eine Antwort zurecht gelegt: „Ich war nicht in diesem Konzert. Soweit ich mich erinnere, hat mir meine geschiedene Frau davon erzählt." Die Stasi würde Eva auf jeden Fall gründlich verhören; also war es klüger, ihren Namen von mir aus zu nennen, als die Stasi durch Verschweigen auf sie besonders hinzuweisen. Der Leutnant fragte weiter: „Die war also in der Kongreßhalle?" – „Nein, die hat auch nur davon gehört." – „Von wem hat Ihre geschiedene Frau davon erfahren?" – „Nach meiner Erinnerung von ihrer Schwester." Und dann folgten Fragen nach dieser Schwester. Das hatte ich so erwartet, und ich sagte genüßlich, daß diese SED-Mitglied und Journalistin ist. Der Leutnant schrieb alles auf, aber er hatte bereits gemerkt, daß ich ihn hier in eine Sackgasse geführt hatte.

Später wurden die stets überraschend in andere Vernehmungsthemen eingestreuten Bemerkungen direkter: *„Mit der Kongreßhalle kommen Sie auch noch dran, Koch. Wir wissen, daß Sie da mit drinhängen, tief mit drinhängen."* Das war nun wirklich der Eröffnungszug. Besonders irritierte mich ein andermal die Drohung: *„Übrigens Koch, Ihre Freundin Barbara Krüger holen wir auch noch 'rein."* „Warum denn das?" wollte ich wissen. *„Die hängt bei der Provokation in der Kon-*

greßhalle auch mit drin", war die rätselhafte Antwort. Ich sagte nur, daß ich nichts damit zu tun hätte und meine Freundin auch nicht. Keine dieser Anspielungen wurde protokolliert. Sie wirkten, während die Verhöre zu den anderen Themen Flucht und staatsfeindliche Hetze weitergingen. In der Zelle versuchte ich, mich an ihren genauen Wortlaut zu erinnern, um sie zu analysieren. Dabei geriet ich immer wieder ins Grübeln darüber, was die Stasi schon wüßte und was sie überhaupt herausbekommen könnte. Die Stasi wollte mich beunruhigen, und sie beunruhigte mich sehr.

Reichlich ein Vierteljahr nach meiner Verhaftung wurden die Einwürfe deutlicher und drohender: *„Frau Jütte hat reinen Tisch gemacht, Herr Jütte übrigens auch. Koch, Sie haben zu lange gewartet. Frau Jütte hat ausgepackt. Die will Weihnachten wieder bei ihren Kindern sein. Denken Sie an die automatische Auslösung mit dem Wecker!"* Das war in jeder Hinsicht beunruhigend. Zu dieser Zeit hatte ich bereits bei anderen Themen schmerzlich erleben müssen, daß Ingrid und Franz Geständnisse ablegten und auch mich belasteten. Unverhohlen hatte der Leutnant auch zugegeben, daß die Stasi Ingrid mit ihren Kindern unter Druck gesetzt hatte, eine Niedertracht, die zu erwarten war. Besonders beunruhigte mich die Anspielung auf die Weckerautomatik, da ich dazu Ingrid gegenüber nur vage Andeutungen gemacht hatte. ‚Vielleicht versuchte die Stasi auch hier, mir ein Wissen nur vorzutäuschen?' wollte ich mich beruhigen. Aber mein Gefühl sagte mir, daß sie das Netz auslegte, mit dem sie mich zu fangen hoffte. Dennoch war ich unverändert entschlossen, jede Mitwirkung am Plakatprotest zu bestreiten.

„Ajax"

Etwa ein Vierteljahr nach der Verhaftung fragte mich der Vernehmer, wer *„Ajax"* ist. Ich mußte sofort daran denken, daß dieser mich 1969 gefragt hatte, ob ich *„der dritte Mann"* der Plakataktion sei. Mit meiner Antwort „ein Held aus der griechischen Sage" war der Leutnant nicht zufrieden. Ich räumte ein, vielleicht mal jemanden dieses Spitznamens bei Jüttes gesehen zu haben. Von Franz wußte ich, daß es einen Dissidentenkreis um diesen gab. Aber Ajax und ich hatten uns nur vorsichtig beschnuppert, wohl weil wir unsere Freundeskreise aus Sicherheitsgründen getrennt halten wollten. Im Verhör bestritt ich, ihn näher zu kennen und seinen richtigen Namen *Jürgen Rudolph* je gehört zu haben. Auf Vorhalte Jüttes hin, daß ich mit Ajax in deren und auch in dessen Wohnung zusammengetroffen sei, leugnete ich jegliche Erinnerung. Der Leutnant fragte nicht nach meinem Gespräch mit „Ajax" über die Plakataktion. Zum Schluß des Protokolls notierte er, offenbar zum Nachweis meiner Frechheit, meine wörtliche Aussage:

»An Gespräche kann ich mich nicht erinnern. Mit Mühe und Not weiß ich noch, daß ich überhaupt bei „Ajax" war.«

Erst aus Rosner 1992 und bei einem Leipziger Treffen der ESG und KSG 1998 *zum wenig erinnerten Widerstand Leipziger Studenten vor dreißig Jahren* und aus dem ZOV *»Heuchler«* erfuhr ich, daß ein Kreis um Rudolph eine Dokumentation über die Sprengung der Universitätskirche erarbeitet hatte. Wegen Spannungen unter den Freunden hatte Rudolph im Frühjahr 1970 aus Furcht vor der Stasi schriftliches Material bei Ingrid ausgelagert. Davon hatte ich nichts erfahren – leider, weil ich zu dieser Zeit unsere Verhaftungen befürchtete. Ein katastrophales Unglück! Denn kurz danach bei der Hausdurchsuchung nach Ingrids Verhaftung fand die Stasi Rudolphs Schriftstücke, auch die zur Universitätskirche ([5] Bd. 3 60–101). Sie sah in ihm den Kopf einer gefährlichen staatsfeindlichen Gruppe mit Verbindungen zur Gruppe um Stefan, Ingrid und Uwe und zur KSG und bearbeitete ihn zuerst im Vorgang *»Architekt«* (= Jürgen Rudolph; Zwischenbericht zum VOV *»Architekt«* vom 15.10.1970 [5] Bd. 3 242–265) und zusammen mit seinem Freundeskreis im ZOV *»Heuchler«* ([3], [4], [5], [6]) – zunächst mit konspirativen Mitteln: Maßnahmeplan vom 29.12.1970 ([5] Bd. 3 277–286).

Außerdem hatte eine *Inge Bender* als IM *»Annette«* der Hauptabteilung XX/7, Berlin, ab Dezember 1969 über Rudolph berichtet ([5] Bd. 3 255 ff., [3] 8 ff.). *Er sei über die Sprengung der Universitätskirche sehr empört gewesen, da es dazu keinen vernünftigen Grund gäbe, außer dem der Provokation und der Kulturfeindlichkeit; er verfüge über eine Fotoserie der Sprengung.* Die IM hatte aus einem Gespräch Rudolphs mit einem Germanistikstudenten entnommen ([3] 11), *»daß Personen aus der Gruppe des* ■■■ [= Rudolph] *anläßlich der Bach-Festspiele 1968 in Leipzig ein Transparent mit einer Protestlosung entrollt hatten.* ■■■ [= Rudolph] *äußerte dazu, daß die 2 maßgeblich beteiligten Personen nach Westdeutschland geschleust worden wären.«*

Nach den mir bekannten Akten wurde diese Information zunächst nicht wirksam. Erst am 14.7.1970, als ich schon verhaftet war, heißt es im Operativplan zum ZOV *»Heuchler«* der HA XX/7 in Berlin ([5] Bd. 1 11; [6] Bd. 1 137) zu Rudolph:

»Weiter wurde bekannt, daß sich in dem Besitz des ■■■ [= Rudolph] *Bilder verschiedener Phasen einer Kirchensprengung in Leipzig befinden. Diese Bilder wurden von dem* ■■■ [= Rudolph] *in der Hauptstadt der DDR, in Berlin, einem Westberliner Bürger angeboten mit dem Ziel, dieselben in einer westdeutschen Zeitschrift zu veröffentlichen.* ■■■ [= Rudolph] *wollte dazu den nötigen Text auch liefern, da diese Kirchensprengung in Leipzig Ausdruck der Kulturfeindlichkeit der Staatsführung in der DDR sei.*

Darüber hinaus wurde durch inoffizielle Quellen bekannt, daß von dem Personenkreis um ■■■ [= Rudolph] *während der Bachfestspiele 1968 in Leipzig eine Provokation durchgeführt wurde, indem während der Bachfestspiele ein Transparent mit einer feindlichen Losung entrollt wurde. Mit dieser Losung sollte gegen die Kirchensprengung protestiert werden. Die 2 Personen, die unmittelbar diese Sache durchgeführt hatten, waren mit Hilfe des* ■■■ [= Rudolph] *aus der DDR ausgeschleust worden.«*

Die irrtümliche Zuspitzung auf den *Kreis um Rudolph* lenkte den direkten Verdacht der Stasi für die Suche nach weiteren Beteiligten der Plakataktion zunächst von mir ab; da die Stasi aber einen engen Zusammenhang zwischen den „Gruppen" Rudolph und Stefan W. sah, blieb ich im Feld der Verdächtigen.

Fotografien

Die Fotos von der Sprengung der Universitätskirche, die mir Alexander Heyn gegeben hatte und die die Stasi bei der Hausdurchsuchung bei meiner Verhaftung gefunden hatte, wurden mir schon recht bald vorgelegt. Von wem ich die Aufnahmen hätte, wem ich sie gezeigt hätte, warum ich sie mir besorgt hätte usw., wollte der Vernehmer wissen. Ich hätte vergessen, woher sie stammten, hätte sie niemandem gezeigt und sie nur aus kunsthistorischem Interesse aufbewahrt. Der Vernehmer glaubte mir nichts, und die Vernehmung zog sich stundenlang hin. Ich sprach von meinen kunsthistorischen Interessen, aber davon wollte der Leutnant nichts wissen. Bilder von der Sprengung hätten nichts mit Kunstgeschichte zu tun, sie würden nur verbreitet, um die städtebaulichen Maßnahmen von Partei und Regierung herabzusetzen: *„Sie haben 1968 vor ihrer Festnahme auf dem Karl-Marx-Platz gegen die Maßnahmen zur Neugestaltung gehetzt. Aber dazu kommen wir noch. Wir werden das damalige Ermittlungsverfahren wiedereröffnen. Später haben Sie zu Ihrer staatsfeindlichen Hetze gegen unsere Politik auch die Fotos benutzt."* Das Verhör führte zu keiner Belastung für mich.

Später hielt mir der Leutnant vor, Heyn habe ausgesagt, er habe mir die Fotos und dazu die Anschrift eines Herrn *Knödel* gegeben. Also mußte ich mich nun doch noch erinnern, aber ich blieb dabei, den Namen *Knöchel* gehört zu haben. Das Namensverwirrspiel wie zuvor schon zu *Heim oder Heyn* wiederholte sich. „Herr Koch, wir wissen, daß es sich um einen Herrn *Knödel* handelt, also schreiben wir Knödel ins Protokoll", sagte der Leutnant. „Nein", widersprach ich, „ich habe nur den Namen *Knöchel* gehört, und ich unterschreibe nur das, was ich weiß, auch wenn Sie etwas anderes wissen." Bei einer Wiederholungsvernehmung sieben Monate später bestand ich noch immer auf der Protokollierung *Knöchel*.

Außerdem wartete ich voller Sorge auf die Vorlage meiner eigenen Fotos von den Sprengungsvorbereitungen der Universitätskirche, die sich in der Wohnung meiner Eltern befunden hatten. Sie würden den Druck auf mich verstärken, wurden mir aber erst fast ein Jahr nach meiner Verhaftung präsentiert.

Harmlose Plaudereien

Gelegentlich hatte ich den Eindruck, daß der Vernehmer Themen anschnitt, die nichts mit Strafbarem zu tun hatten. Hatte er vielleicht auch 'mal keine Lust, oder wollte er mein Verhalten bei neutralen Gesprächen kennenlernen? Konnte ich mir aber der Harmlosigkeit sicher sein? Sollte ich nicht vielleicht hintenherum aufs Glatteis geführt werden? Damals ahnte ich nicht einmal, wie strategisch die Stasi den plötzlichen Wechsel zwischen Verhören zu Beschuldigungen und Gesprächen über Belanglosigkeiten einsetzte, um mich durcheinanderzubringen und es mir schwer zu machen, ihre jeweilige Taktik zu durchschauen (*Dok. 32:* Konz. 1.1.5).

Uhren

Der Vernehmer fing unprotokollierte Gespräche an, bei denen ich nicht sah, worauf sie zielten. Zum Beispiel meinte er einmal: „Sie haben ein schönes Hobby mit Ihren alten Uhren." Ich sah ihn überrascht an: „Woher wissen Sie ... ?" Er unterbrach mich: „Ich kenne Ihre Wohnung von der Hausdurchsuchung. Ein paar schöne Stücke haben Sie ja schon gesammelt. Bringen Sie die eigentlich selbst in Ordnung?" Ich dachte an den Plakatwecker: „Vor allem äußerlich, die Gehäuse." – *„Und können Sie auch die Uhrwerke reparieren?"* – „Das macht mein Vater. Sie wissen ja, der ist Fachlehrer für Uhrmacher." – „Aber Sie selbst können das auch?" ließ er nicht locker. „Nein, ich verlasse mich da ganz auf meinen Vater." *‚Gefährdete ich damit nicht meinen Vater, der Eckhard und mich immerhin bei der Weckerpräparation gesehen hatte?'* mußte ich sofort mitbedenken. Aber meinen Vater nicht zu nennen, wäre erst recht auffällig gewesen, da die Stasi wußte, daß er Uhrenexperte war. Ich fing an, ausführlicher von einer Empire-Kaminuhr zu erzählen, die ich bei Bekannten im Kohlenkeller gefunden hatte und die Anfang des 19. Jahrhunderts einem Leipziger Universitätsrektor, einem Mediziner, gehörte. Bei dieser hatte mein Vater ein fehlendes Teil in mühevoller Handarbeit ersetzt. Aber so genau wollte es der Leutnant nun auch wieder nicht wissen. ‚Interessierte ihn also das Gespräch über alte Uhren gar nicht, und hatte er mit seinem Uhrengespräch auf den Auslösemechanismus mit dem Wecker anspielen wollen?'

Ein andermal wurde ich zu meinem Lebensunterhalt nach meiner fristlosen Entlassung gefragt. Schließlich war ich anderthalb Jahre arbeitslos, und eine Arbeitslosenunterstützung gab es in der DDR nicht, da offiziell keine Arbeitslosen existierten. Gelegentlich hatte ich Kurse gehalten, z. B. einen Physikkurs für Schneider. „Physik für Schneider?" fragte der Leutnant nach. „Ja. Wissen Sie, wo der Schneider den Flaschenzug verwendet?" – Der Leutnant sah mich nur an, und ich sagte: „Für die Naht." – „Wieso für die Naht?" – *„Jede Naht ist ein Flaschenzug."* Der Leutnant reagierte verständnislos. Humor habe ich niemals an ihm bemerkt. Daß er sich einmal politische Witze mit mir erzählen wollte, gehörte zu seinem taktischen Repertoire. – „Und was haben Sie noch gearbeitet?" – „Ich habe Elektrotechnikkurse für Uhrmachermeister im Auftrag des Uhrenkombinats Ruhla gehalten." – „... des Uhrenkombinats *Ruhla"*, wiederholte der

Leutnant betont. Sah er mich auf eine besondere Weise an, oder bildete ich mir das nur ein? *Der Wecker* war ein *Ruhla*-Fabrikat. Natürlich wußte er das. Dachte auch er daran, oder war seine Wiederholung Zufall? Ich mußte das Gras wachsen hören, durfte aber keine weißen Mäuse sehen. Jede Wahrnehmungsverzerrung würde mich schwächen.

Erheblich später, als die Stasi mich schon ausdrücklich der Mitwirkung an der Plakataktion beschuldigte, fragte der Leutnant: „*Ruhla-Uhren*, sagt Ihnen das was, Herr Koch?" – „Natürlich. Das Uhrenkombinat Ruhla ist der größte Uhrenhersteller der DDR. Ich habe dafür auch 'mal Kurse gehalten, wie ich früher ausgesagt habe." – „Und haben Sie auch eine *Ruhla*-Uhr, Koch?" – „Ich habe eine Glashütte-Uhr. Aber die ist bei den Effekten, weil ich hier leider keine Uhr tragen darf." – „Koch, werden Sie nicht frech! Danach habe ich Sie nicht gefragt." Der Vernehmer guckte mir provokant direkt ins Gesicht. Ich kannte ihn nun schon genauer. Wenn er besonders pfiffig zu sein glaubte, sah er wie ein Fuchs mit großen Ohren aus: „*Haben Sie auch einen Wecker Fabrikat Ruhla?*" – „Irgendeinen alten Wecker habe ich, aber was das für eine Marke ist, weiß ich jetzt nicht." – „Aber Sie haben mal einen Ruhla-Wecker gehabt?" – „Nein, nicht, daß ich wüßte." – „*Aber Sie wissen, warum ich Sie das frage?*" – „*Nein, das weiß ich nicht.*" – „*Dann denken Sie mal gründlich darüber nach. Sie haben hier viel Zeit.*" Diesmal war klar, daß der Leutnant auf den Kongreßhallen-Wecker anspielte.

Trichloräthylen

In einem Verhör über irgendein Hetze- oder Fluchtthema fragte der Vernehmer zusammenhanglos, als wolle er mal eben nur so mit mir über etwas anderes plaudern: „*Herr Koch, wissen Sie eigentlich, was Trichloräthylen ist?*" Ich überlegte eine Weile, aber mir fiel keinerlei Zusammenhang mit irgendeinem für die Stasi interessanten Thema ein: „Das ist ein Lösungsmittel in der Chemie." – „Haben Sie so etwas bei sich zu Hause?" – „Ich hatte einmal etwas, ob davon noch etwas da ist, weiß ich nicht." – „Wozu haben Sie Trichloräthylen gebraucht?" Ich erinnerte mich: „Bei einem alten Barocksessel war die weiße und goldene Fassung mit brauner Fußbodenfarbe überstrichen. Um sie vorsichtig von der alten Farbe abzulösen, habe ich die verschiedensten Mittel ausprobiert, von Trichloräthylen bis Chloroform." – „Wo hatten Sie diese Mittel her?" – „Aus einer Apotheke." – „Wann war das?" Ich rechnete nach: „Das ist schon fast zehn Jahre her." – „Und haben sie sonst noch Tri-chloräthylen verwendet?" – „Nicht, daß ich wüßte." – „*Na Koch, denken Sie mal an 1968!*" – Die Jahreszahl könnte eine Anspielung auf das Kongreßhallenkonzert sein; aber mit Tri hatten wir dabei nichts zu tun gehabt, ging ich verschiedene Möglichkeiten durch: „*Ich verstehe nicht, was Sie wollen*", sagte ich ehrlich. – „*Ich weiß, Herr Koch, daß Sie mich sehr gut verstehen.*" Ich zuckte nur mit den Schultern. Der Leutnant wechselte wieder zum Vernehmungsthema. Am Ende des Vernehmungstages gab er mir mit in die Zelle:

„Herr Koch, denken Sie mal darüber nach, warum ich Sie heute morgen nach Tri-
chloräthylen gefragt habe!" Auch noch so gründliches Nachdenken brachte mir
nicht den geringsten Anhaltspunkt zur Lösung dieses Rätsels. Immerhin hatte die
Stasi mich wieder zum fruchtlosen aufreibenden Grübeln gebracht. Erst 25 Jahre
später fand ich eine aufklärende Bemerkung zu *Trichloräthylen* in meiner Akte,
über die ich im 6. Kapitel berichte.

Erste Einlassung zur Universitätskirche

Als die Stasi etwa vier Monate nach der Verhaftung die Hoffnung aufgegeben
hatte, mich durch Schmorenlassen weichzukochen, und mich zunächst tagelang
zur Person vernahm, führten die Fragen von meinem beruflichen Werdegang
zwangsläufig zu meiner fristlosen Entlassung wegen meiner Festnahme 1968 vor
der Universitätskirche. Meine Aussagen vor reichlich zwei Jahren bei der Volkspolizei waren mir noch in ausreichender Erinnerung, so daß ich im wesentlichen
das gleiche wiederholte. Mein Nachhauseweg von der Arbeit habe mich über den
Karl-Marx-Platz geführt, wo ich mich aus Neugierde zu verschiedenen Men-
schenguppen gesellte, ohne mich an Diskussionen zu beteiligen. Festgenommen
wurde ich nur, weil ich wegen meiner Knieverletzung nicht schnell genug weglaufen konnte. Natürlich hatte der Stasileutnant den Ehrgeiz, mehr aus mir her-
auszufragen, als der Polizeioffizier erreicht hatte: *„Koch, Sie haben damals die
Genossen von der VP täuschen können. Aber bei uns gelingt Ihnen das nicht."* Aber
auch die Stasi hatte nicht mehr Erfolg. Über ein Dutzend von mir verlangte
Änderungen und dreieinhalb Seiten handschriftliche Zusätze zum Protokoll vom
18./19./20.8.1970 zeigen, wie hartnäckig ich mich gegen falsche Protokollierung
gewehrt habe. Ich schrieb u. a., daß das Protokoll meine Aussagen nicht genügend genau wiedergibt, und:
>*Es ist mir aber nicht möglich, eine genügend korrekte Darstellung durch Zusätze
zu erreichen.«*
Die Antwort auf die Frage nach meinen Motiven zitiere ich ausführlich, da sie
vor der Stasi meine erste Einlassung zur Universitätskirche ist (*Dok. 14*). Damals
war ich mir noch nicht sicher, wie stark ich die Verteidigung mit meinen Kunst-
geschichtsinteressen vorbeugend ausbauen sollte, da die Verhöre zum Plakat
noch nicht begonnen hatten und ich die Stasi auch nicht indirekt zu sehr darauf
hinweisen durfte. Als der Leutnant bei meinen kulturgeschichtlichen Antworten
intensiv nachfragte, zog ich mich wieder vorsichtig zurück, und so kommt der
übertriebene Satz ins Protokoll, daß ich über den historischen Wert der Universitätskirche nicht Bescheid gewußt hätte. Deshalb korrigierte ich in einem handschriftlichen Zusatz:
>*Aufgrund eigener kunsthistorischer Kenntnisse konnte ich den kunsthistorischen
Wert der Paulinerkirche beurteilen; außerdem hatte ich mich im Handbuch der*

Kunstdenkmäler (Dehio) über die Kirche informiert, woraus ebenfalls ihr Wert her-vorging.«

Zum Schluß des Verhörs drohte mir der Leutnant: *„Koch, zur Unikirche kommt noch 'was auf Sie zu. Da möchte ich nicht in Ihrer Haut stecken."*

2. Belastende Zeugenaussagen

Der Einbruch in meine Verteidigung, nichts mit der Plakataktion zu tun zu haben, gelang der Stasi, als Thomas Rust, Ingrid und Franz geständig geworden waren. Wenn ich im folgenden Aussagen meiner Mitbeschuldigten zitiere, so bedeutet das nicht, daß der jeweils Zitierte zuerst gestanden hat. Er kann auch gegen andere ausgespielt worden sein, so daß seine Aussagen nur der am schärfsten formulierte Abschluß einer Vorhaltkette sind. Die Belastungen durch meine Freunde muß ich nennen, um die großen Schwierigkeiten im Gang meines Ermittlungsverfahrens, die sich für mich daraus ergaben, verständlich zu machen.

Erste Gegenüberstellung: „Wir müssen hier alles sagen"

Im Spätsommer 1970 wurde Ingrid überraschend in eine laufende Vernehmung gebracht. Das erste Mal wurde mir ein Freund gegenübergestellt. Sie war aufgelöst, brach mehrfach in Tränen aus und wirkte verzweifelt. Sie appellierte an mich: *„Dietrich, es hat keinen Sinn, weiter zu bestreiten. Ich habe es versucht. Ich kann nicht mehr. Ich sage alles. Sie kriegen sowieso alles 'raus. Wir müssen hier alles sagen. Deine Sturheit ist sinnlos. Du schadest nur uns allen. Ich will nach Hause zu meinen Kindern. Wir wären alle schon wieder zu Hause, wenn nur Du endlich Deine Sturheit aufgeben würdest."* Ingrid glaubte, was sie sagte. Sie erwartete wirklich, durch umfassende Aussagen eine erhebliche Strafmilderung erreichen zu können und schnell wieder entlassen zu werden. Unter Tränen flehte sie mich an, mein Leugnen endlich aufzugeben, damit sie *wenigstens Weihnachten* wieder bei ihren Kindern sein könne. Das schien mir eine abwegige Hoffnung zu sein. Ich schwieg. Was sollte ich auch sagen? Ich hielt ihre Hoffnungen und ihr Aussageverhalten für verfehlt. Aber das konnte ich ihr nicht erklären. Es schmerzte mich, daß sie meine Kooperationsverweigerung für die Fortdauer auch ihrer Haft verantwortlich machte. Zum Schluß gestattete ihr der Vernehmer sogar, mich zu umarmen.

In den Akten fand ich folgenden handschriftlichen Entwurf Ingrids. Die Stasi muß ihr dazu Schreibzeug zur Verfügung gestellt haben ([1] Bd. 3 (A.N.) 43):

»23.10.70
Dietrich, ich bin der Überzeugung, daß wir hier alles sagen müssen, weil nur das uns noch helfen kann. Es war ein schwieriger Weg für mich, und ich glaube, den muß

jeder allein gehen, auch Du. Ich weiß, daß Du hart gegen Dich selbst sein kannst, aber verrenne Dich nicht und werde nicht gleichgültig, es hilft Dir nicht. ~~Ich will dir helfen.~~ Man muß sich auch selbst korrigieren können, tue das bitte bald, sofort, ich rate Dir dazu dringend, ich weiß, daß Dir das sehr schwer werden wird. Mir ging es ähnlich, aber Fr. hat mir den richtigen Weg gewiesen, und ich will / möchte das bei Dir tun. Was Dir helfen kann, ist nicht Gleichgültigkeit, sondern Hoffnung u. Glauben an das Leben.«

Franz und Ingrid saßen in der Kooperationsfalle der Stasi (s. dazu 6. Kapitel).

Erster Einbruch und neue Verteidigungslinie zum Plakat

Gefährliche Vorhalte

Viereinhalb Monate nach der Verhaftung fragte mich der Leutnant direkt nach meiner Beteiligung an der Provokation am 20. Juni 1968 in der Leipziger Kongreßhalle. Seit der Festnahme hatte ich auf diese Frage gewartet. Ich bestritt, an der Durchführung oder an der Vorbereitung in irgendeiner Weise mitgewirkt zu haben. *„Herr Koch, wir wissen, daß Sie daran beteiligt waren, und wir können es Ihnen beweisen",* blieb der Leutnant noch allgemein. Ich beharrte auf meinem vollständigen Leugnen und war aufs äußerste gespannt, ob nun ein Bluff oder echte Beweise kämen. Der Vernehmer hielt mir vor, daß mich Ingrid mit folgenden Aussagen belastete: *Ich hätte ihr etwa 1969 erzählt, zusammen mit Stefan an der Plakatprovokation beteiligt gewesen zu sein. Ich selbst hätte die Sache mit dem Uhren-Mechanismus zum Entrollen des Plakats gemacht. Weiterhin hätte ich ihr auf ihre Frage, wer noch davon wüßte, auch gesagt, daß ich meine damalige Frau Eva in meine Beteiligung eingeweiht hätte.* Diesen Vorhalt empfand ich als furchtbaren Schlag. Da aber der Leutnant mir Ingrids Aussage nicht wörtlich verlesen hatte, leugnete ich weiterhin, schon um Zeit zu gewinnen. Der Leutnant kündigte mir eine erneute Gegenüberstellung mit Ingrid an: *„Frau Jütte wird Ihnen auf den Kopf zusagen, was Sie ihr erzählt haben. Koch, ich bin gespannt, ob Sie Ihre Lügen auch in Gegenwart von Ingrid Jütte wiederholen."*

In seiner Ergebnistabelle schrieb der Leutnant über diese Vernehmung: *»31.8.: leugnet, an der Provokation in der Kongreßhalle (...) beteiligt gewesen zu sein.«*

Zurück in meiner Zelle fand ich keine Ruhe. Während die Stasi mit der ersten Vorführung Ingrids erreichen wollte, mich emotional umzustoßen, sollte sie nun ihre belastenden Aussagen in meiner Gegenwart wiederholen. Mir wurde klar, daß ich dagegen meine Position des absoluten Bestreitens nicht mehr aufrechterhalten könnte. Es würde mir schwerfallen, wahrscheinlich unmöglich sein, Ingrid von Angesicht zu Angesicht zu widersprechen, wo sie doch die Wahrheit sagte. Vor allem wäre es sinnlos und gefährlich; denn Ingrid würde nur nach weiteren Bestätigungen für die Richtigkeit ihrer Aussagen suchen und sich vielleicht noch genauer erinnern. In einer schlafarmen Nacht rekapitulierte ich die bisherigen und die möglicherweise noch zu erwartenden Indizien und wendete meine gesamte Lage hin und her. Ich sah nur den Ausweg, mich auf eine *neue Verteidigungsposition* zurückzuziehen: *Ich würde die Gespräche mit Ingrid, Eva und vielleicht Bärbel zwar pauschal zugeben, aber alle meine Erzählungen als bloße Prahlerei hinstellen.* Nach langem Abwägen meinte ich, diese neue Verteidigungslinie halten zu können.

„Alles nur Angabe"

Am nächsten Morgen eröffnete der Leutnant den Kampf ohne Umschweife:

»*Frage: Sagen Sie aus, welche strafbaren Handlungen von Ihnen bezüglich des Vorkommnisses am 20.6.1968 anläßlich des III. Internationalen Bachwettbewerbes in der Leipziger Kongreßhalle zum Entrollen eines Transparentes mit einem gegen die staatlichen Maßnahmen der Deutschen Demokratischen Republik gerichteten Inhalt begangen wurden!*

Antwort: Ich habe keine strafbaren Handlungen dieser Art begangen, was ich bereits in meiner Vernehmung am 31.8.1970 aussagte. Ich hatte mit dieser Sache in der Leipziger Kongreßhalle am 20.6.1968 nichts zu tun.«

Zunächst bestritt ich weiterhin alles, da ich mich nicht geschlagen geben wollte, solange mir keine Beweise vorgelegt wurden. In der Konzeption (*Dok. 32 S. 1, 3*) sehe ich mein Verhalten und die Taktik der Stasi recht gut wiedergegeben:

»*Seine Devise ist, er kann nur für das bestraft werden, was bewiesen ist. Und was wir nicht beweisen können, darüber sagt er nichts aus. (...) Während den Vernehmungen hält er sich konsequent an sein Konzept (...)*

Aufgrund unserer Kenntnis seiner Taktik des Kennenlernens der Beweise dürfen keine konkreten Vorhalte gemacht, wenn nicht notwendig, nichts vorgelesen, sondern allgemeinkonkrete Vorhalte gemacht werden, die ihn nicht wissen lassen, was uns im Detail bekannt ist – das kann ihn veranlassen, auch einmal etwas mehr zu sagen.«

Da ich stets mit Zugeständnissen wartete, war die Stasi gezwungen, mir konkretere Vorhalte zu machen. Daraufhin las mir der Leutnant detailliert die belastenden Aussagen Ingrids vor: *Ich hätte Ingrid angedeutet, am Auslösemechanismus gearbeitet und auch Eva davon erzählt zu haben.* Er zeigte mir die von Ingrid unterschriebenen Protokolle und kündigte an: „*Herr Koch, ich lasse jetzt Frau Jütte herbringen, wenn Sie weiter leugnen.*" Da ich eine Gegenüberstellung mit Ingrid vermeiden mußte, blieb mir nichts mehr übrig, als mich auf die *Alles-nur-Prahlerei-Position* zurückzuziehen. Meine neue Verteidigung, die ich vollständig zitiere, hatte ich mir die Nacht lang durch den Kopf gehen lassen, um möglichst wenig Ansätze zu weiteren Fragen zu liefern. *Ich schob alles auf Stefan:*

»*Ich erinnere mich nicht mehr, daß sich die Sache am 20.6.1968 in der Leipziger Kongreßhalle ereignete. Mir ist lediglich noch in Erinnerung, daß mich W..., Stefan*

einige Tage nach diesem Ereignis aufsuchte, wobei ich nicht mehr mit Sicherheit sa-
gen kann, ob diese Begegnung in der Wohnung meiner Eltern stattfand, wo ich mich
während dieses Zeitraums aufgehalten hatte. W... stellte an mich die Frage, ob ich
während des Bachwettbewerbes in der Kongreßhalle gewesen wäre, was ich vernein-
te. W... bezog sich dabei auf die Anbringung des Transparentes, auf dem der Wie-
deraufbau der Universitätskirche gefordert wurde. Ich weiß heute nicht mehr, ob mir
das bereits vor der Begegnung mit W... bekannt geworden war. W... sagte zu mir,
daß er diese Sache durchgeführt habe, wobei er von weiteren Personen unterstützt
worden sei. Diese Personen kenne ich weder, noch nannte W... sie mir.

Er gab keinen genauen Bericht und nannte nur einige Einzelheiten. W... berich-
tete, das Plakat sei von einem Wecker mit ausgebautem Läutwerk ausgelöst worden
und betonte, daß er alle Spuren verwischt und zur Anfertigung verwendete Gegen-
stände vernichtet habe. An weitere Einzelheiten erinnere ich mich nicht. Ich kann
nicht sagen, wie ich auf die Schilderungen von W... reagierte. In der Folgezeit habe
ich verschiedenen Personen davon Mitteilung gemacht.«

Auf dieser Grundlage konnte ich nun versuchen, Ingrids Belastungen wegzuinterpretieren. Fälschlich hätte ich einiges, was mir Stefan erzählt habe, Ingrid
und Eva gegenüber als meine eigene Mitwirkung ausgegeben. Dies alles sei bloßes Imponiergehabe gewesen. Natürlich sollte ich nun die Gründe dafür erklären. Zunächst erläuterte ich, warum ich Eva gegenüber angeblich geprahlt hätte:

»Ich kann nur sagen, daß unsere Ehe in ein Krisenstadium getreten war. Während
dieser Zeit war ich in schlechter psychischer Verfassung und hatte keinen Erfolg in
meinem Beruf, was mir meine Frau öfter vorhielt. Da ich nicht die Absicht hatte,
mich scheiden zu lassen, war ich um eine Verbesserung unserer Beziehungen
bemüht. In diesem Zusammenhang habe ich meiner Frau diese Angelegenheit von
*W... und mir so dargelegt, **um meiner Frau zu imponieren**, was mir auch gelang.«*

Jede Aussage konnte Schwierigkeiten für andere nach sich ziehen. Der Vernehmer warf mir sofort vor, ich hätte Eva unterstellt, die *Provokation* in der Kongreßhalle positiv zu bewerten. Ich erklärte, daß sie als Mitglied des Universitäts-
chores und als Orgelschülerin von Professor Köbler wertvolle persönliche Erinnerungen an die Universitätskirche hatte. Sorgen machte mir, daß Eva bei einem
Verhör in Schwierigkeiten kommen könnte, da sie sicher erst leugnete, von mir
etwas gehört zu haben, dann aber meine Aussagen geschickt aufbereitet vorge-
setzt bekäme. Ihr müßte unverständlich sein, wie ich zu meinem „Geständnis"
und zu meiner Alles-nur-Prahlerei-Verteidigung gekommen war. Ich vertraute
jedoch auf ihre Klugheit und ihre nacheheliche Solidarität. In gleicher Weise begründete ich meinen Bericht an Ingrid mit Prahlerei: Als sie 1969 mir gegenüber
die Vermutung äußerte, Stefan habe etwas mit dem Plakat in der Kongreßhalle
zu tun gehabt, gab ich ihr zu verstehen, daß ich an der Sache gemeinsam mit
Stefan W.*»beteiligt gewesen wäre: Ich sagte Frau Jütte, daß ich die Sache mit der*
Uhr, die den Mechanismus zum Entrollen des Plakates ausgelöst hat, gemacht
hätte.«

Ich erinnere mich noch an den mühsamen Kampf um die letzten *ä-Striche*, die zunächst im Protokoll gefehlt hatten. Auf die Frage nach den Gründen meiner Prahlerei antwortete ich:

»Als ich das meiner Frau erzählt hatte, konnte ich feststellen, daß es auf sie Eindruck gemacht hatte, wobei ich bei Frau Jütte eine ähnliche Reaktion erwartete. Ich hatte zu Frau Jütte ein gutes Verhältnis. Es kam jedoch manchmal zu Spannungen, die sich durch unsere unterschiedlichen Charaktere begründeten. Näheres kann ich dazu nicht sagen.«

Diese Protokollpassage läßt nur noch ahnen, welchen Fallgruben ich entgehen mußte. Wie Ingrid reagiert habe, wollte der Leutnant wissen. Ich wich aus:

»An ihre Reaktion erinnere ich mich nicht mehr.«

Denn daß sich Ingrid über diese Protestaktion gefreut hatte, wollte ich nicht zu sehr betonen. Auf die zwangsläufige Frage nach den Gründen meiner Prahlerei Ingrid gegenüber sagte ich, ich hätte ihr ebenso wie meiner geschiedenen Frau imponieren wollen. Der Leutnant hakte ein. Bekanntlich hätte ich ein gutes Verhältnis zu Frau Jütte gehabt. Ich nickte. Dann sei es aber unverständlich, warum ich ihr hätte imponieren wollen. Manchmal hätte es schon Schwierigkeiten gegeben, räumte ich ein. Prompt fragte der Leutnant nach solchen Spannungen. Aussagen über zwischenmenschliche Probleme hätte die Stasi wiederum Ingrid gegenüber ausgenutzt. Auf all diese Fragen mußte ich unverfängliche Antworten finden. Sonst hätte ich niemandem gegenüber mit meiner Mitwirkung geprahlt, wies ich alle Bemühungen des Vernehmers ab, weitere Namen genannt zu bekommen.

Abgesehen von zwei Essenspausen dauerte dieses Verhör von 7.30 – 19.50 Uhr.

Der Leutnant hatte den Ehrgeiz, mich ohne Vorhalte zu Aussagen zu bewegen, wenigstens wollte er seine Vernehmungskunst für seine Vorgesetzten so darstellen. Deshalb schrieb er nicht ins Protokoll, mir mit einer Gegenüberstellung Ingrids gedroht zu haben. Diesmal aber ist dieses Druckmittel aus meiner Aussage zu erkennen. Wie meistens, wenn ich durch Vorhalte gezwungen worden war, von einer früheren Aussage abzurücken, folgte die mich jedesmal besonders peinigende Aufforderung zur Rechtfertigung. Ausnahmsweise konnte ich den Spieß umdrehen: Ich reklamierte für meine neue Lügenposition besondere Glaubwürdigkeit, da ich meine Aussage zwar nach Vorhalt, aber ohne Gegenüberstellung gemacht habe.

»Frage: Warum haben Sie in der bisherigen Untersuchung keine Aussagen zu der durchgeführten Provokation im Juni 1968 gemacht?

Antwort: Im Verlauf der gestrigen und heutigen Vernehmung mußte ich annehmen, daß mir Frau Jütte gegenübergestellt wird, die dann den Inhalt des von mir in dieser Vernehmung genannten Gespräches mit ihr in der Gegenüberstellung wiedergegeben hätte. Ich schätzte ein, daß meine darauf folgenden Aussagen nicht glaubhaft gewesen und als Ausrede eingeschätzt worden wären.«

Preisgabe

Die Drohung des Leutnants mit Ingrids Aussagen war ernst zu nehmen, wie ich heute lese. Am 1.9.1970 hatte Ingrid sich von sich aus zur Vernehmung gemeldet, um über die Plakataktion auszusagen (Protokoll: [1] Bd. 7 (A.N.) 81–86). Als Hintergrund führt Ingrid an:

>*Seit Anfang Mai 1969 unterhalte ich zu Dietrich Koch ein freundschaftliches Verhältnis. Wir bringen uns sehr viel Vertrauen entgegen. Er hat mir bezüglich meiner zerrütteten Ehesituation moralische Unterstützung gewährt, damit ich mich nicht selbst aufgebe. In praktischen Dingen ist er mir ebenfalls sehr behilflich gewesen.*

>*Während eines Gespräches, nach meiner Erinnerung ist es am „Jahrestag der Entrollung des Plakates" gewesen, fragte ich Koch, was wohl mit den Personen geworden ist, die diese Sache durchgeführt haben. Koch sagte mir, daß man diese Personen nicht gegriffen habe und dies auch nicht tun könnte, weil sie die DDR ungesetzlich nach Westdeutschland verlassen haben (...)«*

Es seien Stefan W. und Harald Fritzsch gewesen, und er *»würde nie über diese Tat eine Aussage machen«*. Für die Einzelheiten zitiere ich S. 4 des sechsseitigen Protokolls (*Dok. 15*). Zunächst einmal bin ich froh, Ingrid weder Gurgels als Mitwisser noch Eckhard oder Treumann als Beteiligte genannt zu haben. Ihre Erinnerung ist ungenau. Wie sie zur Passage über die *angebliche Plakatmalerin* kommt, war mir unklar, bis ich Franz' Klopfbericht fand (s. Abschnitt »*Koch log*«). Ich habe nie eine Studentin der Hochschule für Grafik und Buchkunst persönlich oder auch nur namentlich gekannt. Vielleicht hatte ich eine Vermutung Ingrids nicht ausdrücklich dementiert, um von Potsdam abzulenken. Das Protokoll enthält weiterhin: Ich habe Ingrid nichts darüber gesagt, wo diese *Provokation* vorbereitet wurde, auch Eva habe *Kenntnis über die Vorbereitung und Durchführung der Provokation in der Leipziger Kongreßhalle,* und bereits *Franz* habe Ingrid mitgeteilt, daß diese Sache der W..., Fritzsch und Koch durchgeführt haben. Ingrid vermutet, er habe diese Kenntnis von Koch, W... oder Fritzsch.

Erschütternd für mich ist, daß Ingrid von der Darstellung ihrer Vertrauensbeziehung zu mir nahtlos zu Aussagen übergeht, die objektiv Verrat sind (vgl. 5. Kap. Abschn. 9). Sie hat dies wohl damals anders erlebt, weil sie inzwischen eine umfassende Aussage für das Beste hielt – auch für mich. Sie glaubte, es trüge zur Verkürzung unser aller Haftzeiten bei, wenn die Stasi möglichst schnell schlechthin alles erführe. Daß die Preisgabe von Vieraugengesprächen, jedenfalls solange ich darüber nichts gesagt hatte, dieses Ziel verfehlte, merkte sie nicht mehr. Ihre Hoffnung, Weihnachten wieder bei ihren Kindern zu sein, erfüllte sich natürlich nicht. Nach weiteren 15 Monaten Untersuchungshaft wurde sie zu fünfeinhalb Jahren verurteilt.

Die Stasi hatte bei ihr eine solche Realitätsverzerrung erreicht, daß ihr Urteilsvermögen geschwächt war. Im gleichen Atemzug, in dem sie ihr Vertrauen zu mir damit begründet, daß ich sie nicht an die Staatssicherheit verrate, verrät sie mich

(Vernehmungsprotokoll Ingrid Jütte vom 28.12.1970: [22] Bd. 5 85): *»Das alles hat dazu geführt, daß ich gegenüber KOCH Vertrauen hatte. Ich brauchte bei ihm nicht damit zu rechnen, daß er mich verrät, zumal er gemeinsam mit Stefan W... und Harald FRITZSCH die Provokation am 20.6.1968 anläßlich der Abschluß-veranstaltung zum III. Internationalen Bachwettbewerb in der Leipziger Kon-greßhalle vorbereitet und durchgeführt hat.«*

Ein Wissen Franz' über die Plakataktion führte die Stasi – möglicherweise irr-tümlich – auf Stefan zurück, wie sie im ZOV »Heuchler« festhielt ([5] Bd. 3 334): *»J. hat Kenntnis von der feindlichen Aktion in der Kongreßhalle (Plakat Bach-wettbewerb) vermutlich von W... (wird in der Vernehmung der J., I. vom 3.9.1970, Seite 3 bestätigt)«*

Der MfS-Schlußbericht (S. 9) legte mir sogar die Andeutungen meinen Freun-den gegenüber als staatsfeindlich aus:

»Im Laufe des Jahres 1969 brüstete sich KOCH wiederholt in aufwieglerischer Absicht mit dieser Tatbeteiligung gegenüber den Zeugen KOCH, Eva, JÜTTE, Ingrid, JÜTTE, Franz und MAY, Uwe, wobei sich JÜTTE, Ingrid dadurch in ihrer gegnerischen Einstellung noch bestärkt fühlte und ihre staatsfeindliche Tätigkeit intensivierte.«

Bloßstellung

Parallel zu den dargestellten Verhören versuchte die Stasi, sich der Plakatsache auch dadurch zu nähern, daß sie zu meinem Verhalten auf dem Karl-Marx-Platz vor der Sprengung der Universitätskirche erneut ermittelte. Schon wegen eines möglichen gemeinsamen Motivs lag es nahe, daß die Stasi auch hier zusetzte.

Wenige Wochen nach meiner zitierten ersten Einlassung zu meiner Festnahme war diese erneut Vernehmungsgegenstand. Natürlich hatte ich damals meinen Freunden über diese Vorgänge und auch über die vielstündigen Verhöre bei der Volkspolizei erzählt. Den Fragen, wem ich was über mein Verhalten vor der Uni-versitätskirche und in den anschließenden Verhören berichtet hätte, wich ich lan-ge mit nichtssagenden Antworten aus. Der Leutnant warf mir zunächst ohne Vorhalte vor, ich hätte anderen auf Grund meiner Erfahrungen nach der Fest-nahme Verhaltensmaßregeln für den Fall, daß sie verhaftet würden, erteilt. Da der Leutnant die angeblichen Aussagen Ingrids nur referierte, aber nicht wörtlich vorlas, blieb ich bei meinem harschen Bestreiten. Aber ich ahnte, daß Ingrid ge-redet hatte, klammerte mich jedoch immer noch an die Hoffnung, der Verneh-mer habe nur geblufft.

Wieder brachte mich die Stasi nach der nun schon bekannten Methode in Schwierigkeiten. Einen Monat später zeigte mir der Vernehmer mehrere Proto-kollseiten der Aussagen Ingrids. Ich hätte meine Festnahme als »Repressalie« bezeichnet, mich damit gebrüstet, daß es mir *»gelungen sei, den Vernehmer zu* *täuschen«.* Die Volkspolizei hätte mich wieder entlassen müssen, weil ich *»standhaft«* gewesen wäre:

»Frage: Aus einem weiteren Auszug der Vernehmung der Beschuldigten Jütte vom 28.9.1970 geht hervor, daß auf Grund Ihrer Initiative festgelegt wurde, wie das Verhalten von Ihnen und Jüttes bei einer möglichen Verhaftung durch die Sicherheitsorgane einzurichten wäre. Dazu wird Ihnen von Blatt 2 der genannten Vernehmung ab den Worten „Nach der Absprache über diese Auslagerung ...“ bis zu den Worten „... diese Festlegung ging von Dietrich KOCH aus“ vorgelesen. Sagen Sie dazu aus!

Antwort: Solche Festlegungen wurden nicht getroffen. Ich habe keinerlei Initiative entwickelt.

Frage: Die Beschuldigte Jütte sagte in der genannten Vernehmung weiterhin aus, daß Sie in Verbindung mit ihrer Festnahme im Jahr 1968 durch Angehörige der Deutschen Volkspolizei äußerten, wieder entlassen zu sein, weil Sie „standhaft“ gewesen waren und es Ihnen gelungen wäre, den Vernehmer zu täuschen. Es wird Ihnen dazu von Blatt 2-4 der Vernehmung ab den Worten „KOCH hatte bei Vernehmungen schon ...“ bis zu den Worten „... von seiten der Deutschen Volkspolizei“ vorgelesen. Nehmen Sie dazu Stellung!

Antwort: An dem genannten Abend wurde darüber nicht gesprochen. Ich habe Frau Jütte zu einem mir nicht mehr erinnerlichen Zeitpunkt gesagt, daß ich auf dem Leipziger Karl-Marx-Platz festgenommen wurde.

Daß ich sagte, das als Repressalie angesehen zu haben, ist nicht wahr. Außerdem war ich nicht zwei Tage, sondern nur einen Tag festgehalten worden. Ich habe auch den Vernehmer bei der Volkspolizei nicht getäuscht. Das ist unwahr, was Frau Jütte dazu sagt. Das Thema Universitätskirche wurde an dem genannten Abend in Jüttes Wohnung überhaupt nicht erwähnt.

Frage: Was haben Sie gegenüber Frau Jütte zu Ihrem Aufenthalt auf dem Leipziger Karl-Marx-Platz, bei dem es zu Ihrer Festnahme kam, erzählt?

Antwort: Die von Frau Jütte vorgenommene Darstellung in ihrer Vernehmung ist nicht richtig.

Frage: Ihnen wird ein erneuter Auszug aus der genannten Vernehmung der Beschuldigten Ingrid Jütte von Blatt 5 ab den Worten „An dem Abend, als wir erfahren hatten ...“ bis zu den Worten „... wie ich mich bei Vernehmungen zu verhalten habe“ vorgelesen.

Die Beschuldigte sagt aus, von Ihnen Ratschläge erhalten zu haben, wie sie sich bei eventuellen Vernehmungen zu verhalten habe. Sagen Sie dazu aus!

Antwort: Diese Aussage von Frau Jütte ist unwahr.«

‚Warum mußte Ingrid über Vier- oder Sechsaugengespräche berichten?‘ verzweifelte ich fast. Mit dem Rücken zur Wand, fiel mir nichts Besseres ein als bloßes Bestreiten. Das Protokoll ist insoweit auch ein Dokument meiner Hilflosigkeit. Aber es kam noch schlimmer. Der Leutnant las mir eine Aussage Ingrids vor, ich hätte ihr *Ratschläge* gegeben, wie sie sich bei eventuellen Vernehmungen verhalten solle:

»*Frage:* Welche Verhaltensmaßregeln erteilten Sie anderen Personen bei eingeleiteten strafrechtlichen Maßnahmen?

Antwort: Ich habe keine Verhaltensmaßregel erteilt, weil ich dazu keine entsprechenden Erfahrungen hatte. In Verbindung mit dem Vorfall am Karl-Marx-Platz wurde ich bei der Volkspolizei lediglich 24 Stunden festgehalten, woraus ich keine Erfahrungswerte ableiten konnte, wie man sich bei einer Untersuchung zu verhalten hat.

Frage: **Dem Untersuchungsorgan ist bekannt, daß Sie der Beschuldigten Jütte, Ingrid, gegenüber vor ihrer Inhaftierung den Hinweis gaben, bei Vernehmungen zu strafbaren Handlungen keine Aussagen zu machen und in Verbindung mit anderen Personen keine Belastungen vorzubringen. Dem Untersuchungsorgan wäre es dann nicht möglich, eine Straftat nachzuweisen. Nehmen Sie dazu Stellung!**

Antwort: Ich kann nur wiederholen, daß ich solche Äußerungen nicht gemacht habe. Wenn Frau Jütte das gegen mich aussagt, dann lügt sie.

Frage: Welche Gespräche fanden in der Wohnung des Ehepaares Jütte in Ihrer Anwesenheit über die Möglichkeit einer Inhaftierung statt?

Antwort: Derartige Gespräche haben in meiner Anwesenheit nicht stattgefunden.«

Was ich Ingrid damals als meine Grundsätze vor der Kriminalpolizei genannt hatte, sagte sie nun als meine Verhaltensmaßregeln für sie aus: *Das Beste ist, sich selbst und andere bei Verhören über strafbare Handlungen nicht zu belasten.* Ich war entsetzt, daß Ingrid auch diese heiklen Gespräche mitgeteilt hatte, und konnte nur rundheraus bestreiten. Dies war ein besonders schwerer Einbruch. Ingrid hatte nicht nur irgendeine meiner Handlungen oder Äußerungen preisgegeben, ich fühlte mich insgesamt als Person verraten. Mir war hundeelend; ich kam mir nackt ausgezogen vor. Abgesehen davon, daß Ingrids Aussage für mich strafrechtlich von Bedeutung war, ist mir dieser Vernehmungstag als einer der menschlich bedrückendsten in Erinnerung geblieben. Ich war in meiner Ecke ganz klein in mich zusammengesunken. Der Leutnant sah, wie mich die Illoyalität Ingrids niederschmetterte, und versuchte, meine verzweifelte Stimmung auszunutzen. „Natürlich leugnen Sie", sagte er. „Alles zu leugnen, gehört zu Ihren Grundsätzen, die ich Ihnen gerade mit Frau Jüttes Worten vorgelesen habe." Er höhnte: „Koch, Sie wissen, wir kennen Ihre taktische Konzeption jetzt. *Aber eine Taktik, die der andere kennt, ist nichts mehr wert. Ihre Taktik ist verbrannt.* Koch, leugnen hilft Ihnen jetzt nicht mehr. Arbeiten Sie mit, so wie das Ehepaar Jütte gut mitarbeitet. Das ist das einzige, was Ihnen jetzt noch übrig geblieben ist."

Hatte der Vernehmer wirklich recht damit, daß meine Verhaltensprinzipien durch ihre Entdeckung unbrauchbar geworden waren? Auf einmal sah ich meinen Vater in meiner Kindheit vor mir und erinnerte mich an Ratschläge, die er meinem Bruder und mir beim Schachspielen gegeben hatte: „*Mache keinen Plan, der auf die Dummheit des Gegners baut und der gescheitert ist, wenn dieser ihn durchschaut! Eine wirklich gute Strategie bewährt sich auch dann noch, wenn sie dem Gegner bekannt ist.*" Von dieser Art schien mir mein Grundsatz ,*Sich selbst und andere nicht belasten!'* zu sein. Er blieb auch unter den neuen Bedingungen der Bloßstellung weiterhin richtig. Daß mir das Schachspielen einfiel, bedeutet nicht, ich hätte das Verhör als ein Spiel angesehen. Es war bitterer Ernst. Ich durfte mich nicht emotional von Ingrids Verrat überwältigen lassen. Die Erinnerung an meinen Vater ließ mich wieder die nötige Distanz zur Situation gewinnen. Er war ein geradliniger Mann. Sein Strategem, nicht einmal beim Spiel auf Winkelzügigkeit zu setzen, war mir in dieser Situation eine emotionale Hilfe. Ich mußte den als richtig erkannten Weg – und das war hier, alle Beschuldigungen zu leugnen – weiter gehen: „Aber ich arbeite doch gut mit und mache doch wahrheitsgemäße Aussagen, Herr Leutnant." Bei dieser Erwiderung lachte der Vernehmer stets gequält auf.

Der Schaden, den mir Ingrid zugefügt hatte, bestand nicht so sehr darin, daß die Stasi erst durch sie meine Prinzipien erfahren hätte – diese hatte sie schon aus meinem Verhalten entnommen –, sondern in der Bloßstellung. Wenn der Vernehmer mich in Zukunft einer Unwahrheit überführen konnte, höhnte er gelegentlich: „Aber natürlich leugnen Sie, Koch. Frau Jütte hat uns ja über Ihre Grundsätze berichtet." Es war ohnehin schon schwer genug, den Leutnant ständig zu belügen. Aber vorgehalten zu bekommen, daß der andere weiß, es gehört zu den eigenen Grundsätzen, ihn zu belügen, macht dies noch schwieriger.

Diese Aussagen Ingrids über mein Verhalten auf dem Karl-Marx-Platz verstärkten die Anklage wegen Hetze vor der Universitätskirche (Anklageschrift, S. 4):

»Der Beschuldigte K o c h konnte sich zum damaligen Zeitpunkt der Strafverfolgung entziehen, da er sich verschiedene Grundsätze für sein Verhalten in der Vernehmung zurechtgelegt hatte, geschickt leugnete (…).«

Zudem setzte die Anklageschrift (S. 6) meine Erzählung über meine erste Festnahme zu der angeblichen staatsfeindlichen Gruppe in Beziehung:

»Der Beschuldigte fand auf Grund seiner geschickten Formulierungen und eines umfangreichen Faktenwissens Anerkennung in der Gruppe und sah seinen Geltungsdrang befriedigt. Deshalb spielte er sich insbesondere vor dem Ehepaar Jütte mit seinem Verhalten vor der Deutschen Volkspolizei im Jahre 1968 auf (…)«

Die Stasi hatte zwischen meinem Protest vor der Universitätskirche und dem Plakat in der Kongreßhalle zumindest einen Motivzusammenhang hergestellt, mit dem sie den Druck auf mich verstärken konnte.

Verhärtung

»1.9.: Beteiligung an Provokation gestanden, angeblich nur geprahlt« – hatte der Leutnant in seiner Ergebnistabelle über das geschilderte erste Verhör mit meiner neuen Prahlerei-Verteidigung handschriftlich notiert. Das ist erstaunlich; denn das Protokoll dieses Verhörs enthält keineswegs ein Geständnis. Offensichtlich nahm die Stasi meine Verteidigung nicht ernst und erwartete, diesen kleinen

Schönheitsfehler bald beheben zu können. Dies gelang ihr jedoch nicht. Sie hatte meine vorangegangene Einlassung analysiert. Die Vernehmungen dazu wurden mehrfach wiederholt. In meiner Zelle rekapitulierte ich, was ich gesagt hatte. Es war schwer, über längere Zeiten ein Gebäude von Halbwahrheiten im Kopf zu behalten. Die Stasi versuchte, mich in Widersprüche zu verwickeln und behauptete, ich hätte früher anderes ausgesagt. Immer wieder wurden mir die gleichen Fragen gestellt: *Welche Kenntnisse haben Sie schon vor der Provokation davon erhalten; welche Treffs haben zu deren Vorbereitung stattgefunden; welche Einzelheiten hat Ihnen Stefan W. mitgeteilt; wie stehen Sie zu Stefan W.; warum hat er gerade Ihnen eine Mitteilung über die Provokation gemacht; hat er sich vorher Ihrer Reaktion versichert; was für politische Ansichten hat Herr W.; wer außer ihm war noch beteiligt; wie waren Ihre Reaktion und die Ihrer Freunde; warum haben Sie geprahlt; was genau haben Sie Ihrer geschiedenen Frau und Frau Jütte gesagt; wie haben diese darauf reagiert?*

Als Beispiel für die Versuche, mich über Motive und Einstellungen in Schwierigkeiten zu bringen, zitiere ich meine Antwort auf die heikle Frage nach meiner Reaktion auf Stefans Mitteilung:

»Ich war davon überrascht, denn die Ungewöhnlichkeit dieses Ereignisses hatte mich überrascht. Ansonsten empfand ich diese Angelegenheit als zu theatralisch. Ich hätte es lieber gesehen, wenn bei der Umgestaltung des Karl-Marx-Platzes die Universitätskirche in das Gesamtbild einbezogen worden wäre, weil ich damals der Ansicht war, daß die Kirche einen bestimmten kunsthistorischen Wert besaß. Nachdem von staatlicher Seite ein Beschluß vorlag, die Kirche abzureißen, betrachtete ich es als nicht sinnvoll, dagegen noch etwas unternehmen zu wollen.«

Um für weitere mögliche Entwicklungen gewappnet zu sein, durfte ich den Protest weder zu stark verdammen noch zu sehr rechtfertigen. Ausgewogene Erklärungen, mit denen man sich zukünftige Interpretationen offenhält, sind am heimischen Schreibtisch gut zu entwerfen. Ich aber mußte sie unter dem Druck der Vernehmungssituation blitzschnell erfinden. Zudem mußte ich auf einer richtigen Protokollierung bestehen, während der Leutnant zugespitzte Polizistenformulierungen unterzubringen suchte. Hinter einer solchen Passage steht ein langer Kampf. Bei der geringsten Blöße hakte der Leutnant nach, so beispielsweise beim letzten Satz.

»Frage: Weshalb haben Sie sich anderen Personen gegenüber damit gebrüstet, Mittäter bei der Provokation im Jahre 1968 in der Leipziger Kongreßhalle gewesen zu sein, wenn Sie eine derartige Handlung für nicht sinnvoll erachteten?«

Ich argumentierte, daß Voraussetzung für den Erfolg einer Prahlerei nicht die eigene Bewertung, sondern die der Gesprächspartner sei, mußte aber aufpassen, diese dadurch nicht ideologisch zu belasten. Im Protokoll steht dann nur:

»Antwort: Ich habe mich damit gebrüstet, weil ich wußte, diese Personen damit beeindrucken zu können. Über die Beweggründe dazu sagte ich bereits in meiner Vernehmung am 1.9.1970 aus.«

In den nächsten Wochen kamen ein paar neue Vorhalte hinzu, die mir keine großen Schwierigkeiten machten. Auf einen hin mußte ich zugeben, auch mit Franz kurz über die Plakataktion gesprochen zu haben. Von Eva behauptete der Vernehmer später »allgemeinkonkret« (vgl. Konzeption 1.1.5), sie habe mich belastet, zeigte mir aber keine Protokolle, so daß ich keine Probleme bekam.

Mit *Michael Flade* hatte ich mich öfter bei Ingrid oder ihm über Kunst und Literatur unterhalten, gelegentlich auch über Politik, wie es unter regimekritischen Freunden üblich war. Heikel war ein Vorhalt Ingrids am 7.9.1970: Im Herbst 1969 habe sie mir erzählt, Franz habe von Flade, der sich damals Fladek nannte, erfahren, daß dieser etwas über die Beteiligten der Plakatprovokation wisse. Daraufhin hätte ich seine Kenntnis wegen möglicher Gefahren für mich testen wollen. Tatsächlich hatte ich damals den Eindruck, daß Michael etwas über die Beteiligten wisse, aber da ich meine eigene Mitwirkung nicht preisgeben wollte, tasteten wir uns nur vorsichtig ab. Im Verhör antwortete ich nur, zu diesem Thema sei kein Gespräch mit Flade zustandegekommen. Der Leutnant warf mir vor, daraus, daß ich Flades Kenntnis hätte testen wollen, folge, daß ich Angst vor einer Entdeckung gehabt hätte, also Frau Jütte gegenüber nicht nur geprahlt hätte. Ich drehte den Spieß um, wie in der handschriftlichen Protokollfassung zu lesen ist:
»Ich wollte feststellen, ob dem Fladek dazu etwas Konkreteres bekannt ist als mir persönlich. Außerdem ging es mir darum, zu sichern, daß das Ehepaar Jütte nicht zu der Feststellung kommt, daß ich an der Vorbereitung und Durchführung des Ereignisses mit dem genannten Plakat nicht beteiligt war, um ihnen gegenüber nicht als Angeber dazustehen.
Frage: Aus Ihrem Gespräch mit Fladek hätte es sich doch in Anwesenheit von Frau Jütte ergeben können, daß dem Fladek Ihre Nichtbeteiligung bekannt war. Nehmen Sie dazu Stellung!
Antwort: Das hatte ich mir nicht so genau überlegt.«
Das Florettfechten ging eine Weile weiter, aber es blieb ein Patt. Auf die Rechtfertigungsfrage, warum ich dieses Gespräch mit Flade bisher verschwiegen hatte, sagte ich, ich hätte es wegen seiner Bedeutungslosigkeit vergessen.

In wochenlangen Verhören konnte ich meine neue Verteidigungslinie halten. Ich leugnete alle darüber hinausgehenden Vorwürfe und bestritt konsequent jede Beteiligung an der Plakataktion. Beispielsweise steht in einem Protokoll vom 7.9.1970:
»Frage: In welcher Form waren Sie an der Vorbereitung und Durchführung der Provokation am 20.6.1968 zum III. Internationalen Bachwettbewerb in der Leipziger Kongreßhalle beteiligt?
Antwort: Wie ich bereits in vorangegangenen Vernehmungen ausgesagt hatte, war ich an dieser Provokation in keiner Weise beteiligt.«
Nachdem die Stasi einen Monat lang vergeblich versucht hatte, meine Prahlerei-Verteidigung zu durchlöchern, machte der Leutnant zu diesem Komplex eine

zusammenfassende Vernehmung, deren Protokoll ich vollständig zitiere (*Dok. 16*).
(Der Passage zum Vorschlag Stefans, gegen die Universitätskirchensprengung mit
Flugblättern zu protestieren, waren schon Fragen dazu vorangegangen. Ich komme darauf im 7. Kapitel zurück.) Im Unterschied zur eingangs zitierten Bewertung vom 1.9.1970 nahm der Leutnant inzwischen meine Alles-nur-Prahlerei-
Verteidigung ernst, wie seine handschriftliche Bewertung dieses Protokolls zeigt:
»*28.9.: Aussage zur Provokation Juni 68 Kongreßhalle*
(keine Belastungen)«.
Der Leutnant teilte mir am 28.9.1970 mit, daß die Ermittlungen wegen des
dringenden Verdachts, daß ich an der Plakatprovokation beteiligt war, auf staatsfeindliche Hetze erweitert wurden. Dazu verhörte er mich auch am nächsten Tag.

»*Frage: In welcher Weise waren Sie an der Provokation anläßlich des Bachwettbewerbes am 20.6.1968 in der Leipziger Kongreßhalle beteiligt?*

*Antwort: Ich kann nur zum wiederholten Male aussagen, weder an der Vorberei-
tung noch Durchführung dieser Aktion beteiligt gewesen zu sein.*

*Frage: Welche Gespräche führten Sie vor der Durchführung der genannten Provo-
kation?*

*Antwort: Wie ich in vorangegangenen Vernehmungen aussagte, habe ich darüber
keine Gespräche geführt.*«

Austausch des Vernehmers

Als die Stasi begriffen hatte, daß es Leutnant D. mit all seiner Zähigkeit nicht gelungen war, mir das Feigenblatt, mich nur gebrüstet zu haben, wegzunehmen, erwog sie in der Konzeption (*Dok. 32* S. 6), die um diese Zeit verfaßt wurde, einen
Austausch des Vernehmers, da »*sich die beiden Seiten, vor allem der Beschuldigte
KOCH in seiner Haltung zu Gen. D... ziemlich* [v]*erhärtet haben*«. Zunächst einmal freut es mich heute, gewissermaßen als Partner anerkannt worden zu sein.

Unterleutnant P., ein großer Blonder, versuchte es nun vor allem mit groben
Drohungen, brüllte und glaubte offenkundig, meinen Widerstand durch seine
überlegene Physis und sein Imponiergehabe brechen zu können. Er trat mit dem
Anspruch auf, ich müsse mich ihm einfach beugen, weil er groß, stark und schön
sei. Wenn er laut wurde, schwieg ich. Er bekam von mir keine Ergebnisse. Dieser
Hüne stellte mit seinem eher primitiven Verhalten weniger eine Gefahr für mich
dar als der geduldige, beharrlich konsequente und zähe Leutnant D.

Natürlich ließ sich die Stasi beim Vernehmerwechsel auch von der dramatur-
gischen Wirkung leiten: Der Beschuldigte sollte zwischen eher sachlich-nüchter-
nen und brüllend-groben Vernehmern hin- und hergerissen werden. Nach Leutnant D. war die grobschlächtige Art von Unterleutnant P. zunächst erschreckend,
aber bei mir wirkungslos. Deshalb wechselte die Stasi zu einem Oberleutnant H.
Heute glaube ich, daß Unterleutnant P. nur eingeschoben worden war, um den
Kontrast zu diesem auszunutzen. Er war ruhig und schien umgänglich zu sein.

Er wollte sich mit mir auch über private Dinge unterhalten, die nicht zur Sache gehörten, und schien sogar Verständnis für mich zu haben, z. B. für die Schwierigkeiten, die mir Professor V. gemacht hatte. Sein Stil beunruhigte mich. Auch wenn mir rational klar war, daß das Verständnis nur geheuchelt sein konnte, erlebte ich seine Freundlichkeit in dieser Situation der Isolation und der ständigen Drohungen als Anteilnahme. Jedenfalls fällt es leichter, einem grob drohenden Polterer gegenüber Beschuldigungen zu leugnen, ihn nach Strich und Faden anzulügen, als einem verständnisvoll freundlich erscheinenden Menschen. Ich wurde mir dieser Gefahr für meine Widerstandsfähigkeit rasch bewußt und beschloß, einen Versuch zu machen, den Oberleutnant loszuwerden. Ich mußte die Stasitaktik umdrehen. Nach seiner Aussprache hielt ich den Oberleutnant für einen Erzgebirgler, seinen Körperbewegungen und seiner Frisur nach für ausgesprochen eitel. Als er mich in einem Gespräch, das eher auf Vertrauenswerbung zielte und in dem er sich positiv über mich geäußert hatte, fragte, was ich eigentlich von ihm hielte, antwortete ich, wie ich es mir vorher zurechtgelegt hatte: *„Für mich sind Sie nichts weiter als ein eingebildeter erzgebirgischer Inzuchtstrottel."* Daraufhin verlor er die Fassung und brüllte los. Damit war er mit seinem Auftrag gescheitert, umgängliches Gegenstück zu seinem Vorgänger zu sein, und wurde nur noch gelegentlich als zusätzlicher Vernehmer gegen mich eingesetzt. Schließlich übernahm Leutnant D. wieder meine Verhöre. Die Leipziger Stasi hatte wohl keinen geeigneteren Sachbearbeiter für mich als diesen zähen geduldigen Polizistenschlaukopf. Die Stasi war zum Plakatprotest nicht weitergekommen. Ich hoffte, mein Geheimnis bewahren zu können.

Mitbeschuldigte

Appell

Thomas Rust war als erster sehr kooperativ geworden. Mein Vernehmer lobte mir gegenüber sein vorbildliches Verhalten. Rust sage von sich aus alles, was die Stasi interessieren könnte und hatte eigenhändige Niederschriften – in der Bewertung der Stasi eine hohe Form der Geständigkeit – angefertigt, aus denen mir der Leutnant Vorhalte machte. Thomas hatte ich wenig gekannt. Er sagte auch solche Dinge gegen mich aus, für die er sich nur aufs Hörensagen berufen konnte. Der Vernehmer hielt mir auch Thomas' Aussage vor, wonach er erfahren habe, daß ich an der Provokation in der Kongreßhalle beteiligt gewesen sei. Ich konnte nur bestreiten, mit der Plakataktion etwas zu tun zu haben: *„Was soll ich zu dem sagen, was Dritte einander Falsches erzählt haben mögen?"*

Später wurde mir Thomas vorgeführt. Diesmal diente die Gegenüberstellung nicht dazu, widersprüchliche Aussagen zu klären. Er sollte positiv auf mich einwirken. Er sagte mir, er habe eingesehen, daß die einzige Verhaltensmöglichkeit darin bestünde, *alles zu sagen.* Er habe reinen Tisch mit seiner Vergangenheit gemacht. Er wirkte emotionslos, willenlos, merkwürdig ruhig, etwas abgelöst von dieser Welt, wie jemand, der nicht mehr litt. An mich appellierte er, es sei sinnlos, irgend etwas vor dem MfS verheimlichen zu wollen. Sie würden alles herauskriegen: *„Das Beste ist, Du sagst von Dir aus umfassend aus, so wie ich es gemacht habe."*

Besonders gefährlich war, daß Thomas mich beschuldigte, *ich sei an der »Provokation in der Kongreßhalle« beteiligt gewesen.* Uwe May habe ihm davon erzählt. Die Beschuldigung von dieser Seite kam ganz unerwartet. *Ich konnte sie nicht mit meiner Alles-nur-Prahlerei-Verteidigung abwehren, da ich nicht die Quelle war.* Ein schwerer Schlag! Hilflos erwiderte ich nur, das müsse ein Irrtum sein.

Von allen Mitbeschuldigten, die mir in der U-Haft gegenübergestellt wurden, wirkte Thomas am stärksten gebrochen. Er hatte sich in sein Schicksal ergeben. Ich erlebte ihn als jemanden, dem es ganz selbstverständlich zu sein schien, mit der Stasi zu kooperieren, und bemerkte keinerlei Unbehagen an ihm, als er mich drängte, mich seinem Verhalten anzuschließen. Ich war erschüttert darüber, was die Stasi in wenigen Monaten aus jemandem machen konnte, den ich als stolz in Erinnerung hatte. Eine Auseinandersetzung mit ihm in der Gegenüberstellung erschien mir als sinnlos. Seine Vorführung berührte mich peinlich. Im anschließenden Verhör mit dem Vernehmer blieb ich bei meiner Linie. Ich sei ebenfalls zur wahrheitsgemäßen Aussage bereit, nur hätte ich eben nichts zu gestehen. Diese Gegenüberstellung charakterisierte Leutnant D. in einer handschriftlichen Notiz im wesentlichen richtig:

»Aktenvermerk

Am 21.10.1970 wurde Rust, Thomas, dem Beschuldigten Koch, Dietrich, gegenübergestellt. Ein Protokoll wurde darüber nicht angefertigt.

*Rust legte dem Koch dar, daß er (Rust) versucht habe, das Untersuchungsorgan durch unwahre Aussagen zu täuschen, was ihm nicht gelungen wäre, bis er sein Verhalten als nutzlos erkannte und wahrheitsgemäß ausgesagt hätte. Im Zusammenhang damit habe er auch über ihm bekannt gewordene strafbare Handlungen des **Koch wie z. B. über seine Beteiligung an der Provokation in der Kongreßhalle** und über die Absicht, die DDR ungesetzlich nach WD zu verlassen, ausgesagt.*

Koch hinterließ den Eindruck, daß er bei ihm Wirkung hinterlassen hatte, was sich jedoch in seinen Aussagen nicht bestätigte. *D… Ltn.«*

Mich beunruhigte sehr, daß Uwe wegen der Plakataktion etwas zu Thomas gesagt haben sollte. Ich vergegenwärtigte mir mein Gespräch mit Uwe im Herbst 1969, als ich ihm von dem Gerücht erzählte, das mich meine Entdeckung befürchten ließ. Wegen der Aussage Thomas' befürchtete ich, daß die Stasi auch Uwe wegen des Plakatprotestes verhören würde. Die Sache zog immer weitere Kreise.

In der IM-Akte ([30] 146 – 152; auch [23] 153–187) fand ich eine *Niederschrift Thomas Rusts* vom 16.9.1970 zum *»Komplex „Uni-Kirche"«:*

»Aus Gesprächen erfuhr ich von den Aktivitäten St. W...s und D. Kochs. (...) Solche Gespräche fanden statt mit Harald Fritzsch; es ist auch möglich, daß Stefan W... über diese Dinge mit mir gesprochen hat. (...) Dabei habe ich erfahren, daß sich Stefan W... und D. Koch sehr oft in der Nähe der Uni-Kirche aufgehalten haben, um mit ihrer Anwesenheit mit dazu beizutragen, daß der Eindruck ständiger Ansammlungen aus Protest gegen den Abriß der Kirche entsteht. (...)
Wie ich schon geschrieben habe, vermutete ich aufgrund eines Gesprächs mit Harald Fritzsch, daß D. Koch zu den Beteiligten an der Plakataktion in der Kongreßhalle gehört. Auf diese Vermutung hin habe ich D. Koch auf den Kopf zugesagt, daß er an dieser Aktion beteiligt war. (...) In dem genannten Gespräch bestätigte mir Koch, daß er an der Plakataktion Kongreßhalle beteiligt war. Er zeigte sich erschrocken darüber, daß ich von seiner Beteiligung erfahren hatte und meinte, daß seine Beteiligung an dieser Aktion wohl schon einem größeren Kreis bekannt sein müsse.«

Statt Uwe kann es also Harald gewesen sein, der etwas über den Plakatprotest zu Thomas gesagt hat. Die Stasi hielt wohl den Druck auf mich für größer, wenn ich befürchten mußte, durch den greifbaren Uwe statt durch den fernen Harald belastet zu werden. Auch bei Harald hätte meine „Angabe-Verteidigung" versagt.

»Der Preis ist einfach zu hoch«

„Wir sind doch keine Unmenschen. Wir haben kürzlich sogar Jüttes Kinder fotografieren lassen, um Frau Jütte wenigstens Bilder von ihren Kindern geben zu können", hatte mir der Vernehmer gesagt. Wegen solcher Scheinheiligkeit fand ich die Stasi verächtlich, aber Ingrid tat mir leid. Mit welch systematischer Niedertracht die Stasi Ingrids Wunsch nach Fotos ihrer Kinder ausgenutzt hat, ahnte ich damals nicht. In einem Bericht über die furchtbaren Zustände in der Frauenhaftanstalt Hoheneck sagt Ingrid über ihre Untersuchungshaft (Schacht 1984, S. 114 f.):
»In Hoheneck war es ganz schlimm. Da bekam ich – ich habe ja Zwillinge – nur noch ein einziges Foto von ihnen. Beim Staatssicherheitsdienst war das anders. Die geben einem ja gewisse Dinge, die wichtig für einen sind, wenn sie was wollen. Sie mußten mich ja auch noch haftfähig halten für das, was sie noch mit mir machen wollten. Die Kinder waren, als ich verhaftet wurde, gerade 14 Monate alt, und da haben die mich, damit ich nicht durchdrehe, nicht in Einzelhaft gesteckt, was sie sonst ja immer machen. Ich kam also gleich mit einer Frau zusammen. Das war für den Anfang sicher leichter. Denn zuerst habe ich wirklich gedacht, einen Tag hältst du es aus. Der Stasi-Mann hatte ja gesagt: Heute Abend sind Sie wieder zu Hause. Dann, als der Tag herum war, in der Nacht, da hab' ich gedacht: Eine Woche vielleicht, nee, nee, zwei Tage bloß. Ich war ja nie von meinen Kindern getrennt. Da hab' ich gedacht, also höchstens zwei, drei Tage. Dann denkst du: eine Woche. Dann kannst du dir schon vorstellen, daß es auch ein paar Wochen sein können, aber noch nicht Monate. Und so allmählich drehst du dann irgendwann einmal durch. Da hab' ich gesagt, ich will nicht mehr, ich kann nicht mehr und es geht nicht mehr! Und danach

kommst du dann auf den Punkt, da denkst du, das mußt du jetzt irgendwie durchhalten! Die haben mich natürlich nicht geschlagen oder so etwas, obwohl die das
auch machen. Aber: Ich halte die psychologische Folter für ganz schlimm und die haben mich mit meinen Kindern erpreßt, das ist klar. Wenn sie nicht mehr weiterkamen, und da kamen sie am Anfang bei mir eben überhaupt nicht weit, gar nicht,
dann haben sie eben angefangen mit den Kindern: „Sie sehen die erst wieder, wenn
die zur Schule gehen! und Ihr Mann, der ist schon viel weiter als Sie. Der hat gelernt!" Das hältst du nicht sehr lange aus, und da habe ich dann gedacht: Der Preis
ist einfach zu hoch. Das haben die Kinder nicht verdient. Das ist einfach hundsgemein. Na ja, die konnten eben nicht anders ran an mich als mit diesem Thema. Und
so haben sie es gemacht! Aber (...) bei der Staasi hatte ich eben – weil sie etwas von
mir wollten – meistens zwanzig oder gar dreißig Fotos von den Kindern. (...) Doch
in Hoheneck bekam ich ein Foto, eins! Ich war völlig fassungslos (...)."
Bestätigt wird Ingrids Bericht durch die Akten ([1] Bd. 1 (A.N.) 126):
»_Vernehmung taktische Grundlinie Jütte, Ingrid_
Die Beschuldigte Jütte hat eine **enge Bindung zu ihren beiden Kindern**. Bei ihr
ist eine relativ gute Aussagebereitschaft zu verzeichnen, wenn sie durch Mitteilungen des Untersuchungsführers etwas über ihre beiden Kinder erfährt. Dies ist in weiteren Vernehmungen zu beachten, um die Aussagebereitschaft der Beschuldigten
weiter zu erhöhen.
Der Beschuldigten muß klar gemacht werden, daß sie **im Interesse ihrer Kinder
dazu beitragen muß, daß die Voruntersuchungen in einem möglichst kurzen Zeitraum abgeschlossen werden können.**
In diesem Zusammenhang konsequente Forderungen an die Beschuldigte stellen,
was die Aussagen über die Sache anbelangt.
– Keine Gespräche über familiäre Belange aufdrängen lassen – bezieht sich zur Zeit
vor allem auf den späteren Aufenthalt ihrer Kinder (...)
– Die **Beschuldigte gegen W... ausspielen (aufzeigen wohin W... sie und ihre
Familie gebracht hat)**, damit soll erreicht werden, daß die Beschuldigte weitere
belastende Aussagen gegen W... vorbringt.
– Die Möglichkeit der **Absprache des Erziehungsrechtes** der beiden Kinder beachten«
Eine Mutter, die auf solche Weise mit ihren beiden kleinen Kindern unter
Druck gesetzt wurde, kann sich des Verständnisses aller sicher sein.

3. Bluffs und Spuren

Da Stefan und ich alle Spuren sorgfältig beseitigt hatten, fürchtete ich eine Überführung mit kriminaltechnischen Mitteln nicht. In einer Wiederholungsvernehmung bald nach meiner Prahlerei-Verteidigung legte ich diese meine Sicherheit
Stefan in den Mund:

»Meine Frage, ob er keine Angst hätte, daß diese Sache betreffs seiner Beteiligung herauskäme, verneinte er und hinterließ dabei einen sehr selbstsicheren Eindruck. Das bekräftigte er mit der Bemerkung, alle Spuren und Gegenstände, die zur Vorbereitung verwendet wurden, beseitigt zu haben.«

Bei den folgenden Geschichten erinnere ich mich an die entscheidenden Gesprächspassagen nahezu wörtlich, nicht aber an die chronologische Einordnung in die übrigen Verhöre.

Lederhandschuhe

Während einer Hetzebeschuldigung fragte mich der Leutnant unvermittelt: *„Haben Sie eigentlich Lederhandschuhe, Herr Koch?"* Er sah mich dabei mit leicht geneigtem Kopf an, wie meist, wenn etwas ganz beiläufig klingen sollte. „Ja", antwortete ich, und mir war sofort klar, daß ich zurückfragen mußte: „Warum wollen Sie das wissen?" „Ach, das war nur so eine Frage", wiegelte er ab, ohne mich zurechtzuweisen, daß hier nur er die Fragen stelle. Ich zuckte mit den Schultern und schüttelte den Kopf, als sei mir seine Frage völlig unverständlich. Aber ich dachte sofort daran, daß ich bei den Arbeiten am Wecker Lederhandschuhe benutzt hatte. Während die Vernehmung weiterging, durfte ich mir nicht anmerken lassen, wie sehr mich diese Bemerkung beunruhigt hatte. Auch nach dem Verhör ging mir weiter durch den Kopf, wie die Stasi auf ihre Anspielung gekommen sei. Nur Eckhard und Stefan hatten von den Handschuhen gewußt. Oder hatte Harald, als er nach Abschluß der Arbeiten hinzukam, noch etwas davon mitbekommen? Außerdem, fiel mir ein, hatte ich zu Gurgels eine Andeutung gemacht, um sie von unserer Vorsicht zu überzeugen. Nach wie vor war ich sicher, mich auf sie verlassen zu können. Wie aber käme die Information über die Handschuhe zur Stasi? Ich versuchte, mich mit dem Gedanken zu beruhigen, daß es so üblich sei, zur Vermeidung von Fingerabdrücken Lederhandschuhe anzuziehen, daß die Stasi einfach auf den Busch klopfte. Oder hatte sie aus Spuren am Wecker auf die Handschuhe geschlossen? Ginge das kriminaltechnisch überhaupt? Diese Möglichkeit wäre ungefährlich, da ich die Handschuhe weggeworfen hatte. So eine einzelne, geschickt eingeflochtene Andeutung beunruhigte mich stärker als manche ausführliche Drohrede des Leutnants.

Neue Verhöre erforderten meine Aufmerksamkeit. Der Leutnant hatte schon verschiedene Andeutungen zur Plakataktion gemacht, so daß der Gedanke an die Handschuhe in den Hintergrund gerückt war, als er einige Wochen später in einem Verhör unvermittelt einwarf: *„Herr Koch, erinnern Sie sich noch an meine Frage von neulich nach Ihren Lederhandschuhen?"* Ich lernte seine Körpersprache immer besser. Diesmal sah er mich nicht so halbschräg von unten an, sondern guckte mir mit seinem frechen Fuchsblick direkt ins Gesicht. „Ja", sagte ich. „Wissen Sie eigentlich, wo Ihre Lederhandschuhe jetzt sind?" Ich überlegte ein bißchen: „Ja." – „Und wo sind die jetzt?" – „Hier, bei meinen Effekten." Der Vernehmer schien überrascht. „Ich hatte sie bei meiner Verhaftung bei mir", erklärte ich. – „Haben Sie noch andere Lederhandschuhe?" – „Kann sein, das weiß ich nicht genau." – „Und wo sind die?" – „Keine Ahnung." – „Na, Koch, denken Sie mal drüber nach! Sie wissen das ganz genau." – „Ich habe keine Ahnung, was Sie meinen. Aber warum fragen Sie eigentlich danach?" – „Koch, Sie wissen ganz genau, warum ich frage. Sie sind vorhin richtig erschrocken." – „Das kann nicht sein." – „*Wenn ich wiedermal bei Ihnen zu Hause bin, gucke ich auch nach Ihren Lederhandschuhen*", versuchte mich der Leutnant weiter in Unruhe zu versetzen. Nachts in der Zelle grübelte ich über diese neuen Andeutungen nach. ,Was könnte die Stasi woher wissen?' gingen mir immer wieder die verschiedenen Möglichkeiten durch den Kopf. Bedeutete die Andeutung einer neuen Hausdurchsuchung, daß die Stasi nicht wußte, daß ich alles in die Elster geworfen hatte, daß sie also vielleicht doch nichts wußte? Oder hatte der Leutnant darauf gewartet, daß ich höhnisch ausriefe: ,Da können Sie lange suchen.'

Die Andeutungen waren unentwirrbar, und das Gift der Beunruhigung wirkte.

Werkzeugspuren

„Herr Koch, Sie sind arrogant und neigen zur Selbstüberschätzung. Diese Überheblichkeit hat sich auch in Ihrer beruflichen und gesellschaftlichen Entwicklung gezeigt", erklärte mir der Leutnant. Solche Reden kannte ich schon. In der DDR war Überheblichkeit nicht so sehr ein charakterlicher, als vielmehr ein ideologischer Vorwurf. Überheblich war, wer kritisch dachte und nicht nur die Lehren des wissenschaftlichen Sozialismus nachbetete, wer sich über die Allwissenheit der Partei erhob. *Selbstdenken* zog die Beschuldigung von Individualismus, Geltungsbedürfnis und Überheblichkeit nach sich. Aber jetzt meinte es der Vernehmer praktischer: *„Koch, diesmal ist Ihnen ihre Überheblichkeit zum Verhängnis geworden. Sie haben unsere Möglichkeiten unterschätzt."* Er erklärte mir stolz, was sie heute mit kriminaltechnischen Mitteln können: *„Wir sind mit den modernsten technischen Hilfsmitteln ausgestattet. Wir können heute an einem Werkstück noch geringste Spuren des Werkzeugs, das bei dessen Bearbeitung benutzt worden ist, nachweisen. Und das ist Ihnen zum Verhängnis geworden, Koch. Sie kommen sich zu klug vor. Wir haben am Wecker Arbeitsspuren von dem Werkzeug gefunden, das wir bei der Hausdurchsuchung bei Ihnen mitgenommen haben. Herr Koch, das reicht."*

Ich fühlte mich sicher; denn Stefan und ich hatten Schraubenzieher, Zange, die Reste der verwendeten Nägel usw. weggeworfen. Offenbar wußte die Stasi auch nicht, wo und womit die Arbeiten ausgeführt worden waren; denn der Vernehmer sagte nicht, um welches Werkzeug es sich handele und ob er dieses aus meiner oder Stefans Wohnung oder der meiner Eltern mitgenommen habe. Diesen Bluff durchschaut zu haben, gab mir neue Sicherheit.

Klopfzeichen 1 und Zigarettenkippe

Erarbeitung von Kombinationen zum Zwecke der Täuschung: (...) Es sind Möglichkeiten zu prüfen, die Beschuldigten Jütte und Rust in die Ausarbeitung und Anwendung von Kombinationen (...) direkt oder indirekt mit einzubeziehen. (Konzeption 1.1.3, 1.4)

Täuschung und Gegentäuschung

Von Mitgefangenen hatte ich bald gelernt, daß es einen bestimmten Klopfcode zur Verständigung mit anderen Häftlingen gab. „Einmal klopfen" bedeutete A, „Zweimal klopfen" B usw. Zunächst klopfte jemand seinen Namen, und man antwortete mit dem Namen. Obwohl das Klopfen streng verboten war, wurde häufig so kommuniziert. Meistens waren die Gelegenheiten nur kurz, da die Wachhabenden die Klopferei schnell entdeckten. Es gab auch Klopfsignale dafür, daß man wegen der Nähe eines Wärters abbrechen müsse. Sobald ein Posten ein Klopfen wahrnahm, kam er in die Zelle, und es gab Ärger. Ich wurde deshalb mehrfach verwarnt.

Klopfen: An einem Wochenende im Herbst 1970 begann Franz – oder vielleicht ein Stasi-Mitarbeiter, der sich als dieser ausgab? – aus der Nachbarzelle Klopfkontakt mit mir. Wir klopften Sonnabend und Sonntag. Eine solche Situation war ganz unwahrscheinlich, da zusammenhängende Beschuldigte so weit voneinander entfernt untergebracht wurden, daß Kontakt fast unmöglich war. Franz klopfte mir: *„Ich bin aussagebereit."* Zu dieser Zeit war er geständig geworden und hatte mich mehrfach massiv belastet. Jetzt empfing ich seine überraschende Klopfnachricht: *„Haben zur Kongreßhalle genug Beweise."* Das glaubte ich nicht. Diese Botschaft und daß wir erstaunlich lange vom Posten nicht unterbrochen wurden, ließen mich befürchten, daß er von der Stasi vorgeschickt worden sei, um mich zu täuschen und auszuhorchen. Mit meiner Klopfantwort wollte ich die Stasi mit ihren eigenen Waffen schlagen. Ich klopfte zurück, um damit meinerseits die Stasi zu täuschen: *„Ich war an Kongreßhalle nicht beteiligt."* Auf Franz' Klopffrage *„Warum hast Du Ingrid Deine Beteiligung gesagt?"* täuschte ich auch ihn mit meiner neuen Verteidigung: *„War nur Angabe."*

Verhör: Am nächsten Tag wurde ich zweieinhalb Stunden zu unserem Klopfzeichenaustausch am Wochenende verhört. Im folgenden berichte ich abwechselnd die Klopfgeschichte und das Verhör dazu. In diesem verstand ich erst richtig, daß es sich nicht um eine normale Klopferei gehandelt hatte. Sonst hatte die Stasi keiner Klopferei irgendeine Bedeutung beigemessen. Zunächst bagatellisierte ich das Klopfen, dann stellte ich mich dumm und spielte auf Zeit. Der Leutnant hielt mir Franz als Klopfpartner vor, und ich bestritt substantielle Informationen.

»*Frage*: Mit wem haben Sie in der Untersuchungshaftanstalt Klopfzeichen ausgetauscht?

Antwort: Ich denke nach.

Frage: Welche Informationen wurden zwischen Jütte, Franz und Ihnen ausgetauscht?

Antwort: Die Verständigung war sehr schlecht, weil zu leise geklopft wurde, damit die Posten nichts hören. Weil die Verständigung so schlecht war, haben wir am Sonnabend das Klopfen abgebrochen. Am nächsten Tag konnten wir es nicht beenden, weil uns der Posten aufmerksam gemacht hatte, das Klopfen zu unterlassen.

Frage: Sie werden aufgefordert, zum Inhalt des Informationsaustausches die Wahrheit zu sagen!

Antwort: Wir haben nur die Namen ausgetauscht.

Frage: In welcher Weise bezog sich das Klopfen auf den Stand der Untersuchungen?

Antwort: Es war nichts zu verstehen.

Frage: Dem Untersuchungsorgan ist bekannt, daß sich Ihr Informationsaustausch auf das Ergebnis der Untersuchungshandlungen in Ihrem und im Ermittlungsverfahren von Jütte, Franz bezog. Sagen Sie dazu aus!«

Ich gab nur zu, wir hätten uns gegenseitig unsere Aussagebereitschaft versichert.

»*Antwort*: Jütte, Franz hat mich nach meiner Aussagebereitschaft gefragt, was ich bejahte. Jütte gab mir zu verstehen, daß er ebenfalls aussagebereit sei.

Frage: Über welche Aussagen wurden Klopfzeichen ausgetauscht?

Antwort: Über keine Aussagen.«

Ich mochte noch nicht glauben, daß Franz unsere Klopferei vollständig verraten hatte und mich aus.

»*Frage*: Dem Untersuchungsorgan ist weiterhin bekannt, daß Sie Jütte zu den Untersuchungshandlungen über die im Jahre 1968 durchgeführte Provokation in der Leipziger Kongreßhalle informierten. Nehmen Sie dazu Stellung!

Antwort: Ich habe Jütte nicht über Untersuchungshandlungen informiert und befragt.«

Der Leutnant mußte mir erst einen konkreten Vorhalt machen, bis ich überzeugt war, daß Franz auch über den Inhalt unserer Klopferei berichtet hatte. Auf seinen Versuch, mich zu Bekenntnissen zu verleiten, hatte ich glücklicherweise mißtrauisch genug mit einer Gegentäuschung reagiert, so daß mir meine Klopfmitteilungen im Verhör keine Probleme machten:

»*Jütte, Franz teilte mit, das Untersuchungsorgan habe zur Kongreßhalle ausreichend Beweise. Ich antwortete, an dem Vorkommnis in der Leipziger Kongreßhalle nicht beteiligt gewesen zu sein. Ich ~~hätte~~ habe das nur aus Angabe behauptet.*«

Der Leutnant versuchte, geständnisnahe Formulierungen zu erschleichen. Die Korrektur im Protokoll von *hätte* zu *habe* mußte ich mühsam durchsetzen. Diese Feinheit ist aus dem handschriftlichen Protokoll in der Akte zu ersehen.

Klopfen: Was ich Franz geantwortet hatte, war für die Stasi offenbar so unbefriedigend, daß sie ihn am nächsten Tag – die Posten schienen taub zu sein –

genauer nachfragen ließ: *„Warst Du an Vorbereitungen zu Kongreßhalle beteiligt?"* – *„Nein"*, täuschte ich ihn weiter. Er bohrte beharrlich: *„Wer hat das mit Uhr gemacht?"* Ich verstand, daß ich systematisch ausgehorcht werden sollte, und log ihn an: *„War Stefan selbst."* Um zu erkunden, welche Gefahren mir von ihm drohten, fragte ich zurück: *„Was weißt Du zu Plakat?"* Seine Antwort war teilweise unverständlich. Ich erkannte nur die Wörter *„Plakat, Zwillinge"*, deren Bedeutung ich nicht verstand. Franz klopfte weiter: *„Haben Beweise für Plakat – Zigaretten Finger."* – *„Verstehe ich nicht"*, fragte ich nach. Er wiederholte: *„Beweis sind Zigaretten Finger."* Diese Mitteilung blieb mir ebenfalls rätselhaft. Zum Schluß tauschten wir noch wenige persönliche Informationen aus, z. B. daß Franz in der Untersuchungshaft Ingrid gesehen hatte. Ich fragte, wie es *Chris*, seiner Freundin, gehe, bekam aber keine Antwort. Warum sollte Franz nicht antworten?

Verhör: All das konnte ich auf die jeweiligen Fragen unbesorgt aussagen: *»Danach fragte er an, ob ich an Vorbereitungen beteiligt war, was ich verneinte. Mit dieser Frage hatte er am nachfolgenden Tage begonnen. Jütte fragte weiter, wer das mit der Uhr gemacht hätte, wozu ich als Vermutung Stephan [gelegentlich in Protokollen für Stefan] erwähnte, womit W…, Stephan gemeint war. (…)*

Sinngemäß fragte ich noch, was er (Jütte) wisse, worauf die Antwort kam: „Plakat, Zwillinge", womit ich nichts anzufangen wußte. Die darauffolgende Bemerkung von Jütte konnte ich nicht verstehen. Als Beweise für das Vorkommnis in der Kongreßhalle klopfte er die Worte: „Zigarette, Finger", was mir nichts sagte. Die Erläuterung verstand ich ebenfalls nicht.«

Der Leutnant gab sich ungewöhnlich schnell damit zufrieden, daß mir Franz' Mitteilungen nichts sagten. Er interessierte sich nur für unsere Botschaften, die sich auf das Plakat bezogen, andere protokollierte er nur pauschal. Zum Inhalt sagte er nichts. Daß ich sogar Franz mitteilte, ich hätte nur geprahlt, und alles auf Stefan schob, müßte mich entlasten. Das konnte dem Leutnant nicht gefallen; doch er konnte mir nicht vorwerfen, Franz absichtlich irregeführt zu haben, ohne sein eigenes falsches Spiel bloßzustellen.

Speichelreste und Fingerabdrücke

Einige Tage später triumphierte der Leutnant: *„Wir haben jetzt die Beweise dafür, daß Sie persönlich das Plakat in der Kongreßhalle angebracht haben."* *„Da bin ich aber gespannt"*, sagte ich selbstsicher. *„Die Kriminalpolizei hat damals vom Schnürboden der Kongreßhallenbühne eine Zigarettenkippe mitgenommen. Die haben wir jetzt untersucht. An dieser haben wir Speichelreste gefunden, für die wir Ihre Blutgruppe festgestellt haben, Koch."* Er machte eine Pause: *„Und außerdem haben wir Ihre Fingerabdrücke, Herr Koch, auf dem Wecker gefunden."* Stolz erklärte er mir, was die heutige Kriminaltechnik für Möglichkeiten habe. Er folgerte: *„Also sind Sie, Herr Koch, hinter der Bühne der Kongreßhalle gewesen."* *„Das ist nicht wahr"*, sagte ich möglichst kühl. Mir war klar, daß ich nicht selbstbewußter bestreiten durfte als in den Fällen, wo ich log. Bei all ihrer Datenflut schien die Stasi nicht zu wissen, daß ich Nichtraucher war. Aber darauf berief ich mich nicht, weil ich sonst auch keine Gegenbeweise anzutreten pflegte. Der Leutnant bemühte sich noch eine Weile, mich einzuschüchtern. Mein Leugnen werde mir noch vergehen, wenn diese *Beweise* vor Gericht verwertet würden. Aber er hatte bereits gemerkt, daß diesmal er verloren hatte. Dieser Täuschungsversuch war zu simpel. Ich schloß, daß die Stasi nicht genau wußte, wer von den Beteiligten das Plakat in der Kongreßhalle angebracht hatte. Vor allem aber war mir nun klar, daß die Klopfzeichen zu den angeblichen Beweisen *„Zigarette Finger"* diesen Bluff vorbereiten sollten, und ich war überzeugt, daß die Stasi Franz benutzte. Sie hatte mich daran erinnert, ihr niemals irgend etwas ohne unumstößlichen Beweis zu glauben.

»Koch log«

Ich habe meinen vorangegangenen Bericht aus der Distanz von 25 Jahren nicht geändert, nachdem ich folgende eigenhändige Niederschrift Franz Jüttes fand, die meine eigenen Erinnerungen in einigen Details korrigiert ([1] Bd. 5 (K.N.) 84–87):

»Klopfverbindung mit Koch

Nachdem ich in eine andere Zelle (Zelle 37) verlegt worden war, etwa am 12.9., konnte ich Klopfzeichen in der Wand feststellen. Ich sollte meinen Namen nennen, was ich auch tat. Es stellte sich heraus, daß der Klopfende Koch, Dietrich war, der sich wahrscheinlich in der Zelle über mir befand. Er klopfte, daß Ingrid offenbar umfassende Aussagen mache. Ich gab zurück, daß ich das auch täte. Daraufhin bezweifelte er meine Identität, die ich ihm beweisen sollte, indem ich sein Brettspiel nannte, was ich auch tat (Go). Ich versuchte, Koch zu überzeugen, daß es der einzig richtige Weg sei, jetzt umfassend und wahrheitsgemäß auszusagen. Koch sagte, nein, gut sei vielmehr ein Mittelweg. Um Koch doch zu überzeugen, brachte ich noch zum Ausdruck, daß wir nur bei umfassender und wahrheitsgemäßer Aussage mit einer relativ geringen Strafe (im Rahmen der gesetzlichen Bestimmungen) und eventuell mit teilweiser Strafaussetzung rechnen könnten. Koch fragte, was er verschweigen solle, ich antwortete, nichts. Koch stellte einige Fragen über das Plakat in der Kongresshalle, z. B., was schon bekannt sei, was ich gesagt hätte. Ich antwortete, ich hätte alles gesagt, was ich wüßte. Außerdem lägen Beweise vor (Fingerabdrücke, Meprobamat), und wahrscheinlich sei sogar Stefan (W…) festgenommen, (was ich aus den Worten des Majors geschlußfolgert hatte). Des weiteren fragte Koch, mit wem ich in der Kongreßhalle gewesen sei, ich antwortete, mit ∎∎, Koch fragte dann, was ∎∎∎ wisse, ich sagte, nichts. Ich tat das alles, um Koch vor Augen zu führen, daß es auch für ihn keinen Zweck mehr habe zu leugnen. Das glaubte ich nur durch einige Fakten erreichen zu können, da ich einen Besinnungs- oder und Umdenkungsprozess bei Koch nicht voraussetzen konnte. Koch signalisierte mir dann, er sei an der

Plakataktion nicht beteiligt gewesen, diesbezügliche Angaben von ihm seien nur
„Angabe“ gewesen. Ich war zunächst sehr überrascht, schlußfolgerte aber dann, daß
Koch mich belog, wahrscheinlich weil er keine andere Möglichkeit sah, mich zu über-
zeugen, nichts oder nur wenig über das Plakat auszusagen. Denn sein sichtliches In-
teresse an der Plakatangelegenheit widersprach seinem vorgegebenen Nicht-Betei-
ligtsein. (Desgleichen etwa sein Verhalten gegenüber ■■■ [= Flade], *als er ihn etwa*
Anfang 1970 „testen“ wollte, inwieweit ■■■ [= Flade] *„dichthalten“ würde in Bezug*
auf die Plakatangelegenheit, über die Flade von Rudolph, Jürgen Informationen be-
kommen hatte (siehe Vernehmung). Ich fragte Koch dann, ob er auch nicht an den
Vorbereitungen zur Plakataktion beteiligt gewesen sei, er sagte, nein, es seien nur
W... und Fritzsch beteiligt gewesen. Um Koch zu prüfen, fragte ich, wer das Uhr-
werk am Plakat angebracht habe. (Koch hatte mir über ein verwendetes Uhrwerk
nichts gesagt. Ich hatte die Vermutung, daß ein solches als Auslösungsmechanismus
verwendet worden sei, von ■■■ [= Rudolph] *gehört, was sich dann später, als ich*
über Kochs Beteiligung erfuhr, logisch in den Zusammenhang einfügte.) Koch ant-
wortete, wahrscheinlich habe Stefan (W...) das Uhrwerk angebracht. Dies erschien
mir so unwahrscheinlich, daß mir gewiß wurde, daß Koch log. Er fragte noch, wer
das Bild gemalt habe (gemeint war das Bild der Unikirche auf dem Plakat). Auch
das war ein Widerspruch, weil Koch vorher gesagt hatte, es seien nur W... und
Fritzsch (Harald) beteiligt gewesen, und weil doch er von diesen zumindestens über
das Plakat erfahren hatte und nicht ich. Woher hätte ich also wissen sollen, wer von
den beiden (W... oder H. Fritzsch) das Bild gemalt habe. Ich vermute, Koch wollte
mit seiner Frage herausfinden, was dem Untersuchungsorgan schon über das hin-
aus, was er mir erzählt hatte, bekannt sei. Da ich Koch von der Zwecklosigkeit des
Leugnens überzeugen wollte, sagte ich, daß es wahrscheinlich ■■■ *gewesen sei (was*
ich aus Vernehmungen geschlußfolgert hatte). Er fragte, wer daß [sic!] sei, ich ant-
wortete, einer der Zwillinge (so wurden ■■■ *und* ■■■ *im Umgangskreis von W...*
genannt). Koch fragte, ob sie verhaftet sei, ich sagte, ich wisse es nicht.

Koch fragte weiter, wer noch verhaftet sei, ich sagte, ich wisse (bzw. vermute) es
nur von „Ajax“ (d. h. von ■■■ [= Rudolph]). *Koch fragte, ob ich da sehr „drinhin-*
ge“, ich sagte, nein, fast nicht. Weiter fragte Koch nach meinem Anwalt, ich nannte
ihm Dr. Kirchberg, Koch nannte für sich Brendel. Ich fragte Koch, welchen Verneh-
mer er habe, er sagte 3.2., ich sagte 3.6, er sagte, diesen habe er zuerst gehabt.

Ich habe diese Verbindung mit Koch nicht aufgenommen, um zur Verschleierung
des wahren Sachverhalts beizutragen, sondern vielmehr um zu erreichen, daß auch
Koch sich durchringt, die volle Wahrheit zu sagen. Ich möchte die Möglichkeit
offenlassen, daß das erste Klopfen nicht von Koch, sondern von mir ausging.

Franz Jütte«

Franz glaubte tatsächlich, durch Zusammenarbeit mit der Stasi wesentlich milder
wegzukommen. Seine Kooperativität ging über bloße Geständigkeit hinaus. Er
hatte also gemerkt, daß ich ihn anlog, und mit seinem Scharfsinn als Mathema-

tiker analysierte er für die Stasi, warum ich eben doch an der Plakataktion beteiligt war. Einige seiner Klopfnachrichten müssen erklärt werden:

1. Ich hatte Franz zwei Meprobamat für Alexander Heyn gegeben. Erst jetzt erfuhr ich aus dem OV »*Provokateur*« ([9] 263), daß die Stasi irgendwelche Meprobamat »*am Tatort*« gefunden hatte. Diesen Zufall wertete sie später als Indiz gegen mich. Von diesen Meprobamat aus der Kongreßhalle muß die Stasi Franz berichtet haben, und er versuchte, mich dazu auszufragen.

2. Erst jetzt verstehe ich Franz' Anfrage wegen der „Zwillinge". Im »*Vorschlag zur weiteren Bearbeitung der wesentlichen Komplexe der staatsfeindlichen Tätigkeit im ZOV „Heuchler"*«, Abt. XX, 10.11.1970, ([5] Bd. 1 108–151) steht (a. a. O. 144): »■■■: (…) *vermutl. Plakat Uni-Kirche gemalt.*« Wie ich erst jetzt erfuhr, handelt es sich um die Grafikerin „Heidi", von deren Existenz ich nichts wußte. Sie und ihre Schwester, eine Pharmazeutin, wurden im Umfeld Stefan W.s „*die Zwillinge*" genannt. Franz wollte mich dazu für die Stasi ausforschen. Ich hörte jetzt, „Heidi" habe für Stefan die Pinsel zum Malen des Plakates besorgt, allerdings ohne zu wissen wofür, konnte dem aber bisher nicht nachgehen.

3. Die damaligen Bemerkungen über *Michael Flade* und *Jürgen Rudolph* verstand ich nicht. Erst jetzt erkenne ich, daß die Stasi sich mir auf einem weiteren Wege näherte. Ich fand nicht, wie Rudolph zu seiner Kenntnis gelangt war. In einer weiteren Niederschrift Franz Jüttes, die – nach dem Zusammenhang zu urteilen – ein Gespräch Rudolphs mit Flade beschreibt, steht ([5] Bd. 3 377 – 381):
»*Im Winter 1969/70 (ein Zeitraum November 69 bis Februar 70), genauer ist mir das nicht erinnerlich, hat* ■■■ [= Rudolph] *den* ■■■ [= Flade] *ebenfalls in Richtung politisches Engagement angesprochen. Bei dieser Gelegenheit teilte er* ■■■ [= Flade] *mit, daß zwei der Täter der Plakataktion in der Kongresshalle geflüchtet seien, und zwar 68 im Boot über das Schwarze Meer in die Türkei. Weitere (oder: ein weiterer, genau ist mir das nicht erinnerlich) Täter befinden sich noch in der DDR. (…)* ■■■ [= Flade] *hat mir diese Äußerungen* ■■■ [= Rudolphs] *über die Flucht zweier Täter usw. im Beisein von Frl.* ■■■ *mitgeteilt. Da ich zu diesem Zeitpunkt bereits wußte, daß* **Koch, W… und H. Fritzsch** *Mittäter oder Alleintäter waren, versetzte mich der Leichtsinn, mit dem* ■■■ [= Rudolph] *solche brisanten Informationen verstreute, in Zorn und veranlaßten mich zu einer empörten Äußerung, etwa „das blöde Schwein".*«

Der Wecker in der Vernehmung

KOCH versucht, U-Führer auf raffinierte Art zu bluffen und zu provozieren (Kongreßhalle am 12.10.). Man muß das genau analysieren, um das gegen ihn auszunützen.
(Konzeption, S. 5)

Der Leutnant holte einen Wecker aus seinem Schreibtisch, stand auf, kam zu mir und wollte mir unseren Originalwecker in die Hand geben: *„Herr Koch, den Wecker kennen Sie ja."* Ich schüttelte den Kopf: *„Nein."* Der Leutnant: *„Sehen Sie ihn sich in Ruhe noch mal richtig an."* Ich lehnte empört ab: *„Sie wollen nur Fingerabdrücke von mir auf dem Wecker haben."* Er verzog beleidigt den Mund und lächelte überlegen: *„Aber Herr Koch, so etwas haben wir doch nicht nötig, wir doch nicht!"* Nach einer kleinen Kunstpause behauptete er: *„Mit diesem Wecker wurde das Hetzplakat zum Bachwettbewerb 1968 automatisch ausgelöst. Herr Koch, wir wissen, daß Sie die Auslösevorrichtung gebaut haben."* Ich leugnete natürlich.

Dann kam der Vernehmer auf meine Uhrenliebhaberei zu sprechen: *„Sie als Uhrenexperte und Physiker können doch mit einem solchen Wecker eine Vorrichtung für eine automatische Auslösung bauen?"* Ich zögerte. Für einen Uhrenliebhaber und gelernten Experimentalphysiker wäre es eine verdächtige Überdistanzierung, dies rundweg zu bestreiten. *„Wenn ich darüber nachdenken würde, fiele mir vielleicht etwas ein"*, sagte ich vorsichtig. *„Dann denken Sie mal darüber nach! Wie hätten Sie es denn gemacht, wenn Sie etwas Derartiges hätten bauen wollen?"* Ich weigerte mich, sagte, daß ich mich auf eine solche Spielerei nicht einließe. Ich hätte mit der Plakataktion nichts zu tun, und wenn ich mir jetzt irgend etwas ausdächte und es stimme zufällig teilweise, dann sähe das MfS dies als Beweis gegen mich an. Der Leutnant versicherte mir, er nähme ausdrücklich zur Kenntnis, daß ich jede Beteiligung leugne, und ich hätte die Entscheidung, was ich im Protokoll unterschriebe. Und irgendwie schaffte er es – wahrscheinlich hatte er meinen Bastlerehrgeiz erfolgreich gekitzelt –, daß ich mich auf ein Abenteuer einließ.

Nach meinem Eindruck verfügte der Leutnant über technisches Verständnis. Außerdem hatte er sicher ein kriminaltechnisches Gutachten über unseren Auslösemechanismus zur Verfügung. Mich reizte es, ihn zu veralbern. Mir kam eine Idee, aber erst mußte ich mir rasch überlegen, ob ich mir mit der folgenden Antwort nicht selbst ein Bein stellte. Da ich wußte, wie Eckhard und ich es gemacht hatten, wählte ich diejenige technische Lösung, die mir zuerst eingefallen war, die wir dann aber bei unseren Versuchen als nicht genügend funktionssicher verworfen hatten: *„Ich hätte einen Faden um die Aufzugswelle des Weckwerks gewickelt, so daß sich der Faden abrollt, wenn dieses abläuft."* Mit der ruhigen Selbstverständlichkeit seines üblichen Nachfragens hakte der Leutnant nach: *„Und welche Farbe hatte der Faden?"* Von der Fiktion war er heimtückisch dazu übergegangen, innerhalb der als real unterstellten Geschichte weiterzufragen. Wie der

Faden bei unserer Konstruktion ausgesehen hatte, war mir nicht mehr gegenwärtig. Um aber nicht zufällig die richtige Farbe zu nennen, überlegte ich mir, was für Fäden es mit Sicherheit nicht gibt. Mir kamen dabei all die bunten Bändchen und Schnüre vor Augen, die meine Mutter von den weihnachtlichen Verpackungen aufhob, um sie wieder zu verwenden, und ich sagte: *„Violett mit gelben Sternchen."* Bei meiner Antwort stutzte der Leutnant ungläubig, fragte aber routinemäßig weiter: *„Violett mit gelben Sternchen? Warum haben Sie gerade einen solchen Faden genommen?"* Ich antwortete: *„Ich habe Ihnen gesagt, der Faden sei violett mit gelben Sternchen gewesen, weil ich glaube, daß es einen solchen Faden nicht gibt."* Der Leutnant: *„Koch, Sie wollen mich wohl verarschen?"* Ich gestand: *„Ja. Wir hatten ausdrücklich vereinbart, daß ich mir nur ausdenke, wie man eine Auslösung bauen könnte, und dann haben Sie versucht, mich 'reinzulegen. Ich habe diese ständigen Bluffs satt und wollte Ihnen nur klar machen, daß ich mit der Kongreßhallensache nichts zu tun habe."*

Meyer-Abich hat mich zu diesem Verhör auf *Platons* Dialog *Hippias der Kleinere* (367 A) hingewiesen, wonach nur perfekt lügen kann, wer die Wahrheit kennt: »*Sokrates: Oder würde nicht der Unwissende wohl manchmal, auch wenn er Lügenhaftes sagen wollte, doch das Wahre vorbringen, unabsichtlich, wenn es sich eben träfe, weil er es eben nicht weiß ...*«

Nachdem ich mich zunächst geweigert hatte, mich auf das Spiel einzulassen, um nicht *angeblich versehentlich* die richtige Lösung zu wählen, dann aber doch mitmachte, konnte der Leutnant schließen, ich wage dies nur, da ich nicht Gefahr laufe, die richtige Variante zu nennen, weil ich sie wisse. Um diesem Schluß zu entgehen, hatte ich erfunden, der Faden sei violett mit gelben Sternchen; denn das dies falsch sei, könne ich schon wissen, ohne die Wahrheit zu kennen. Natürlich konnte ich im Verhör keine sorgfältige Analyse anstellen. Ich mußte intuitiv blitzschnell der Gefahr, hereingelegt zu werden, entgehen. Protokolliert wurde dieses Verhör nicht, aber auf es bezieht sich die eingangs zitierte Konzeptionspassage. Die Stasi hatte erkannt, daß es hier etwas zu analysieren gab. Doch es gelang ihr nicht, mein Spiel mit dem Feuer, hinter dem nur ein Augenblickseinfall stand, gegen mich zu wenden. Es stärkte mein Selbstbewußtsein, mich hier provokativ weit vorgewagt zu haben.

Wer hat das Plakat gemalt?

„Koch, Sie haben das Plakat für die Provokation in der Kongreßhalle gemalt", eröffnete der Leutnant überraschend. „Nein, das habe ich nicht", erwiderte ich unbesorgt. – „Leugnen hilft Ihnen nicht. Herr Koch, wir wissen sogar, daß Sie das Plakat *in der Wohnung von Herrn W... gemalt haben. Und wir haben Ihre dabei verwendete Farbe gefunden."* Aus der Behauptung war nicht zu erkennen, von welcher Wohnung der Leutnant sprach. Ich mußte sehr vorsichtig sein. Mit einer

Nachfrage – vielleicht um Zeit zu gewinnen – ‚Meinen Sie das Leipziger oder Potsdamer Zimmer von Stefan W...?' hätte ich eine Entwicklung angestoßen, durch die Treumann gefährdet worden wäre. (‚Wie kommen Sie auf Potsdam? – Sie meinen, dort ist das Plakat gemalt worden? – Wann waren Sie in W...s Potsdamer Zimmer?')

Der Vernehmer legte mir ein Glas schwarze Plakatfarbe vor, das ich nie zuvor gesehen hatte, und behauptete: „Damit haben Sie das Transparent gemalt." Das konnte ich beruhigt bestreiten. Stefan würde die Farbe nicht von Potsdam nach Leipzig mitgebracht haben. Außerdem hatte ich mich sofort nach seiner Abreise nach Bulgarien vorsichtshalber genau in seinem Leipziger Zimmer umgesehen, er könnte in der Hektik des Aufbruchs irgend etwas Belastendes übersehen haben, aber nichts Verdächtiges gefunden. Als ob der Leutnant meine Gedanken gelesen hätte, fragte er, ob ich nach W.s Republikflucht in dessen Wohnung gewesen sei. Wohl von Stefans Vater hatte die Stasi von meinem Besuch gehört, vermutete ich. Die Vorhalte waren allgemein gehalten, kein Zitat aus einem Protokoll. Wieso ich nach Stefans Flucht noch in dessen Wohnung war, mußte ich erklären. Ich erzählte dem Leutnant etwas von viel Obst aus dem Garten des Vaters, aus dem meine Mutter Marmelade kochte. Mir fiel ein Stein vom Herzen, da sich die Fragen nur auf Stefans Leipziger Zimmer bezogen. Erstaunlicherweise wurde ich weder bei diesem Verhör noch irgendwann sonst nach Stefans Zimmer in Potsdam gefragt, wo ich das Plakat zum ersten Mal gesehen hatte. Die Stasi war wohl in der Plakatsache so auf Leipzig fixiert, daß Potsdam und Rudolf Treumann nicht in ihren Blick gerieten, meinte ich. Zu naiv; denn inzwischen weiß ich aus dem ZOV »Heuchler«, daß die Stasi schon längst Potsdam bearbeitete. Nach Stefans Flucht hatte sie seine Potsdamer Zimmerwirtin vernommen. Bereits der erste Brief Stefans, den Langfermann der Stasi übergeben hatte, enthielt für Büchersendungen den Code „T" für Treumann. Aussagen meiner Mitverhafteten stellten schwere Belastungen für Treumann dar. Die Stasi ermittelte gegen ihn – wenn auch nicht wegen des Plakats – und andere Potsdamer. Sie setzte IM ein und unternahm dort konspirative Durchsuchungen (vgl. 7. Kapitel). Sie hatte also zu Potsdam wesentlich bessere Quellen und fragte mich gar nicht erst.

Aber dann kam aus völlig unerwarteter Richtung doch noch ein massiver Vorhalt. Der Leutnant las mir aus einer Niederschrift Thomas Rusts vom 20.10.1970 vor, die er im Protokoll zusammenfaßte:

»Aus Thomas Rusts Aussagen geht hervor, daß sie ihm gegenüber äußerten, die Wohnung von Stefan W... nach dessen illegalen Verlassen der DDR nach belastendem Material durchsucht und derartiges auch gefunden zu haben, wobei Sie betonten, daß es dem Ministerium für Staatssicherheit (MfS) nicht „hätte in die Hände fallen" dürfen. (...) Entsprechend der Aussage von Rust äußerten Sie ihm gegenüber, in der Wohnung von Stefan W... Plakatfarbe gefunden zu haben.«

Ich war bestürzt. Tatsächlich hatte ich nichts dergleichen zu Thomas gesagt. Dies war entweder ein Bluff oder eine Falschaussage. Vielleicht hatte die Stasi

Thomas bei dessen damals bereits erreichter Willfährigkeit etwas unterschreiben lassen, das sie verfälschend aus Aussagen von Stefans Vater zusammengebaut hatte. Bei W.s hatte ich weder Plakatfarbe gefunden noch auch nur danach gesucht, da ich ja wußte, daß das Plakat nicht dort entstanden war. Ich wies diese Vorhalte nicht nur als unrichtig zurück, sondern sagte, der Leutnant beschuldige mich wissentlich falsch: »*Als ich erstmalig nach W…s illegalem Verlassen der DDR in dessen Wohnung etwa im Herbst 1968 war, teilte mir dessen Vater mit, daß MfS-Angehörige die Wohnung sehr gründlich durchsucht und dabei jedes Schriftstück angesehen hätten. Schon aus dieser Tatsache heraus kann ich kein belastendes Material mehr gefunden haben.*«

Der Vernehmer kapierte: „Sie erlauben sich, mir Bluff vorzuwerfen." „Ja", sagte ich, „ich hätte nach ihren Kollegen gar nichts finden können, selbst wenn ich etwas gesucht hätte. Aber ich habe nach nichts gesucht, weil ich keinen Grund dazu hatte. Mit Plakatfarbe und der Plakatsache insgesamt habe ich nichts zu tun." Der Leutnant war bei meinem kleinen Gegenangriff wütend geworden« und arbeitete ungewohnt ungenau. Er hätte mir vorwerfen müssen, ich sei *vor* seinen Kollegen in Stefans Zimmer gewesen, als das Obst noch nicht reif war. Ich fürchtete mich vor konkreten Vorhalten von Stefans Vater. Aber solche blieben aus. Der Leutnant protokollierte mein Argument kommentarlos – vielleicht dachte er schon an seinen nächsten geplanten Zug, verließ kurz den Raum – „Bleiben sie ja auf Ihrem Platz sitzen!" – und überraschte mich damit, daß er unser Plakat geholt hatte und an der Fensterseite aufhängte. Es verdeckte das Fenster und wirkte gewaltig auf mich. Der Vernehmer lockte mich: „*An Ihren strahlenden Augen sehe ich, wie stolz Sie darauf sind, daß Sie dieses Plakat gemalt haben.*" Daß meine Augen erfreut glänzten, als ich das große gelbe Transparent wiedersah, wird er wohl richtig beobachtet haben. Ich dachte daran, wie ich es das letzte Mal im W.schen Keller gesehen und mit dem Wecker zusammengebaut hatte. Wir waren uns so sicher gewesen, nicht entdeckt zu werden, und nun saß ich hier bei der Stasi mit dem Plakat! Ich reagierte ruhig: „Ich habe das Plakat nicht gemalt und noch nie gesehen."

Der Leutnant überging meinen Einwand, stellte sich vor das Transparent, blickte zwischen diesem und mir hin und her und sagte mit Kennermiene, aufmunternd: „*Das haben Sie nicht schlecht gemacht. Nur, Herr Koch, mußten Sie denn damit gleich in die Kongreßhalle gehen? Aber davon mal abgesehen, Sie haben es wirklich gut gemalt, wirklich gut!*" Es mag ja sein, daß sich ein Beschuldigter stolz zu seiner Tat bekennt, wenn er nach monatelanger Demütigung und Entwürdigung auch einmal so gelobt wird. »*Übersteigertes Geltungsbedürfnis*« hatte die Stasi im anfänglichen Untersuchungsplan zu meiner Person notiert. Doch das war ihr Wunschdenken. Ich sagte nur: „*Ich finde das Plakat auch ganz schön. Nur: Ich habe es nicht gemalt.*" – „*Dann geben Sie wenigstens zu, wer es gemalt hat, Herr Koch!*" – „*Darüber weiß ich nichts.*" – Der Leutnant forderte mich auf: „Nennen Sie die Aufschrift auf dem Plakat!" „Es war etwas mit Wiederaufbau, hatte mir

Stefan W… mitgeteilt", antwortete ich. Mir war im Moment nicht klar, ob ich früher schon den genauen Wortlaut genannt hatte oder nicht. „Koch, tun Sie doch nicht so, Sie wissen das ganz genau!" „Nein", blieb ich stur. „Koch, Sie stellen sich wieder einmal zu dumm, Sie sehen doch die Aufschrift vor sich. Lesen Sie!" „Ich kann den Text nicht lesen", erwiderte ich. Das Plakat überstieg die Zimmerhöhe und lag unten in Falten auf dem Boden, teilweise hinter dem Schreibtisch. Der Leutnant raffte das Transparent hoch, und ich las: *„Wir fordern Wiederaufbau."* Der Überraschungseffekt der Vorführung war aufgebraucht. Stefan hatte das Plakat so hoch angebracht, daß das Gründungsjahr 1240 nicht zu sehen war. Davon war weder in der Öffentlichkeit noch in den Akten die Rede. Es hätte mir zusätzliche Probleme gemacht, wenn ich von dieser verdeckten Jahreszahl gewußt hätte. Darüber habe ich nichts gesagt; aber auch der Leutnant hat mich erstaunlicherweise nicht danach gefragt.

Wenn sich die Zellentür am Ende des Vernehmungstages hinter mir schloß, hörte das Nachdenken nicht auf. Im Gegenteil: Ich mußte mich immer wieder zwingen, nicht ins uferlose Grübeln zu geraten, sondern Distanz zu gewinnen und den Vernehmungsverlauf sachlich zu analysieren. Warum belastete mich Thomas derart? Warum sprach er über Vier-Augen-Gespräche, und warum beschuldigte er mich fälschlich? Er war offenbar in dem psychischen Zustand der Kooperativität, wo derartige Fragen keinen Sinn mehr hatten.

Einmal angebliche *Werkzeugspuren*, ein andermal Vorlage des *Weckers*, angebliche Funde von *Zigarettenkippen mit meinen Speichelresten*, jetzt der schwarze *Farbtopf*, das *vorgeführte Plakat, Thomas' Aussage* – die Stasi probierte einen Trick nach dem anderen. Daraus schloß ich einmal mehr, daß sie mich zwar als Tatbeteiligten an der Aktion verdächtigte, aber nicht über ausreichende Beweise verfügte. Außerdem schwächte sie ihre Glaubwürdigkeit für weitere Bluffs. Oder unterschätzte ich sie? In der Konzeption sind *verwirrende Andeutungen und ungerechtfertigte Vorhalte*, gegen die ich besonders empfindlich sei, geplant. Sollte ich auf solche mit stärkerer Empörung reagieren als sonst oder mich die Abwehr falscher Beschuldigungen *veranlassen, auch einmal etwas mehr zu sagen (Dok. 32 Konz. S. 3)*, vielleicht in einer überschießenden Verteidigung gegen den Vorwurf, der Plakatmaler zu sein, etwas über diesen zu verraten. *‚Ich kann das Plakat gar nicht gemalt haben, da es in Potsdam entstand‘*, hätte die Stasi bereits auf die Spur zu Treumann geführt. Als ich mir das Verhör vergegenwärtigte, hatte ich das Gefühl, daß der Leutnant von seiner Beschuldigung, ich selbst hätte das Plakat gemalt, nicht überzeugt war. Wie ich teilweise im weiteren Ermittlungsverfahren und heute aus der Akte erfuhr, nahm die Stasi bei einer späteren zweiten Hausdurchsuchung bei meinen Eltern zwar *Lederhandschuhe, Uhrmacherwerkzeug* und *Uhrenkonstruktionsunterlagen* mit, nicht aber die Mappen mit meinen Zeichnungen. Kleinere grafische Versuche, die sie zufällig zusammen mit meiner Postkartensammlung beschlagnahmt hatte, gab sie später an meine Eltern zurück. Zu meinen Zeichenfähigkeiten fragte mich der Vernehmer nicht. Der

Schluß von meinen schwarzen Tuschzeichnungen auf die Darstellungsweise des Plakats wäre zeichentechnisch nicht abwegig gewesen. Warum hatte die Stasi, die doch sonst jeder Kleinigkeit penibel nachging, diese naheliegenden Gesichtspunkte nicht untersucht? Sie versuchte, in mir den „Techniker", nicht aber den „Künstler" zu überführen.

Schwarze Gedanken

In der Zelle beschäftigte mich weiterhin, daß die Stasi mir keine konkreten Vorhalte von Stefans Vater vorgelesen hatte, weder über meine Besuche bei ihm nach Stefans Flucht, noch speziell über meine Durchsicht von Stefans Zimmer. In meiner Akte fand ich die Bestätigung, daß die Stasi Stefans Vater nach meiner Verhaftung vernommen hatte; das Protokoll ist nichtssagend. Ich dachte daran, daß die Stasi ihn schon vor meiner Verhaftung nach einem Plakat gefragt hatte und er mich anschließend darüber auszufragen versuchte. Beim Grübeln über jede nur denkbare Möglichkeit erwachte neues Mißtrauen. Die Mitteilung, daß Weizsäcker sich mit mir treffen wolle, hatte Stefans Vater 1969 von einer Reise nach Westdeutschland zu seinem Sohn, die er als Rentner machen durfte, mitgebracht.

In der Betrachtungsweise der Stasi war er somit *Kurier einer Schleuserorganisation*. Wieso ließ sie einen so wichtigen Belastungszeugen – in ihrer Sicht sogar selbst am Menschenhandel Beteiligten – und insgesamt eine wichtige Informationsquelle zu Stefans Leipziger Freundeskreis noch *nach* unseren Verhaftungen nach Westdeutschland verziehen – zu dessen Sohn, den sie zu einem Feind aufgebaut und wohl schon mit dem Plakat in Beziehung gebracht hatte, statt ihn sich für Nachfragen zu erhalten und vielleicht sogar unter Druck setzen zu können? Zwar war die Übersiedlung des Vaters schon längere Zeit in die Wege geleitet – Ingrid und ich hatten beim Katalogisieren seiner Sachen geholfen, da beim Ausreiseantrag jeder Gegenstand aufgelistet werden mußte – aber die Stasi hätte den Vater nach unseren Verhaftungen festnehmen oder zumindest seine Ausreise blockieren können. ‚Könnte nicht der Preis für seine Ausreisegenehmigung ein Hinweis auf den Plakatprotest gewesen sein?', ging ich jede Möglichkeit in der Zelle durch. Ich vergegenwärtigte mir das Verhältnis Stefans zu seinem Vater: ‚Er hatte seinem Sohn sicher von den Fragen der Stasi nach dem Plakat erzählt, als er ihn 1969 im Westen besuchte. Der Vater war der Letzte, dessen Drängen nach Information sich Stefan hätte entziehen können. Und ich kannte Stefans Art, etwas ausdrücklich nicht zu sagen und es einem schließlich doch mitgeteilt zu haben. Der Vater könnte mich der Stasi ans Messer geliefert haben, um ausreisen zu dürfen.' Ja, ich überlegte sogar, ob nicht Stefan nach meiner Verhaftung Informationen für die Stasi preisgegeben habe, um seinen alten Vater, an dem er sehr hing, zu sich holen zu können. ‚Stefan tat ohnehin das ihm mögliche, um meinen Freikauf zu erreichen', glaubte ich. Dieser wäre wohl erst nach einer Verurteilung möglich. Ob ich nun auch noch wegen des Plakates ein paar Jahre mehr bekäme, spielte letztlich keine Rolle, könnte sich Stefan sagen – die psychische Quälerei durch die Stasi würde er nicht ahnen. Und bei allem, was ich an Niedertracht von der Stasi erlebte, drängten sich mir noch schwärzere Gedanken auf. ‚Könnte nicht ein Deal zur Ausreise des Vaters schon vor meiner Verhaftung zustandegekommen sein? Stefan wußte, daß ich in der DDR keine berufliche Zukunft mehr hatte. Unaufgefordert hatte er mir mehrere Fluchthilfeangebote gemacht. Aber nachdem er dann die Hilfe Weizsäckers für eine legale Ausreise gewonnen hatte, hatte ich mich gefragt, was er mit dem letzten illegalen Fluchtangebot, das mir unsinnig erschien, bezweckte. Lag hier vielleicht der dringliche Fluchtgrund, über den ich schon öfter gegrübelt hatte? Hilfe für mich und gleichzeitig Nachhilfe zu Gunsten seines Vaters schlossen sich keineswegs aus. Stefan war ein komplizierter Mensch.‘

Diese schwarzen Gedanken in der Haft, wo ich fast täglich das Verhalten meiner Freunde als Verrat erlebte, stellen natürlich keine Tatsachenbehauptungen dar.

4. Drohungen mit weiteren Verhaftungen

Eine rätselhafte Quelle und Gefahr für meine Freundin

Der Vernehmer hatte mir ein beunruhigendes Rätsel aufgegeben, als er auf eine angebliche Beziehung Bärbels zur Plakataktion angespielt hatte. Später wurde er deutlicher: „Ist Ihnen eingefallen, Koch, was Ihre Freundin Krüger mit der Provokation in der Kongreßhalle zu tun hat?" – „Dazu kann mir nichts einfallen." – „Wieso kann Ihnen dazu nichts einfallen?" – „Weil meine Freundin nichts mit dem Plakatvorkommnis zu tun hat." Der Leutnant wurde raffiniert: „Koch, jetzt haben Sie sich verraten." Ich sah ihn erschrocken an. Er: *Koch, Sie können nur wissen, daß Ihre Freundin nicht an der Provokation beteiligt war, wenn Sie selbst wissen, wer diese durchgeführt hat.*" Mit einer ähnlichen Scheinargumentation hat er mich mehrfach zu überrumpeln versucht. Ich vermute, daß er dies so auf der Stasi-Hochschule in Potsdam gelernt hatte. Dieser Schluß vom Leugnen auf ein vorgängiges Wissen, das diesem Leugnen notwendig vorausliegen müsse, erinnert an das bereits zitierte Argument Platons im *Hippias*. Auch wenn die Folgerung des Leutnants in diesem Fall nicht zwingend ist, war sie gefährlich. In der Spannung und Unsicherheit der Verhörsituation wirkt ein derartiger Angriff verwirrend. Der Beschuldigte soll den Eindruck bekommen, er habe einen Fehler gemacht. Ich erschrak tatsächlich, wußte, daß der Vernehmer mein Erschrecken bemerkte, und befürchtete, er könne daraus für mich ungünstige Schlüsse ziehen. Der Vernehmer hofft, daß sich der Beschuldigte zu substantiiert verteidigt und so Stoff für weitere Angriffe ähnlicher Art liefert. Wie schnell hat man sich verplappert! Man reitet sich mit einer auch nur leicht überschießenden Verteidigung erstaunlich rasch rein.

Meine Freunde hatten sich manchmal über meine Freude an spitzfindiger Argumentation geärgert. Die Neigung dazu half mir jetzt. Ich versuchte, den Vernehmer mit seinen eigenen Waffen zu bekämpfen: *„Herr Leutnant, Sie wissen, daß Ihre Frau nichts mit der Kongreßhallensache zu schaffen hat. Daraus folgt doch aber nicht, daß Sie den Täter kennen."* Er wurde laut: „Koch, werden Sie nicht frech! Es geht Sie überhaupt nichts an, ob ich verheiratet bin. Außerdem ist das Quatsch, was Sie da sagen." – Ja. Ich wollte Ihnen nur zeigen, wie unsinnig Ihre Behauptung ist, ich hätte mich verraten." – „Hören Sie auf auszuweichen, Koch! Sie werden sich noch wundern, was wir alles wissen." Er sah mir direkt ins Gesicht, wie häufig, wenn er einen Treffer plazieren konnte: *„Koch, denken Sie mal an das Telefongespräch, das Ihre Freundin Krüger in der Kongreßhallensache hatte!"* – „Ich habe keine Ahnung, wovon Sie sprechen." Der Leutnant überlegen und mit Nachdruck: *„Ihre Freundin Krüger war an der Absicherung der Provokation beteiligt. Herr Koch, wenn Sie nicht endlich Ihre schmutzige Wäsche auf den Tisch legen, müssen wir Ihre Freundin 'reinholen. Die Entscheidung liegt ganz bei Ihnen."*

Diese Andeutungen entsetzten mich besonders, weil mir völlig unerklärlich war, wie die Stasi hier etwas Richtiges andeuten konnte. Aber: Ob die Stasi Bärbel verhaften würde, hing nicht von meinem Verhalten ab. Wegen des Plakates könnten sie ihr nichts tun. Als sie damals im Institutssekretariat saß, hatte sie mir Harald Fritzschs Anruf „Der Quantentheorieband von Landau-Lifschitz ist da" ausgerichtet, was mich wissen ließ, daß Stefan die Installation des Plakats in der Kongreßhalle gelungen war. Aber ich hatte Bärbel auch nicht andeutungsweise in diesen Zusammenhang eingeweiht. Sie würde nichts sagen können. Da sie viele dienstliche Anrufe erhalten hatte, würde sie sich an diesen nicht erinnern, und wenn schon? Ich erwiderte: „Ihre Drohung nutzt gar nichts, weil ich nicht die geringste Ahnung habe, wovon Sie reden. Fragen Sie doch meine Freundin, da Sie mir ja doch nichts glauben!" Es machte mir Angst, daß sie Bärbel verhören und unter Druck setzen würden. Aber das geschähe ohnehin. Der Leutnant lachte: „Koch, Ihnen etwas *glauben*? Das haben wir nicht nötig. Sie denken, wir bluffen? *Fritzsch hat Ihre Freundin Krüger auf Ihrer Arbeitsstelle angerufen und ihr vom Erfolg in der Kongreßhalle Mitteilung gemacht, und diese hat Ihnen das ausgerichtet."* Mir fiel auf, daß seine Formulierung nicht präzise war: ,Sprach er von der gelungenen Plakatinstallation am Vormittag oder vom Entrollen des Plakates am Abend?' Ich blieb bei meinem Grundsatz, nichts zuzugeben, was mir nicht hieb- und stichfest bewiesen war, und sagte nur: „Das alles ist falsch. Meine Freundin und ich haben nichts mit der Plakatsache zu tun."

Ich hatte Angst vor dem, was der Leutnant nun noch an Indizien vorlegen würde, doch er wurde nicht präziser. Tagelang ging ich alle Möglichkeiten durch und fand keine Ruhe. Ich tigerte durch meine Zelle: den schmalen Gang zwischen beiden Pritschen sechs Schritte hin, sechs Schritte zurück. Das Eingesperrtsein wurde durch solche Rätsel noch unerträglicher. Von dem Anruf Haralds hatte ich weder Eckhard noch Marlene etwas gesagt. Weder zu Eva, Ingrid, noch irgend jemandem sonst hatte ich die geringste Andeutung gemacht. Nur Harald, Stefan und ich kannten die Wahrheit. Stefan hatte wohl nicht einmal den genauen Codesatz mitbekommen, den ich damals mit Harald vereinbart hatte, als er schon im Hinausgehen war. Jede Einzelheit versuchte ich mir zu vergegenwärtigen. Den vereinbarten Deck-Satz hatte der Vernehmer auch nicht gesagt. Aber kam es darauf an? Die Stasi mußte wohl einen Spion in München haben. Aber auch dann, wenn Stefan jemandem gegenüber Andeutungen gemacht haben sollte – und dafür sprach schon das Gerücht in Leipzig, das mich 1969 beunruhigt hatte –, solche Einzelheiten hätte Stefan doch für sich behalten? Oder hatte sich jemand in sein Vertrauen geschlichen? An Harald dachte ich kaum. Ich kannte ihn zu wenig. Er kam erst in Stefans Keller, als die Vorrichtung fertig zusammengebaut war. Aber das waren keine Argumente. Hatte die Stasi Stefan verhaftet? Aber wie sollte sie seiner habhaft geworden sein? Auch ihm hatte ich von Wilfried Meyers heimlichen Besuchen in Leipzig erzählt. Hatte Stefan etwas Derartiges versucht? War er vielleicht verkleidet von West- nach Ost-Berlin gefahren und geschnappt worden? Oder wollte mich die Stasi nur glauben machen, sie hätte Stefan gefangen? Das Dickicht war undurchdringlich. Diese Kenntnis der Stasi wie aus dem Nichts war wie ein Alptraum. Von derartigen Anspielungen gibt es keine Protokolle. Aber auch dazu fand ich in meiner Stasiakte eine Notiz:

»Inoffiziell wurde bekannt, daß FRITZSCH danach der Freundin des KOCH Barbara Krüger telefonisch auf ihrer Arbeitsstelle vom Gelingen der Aktion Mitteilung machte und diese den KOCH davon unterrichtete.«

Wie kam die Stasi zu diesem Wissen? In den Akten fand ich weder einen IM-Namen dazu noch irgendeinen Hinweis auf die Quelle. Bärbels spätere Zeugenvernehmung enthält ebenfalls keinerlei Anhaltspunkt dazu. Die Stasi könnte Bärbel noch so sehr gedrängt haben, sie wußte einfach nichts. Eine Offizialisierung ihres Wissens gelang der Stasi nicht.

Ein weiterer Mitwisser

Mein Vernehmungsoffizier hatte im Zusammenhang mit unseren Vortragsabenden mehrfach den Namen Uwe May genannt, und im Herbst 1970 überraschte er mich mit der Behauptung: *„Dr. Uwe May war auch an der Provokation in der Kongreßhalle beteiligt."* „Dazu ist mir nichts bekannt", konnte ich nur sagen. *„Den Dr. Uwe May holen wir auch noch rein"*, kündigte mir der Leutnant an. Und als ich ihn überrascht ansah, bekräftigte er dies: „Darauf können Sie sich verlassen."

,Weshalb könnte die Stasi Uwe verhaften?' überlegte ich. Von einer Mitwirkung Uwes an der Plakatsache wußte ich nichts, und ich war mir sicher, über alles

Bescheid zu wissen. Ich vergegenwärtigte mir unser Gespräch im Herbst 1969, wo ich ihm von meiner Befürchtung erzählt hatte, die Stasi könne mich entdecken. Uwe schien mir damals ohnehin von meiner Beteiligung irgend etwas zu wissen. Aber wir sprachen darüber nicht weiter. Jetzt hatte Thomas der Stasi gesagt, er habe von Uwe gehört, daß ich beim Protest in der Kongreßhalle mitgemacht habe.

Die Leipziger Stasi stand unter hohem Druck aus Berlin, nach über zwei Jahren endlich den „Skandal" in der Kongreßhalle aufzuklären. Sie war davon überzeugt, daß das Plakat eine Aktion unseres Freundeskreises war. Aber siebeneinhalb Monate nach meiner Verhaftung hatte sie noch keine ausreichenden offizialisierbaren Beweise. Zwar stützten die Aussagen Jüttes und vor allem Thomas' den Verdacht gegen mich, reichten aber nicht aus. Die Stasi hatte inzwischen begriffen, daß sie mich mit den bisher verwendeten Methoden nicht zu einem Geständnis bringen konnte. Sie würde Uwe ausquetschen wollen, um mir die Mitwirkung an der Plakatsache nachzuweisen. Wenn sie ihn als nichtverhafteten Zeugen befragte, bekäme sie nichts aus ihm heraus. Sie würde also einen Grund suchen, ihn festzunehmen. Ich kannte ihn zu wenig, um beurteilen zu können, was ihm drohte. Mit Stefans Fluchthilfeunternehmen hatte er meines Wissens nichts zu tun. Und die von meinem Vernehmer mehrfach geäußerte Behauptung, wir seien eine staatsfeindliche Gruppe, schien mir zwar absurd zu sein, aber Uwe war bei unseren Vortragsabenden viel aktiver als ich gewesen, so daß er schon deshalb gefährdet war. Allerdings dürfte Thomas, so wie ich ihn in der Gegenüberstellung erlebt hatte, auch alles, was er sonst über Uwe wußte, verraten haben. Uwe drohte also wirklich eine Festnahme. Da ich nicht wußte, wie weit er in die Plakataktion eingeweiht war, konnte ich die neue Gefahr für mich nicht abschätzen.

Mein Bruder

Im Spätherbst 1970 überraschte mich der Vernehmer das erste Mal mit der Bemerkung: *„Koch, Ihr Bruder hat bei der Provokation 1968 zum Internationalen Bachwettbewerb ebenfalls mitgemacht."* Ich konnte nur hoffen, daß mir der Leutnant meinen Schrecken nicht angesehen hatte. „Das höre ich jetzt zum erstenmal. Das glaube ich nicht." – „Tun Sie doch nicht so unschuldig, Koch! Sie wissen das doch selber am besten." – „Ich habe keine Ahnung." – „Koch, Ihre Arroganz wird Ihnen noch vergehen, wenn wir Ihnen erst Ihren Bruder gegenüberstellen. Den holen wir auch noch her. Da kommt noch 'was auf Sie zu." Präziser wurde der Leutnant nicht. Später wiederholte er seine Drohung, Eckhard zu verhaften. Ich mußte immer wieder darüber nachdenken. Nur Eckhard selbst und Gurgels hatten von seiner Mitwirkung Kenntnis; und unser Vater dürfte im nachhinein auf unser beider Beteiligung geschlossen haben. Aber Gurgels Name fiel nicht. ‚Stefan, Ingrid oder Eva gegenüber hatte ich keinerlei Andeutung über Eckhard gemacht', ging ich alle Möglichkeiten durch. Am ehesten glaubte ich noch, daß die Stasi Eckhard überrumpelt hätte, ihm vielleicht vorgespiegelt, ich hätte gestanden. Aber dann würde sie mir wohl eine Aussage Eckhards vorgehalten haben. War er schon hier? Die Stasi schirmte die Häftlinge sorgfältig voneinander ab. Der nächste Besuch meiner Mutter wurde nicht abgesagt, also hatten sie Eckhard noch nicht verhaftet.

Eckhard war dabei, als Stefan in unserem Freundeskreis Flugblätter gegen die Kirchensprengung angeregt hatte. Klopfte die Stasi vielleicht einfach auf den Busch, versuchsweise auch einmal meinen Bruder zu verdächtigen? Später wiederholte der Leutnant seine Drohung: *„Sie können Ihrem Bruder den Aufenthalt hier ersparen, wenn Sie endlich reinen Tisch machen und Ihre Beteiligung an der Provokation in der Kongreßhalle zugeben."* Erpressungen durfte ich nicht nachgeben.

Es war furchtbar, wie ein Freund nach dem anderen von Verhaftung bedroht wurde: Bärbel, Uwe, Eckhard. Ein Ende war nicht abzusehen.

5. Untersuchungspläne der Stasi

(1) In einer frühen handschriftlichen *»Zielsetzung für die Bearbeitung des Vorganges«* des Ehepaars Jütte und Koch wird u. a genannt ([1] Bd. 1 (A.N.) 129):

»Prüfung der Version, daß die Beschuldigten Jütte, Ingrid u. Franz sowie Koch mit der Provokation am 20.6.68 in der Kongreßhalle in Verbindung stehen.«

Ein 15-seitiger tabellarischer *»Untersuchungsplan«* zu Koch vom 26.5.1970 nennt in einer Ergänzung vom 1.7.1970 u. a. die folgenden zu klärenden Punkte:

»– Mitwirkung Kochs bei Aktion gegen Sprengung der Uni-Kirche.

– Bilder über Unikirche, Kirchensprengung

– Was ist Koch über Kongreßhallenvorkommnis bekannt?«

Weiterhin werden im U-Plan mehrere Namen jeweils mit Kommentaren aufgeführt. Leider hat die Gauck-Behörde einen Namen mit besonders ausführlicher Anmerkung so vollständig geschwärzt, daß mir eine Rekonstruktion nicht gelang.

Außerdem enthält meine Akte einen allgemeinen Plan vom 15.8.1970 zu unserem Freundeskreis, ausgearbeitet von Unterleutnant P., in dem u. a. als aufzuklärende Komplexe genannt werden:

»Operationsplan zum U-Vorgang Jütte, Ingrid, und vier anderen:

Aufklärung von Provokationen, z. B. zum Volksentscheid, Abriß der Universitätskirche, Verbreitung von Hetzschriften an der KMU Leipzig, Entrollen des Transparentes in der Leipziger Kongreßhalle am 20.6.1968.«

Die Stasi hat hier wichtige, für sie noch offene Leipziger Protestaktionen aufgelistet, ohne daß dies schon einen konkreten Tatverdacht gegen uns bedeutet. Keiner von uns hatte etwas mit den übrigen genannten Protesten zu tun.

(2) Auf Grund der Denunziation Langfermanns glaubte die Stasi im Vorgang »Atom« gefährliche Feinde des Sozialismus zu bearbeiten. Nachdem sie durch die Hausdurchsuchung bei Ingrid auf den Freundeskreis um Rudolph gestoßen war, sah sie ein ganzes Netz staatsfeindlicher Gruppen über die DDR verteilt. *Daraufhin griff der Minister ein, und die Hauptabteilungen in Berlin zogen diese Vorgänge an sich.* Die Hauptabteilung VI berichtet am 9.10.1970 ([25] Bd. 2 124 ff.):

»Der Vorgang „Atom" wird zielstrebig wegen „staatsfeindlicher Gruppenbildung" bearbeitet. Aus der Vernehmung wurden die Beweise erbracht, daß (...) und Koch nach §§ 100 und 107 straffällig wurden. Parallel zu dieser staatsfeindlichen Gruppierung in Leipzig werden zwei gleichartige Vorgänge in Berlin bearbeitet. In diesen Vorgängen werden Studenten und Angehörige der Intelligenz (Fachrichtung Physik) durch die HA XX und durch die OG des Ministers bearbeitet. Die Ausgangsbasen dieser anderen staatsfeindlichen Gruppierungen liegen im physikalischen Hochschulinstitut Halle. (...)

Alle bekannten staatsfeindlichen Gruppierungen sind bis ins Detail durchorganisiert, so daß auf Weisung des Gen. Minister alle zeugenschaftlichen Vernehmungen aufgehoben wurden. Zeugenvernehmungen würden sofort in die ganze Republik signalisiert, so daß sich die Gruppen dann dem Zugreifen des MfS entziehen könnten. (...)

Auf Grund dieser Situation wurde durch den Genossen Minister angewiesen, daß alle Vernehmungen aus dem Operativvorgang „Atom" sofort der HA XX zugestellt werden. In der Abt. IX verbleiben keine Vernehmungsprotokolle. (...)

Durch die Abt. IX der Bezirksverwaltung für Staatssicherheit Leipzig werden zum Operativvorgang „Atom" keine Einschätzungen und Sachstandsberichte mehr erarbeitet, diese werden lt. Anweisung des Gen. Minister durch die HA XX und HA IX/2 gefertigt.«

Weiterhin wird ausdrücklich auf die *Beziehungen des Weizsäcker-Instituts zur CIA gemäß der inoffiziellen Quelle* »Boris Buch« verwiesen.

Am 14.10.1970 gibt die HA VI ([25] Bd. 2 397–398) die folgende

»Information über den augenblicklichen Stand der Untersuchung im Vorgang „Atom"

Von der Abt. IX der Bezirksverwaltung für Staatssicherheit Leipzig konnte nachgewiesen werden, daß es sich bei dem Personenkreis, der bei der Liquidierung des Vorganges „Atom" nach § 213 festgenommen wurde, um eine aktive staatsfeindliche Gruppierung handelt.

Nach Auskunft der Abt. IX der Bezirksverwaltung für Staatssicherheit Leipzig werden die weiteren Untersuchungen auf Anweisung des Genossen Minister von der HA IX/2 geführt.

Von der HA IX/2, Gen. Oberstleutnant Liebewirth, wurde uns die Auskunft erteilt, daß es sich bei dem festgenommenen Personenkreis um eine aktive staatsfeindliche Gruppe handelt, die bereits nach einem festen Konzept ihre Tätigkeit organisierte und enge Verbindung zu dem Weizsäcker-Institut in Hamburg unterhielt.

Durch die Aufklärung der staatsfeindlichen Tätigkeit dieser Gruppe war es möglich, weitere derartige Gruppenbildung in Dresden, Erfurt, Halle, Leipzig und Greifswald zu erkennen und zu belasten.
Obwohl noch keine Zusammenhänge zwischen den einzelnen Gruppen zu erkennen sind, wurde vom Gen. Minister entschieden, daß die weitere Bearbeitung aller in dieser Richtung vorhandenen Vorgänge von der HA XX/7 in Verbindung mit der HA IX/2 durchgeführt werden.

Die im Zusammenhang mit dem Vorgang „Atom" festgenommenen Personen sind straffällig nach §§ 100, 105, 106 und 107 des StGB.«

All diese gewaltigen Beschuldigungen brauchten wir nun nur noch zu gestehen.

(3) Über die gesamte Vernehmungszeit führte die Stasi vier Din-A-3-Tabellen, in denen sie minutiös die Ergebnisse der Untersuchungshandlungen aufgelistet und nach Vollständigkeit, Wichtigkeit, Widersprüchen usw. bewertet hat. Daraus ergibt sich auch die große Bedeutung, die sie der Aufklärung des Plakatprotestes beimaß. Leider enthalten diese Tabellen direkt fast nichts über die verschiedenen Bluffs und Tricks. Die Stasi heuchelte sogar in ihren eigenen Akten.

(4) Die Stasi verfügte über Informationen aus inoffiziellen Quellen, wie ich während des Ermittlungsverfahrens nur aus verschiedenen Anspielungen erahnen konnte. In der Konzeption 1.5 (*Dok. 32*) heißt es dazu:

»Durchführung operativer Maßnahmen besonders um inoffizielle Fakten offiziell zu machen.«

Damit ist die Absicht gemeint, Wissen, das die Stasi aus inoffiziellen Quellen hatte, noch ein zweites Mal so durch Zeugen oder Geständnisse zu erlangen, daß es gerichtsverwertbar wurde. Die Stasi hat ihr System inoffizieller Mitarbeiter so geschützt, daß sie Informationen aus geheimer Quelle lieber nicht benutzte, als diese preiszugeben. Deshalb steht auch in der Konzeption, daß *bei der Auswertung inoffizieller Ergebnisse mir gegenüber äußerste Vorsicht geboten* ist. Diese zu offizialisieren, machte ihr bei mir offenbar Schwierigkeiten. Beispielsweise hätte die Stasi einen IM, der in München Weizsäcker bespitzelte, nicht als Zeugen vor Gericht präsentieren können. Sie durfte den Denunzianten von 1969 aus München, den Harald Fritzsch vermutet hatte, nicht bloßstellen. Bernard Langfermann sollte ausweislich seiner IM-Akte unbedingt vor Dekonspiration geschützt werden.

(5) Die im 5. Kapitel wiedergegebene Konzeption (*Dok. 32*) entstand sechs Monate nach meiner Verhaftung. Die darin dargestellte Taktik wendete die Stasi auch schon zuvor an. Ein Teil der bereits geschilderten Bluffversuche liegt vor dem Zeitpunkt ihrer Entstehung, ein Teil danach. Die Konzeption ist auch eine Zusammenfassung der bisherigen Vernehmungserfahrungen der Stasi, die zeigen,

daß sie zur Plakataktion keine befriedigenden Aussagen von mir erhalten hatte. Während die Konzeption zu den übrigen Beschuldigungen nur Vernehmungstaktik ohne Bezug auf bestimmte Tatvorwürfe enthält, zählt die Stasi zum *Kongreßhallenprotest* unter Konzeption 1.5 (*Dok. 32*) konkrete operative Maßnahmen auf:

»*– Durcharbeitung der Niederschrift Rust*
– Schema über Mitwisser aufstellen
– Durcharbeitung des Hausdurchsuchungsmaterials von Stefan W… und (Harald) Fritzsch
– nochmalige Hausdurchsuchung bei Koch (Lederhandschuhe, Uhrmacherwerkzeug u. a.)
– Wiedereröffnung des Ermittlungsverfahrens Universitätskirche gegen Koch
– Vernehmung der Ingrid Jütte im Zusammenhang mit der Universitätskirche.«

Dieser Maßnahmenkatalog belegt die besondere Bedeutung, die die Stasi der Aufklärung des Protestes gegen die Universitätskirchensprengung in meinem Ermittlungsverfahren beimaß; er stützt auch meinen damaligen Eindruck, daß sie einen erheblichen Verdacht gegen mich als Uhrmacher, nicht aber als Plakatmaler hatte. Insgesamt stützt meine Akte meinen damaligen Eindruck im Ermittlungsverfahren: Die Stasi war davon überzeugt, daß ich bei der Plakataktion den Auslösemechanismus gebaut hatte, aber ihre offiziell verwertbaren Beweise – die Aussagen Thomas', Ingrids und Franz' – reichten nicht. Die Stasi würde nicht aufgeben, aber auch ich war weiterhin entschlossen, meinen Beitrag nicht zuzugeben. Mich bedrängte damals die Frage: *Was würde die Stasi nun noch tun?*

Interludium 3:
Das Ultimatum

Auf jeden Fall muß man genau abwägen, was wir ihm androhen – um es wahrzumachen – es darf auf keinen Fall leeres Gerede sein (z. B. Ultimatum – was kommt danach?).
(Konzeption, S. 5)

Im Herbst 1970, als die Stasi beim Plakatprotest nicht vorankam, überraschten mich eines Morgens im Vernehmerzimmer der Leutnant und der Oberleutnant. Sie wirkten sehr entschlossen, und ich hatte das Gefühl, daß es um eine ungewöhnliche Angelegenheit gehe. Der Leutnant sagte mir: *„Herr Koch, es wird ernst."*

Und nach einer Zeit des Schweigens erklärte er: *„Koch, wir wissen, daß Sie bei der Provokation in der Kongreßhalle mitgemacht haben. Wir nehmen Ihnen Ihre Ausrede, daß Ihre Äußerungen Ihren Freunden gegenüber nur Prahlerei gewesen wären, nicht ab. Wir haben Ihnen die Beweise vorgeführt, die alle gegen Sie sprechen, aber Sie haben Ihre Chance nicht genutzt. Wir haben Ihr Rumeiern satt. Sie müssen endlich wahrheitsgemäß über Ihren Beitrag zur Provokation in der Kongreßhalle aussagen. Wir stellen Ihnen ein Ultimatum bis morgen früh. Falls Sie dann nicht die Wahrheit sagen, geschieht etwas, wovon Sie noch keine Ahnung haben. Sie werden es bitter bereuen, wenn Sie unsere Geduld noch länger mißbrauchen."* Währenddessen stieß der Oberleutnant mit dem nach unten ausgestreckten Daumen mehrfach in Richtung Fußboden, und ich verstand, daß er damit den Keller meinte.

Ich dachte an körperliche Folterungen und bekam stärkere Furcht als je zuvor. Wahrscheinlich habe ich ähnlich gezittert wie am ersten Vernehmungstag. Aber ich wollte nicht nachgeben, bevor ich wirklich wußte, was sie vorhatten. Ich empfand die Spannung als unerträglich und sagte: *„Sie brauchen nicht bis morgen zu warten. Meine Antwort können Sie jetzt kriegen. Ich habe nichts zu gestehen, denn ich habe mit der Plakataktion nichts zu tun. Das Ultimatum hat also keinen Sinn. Übrigens, was soll denn auf mich zukommen?"*

Die beiden Offiziere sahen sich zufrieden an, da ich in meiner Angst falsch reagiert hatte. Ich hatte gezeigt, daß ich die Spannung bis zum nächsten Tag nicht gut aushalten könnte und daß mich Ihre Drohung mit Folgen nicht kalt ließ. Folgerichtig reagierten sie: *„Bei dem, was auf Sie zukommt, brauchen Sie die Zeit bis morgen wirklich zum Überlegen. Wir haben da ganz spezielle Möglichkeiten für solche wie Sie, Koch. Warten Sie ab, wenn Sie erst unten im Keller sind"*, und diesmal stieß der Leutnant mehrmals mit dem Daumen nach unten. Dann bestellte er telefonisch den Läufer, und als dieser kam, sagte der Oberleutnant: *„Herr Koch, Sie* *werden jetzt in die Zelle zurückgebracht und haben bis morgen um neun Zeit zum Überlegen. Nutzen Sie die Zeit gut! Wenn Sie nicht zur Einsicht kommen, werden Sie etwas erleben, wo Sie mir nur noch leid tun können."*

Den Rest des Tages und die Nacht über quälte mich die Frage, was geschehen könnte, ob die Stasi körperlich foltern würde. Davor hatte ich schreckliche Angst. Ich war mir sicher, solchen Folterungen nicht standhalten zu können. Der Stasi traute ich so etwas zu. Aber sie hatte schon so oft geblufft: ,Könnte das Ultimatum nicht auch eine leere Drohung sein?' Ich entschied mich, bei meinem Leugnen zu bleiben und erst einmal abzuwarten, was tatsächlich auf mich zukäme. Auch wenn sie mich in den Keller brächten, wollte ich noch nicht nachgeben, sondern erst dann, wenn sie mit Folterungen beginnen würden.

Als ich am nächsten Morgen ins Vernehmerzimmer gebracht wurde, waren wieder beide Vernehmer anwesend. Der Oberleutnant sah auf seine Uhr: *„Neun Uhr. Koch, Ihre Zeit ist abgelaufen. Wie haben Sie sich entschieden?"* Ich antwortete: *„Ich habe mit dem Plakat in der Kongreßhalle nichts zu tun, und deshalb kann ich dazu auch nichts aussagen."* Im Ton, als ob er in seinem Wohlwollen mir gegenüber geradezu traurig sei, sagte der Oberleutnant: *„Koch, das werden Sie sehr bald bereuen. Jetzt kann ich Ihnen auch nicht mehr helfen."* Er wendete sich an den Leutnant: *„Genosse Leutnant, lassen Sie die Sache jetzt losgehen!"* Als der Leutnant gegangen war, appellierte der Oberleutnant noch einmal an mich: *„Koch, das ist jetzt wirklich Ihre allerletzte Chance! Kommen Sie endlich zur Einsicht! Machen Sie endlich reinen Tisch! In Ihrem eigenen Interesse."* Ich schwieg. Kurze Zeit später holte mich der Läufer ab. Voller gespannter Angst versuchte ich, aus dem Weg zu erraten, ob er mich in den Keller führte. Aber er brachte mich in meine Zelle zurück. Weiter geschah nichts.

Aus ihrem Mißerfolg zog die Stasi den eingangs zitierten Schluß.

Hetze 2:
Gegnerische Einflüsse

1. West-Berlin-Besuche

Während seines Studiums war er mehrere Male in Westberlin gewesen und nahm an religiösen Veranstaltungen teil. Auch traf er sich zweimal mit seinem ehemaligen Lehrer Dr. Kießig, der die DDR illegal verlassen hatte.
(Urteil, S. 2)

Aus dem Jahrzehnt vor unserer Bekanntschaft hatte ich Jüttes nur Fetzen erzählt. Ob sie sich nun gut oder schlecht erinnerten, sie berichteten der Stasi, was ich ihnen gegenüber erwähnt hatte: Besuche in West-Berlin bei der Evangelischen Studentengemeinde, mit Eva auf dem Ku'damm und Treffen mit Martin Kießig – bruchstückhaft und entstellt. Zu all dem wollte der Vernehmer von mir Aussagen haben. Ich verschanzte mich hinter mangelnder Erinnerung gegen die Jütteschen Vorhalte. Aber unsere Aussagen wichen so stark voneinander ab, daß die Stasi zum umständlichen Mittel der Gegenüberstellung griff. Dieses zweite Wiedersehen mit Ingrid nach der Verhaftung ist mir in schrecklicher Erinnerung. Es schien ihr nur noch darum zu gehen, der Stasi bei der Aufklärung der Wahrheit behilflich zu sein. Es war sinnlos, ihr zu widersprechen, wo sie sich richtig erinnerte. Sie faßte solchen Widerspruch als gegen sich gerichtet auf und versuchte, durch weitere Details die Richtigkeit ihrer Darstellung zu erhärten. Mit ihr eine gemeinsame Verteidigungslinie gegen das Aufklärungsverlangen der Stasi aufzubauen, erwies sich als unmöglich. Und so sagte ich laut Protokoll zunächst hilflos tastend: »An dem, was Ingrid Jütte sagt, ist Vieles wahr.« Ich versuchte, wenigstens dort Korrekturen zu erreichen, wo Ingrid aus Übereifer oder schlechtem Gedächtnis die Geschichten, die ich ihr erzählt hatte, zu meinen Ungunsten durcheinanderbrachte.

Die Möglichkeit, vor dem Mauerbau am 13. August 1961 nach West-Berlin zu fahren, hatte für uns etwas Phantastisch-Unwirkliches. Als DDR-Bürger war ich gewohnt, daß alles verboten war, was nicht ausdrücklich erlaubt war. Und die Ausflüge nach West-Berlin galten als verboten, waren erstaunlicherweise aber dennoch praktisch geduldet worden.

Evangelische Studentengemeinde

Meinen ersten West-Berlin-Besuch verdanke ich unserem Mathematik-Assistenten *Staude*, den ich auch aus der Evangelischen Studentengemeinde kannte. Er lud mich zu einer Rüstzeit der Studentengemeinde über philosophische Probleme nach West-Berlin ein. Dies erlebte ich als großen Vertrauensbeweis, denn er riskierte mit dieser „Verführung" der Studenten seine berufliche Position.[27] Vorsichtshalber fuhren die Leipziger Teilnehmer getrennt voneinander. Recht unsicher überquerte ich die Grenze von Ost- nach West-Berlin das erste Mal zu Fuß, vorbei an einem Vopo, der zu meinem Erstaunen nichts unternahm.

Die Freizeit in einer alten Villa am Wannsee ist mir in lebhafter Erinnerung. Sie war mein erster lebendiger Kontakt mit echter Philosophie: Vorträge und Seminare über *Jean-Jacques Rousseau, Edmund Husserls Phänomenologie, aristotelische Syllogistik, Bertrand Russell* und Leiblichkeit bei *Merleau-Ponty*. Auch nach fast vierzig Jahren habe ich eine lebendige Erinnerung an den Dozenten *Günther Patzig*, heute nun schon Philosophie-Emeritus in Göttingen. Seine Ausführungen zur Aristotelischen Logik und zu Russells Arbeiten zur modernen Logik (das erste Mal hörte ich den Begriff „Satzfunktion") weckten bei mir ein anhaltendes Interesse daran. Das Seminar war keine gegen die DDR gerichtete politische Veranstaltung. Aber durch die offene Diskussion verschiedener philosophischer Richtungen wurde implizit die wirksamste Kritik am Dogmatismus des Marxismus, der uns in der DDR als einzige wahre Philosophie gepriesen wurde, geübt. Besonders beeindruckte mich die Vorlesung über Rousseaus Lehren von der bonté naturelle des Menschen, der erst durch die gesellschaftlichen Verhältnisse schlecht werde, und vom *Gesellschaftsvertrag*. Die Gesellschaft könne so gedacht werden, daß ihre Mitglieder ihre Rechte freiwillig an diese übertragen, wobei die Freiheit aller zum höchsten Grundsatz wird. Im Unterschied zur Gutheit im Naturzustand gewinnt der Mensch durch den Gesellschaftsvertrag seine Tugend und seine Freiheit, indem er einem sich selbst gegebenen Gesetz gehorcht. Diese aufklärerische rationale Rechts- und Gesellschaftsbegründung war mir ein wichtiger Anstoß.

27 Welcher Gefahr sich ein Assistent aussetzte, zeigt der Fall des Leipziger Germanisten *Eberhard Haufe*. Über meine Erinnerung hinaus verdanke ich Einzelheiten dem Freiburger Germanisten *Uwe Pörksen*. Haufe, Assistent bei *H. A. Korff*, war wegen seiner Bevorzugung der stilkritischen Methode bereits eine Ablehnung der marxistischen Betrachtungsweise vorgeworfen worden; Philologie ohne Klassenkampf war für die SED undenkbar. Als Haufe 1957 anläßlich eines Ost-Berlin-Besuches einer Leipziger Studentengruppe diese zu einem Theaterbesuch (*Tennessee Williams: Die Katze auf dem heißen Blechdach*) nach West-Berlin begleitete, wurde er auf Antrag der Freien Deutschen Jugend und der Gewerkschaft Wissenschaft durch den Rektor der Karl-Marx-Universität, *Georg Mayer*, entlassen. Seine Karriere war zerstört. Der Germanist *Hans Mayer* schwieg dazu. Im Arbeitsgerichtsverfahren blieb von den Vorwürfen des Staatsanwaltes letztlich nur übrig, Haufe habe »*die Studenten dem Anblick der Westberliner Schaufenster ausgesetzt*« (Zeitschrift *Leipziger Universität* 1992, S. 9). Der Versuch einer Rettung durch den Dekan, den Anglisten *Walther Martin*, war erfolglos. Martin gehörte zum Kreis derer, die nach 1945 an die Möglichkeit eines besseren Deutschlands in der DDR geglaubt hatten, so wie der erste Nachkriegsrektor *Hans-Georg Gadamer, Ernst Bloch* und *Hans Mayer*. Während diese später nach Westdeutschland gingen, hat Martin in der DDR geholfen. So soll er z. B. auch das Promotionsvorhaben von *Elisabeth Hütter* zur Paulinerkirche, das nach der Flucht *Ladendorfs* in Schwierigkeiten geraten war, unterstützt haben.

Auf der Rückreise fand die Grenzkontrolle zwischen Ost-Berlin und der DDR statt – nicht zwischen West- und Ost-Berlin; denn damals respektierte die DDR in dieser Hinsicht noch einigermaßen den Viermächtestatus von Gesamt-Berlin, demzufolge Ost-Berlin kein Teil der DDR war. Erst später nannte sie Berlin „Hauptstadt der DDR" und stellte die Behauptung auf, daß ganz Berlin zur DDR gehöre, da es von ihr umgeben war. Die Fragen auf der Rückreise bei der Grenzkontrolle nach meinem Woher und Warum-daher beantwortete ich so unverfänglich, daß offizielle DDR-Stellen von meinem Ausflug in die Freiheit – so direkt und einfach habe ich das damals erlebt – nichts erfuhren.

Von meinen West-Berlin-Besuchen hatte ich Freunden gelegentlich erzählt. Franz formulierte der Stasi gegenüber, ich hätte an einem »Lehrgang der Kirche« in West-Berlin teilgenommen. Ich gab nur den Besuch eines Vortrages zu. Ingrid bestand in der Gegenüberstellung darauf, daß es mehrere Vorträge mit Übernachtung in West-Berlin gewesen seien, erinnerte sich aber so ungenau, daß mir die Stasi in stundenlangen Verhören meine Verteidigung, ich hätte lediglich eine rein religiöse Veranstaltung besucht, nicht widerlegen konnte. Es erwies sich als geschickt, nur von Religion zu sprechen. Die Verfassung der DDR garantierte Religionsfreiheit, und der Leutnant wurde einigermaßen hilflos, wenn ich mich auf ein rein religiöses Anliegen berief, vermutete aber natürlich stets – und nicht ganz zu unrecht – darüber hinausgehende Aktivitäten der Kirche, die der Stasi verdächtig waren. Mein Besuch bei der West-Berliner ESG war der Stasi so wichtig, daß sie mich Wochen später noch einmal ganztägig dazu verhörte. Der Leutnant hatte sich gut vorbereitet. Ich konnte zugeben, von meinem damaligen Mathematik-Assistenten dazu eingeladen worden zu sein, war dieser doch schon lange im Westen. Auf die Frage, warum ich keine Genehmigung zur Fahrt nach West-Berlin eingeholt hatte, sagte ich:

»Ich hatte mich nicht darum bemüht, weil es meiner Ansicht nach nicht nötig war. Ich war davon überzeugt, daß jeder DDR-Bürger das Recht hat, sich in der Stadt Westberlin besuchsweise aufzuhalten.«

„Nein, das war strafbares illegales Verlassen der DDR." – *„Das kann ich nicht glauben, da DDR-Bürger zehntausendfach unter den Augen der Volkspolizei, die nichts unternahm, West-Berlin besucht haben",* stritt ich mich mit dem Vernehmer. Stundenlang stellte er die folgenden Fragen, deren Antworten ich hier auslasse:

»Warum interessierten Sie sich für religiöse Fragen?« – *»Haben Sie die Leitung des Physikalischen Instituts in Kenntnis gesetzt?«* – *»Welche Adressen liefen Sie in Berlin an?«* – *»Aus welchem Anlaß fand das Treffen statt?«* – *»Wer bezahlte Ihren Aufenthalt?«* – *»Welche Leipziger Studenten erhielten noch Einladungen? – Warum wurden ausgerechnet Sie eingeladen?«* – *»Wie verlief das Treffen?«* – *»Warum fand das Treffen in Westberlin statt?«* – *»Warum wurden diese Vorträge gehalten?«* – *»Wo haben Sie übernachtet?«* – *»Haben Sie Aufzeichnungen gemacht?«* – *»Wo sind diese geblieben?«* – *»Mit welchen Personen haben Sie über das Treffen gesprochen?«* –

»In welcher Weise haben Sie das Treffen nach Ihrer Rückkehr ausgewertet?« –
»Hatten Sie weiter Verbindung zu dem einladenden Assistenten?«

Ich gab möglichst nichtssagende Antworten, so daß mich der Vernehmer nicht zu fassen bekam. An Namen anderer Teilnehmer könne ich mich nicht erinnern, ebensowenig an Themen und Inhalt der Vorträge. Immer wieder versuchte er, Widersprüche in meiner gesellschaftspolitischen Entwicklung herauszuarbeiten:

»Frage: In Ihrer Vernehmung am 17.8.1970 sagten Sie aus, bedingt durch Ihre gesellschaftspolitische Entwicklung, von der Richtigkeit der Politik in der DDR überzeugt gewesen zu sein, was im Widerspruch zu Ihrer Reise nach und Ihrem Aufenthalt in Westberlin steht. Nehmen Sie dazu Stellung!

Antwort: Ich sehe dabei keinen Widerspruch, denn es handelte sich in Westberlin lediglich um eine religiöse Veranstaltung. Außerdem hatte ich meine Einreise und den Aufenthalt in Westberlin, wie ich in dieser Vernehmung bereits aussagte, als legal angesehen.«

Ferien

Vor dem Mauerbau stiegen Eva und ich auf der Fahrt nach Mecklenburg in die Ferien im Süden oder Osten Berlins mit unseren Fahrrädern in die S-Bahn, kamen aber erst Tage später nördlich Berlins an. Wir übernachteten in einer West-Berliner Jugendherberge. Da es nahezu unerschwinglich war, Ostgeld gegen Westgeld einzutauschen, kauften wir von den Essenbons, die wir in der Jugendherberge erhielten, Colaflaschen und bekamen den Flaschenpfand dann bar ausgezahlt. Von diesem kostbaren Westgeld kaufte ich kleinere Kunstbücher – Klee, Braque, Dufy – oder Noten für unsere Hausmusiken. Manche Kinofilme oder Theateraufführungen konnten wir mit Ostgeld bezahlen. Im übrigen flanierten wir mit großen Augen über den Kurfürstendamm. Es war ein Ausflug in eine – damals als sehr attraktiv erlebte – Konsumwelt. Ingrid hatte der Stasi gesagt, ich hätte in einer West-Berliner Jugendherberge übernachtet und bei der Freizeit der Studentengemeinde in West-Berlin von einer staatlichen Institution Taschengeld erhalten. Ingrids Aussage beruhte auf einer Verwechslung mit dem Pfandgeld für die Cola-Flaschen, die ich nun meinerseits zur Richtigstellung erzählen mußte. Ihren Irrtum, von diesem Geld hätte ich mir Taschenbücher gekauft, korrigierte ich zu Blockflötennoten. Nichts war zu winzig, um nicht von der Stasi untersucht und protokolliert zu werden. Als Ingrid dann nachträglich richtigstellte, sie könne nicht mit Sicherheit einen Zusammenhang zwischen den Übernachtungen in Jugendherbergen und den Vorträgen der ESG in Westberlin angeben, es sei ihr Eindruck gewesen, daß ich nicht nur zu einem Vortrag der ESG in Westberlin war, und ich hätte tatsächlich kein Taschengeld erhalten, sondern von dem Flaschenpfand kleinere Einkäufe, z. B. Bücher oder Blockflötennoten, gemacht, bewies sie damit nur ihre Wahrheitsliebe und machte um so deutlicher, daß sie die wesentlichen Belastungen aufrechterhielt.

Unsere Klasse war die vorletzte, die 1955 bei Kießig Abitur machte, bevor er 1958 floh. Ich traf mich mit ihm mehrfach in West-Berlin: Philharmonie, Oper, das erste Mal chinesisch essen, Museen – das alles waren keine staatsfeindlichen Aktivitäten. Ich lernte seinen Freund, den Cellisten Eberhard Finke und dessen Frau kennen. Auch darüber hatte Ingrid Aussagen gemacht, dabei freilich einiges durcheinandergebracht. Lange Fragereien waren die Folge. Im August 1961 wollte ich mich mit Kießig treffen, aber er sagte ab, weil er in diesen Tagen der Überlastung durch die massenhaft angewachsene Fluchtbewegung keinen Flug bekommen hatte; Fliegen war damals für einen Republikflüchtling die einzige Möglichkeit, nach Berlin zu kommen. Andernfalls wäre ich am Tage des Mauerbaus in West-Berlin gewesen, und mein Leben wäre anders verlaufen. Als mich der SED-Parteisekretär im September 1961 nach der Sommerpause wieder am Physikalischen Institut traf, entfuhr es ihm spontan: *„Herr Koch, Sie sind auch noch hier!"* – Er wunderte sich zu recht. Ich studierte – damals DDR-üblich – am Wohnort meiner Eltern und war – DDR-üblich – dort wohnen geblieben. Zunächst wollte ich noch das Vordiplom machen, dann das Diplom, und dann lernte ich meine spätere Frau Eva-Maria kennen. Meine Freunde *Wilfried Meyer, Dieter Wunderlich, Wolfgang Seidel* und andere Kommilitonen und Bekannte waren gegangen – aber ich hatte als Nesthocker den Absprung verpaßt. Erst über zehn Jahre später nach sehr teurem Lehrgeld warf mich die DDR dorthin hinaus, wohin ich schon lange hätte gehen sollen.

Das Stasi-Resümee: Überheblichkeit und kleinbürgerlich-religiöses Weltbild

Da Ingrid erzählt hatte, was ihr von meinen gelegentlichen Erzählungen erinnerlich war, befürchtete ich, daß die Stasi ihr Wissen aus diesen Aussagen als Ergebnis meiner angeblichen Kooperativität Eva gegenüber ausspielen würde. Aber das hat dann doch nicht funktioniert, dazu kannte sie mich wohl zu gut.

Als der Leutnant mir ankündigte, daß ich auch noch wegen mehrfachen illegalen Verlassens der Republik zwischen 1956 und 1961 angeklagt würde, sagte ich: *„Das finde ich lächerlich, da vor dem Mauerbau …"* – *„Sie meinen die Errichtung des antifaschistisch-demokratischen Schutzwalls",* unterbrach er mich – *„… zehntausendfach DDR-Bürger West-Berlin besucht hatten, die auch nicht angeklagt werden."* – *„Das Lachen wird Ihnen noch vergehen. Ihr Verhalten war illegal. Wir können und wollen deshalb nicht Tausende anklagen. Aber bei Ihnen kommt das ergänzend zur Anklage wegen Vorbereitung zum illegalen Verlassen der Republik hinzu."* Ich mußte einmal mehr an *Walter Jens: Nein, die Welt der Angeklagten, Zeugen und Richter* denken, wonach wir alle ständig gegen die Gesetze der Obrigkeit verstoßen.

Meine grundsätzliche Verteidigungslinie war: Vor 1967 sei ich in Studium und Beruf ein staatstreuer DDR-Bürger mit guter gesellschaftlicher Tätigkeit gewesen. Erst die hoffnungslose berufliche Situation durch die Schikanen Professor V.s mit der daraus resultierenden depressiven Verstimmung hätten meine Orientierung nach Westdeutschland bewirkt; in diesem Zeitraum fielen auch die Festnahme vor der Universitätskirche und meine Bemühungen um eine legale Übersiedlung. Gefährlicher als die eben genannte absurde Klageandrohung war, daß Jüttes mich für die Zeit vor 1967, als sie mich noch nicht gekannt hatten, bloßstellten und damit der Stasi halfen, Stück für Stück in mein früheres Leben einzudringen. Die Stasi wertete meine gesellschaftlichen Aktivitäten im Rahmen der üblichen DDR-Massenorganisationen als bloße Tarnung. Im Schlußbericht des MfS (S. 4f.) heißt es:

>*Der von seinen Eltern angestachelte Ehrgeiz (…) führte bei KOCH zur **Selbstüberschätzung und Überheblichkeit** gegenüber seiner Umwelt, was noch von Dr. Kießig genährt worden war.*

Selbst während seiner Tätigkeit als FDJ-Sekretär seiner Seminargruppe fuhr er, ohne das Institut in Kenntnis gesetzt zu haben, zu einem Treffen der Evangelischen Studentengemeinde (ESG) und zu Treffs mit Dr. Kießig nach Westberlin.«

Und in der Anklageschrift (S. 3) steht, daß »*der Beschuldigte (…) sein kleinbürgerlich-religiöses Weltbild nach Hinweisen eines Lehrers formte, der die DDR verriet und später von Westdeutschland aus weiterhin negativ auf den Beschuldigten einwirkte.*«

2. Gegnerische Einflüsse im Studium

Zur Aufklärung der gesamten Person gehörte auch, die Quellen meiner philosophischen Auffassungen herauszufinden. Da der Marxismus-Leninismus als die einzig wahre Weltanschauung galt, konnte ein Abweichen davon nur durch gegnerische Einflüsse zu erklären sein. Die Stasi suchte die Ursachen für meine ideologische Verwirrung auch in meinem Studium. Zum Beleg zitiere ich aus einer seltsamen Vernehmung zur Quantentheorie.

»*Frage: Welchen gegnerischen Einflüssen waren Sie während der Zeit des Studiums ausgesetzt?*

Antwort: Ich kann mich noch erinnern, daß Prof. KOCKEL im 4. Studienjahr Vorlesungen über Quantenmechanik hielt und dabei in versteckter Form gegen die marxistische Philosophie argumentierte. Er soll Mitglied der Sozialistischen Einheitspartei Deutschlands (SED) gewesen sein, aus welcher er austrat oder ausgeschlossen wurde. Von einer Gastvorlesung kehrte er aus Westdeutschland nicht wieder in die DDR zurück. (…)

Durch mehrere Bemerkungen Prof. KOCKELs angeregt, gelangte ich zu der Überlegung, daß es neben dem Marxismus noch andere ernstzunehmende Richtungen in der Philosophie geben würde.

Frage: Was verstehen Sie unter „andere ernstzunehmende Richtungen" in der Philosophie?

Antwort: Ich kann das nicht näher erklären. Prof. KOCKEL[28] *war ein Vertreter der Kopenhagener Deutung der Quantenmechanik. Er legte dar, daß in der Quantenmechanik die Naturgesetze nur statistischen Charakter trügen und nicht deterministisch wären, was mir einleuchtend erschien. In der marxistischen Philosophie sind alle Vorgänge determiniert, was in der Quantenmechanik nicht möglich sei. In der Quantenmechanik könne man über die Zukunft nur Wahrscheinlichkeits- und keine strengen Aussagen machen.*
Frage: Wieso erschienen Ihnen die Ausführungen Prof. KOCKELs einleuchtend?
Antwort: Die Beantwortung wäre zu kompliziert, denn es berührt spezifisch fachliche Fragen. Ich kann das nicht beantworten, weil ich mich damit in letzter Zeit kaum befassen konnte.«

Für sich genommen ist diese Protokollpassage über ein stundenlanges Ringen im Verhör sicher nicht ganz verständlich. Auch bei gutem Willen seinerseits hätte der Leutnant dieses Thema nicht korrekt protokollieren können. Ich versuchte, ihm die Heisenbergsche Unschärferelation und den irreduziblen Indeterminismus der Quantentheorie verständlich zu machen. Er war geduldig. Obwohl er mir aufmerksam zuhörte, war er unfähig, etwas zu lernen. Das lag weniger an einem intellektuellen Unvermögen als daran, daß er sich bereits im Besitz der unumstößlichen Wahrheit wähnte und nur darauf aus war, mir protokollierbare ideologische Fehltritte zu entlocken. Meine Versuche, ihm etwas von der Quantentheorie zu erklären, scheiterten an seiner ideologischen Borniertheit. Aber ich wagte nicht, das so deutlich zu sagen. Als ich entnervt mit der ironischen Bemer-

---

28 *Bernhard Kockel* war aus dem Westen in die DDR gekommen, SED-Mitglied geworden und hatte Parteifunktionen erhalten. Als er in den sechziger Jahren aus der SED austrat, wurde er aus dieser ausgeschlossen – das übliche Verfahren. Daraufhin hatte jemand an seine Institutszimmertür das rote Umschlagblatt des bekannten Physiklehrbuchs von *Friedrich Hund* geheftet mit der Aufschrift: *Roter Hund billig zu verkaufen.* Später ging Kockel in den Westen, wo er Schwierigkeiten mit der Studentenbewegung bekam.

Ich habe Professor Kockel dankbar als eindrucksvollen und eigenwilligen Hochschullehrer in Erinnerung, der uns die theoretische Physik auf lebendige, nachvollziehbare Weise nahebrachte. Er selbst hatte die Quantentheorie während ihrer Entstehung gelernt. Ob Elektrodynamik oder Quantentheorie – er lehrte sie nicht durch Deduktion aus einem axiomatischen System, sie wuchs vielmehr aus speziellen Erkenntnissen zunächst induktiv mit Seitenblicken auf den historischen Entwicklungsgang hervor. Da man Physik heute geschichtslos als fertiges Paradigma lernt, waren mir die wenigen entstehungsgeschichtlichen Bemerkungen von bleibendem Wert.

Wenn ich hier in bewährter Weise die ideologische Schuld nur auf den im Westen nicht mehr greifbaren Bernhard Kockel schob, so denke ich bei dieser Gelegenheit dankbar an andere Leipziger Lehrer. Werner Ilberg führte uns in der Experimentalphysikvorlesung mit höchst eindrucksvollen Versuchen ein geradezu zirzensisches Feuerwerk von physikalischen Überraschungen vor. Mit ihm gab es einen privaten Gesprächskreis zum Verhältnis von Religion und Naturwissenschaft, aber davon sagte ich der Stasi nichts. Und ich denke an *Gustav Hertz*, den einzigen Nobelpreisträger, der in der DDR lebte, der uns sehr persönlich und lebendig mit den großen überraschenden experimentellen Entdeckungen (z. B. Franck-Hertzscher Elektronenstoß-Versuch), die zur Quantentheorie führten, bekanntmachte.

kung aufgab, es müsse wohl an meiner derzeitigen Unfähigkeit liegen, wenn ich ihm diese physikphilosophischen Probleme nicht genügend klarmachen könne, schrieb er dies ganz ernsthaft ins Protokoll.

Der Leutnant suchte nach den Ursachen für meine ideologische Fehlentwicklung, und ich hatte seine Fragen nach *nichtmarxistischen* philosophischen Einflüssen beantwortet. Wenn er später im Protokoll meinen Antworten die Frage nach *gegnerischen* Einflüssen vorangestellt hatte, so war das eine Verfälschung – alles Gegnerische leugnete ich strikt. Aber hatte er nicht von seinem absoluten Wahrheitsanspruch aus recht? Führte nicht jede Anregung zu kritischem Denken zu einem Zweifel am dialektisch-historischen Materialismus und damit schließlich ins Lager des Klassenfeindes?

Der Leutnant legte mir die offizielle marxistische Auffassung dar, wonach sich die Gesellschaft ebenso wie die Natur nach objektiven, streng gültigen Gesetzen entwickele. Zu diesem Geschichtsdeterminismus gehörte ein Determinismus in der außermenschlichen materiellen Welt. Ein solcher Zusammenhang ist sicher nicht zwingend herzustellen. Ihm liegt die alte Vorstellung einer einheitlichen Metaphysik von außermenschlicher Naturordnung und menschlicher Geschichte zugrunde. Der Gott der Naturordnung ist auch der Gott der menschlichen Geschichte. Angesichts der Schwierigkeiten, in der menschlichen Geschichte Vernunft, Ordnung oder Zielgerichtetheit zu finden, gilt der Gleichklang und die gemeinsame Grundordnung mit der außermenschlichen Welt als Garant für Ordnung und letztlich für die Wendung zum Guten auch in der menschlichen Gesellschaft. Von diesen geistesgeschichtlichen Zusammenhängen wußte der Leutnant wohl nichts. Nach seiner säkularisierten Eschatologie einer Geschichtsphilosophie, wonach die Geschichte ein Fortschrittsprozeß sei und letztlich zum Guten, zu einer vollkommenen Ordnung und zum Heil führe, war die klassenlose Gesellschaft mit der endgültigen Aufhebung der antagonistischen Widersprüche im Sozialismus/Kommunismus das gesetzlich notwendige und erreichbare Ziel der Geschichte. Er argumentierte, daß derjenige, der eine deterministische Naturgesetzlichkeit bestreite – und darauf liefe die Wahrscheinlichkeitsinterpretation der Kopenhagener Deutung hinaus – erst recht Zweifel an der gesetzmäßigen Entwicklung der menschlichen Gesellschaft zum Kommunismus habe. Daraus erwüchsen weitere Zweifel daran, daß auch der DDR-Sozialismus eine notwendige, richtige Entwicklungsstufe auf dem Fortschrittswege sei. Die Partei der Arbeiterklasse habe auf Grund ihrer Einsicht in die Gesetze der Geschichte die führende Rolle. Wer nun schon in den Naturwissenschaften deterministische Gesetze leugne, leugne erst recht die wissenschaftliche Einsicht in die historische Entwicklung und damit letztlich die Berechtigung der führenden Rolle der Partei. Hatte der Leutnant also nicht recht, wenn er die Ursachen meiner politischen Gegnerschaft in der Beschäftigung mit nichtmarxistischen philosophischen Auffassungen suchte? Mir geht es hier nicht um eine Kritik der Philosophie einer Einheit von Naturordnung und menschlicher Geschichte. Wer aber gemäß dem

Glauben an einen objektiv gültigen Fortschritt den Staat zum für alle Bürger verbindlichen Sinnstifter und -träger und eine einsichttragende Elite – hier: *die Partei der Arbeiterklasse* – zum notwendigen Ausführungsorgan der geschichtlichen Notwendigkeit macht, wird letztlich eine Diktatur errichten.

In solchen Vernehmungen wollte ich mich nicht einfach darauf festlegen lassen, ein Feind der DDR zu sein. Ich wollte darlegen, daß ich gute Gründe für meine laienhaften philosophischen Auffassungen hatte. Insbesondere wollte ich auch nicht vom Probabilismus der Quantentheorie lassen. Mir war natürlich klar, daß ich den Leutnant nicht überzeugen könnte, aber vielleicht wollte ich ihn ein bißchen in Versuchung führen. Die Verteidigung meiner Auffassungen war aus seiner Sicht ein *Zerreden*. Für mich waren diese Auseinandersetzungen auch eine Bestärkung in meiner eigenen Welt und Lebenskraft, eine Selbstvergewisserung, daß ich weder einem differenzierteren Standpunkt abschwören werde, noch mich deshalb als geständiger Staatsfeind bekennen müsse, der aus Reue kooperiere.

Da der dialektisch-historische Materialismus und der darauf beruhende Wissenschaftliche Sozialismus sich selbst als die einzige *wissenschaftliche Weltanschauung* ansahen, nennt das Urteil (S. 2) konsequent meine Auffassungen *pseudowissenschaftlich*:

*»Durch die Beschäftigung mit verschiedenen Strömungen der bürgerlichen Philosophie entstanden bei ihm während des Studiums erste **pseudowissenschaftliche** Vorstellungen von Natur, Gesellschaft und Politik.«*

Hetze 3:
Verunglimpfung des Ministeriums für Staatssicherheit und staatsfeindliche Verbindungsaufnahme

Außerdem diffamierte der Beschuldigte Koch die Sicherheitsorgane der DDR.
(Anklageschrift, S. 5)

Weiterhin verbreitete er angebliche Vernehmungsmethoden des Ministeriums für Staatssicherheit.
(Urteil, S. 5)

1. Anwerbungsversuche des MfS vor der Haft

Vergebliche Spitzelwerbung

Während meines Studiums versuchte die Stasi 1956, mich als Spitzel anzuwerben. Ich erinnere mich noch genau, wie mich ein Parteisekretär aus dem physikalischen Praktikum herausholte und in das Dozentenzimmer bat. Ein Herr, der in mir den Eindruck erweckte, zur Hochschulverwaltung zu gehören, sprach mich in meiner Eigenschaft als Seminargruppensekretär darauf an, daß man sich ein Meinungsbild über unsere Seminargruppe machen wolle. Ich war kein gewählter FDJ-Funktionär, sondern wurde von der Hochschulverwaltung als eine Art Sprecher für eine der Gruppen, in die die Studenten eines Studienjahres eingeteilt waren, eingesetzt. Es gehöre zu meinen Aufgaben, Stimmungsbilder abzugeben, sagte der Herr. Davon hatte ich aber noch nie etwas gehört und fragte genauer nach. Erst im Verlaufe des Gesprächs rückte er damit heraus, daß er vom Ministerium für Staatssicherheit komme. Er war der erste Vertreter dieser „Firma", den ich kennenlernte. Als Beweis dafür, wie gut er informiert sei, erzählte er mir einiges über meinen Vater und dessen berufliches Umfeld. Auf meine Frage, wie das MfS auf mich käme, meinte er zunächst: *„Als Seminargruppensekretär sind Sie zuverlässig. Sie kennen die anderen gut"* und fügte dann überraschend hinzu: *„Außerdem gehören Sie zu bürgerlichen Kreisen, zu denen wir nicht so guten Zugang haben."* Diese relative Offenheit verblüffte mich; aber er wurde noch deutlicher: *„Sie verkehren in der Evangelischen Studentengemeinde, die uns auch interessiert. Zu Ihnen haben Menschen Vertrauen, die uns mißtrauischer gegenüberstehen, und* *deshalb interessierten wir uns gerade dafür, was Sie uns sagen können. Als Seminargruppensekretär sind Sie eingesetzt worden, weil man Vertrauen in Sie hat. Dieses Vertrauen werden Sie doch nicht enttäuschen wollen. Außerdem haben Sie als Student auch eine Verpflichtung unserem Staat gegenüber."*

Geschickt appellierte der Stasimann an mein Geltungsbedürfnis, indem er mir den Eindruck meiner Wichtigkeit zu vermitteln suchte. Noch nie hatte ich von einer Spitzelwerbung gehört. Erst nach der Wende erfuhr ich, was für ein gut ausgebautes System von Zehntausenden von Spitzeln – Inoffizielle Mitarbeiter (IM) genannt – das MfS unterhalten hatte. Zu DDR-Zeiten kannte ich nicht einmal diesen Ausdruck. Während des Gesprächs wußte ich nicht, was ich machen sollte. *„Meinen Verpflichtungen gegenüber dem Staat komme ich schon durch die Arbeit in meinen gesellschaftlichen Funktionen nach; ich glaube nicht, daß ich darüber noch hinausgehen kann"*, wich ich aus. *„Aber wir glauben das"*, erwiderte er. *„Sie sollten sich das noch mal in Ruhe überlegen. Aber Sie dürfen mit niemandem darüber sprechen, wirklich mit niemandem"*, sagte er mit Nachdruck. Er gab mir eine Telefonnummer, unter der ich mich in den nächsten Tagen melden sollte.

Trotzdem offenbarte ich mich meinem Vater und Dr. Kießig. Beide rieten mir, abzuwarten und nichts zu tun. Kießig empfahl mir dringend, nichts zu unterschreiben, keine Berichte zu geben und zu versuchen, mich durch Zögern der Anwerbung zu entziehen. Wir sprachen in den nächsten Wochen mehrfach darüber, wie ich durch Hinhalten und Passivität erreichen könne, daß das MfS sein Interesse an mir verlöre. Die Telefonnummer rief ich nicht an. Wenig später wurde ich auf der Straße von dem MfS-Mitarbeiter angesprochen. Er machte mir Vorwürfe, daß ich mich nicht gemeldet hatte, forderte mich auf mitzukommen und brachte mich in einen Raum im Leipziger Stadthaus. In den folgenden Wochen wurde ich einige Male zu Gesprächen, die dort in einem sehr kargen Zimmer stattfanden, bestellt. Bei diesen Anwerbegesprächen versuchte der Stasimann, mich unter Druck zu setzen: *„Sollten Sie in finanzielle Schwierigkeiten kommen, so können Sie sich an mich wenden; ich helfe Ihnen dann."* Das erschien mir zunächst unverständlich. Wenig später aber erkannte ich die Drohung, als mir weder Grund- noch Leistungs-Stipendium ausgezahlt wurden. Alle meine Nachfragen bei den entsprechenden Universitätsstellen gingen ins Leere. Über den Anwerbeversuch erzählte ich in meiner Seminargruppe nichts, aber ich sagte meinen Freunden, daß ich unverständlicherweise kein Leistungsstipendium ausgezahlt bekomme. Daraufhin richtete die Seminargruppe einen Einspruch mit zwei Dutzend Unterschriften an das Prorektorat, ein für DDR-Verhältnisse mutiger Akt. Eine Reaktion darauf erfolgte nicht. Bei einer anderen Zusammenkunft bat mich der Stasi-Werber, eine Liste meiner Oberschulklassenkameraden aufzustellen. Das klang ganz harmlos, doch ich wollte mich auf nichts einlassen. Kießig hatte mir dringend geraten, auch nicht das mindeste zu liefern, weil jeder noch so geringfügige Anfang zu weiteren Anforderungen weniger harmloser Art führen würde. Erst viel später erfuhr ich, daß Kießig bei einem West-Berliner Juristen

Rat für mein Verhalten geholt hatte, nach meiner ungenauen Erinnerung möglicherweise beim *Untersuchungsausschuß freiheitlicher Juristen.*

Der MfS-Mann kam noch einmal auf die *Evangelische Studentengemeinde* zu sprechen: „Sie kennen doch den *Studentenpfarrer Siegfried Schmutzler.* Für den interessieren wir uns auch", sagte er. Ich ahnte, was man von mir wollte. Natürlich kannte ich ihn. In diesem Augenblick entschloß ich mich, erst einmal nicht mehr in die ESG zu gehen. Ich wich aus und behauptete, den Studentenpfarrer nur vom Sehen her zu kennen und die Studentengemeinde schon seit einiger Zeit nicht mehr zu besuchen, da ich meine Zeit für das Studium bräuchte. Ich ging auch tatsächlich nicht mehr hin und besuchte stattdessen Veranstaltungen der Katholischen Studentengemeinde, was die Stasi wohl nicht erfuhr.

Ich solle mir einen *Decknamen* aussuchen, forderte mich der Spitzelwerber bei einem der Treffen auf. Ich lehnte ab: „*Das möchte ich nicht. Ich bin für solche Heimlichkeiten nicht. Ich brauche auch keinen Decknamen.*" Er widersprach nicht. Wenig später fragte er: „*Herr Koch, wie ist eigentlich Ihr zweiter Vorname?*" – „*Bernhard*" – „*Bernhard ist von jetzt ab ihr Deckname.*" – Ich war verblüfft, wie man so einfach zu so etwas kommt. Verwendet habe ich diesen Namen nie. Außerdem gab mir der Stasimitarbeiter bei einem der Gespräche eine neue Telefonnummer: „*Falls Sie bei Ihrer Arbeit für uns einmal Schwierigkeiten mit der Deutschen Volkspolizei bekommen sollten, sagen Sie, daß Sie diese Telefonnummer anrufen sollen.*" Was er damit meinte, weiß ich bis heute nicht. Sollte ich mich wichtig fühlen, nun gewissermaßen über dem normalen DDR-Bürger zu stehen? Insgesamt hielt ich die Stasi hin, ohne jemals irgend etwas zu leisten, bis sie mich nach einiger Zeit in Ruhe ließ. Auch mein Stipendium wurde mir aus- und sogar nachgezahlt. Während der gesamten Anwerbung hatte ich Angst, unter irgendeiner Beschuldigung von der Universität geworfen zu werden. Gedroht hat mir die Stasi mit solchen Folgen nicht, und meine Verweigerung der Mitarbeit hatte auch sonst keine erkennbaren negativen Konsequenzen für mich.

In dieser Zeit nach der Niederschlagung des Volksaufstandes in Ungarn 1956, die wir zu Hause entsetzt am Radio verfolgt hatten, verschärfte die SED ihre Repressionen. Im April 1957 wurde Studentenpfarrer *Schmutzler* von der Stasi verhaftet, im November 1957 wegen angeblicher Boykotthetze zu fünf Jahren Zuchthaus verurteilt und 1961 entlassen, nachdem die gesamtdeutsche EKD-Synode einstimmig eine Entschließung gefaßt hatte, sich wegen seiner Entlassung an den Staatsratsvorsitzenden Walter Ulbricht zu wenden (Schmutzler 1992).[29]

---

29 *Das Urteil gegen Schmutzler war ein Höhepunkt im Kirchenkampf,* den die SED *zur Einschüchterung politisch Andersdenkender* führte. So das Landgericht Leipzig, das 1996 den DDR-Richter, der Schmutzler *nach Vorgabe des SED-Zentralkomitees* verurteilt hatte, wegen Rechtsbeugung und Freiheitsberaubung zu einem Jahr und zehn Monaten auf Bewährung verurteilte (Dresdner Neueste Nachrichten 7.11.1996).

1969 berichtete mir Bärbel von den Erlebnissen einer Rostocker *Theologiestudentin Uschi*, die die Stasi unter erheblichem Druck zur Mitarbeit anzuwerben versuchte. Die Einzelheiten ergeben sich aus den unten zitierten Vernehmungsprotokollen. Darüber und über meine eigenen Anwerbeerfahrungen sprach ich mit Ingrid und Franz, als ich unsere Verhaftungen befürchten mußte.

2. Verrat und falsche Anschuldigung

Jüttes haben auch Aussagen zu meinem Anwerbeversuch gemacht und dabei Erstaunliches unterschrieben. Ungewöhnlicherweise sind die beiden Protokolle der Vernehmungen von Franz und Ingrid vom 29.9. bzw. 1.10.1970 zu meiner IM-Werbung in meiner Akte (*Dok. 17, 18*). Beim Vergleich der beiden Jütteschen Protokolle fällt zunächst auf, daß beide weitgehend übereinstimmend vom Versuch meiner Anwerbung erzählen. Umso erstaunlicher ist die Differenz der vollständig erfundenen Behauptungen beider, ich hätte angeblich Kontakt zu *Verfassungsschutz* bzw. *Bundesnachrichtendienst* gehabt, und das vollständige Fehlen substantieller Angaben zu diesen angeblichen Verbindungen. Der Inhalt von Franz' Aussage zur Anwerbung der Theologiestudentin ergibt sich aus dem unten mitgeteilten Gegenüberstellungsprotokoll.

Meine Verteidigung

Zunächst zitiere ich das Protokoll meiner Aussagen zu den Vorwürfen auf Grund der Jütteschen Anschuldigungen. In der Akte befindet sich nur die handschriftliche Fassung, an deren Rand kritische handschriftliche Notizen zur Fragetechnik stehen, vermutlich von Oberleutnant H., die auf dessen Supervision hinweisen.

>*Leipzig, den 21.10.1970 Beginn: 8.00/13.30 Uhr Ende: 13.00/15.45 Uhr*
>*Vernehmungsprotokoll des (...)*
>*Frage: Wie äußerten Sie sich zur Tätigkeit der Sicherheitsorgane der DDR?*
>*Antwort: Gegenüber dem Ehepaar Jütte, meinem Bruder, meinen Eltern, Frl. Krüger, meiner geschiedenen Ehefrau und W..., Stefan, berichtete ich von meiner Festnahme im Frühsommer 1968 durch Angehörige der Volkspolizei in Verbindung mit dem bevorstehenden Abriß der Universitätskirche am Leipziger Karl-Marx-Platz. In vorangegangenen Vernehmungen habe ich dazu bereits Aussagen gemacht.*
>*Frage: Welche Behauptungen stellten Sie über die Tätigkeit des Ministeriums für Staatssicherheit (MfS) der DDR auf?*
>*Antwort: Ich habe keine Behauptungen aufgestellt.*

Frage: Dem Untersuchungsorgan ist bekannt, daß Sie die Tätigkeit des MfS in der DDR verunglimpften. Äußern Sie sich dazu!

Antwort: Ich habe mich nicht verunglimpfend zur Arbeit der Staatssicherheit geäußert.

Frage: Welche Behauptungen haben Sie dann aufgestellt?

Antwort: Ich habe mich nicht geäußert.

Frage: Sie sagten aus, sich nicht diskriminierend geäußert zu haben. Das setzt voraus, daß sie sich zur Arbeit des MfS ausgesprochen haben müßten.

Antwort: Das wird damit nicht vorausgesetzt.

Frage: Wie haben Sie sich über Ihre „Erfahrungen" mit dem MfS ausgelassen?

Antwort: Mit diesem Organ habe ich meine „Erfahrungen" gemacht. Ich muß darüber erst nachdenken, denn das liegt zu lange zurück.

Frage: Wie lange liegt das zurück?

Antwort: Es kann während meines 1. oder 2. Studienjahres 1956 oder 1957 gewesen sein.

Frage: Sagen Sie im einzelnen über Ihren Kontakt zum MfS aus!

Antwort: Während des genannten Zeitraums wurde ich von einem Mitarbeiter des MfS angesprochen und in der Folgezeit – etwa 4 bis 8 Wochen – mehrfach aufgefordert, einer ehrenamtlichen Mitarbeit zuzustimmen. Damals wurde ich in meiner Funktion als Seminargruppensekretär angesprochen und gebeten, „Stimmungsberichte" von meiner Gruppe abzugeben. Es fanden dazu mehrere Treffs statt, an die ich mich im einzelnen nicht mehr erinnern kann.

Frage: Wie reagierten Sie darauf?

Antwort: Ich war davon nicht begeistert. Bei einem der Treffs erhielt ich den Decknamen „Bernhard". Es ist mein zweiter Vorname, weshalb ich mich daran erinnern kann. Weiterhin bekam ich eine Telefonnummer von einer MfS-Dienststelle zum Anrufen, wenn ich eventuell mit Angehörigen der Volkspolizei wegen irgendeiner Sache in Konflikt geraten sollte. Die Zusammenarbeit lehnte ich jedoch ab.

Frage: Warum lehnten Sie diese Zusammenarbeit ab?

Antwort: Ich war für solche „Geheimnisse" nicht. Es gefiel mir nicht, daß ich einen Decknamen bekommen hatte.

Frage: Wie hatten Sie sich anderen Personen gegenüber zur Mitarbeit geäußert?

Antwort: Ich habe darüber mit Dr. Kießig, eventuell auch mit meinem Vater, gesprochen. Ich wollte von Kießig Ratschläge erhalten, wie ich mich einer Mitarbeit entziehen könnte. Er sagte mir, ich solle mich zögernd verhalten, den Mitarbeiter des MfS hinhalten und wenn das nicht erfolgreich verliefe, die Zusammenarbeit ablehnen. Durch mein zögerndes Verhalten brach dann auch die Verbindung zum MfS ab.

Danach sprach ich nochmals Dr. Kießig, der mir eröffnete, bei einem Besuch in West-Berlin einen Juristen aufgesucht zu haben, der ihm die mir genannten Ratschläge erteilte. Mit Dr. Kießig hatte ich mich wiederholt zu diesem Thema unterhalten. Er hatte mir auch gesagt, daß mir keine Nachteile erwachsen könnten, wenn ich eine Mitarbeit ablehne.

Bei den Treffs mit dem Mitarbeiter des MfS wurde mir gesagt, daß mir geholfen werden könne, wenn ich finanzielle Schwierigkeiten hätte.

Nach diesen Treffs mit dem Mitarbeiter erhielt ich einige Zeit kein Stipendium, was ich als Ergebnis dessen ansah, nicht mit dem MfS zusammenarbeiten zu wollen. Später klärte sich das auf, und ich bekam mein Stipendium nachgezahlt. Ich weiß nicht mehr, ob ich mich dazu äußerte.

<u>Frage</u>: Mit welchen Personen und Institutionen haben Sie darüber noch gesprochen?

<u>Antwort</u>: Eventuell habe ich später mit Jüttes darüber gesprochen, und wenn, dann gab ich keinen detaillierten Bericht ab.

<u>Frage</u>: Wie äußerten Sie sich noch zur Tätigkeit des MfS?

<u>Antwort</u>: Im Verlaufe des Jahres 1969 gab mir meine Freundin ein „Erlebnis" wieder, welches eine Bekannte mit meiner Freundin – sie ist Theologiestudentin in Rostock, Name nicht bekannt – beim MfS hatte. Meine Freundin erfuhr das von dieser Studentin. Diese wäre nach einer Reise in den Nachtstunden im Studentenwohnheim von zwei unbekannten männlichen Personen, die sich als Mitarbeiter des MfS bezeichneten, empfangen, mitgenommen und in ein ihr unbekanntes Gebäude gebracht worden. In einem dort befindlichen Raum sei sie aufgefordert worden, sich in einen in der Mitte des Raumes befindlichen Sessel, der sich etwas senkte und nach hinten kippte, zu setzen, so daß sie die genannten Personen schräg von unten gesehen habe. Dann sei mit ihr eine Befragung durchgeführt worden, bei der sie lediglich mit „Ja" oder „Nein" zu antworten hatte. Diese Fragen wurden mir und Frl. Krüger nicht bekannt. Nach Äußerungen Frl. Krügers sollte diese Studentin bei mehreren Gesprächen für eine Mitarbeit gewonnen werden. Die Studentin habe dann meine Freundin um Rat zwecks ihres Verhaltens gebeten. Meiner Freundin war es sehr unsympathisch, das von der Studentin erfahren zu haben. Ich sagte meiner Freundin, sie solle den Kontakt zu der Studentin möglichst meiden.

<u>Frage</u>: Mit welchen Personen haben Sie darüber gesprochen?

<u>Antwort</u>: Einem von beiden Jüttes, eventuell beiden, habe ich das wiedererzählt, weiß jedoch nicht mehr in welchem Umfang.

<u>Frage</u>: Warum haben Sie sich dazu weiter geäußert?

<u>Antwort</u>: Mit Jüttes habe ich mich wiederholt über psychologische Tests unterhalten und wollte ihnen damit sagen, daß es solche Tests nicht nur in der Psychiatrie gibt. Ich hatte das als rein wissenschaftliche Methode angesehen.

<u>Frage</u>: Wie wollten Sie in Erfahrung gebracht haben, daß das Gesagte Ihrer Freundin den Tatsachen entsprach?

<u>Antwort</u>: Ich wußte nicht, ob es den Tatsachen entsprach. Ich kenne jedoch Frl. Krüger und weiß, daß sie nicht die Unwahrheit mir gegenüber sagt.

<u>Frage</u>: Wie wollten Sie wissen, daß die genannte Studentin die Wahrheit gesagt hätte?

<u>Antwort</u>: Ich konnte das nicht wissen. Ich habe das nicht böswillig weitererzählt. Mich hatte nur diese „Ja-Nein-Befragung" als „wissenschaftliche Methode" interessiert.

Ich habe das Vernehmungsprotokoll selbst gelesen. (…) Meine Worte sind darin richtig wiedergegeben.
    D…, Leutnant   *Dietrich Koch.«*

Wie üblich erweckt auch dieses Protokoll den unzutreffenden Eindruck, als hätte ich ohne weiteres die gestellten Fragen beantwortet. Tatsächlich aber war ein stundenlanges Verhör vorangegangen. Nach dem gewohnten Schema – ohne sich zunächst auf die Jütteschen Aussagen zu beziehen – stellte mir der Vernehmer Fragen zu meinen Erfahrungen mit dem MfS, und ich stellte mich unwissend. Es folgten allgemein gehaltene Vorhalte, die konkreter wurden, bis mir der Vernehmer aus den Jütteschen Protokollen, die er mir teilweise sogar zeigte, die Berichte zu beiden Anwerbungen vorlas. Soweit sie meine eigenen Erzählungen wiedergaben, mußten sie echt sein. Aufs neue war ich schockiert. Die Frage, warum Ingrid und Franz nun auch noch diese Vier-Augen-Gespräche preisgaben, quälte mich erneut, auch wenn sie keinen Sinn mehr hatte; denn der kooperative Beschuldigte war nicht mehr in der Lage zu unterscheiden zwischen dem, was er zurückhalten konnte, weil die Stasi darauf nicht von allein kommen würde, und anderen Komplexen, über welche die Stasi aus anderen Quellen ohnehin Kenntnisse erhielte. Er sagte von sich aus einfach alles, was die Stasi interessieren könnte, ohne die Folgen für sich oder andere zu bedenken. Dabei ging Jüttes Kooperativität so weit, daß sie auch dort, wo ihre Erinnerung ungenau war, Aussagen machten, um das Drängen der Stasi nach immer weiteren Informationen zu befriedigen. So kann leicht aus einem Besuch Dr. Kießigs beim Untersuchungsausschuß freiheitlicher Juristen mein eigener Besuch beim Bundesnachrichtendienst oder Verfassungsschutz werden.

Als der Leutnant mir die erschreckenden Jütteschen Vorhalte gemacht hatte, wurde mir klar, daß bloßes Bestreiten zu wenig wäre. Meine eigene Anwerbungsverweigerung und die der Theologiestudentin konnte die Stasi in ihren Akten nachlesen, und über letztere würden sicher diese selbst und Bärbel befragt werden. Leugnen war unsinnig, und ich hatte auch nach DDR-Gesetzen nichts Strafbares gemacht, wie ich meinte.

Viel gefährlicher als der Verrat meiner Erzählungen waren die erstaunlichen, völlig falschen Anschuldigungen der Jüttes über einen angeblichen West-Berliner Geheimdienstbesuch meinerseits. Nach kurzem Abwägen entschloß ich mich deshalb, die Beratung durch Kießig als das kleinere Übel zuzugeben. Diese war nicht strafbar. Wenn sich Kießig – ohne meine Kenntnis – selbst Rat geholt hatte, war dies nicht mir zuzurechnen, wie ich mich blauäugig zu beruhigen suchte. Vorsichtshalber aber sprach ich von einem Juristen, statt dem Untersuchungsausschuß freiheitlicher Juristen, wo sich Kießig um Rat bemüht hatte. Meine Aussage sollte erklären oder nahelegen, daß mich Jüttes mißverstanden haben. Darin sah ich eine bessere Verteidigungschance als Kontakte zu westlichen Geheimdiensten einfach zu bestreiten.

Mit der Ablehnung meiner eigenen Anwerbung versuchte mich der Vernehmer in die Enge zu treiben: *„Koch, Sie haben ausgesagt, während ihrer Studienzeit auf dem Boden der Politik von Partei und Regierung gestanden zu haben. Wenn das nicht alles Verstellung war, wieso waren Sie dann nicht zur Mitarbeit für das MfS bereit?"* – *„Dies ist keine Frage politischer Überzeugung. So etwas mache ich nicht."* – *„Warum machen Sie so etwas nicht?"* bohrte der Vernehmer konsequent weiter. Ich berief mich auf meine persönliche Abneigung gegen Bespitzelungen – der Leutnant verwahrte sich: *„Wir sind keine Spitzel."* Ich korrigierte: *„Gegen die Preisgabe von Kenntnissen aus dem Leben anderer, gegen solche Heimlichkeiten hinter deren Rücken."* Der Vernehmer entgegnete, in anderen Fällen hätte ich aber derartige Heimlichkeiten begangen: *„Sie haben sich konspirativ zur Vorbereitung eines illegalen Grenzübertrittes mit Professor von Weizsäcker getroffen."* – *„Nein, es ging nur um meine legale Übersiedlung."* – *„Sie haben dem Kurier einer Schleuserorganisation Paßbilder für ein gefälschtes Reisedokument mitgegeben. Ist das etwa keine Heimlichtuerei!"* – *„Nein, ich wollte damit nur erreichen, nicht weiter zu einer Flucht gedrängt zu werden."* – *„Sie haben versucht, die Tätigkeit Ihrer Gruppe konspirativ abzusichern, indem Sie Vernehmungen geprobt und Frau Jütte die Auslagerung von Adreßbuch und Büchern geraten haben."* – *„Das ist etwas anderes, damit habe ich meine Freunde nicht hintergangen."*

Das Protokoll gibt mit meinem *Mißfallen* an der Verleihung eines Decknamens diese Spiegelfechterei nur andeutungsweise wider. Der Vorgesetzte des Leutnants hatte diese Schwäche bemerkt und hier kritisch an der Rand geschrieben: *»Nur deshalb?«* Doch ich muß den Leutnant in Schutz nehmen; er hatte weitergefragt, um die politischen Gründe meiner Abneigung, andere zu bespitzeln, von mir genannt zu bekommen. Diese Vernehmungen waren uferlos. Ich ließ mich auf kein gegen die DDR gerichtetes Gesinnungsbekenntnis ein, so daß mich der Vernehmer nicht zu packen bekam. Seine vergeblichen Mühen konnte er nur schwer protokollieren.

Schwierigkeiten machte mir auch Ingrids Bericht, ich hätte den Entzug meines Stipendiums auf die Verweigerung meiner Zusammenarbeit zurückgeführt. Die Stasi sah darin eine Verunglimpfung des MfS. Ob ich einen solchen Zusammenhang beweisen könne, wollte der Leutnant wissen. Er legte mir sogar den dreizehn Jahre alten Einspruch meiner Kommilitonen an das Prorektorat vor. Die Stasi war wirklich fleißig. Aber irgendeinen Zusammenhang wollte ich nicht erkennen. Durch die Gespräche mit meinem Vater und Kießig hätte ich meine Verpflichtung zu schweigen, verletzt, warf mir den Vernehmer vor. Eine solche sei ich nicht eingegangen, und mir sei auch nichts von einer derartigen gesetzlichen Pflicht bekannt. Auf die Frage, wem noch ich von meinen Erfahrungen berichtet hätte, nannte ich niemanden. Daß ich auch Eva davon erzählt hatte, erfuhr die Stasi nicht.

Als ich einige Zeit vor der eben zitierten Vernehmung vom Leutnant nach meiner Zusammenarbeit mit westlichen Geheimdiensten gefragt worden war, hatte ich mich im Bewußtsein vollständiger Unschuld ironisch zum *Geheimdienst Liechtenstein* bekannt. Nun aber sollte ich nach den Aussagen meiner Freunde Verbindung zum Verfassungsschutz bzw. Bundesnachrichtendienst aufgenommen haben. Jetzt drohte mir ein weiteres Mal mindestens der Schuldvorwurf *staatsfeindlicher Verbindungsaufnahme*, wenn nicht gar *Spionage*. Zu diesem Komplex wurde ich noch mehrfach vernommen. Immer wieder erklärte ich, daß ich niemals solche Verbindungen hatte. Bei der Genauigkeit, mit der die Stasi arbeitete, wäre zu erwarten gewesen, daß sie jedenfalls den Widerspruch zwischen den Aussagen der Jüttes klärt, ob ich beim Verfassungsschutz oder Bundesnachrichtendienst gewesen sei, schon um mich durch übereinstimmende Aussagen stärker belasten zu können.

Als mir später Ingrid und Franz in getrennten Doppelvernehmungen zu den Themen West-Berlin-Besuche bzw. MfS-Repressalien gegenübergestellt wurden, fehlte auf einmal jede derartige Anschuldigung. Bei einem ernstgemeinten Verdacht hätte die Stasi eine solch wichtige Beschuldigung zum Gegenstand der Gegenüberstellung gemacht. Möglicherweise wollte sie mit beiden Vorwürfen nur einen Versuchsballon steigen lassen. In der Konzeption 1.4.8 (*Dok. 32*) hatte sie ja notiert, daß ich auf die Konstruktion *ungerechtfertigter Vorhalte* besonders empfindlich reagiere. Wahrscheinlicher aber ist, daß sie Belastungsmaterial erzeugen wollte, um mich unter Druck setzen zu können, was auch die spätere Entwicklung nahelegt. Aber das ahnte ich jetzt noch nicht. Die falschen Anschuldigungen geheimdienstlicher Kontakte machten mir große Angst. ,*Was hat es für Sinn, wenn ich mich bei Hetze und in der Plakatsache erbittert gegen jede Kleinigkeit verteidige, wenn der Stasi für die viel schwerwiegenderen falschen Anschuldigungen nur die falschen Aussagen zweier Freunde braucht?*' fragte ich mich damals. Heute ist mir klar, daß die Stasi mit genau solchen Überlegungen meinen Widerstand unterminieren wollte.

Die Stasi ließ mich nicht wegen angeblicher Geheimdienstkontakte anklagen, obwohl zwei falsche Zeugen zur Verurteilung allemal gereicht hätten.

3. Weitere Verhöre zur Diskriminierung des MfS

Gegenüberstellung

Der Stasi war die angebliche Verunglimpfung ihrer „Firma", wie man in der DDR sagte, so wichtig, daß sie auch noch zum recht aufwendigen, sparsam gebrauchten Mittel der Gegenüberstellung mit Franz griff. Das Protokoll dazu spricht für sich (*Dok. 19*). Die Selbstverständlichkeit, mit der Franz unnötigerweise von unserer gemeinsamen staatsfeindlichen Einstellung spricht, zeigt den Grad seiner damaligen Selbstaufgabe. Meine Verteidigung mit Interesse an wissenschaftlichen Methoden wirkte natürlich sehr bemüht, aber mir fiel nichts Besseres ein. Was hätte ich sonst sagen sollen? Mir konnte es nur noch darauf ankommen, jede staatsfeindliche Intention zu leugnen. Den Vernehmer zu überzeugen, war ohnehin nicht möglich. Nach der Gegenüberstellung monierte ich in einem handschriftlichen Zusatz:

>>*Ich habe S. 3 des heutigen Protokolls zur Kenntnis genommen. Nach meiner Erinnerung sind die Worte von Jütte, Franz nicht in jedem Fall richtig wiedergegeben.*<<

Im Anschluß daran wurde ich nochmals mehrere Stunden zu diesem Thema vernommen, ohne daß neues hinzukam. Welche Einstellung ich zur Tätigkeit der Sicherheitsorgane vertreten hätte, fragte der Leutnant beispielsweise. Ich sagte, daß ich mich für den Fall, daß ich es bei etwaigen Zumutungen für nötig hielte, hätte an die Staatsanwaltschaft wenden wollen. Auf die darin liegende, bewußt blauäugige Unterstellung, in der DDR hätte der Staatsanwalt jemandem gegen Übergriffe des MfS helfen wollen oder können, ging der Leutnant nicht ein. Warum ich annehmen würde, daß das MfS mit solchen Methoden arbeite, fragte der Leutnant. *„Ich habe keinerlei Grund, meiner Freundin nicht zu glauben, und diese hatte keinen Zweifel an der Glaubwürdigkeit der Studentin",* wich ich einem ausdrücklichen negativen Urteil über die Stasi aus. Fast ein halbes Jahr später, nach der Vernehmung Bärbels, sollte ich zu politischen Gesprächen mit ihr Stellung nehmen. Ich bestritt solche Gespräche. Das Protokoll belegt auch, wie man mit einer Frage fälschen kann.

>>*Frage:* Wie Sie in einer vorangegangenen Vernehmung aussagten, haben Sie sich in abfälliger Weise gemeinsam mit Ihrer Freundin Krüger, Barbara über die Tätigkeit des Ministeriums für Staatssicherheit (MfS) der DDR geäußert. Das widerspricht Ihrer heutigen Aussage, bei der Sie erklärten, sich an politische Gespräche mit Frl. Krüger nicht zu erinnern. Nehmen Sie dazu Stellung!<<

Raffiniert an der Frage ist, daß sie scheinbar nur klären will, ob politische Gespräche stattfanden, während die *abfällige Weise* als bereits zugegeben unterstellt wird. Tatsächlich hatten meine Freundin und ich nur den sachlichen Inhalt unseres Gesprächs über die Theologiestudentin ausgesagt, nicht aber die in der Frage unterstellte Abfälligkeitsbekundung. Diesen Unterschied in der Antwort zu übergehen – und wie schnell kann einem das bei der Protokollierung nach einem diesmal über achtstündigen Verhör unterlaufen – hätte später als Eingeständnis der Verunglimpfung ausgelegt werden können.

>>*Antwort:* Ich habe dieses Gespräch über die Tätigkeit des MfS nicht als politisches Gespräch gesehen. Mich hat das aus psychologischer Sicht interessiert, was ich dem Ehepaar Jütte gegenüber auch zum Ausdruck gebracht hatte. ... Ich habe mich demzufolge nicht in abfälliger Weise zur Tätigkeit des MfS geäußert.<<

Zu meiner Verteidigung schlug ich vor, das MfS könne die Geschichte der Theologiestudentin doch nachprüfen, zumal sie noch weiteren Personen bekannt sei:

»Nach diesem Versuch, sie für eine Mitarbeit zu gewinnen, habe sie sich in der Theologischen Fakultät in Rostock an eine mir nicht bekannte Persönlichkeit gewandt und um Rat gefragt, weil sie durch das MfS in Gewissenskonflikte geraten wäre. Daraufhin wäre sie, um sich beruhigen zu können, beurlaubt worden.« Vom Ergebnis einer Nachforschung erfuhr ich nichts. Während meiner Vernehmungen hatte ich den Eindruck, daß es meinem Vernehmer unangenehm war, die Aussagen zur Erfolglosigkeit seiner Rostocker Kollegen protokollieren zu müssen.

Wie nach der Wende bekannt wurde, hat die Stasi zehntausendfach inoffizielle Mitarbeiter angeworben, und sie ist mit einer noch größeren Anzahl von Werbungsversuchen gescheitert. Jedesmal vergatterte sie ihre Opfer zum Stillschweigen. Das gesamte DDR-System der Bespitzelung hätte ohne diese Verschwiegenheit, gegen die Bärbel, ihre Kommilitonin und ich verstoßen hatten, nicht funktioniert. Von der einfachen Möglichkeit, sich als Spitzel dadurch uninteressant zu machen, daß man seinen Freunden von der Anwerbung erzählt – im Sprachgebrauch der Stasi: sich zu dekonspirieren –, haben zu wenige Gebrauch gemacht.

Im Schlußbericht des MfS (S. 12) heißt es zu diesem Komplex:

»Bei einer weiteren Zusammenkunft (…) verunglimpfte er die Tätigkeit des MfS der DDR gegenüber dem Zeugenehepaar J., indem er behauptete, dort würden Personen **psychologischen Folterungen** ausgesetzt, um sie zur Zusammenarbeit zu gewinnen, wobei er sich auf ein Gespräch mit der Zeugin Krüger berief, die ihm einen dementsprechenden „Erlebnisbericht" einer Mitstudentin wiedergegeben hatte. J., Franz glaubte diesen Äußerungen und verbreitete derartige diskriminierende Behauptungen an andere Personen weiter.«

Da ich nur die Schilderung meiner Freundin weitergegeben und mir keiner der Zeugen die Formulierung »psychologische Folterungen« unterstellt hatte, charakterisiert die Stasi hier selbst die von ihr angewendeten Methoden. Meinen Bericht über ihre Anwerbungsmethoden in Rostock ahndete die Stasi dadurch, daß sie mich dafür wegen Verunglimpfung des Ministeriums für Staatssicherheit, d. h. wegen staatsfeindlicher Hetze, anklagen und verurteilen ließ. Dagegen wurde weder in der Anklageschrift noch im Prozeß erwähnt, daß ich anderen erzählt hatte, wie ich selbst zum Spitzel geworben werden sollte.

Folgen für meine Freundin

Franz' Aussagen entsetzten mich auch deshalb, weil er der Stasi damit auch Material gegen Bärbel geliefert hatte. Ich stellte mir vor, wie schrecklich die Stasi sie damit unter Druck setzen würde. Vielleicht würde sie ihr vormachen, diese Belastungen stammten von mir, um uns gegeneinander auszuspielen. Auch für ihre Kommilitonin befürchtete ich negative Auswirkungen. Ein Dokument vom 26.1.1971, das sich in meiner Stasiakte befindet, bestätigt meine Befürchtungen:

»Konzeption zur Bearbeitung der Freundin des Beschuldigten Koch, Dietrich
(...)

Im Jahre 1969 äußerte sich die Krüger diskriminierend zur Tätigkeit des MfS, indem sie gegenüber KOCH behauptete, eine Studienfreundin – sie ist angeblich Theologiestudentin in Rostock (ein Anschreiben vom 29.10.70 an die Abt. XX der BV Rostock zur Ermittlung dieser Studentin blieb bisher ohne Beantwortung) – wäre von drei Mitarbeitern des MfS unter Anwendung psychischer Druckmittel im „Kreuzverhör" gezwungen worden, mit dem MfS zusammenzuarbeiten. Trotz Ablehnung sei sie weiter vom MfS belästigt und schikaniert worden. Unter diesem seelischen Druck habe sich diese Studentin mit Selbstmordgedanken getragen. Diese hetzerischen Äußerungen verbreitete KOCH weiter an die Beschuldigten Jütte und verband dies mit persönlichen Erlebnissen, die er mit dem MfS gehabt hätte. (...)
– Ermittlung und Überprüfung der Theologiestudentin. (...)«

Darüber hinaus enthält diese Konzeption (S. 3 f.; UV = Untersuchungsvorgang) in entlarvender Offenheit mehrere taktische Versionen zum Vorgehen gegen Bärbel:

*»Eine mögliche Werbung der Krüger zur Zusammenarbeit wäre als nicht erfolgversprechend abzulehnen, denn diese könnte nur auf der Grundlage **kompromittierenden Materials (Briefe, Unterlassung einer Anzeige, Mittäterschaft, vorzeitige Exmatrikulation vom Studium)** erfolgen. Es ist mit großer Wahrscheinlichkeit anzunehmen, daß sie eine Zusammenarbeit mit dem MfS ablehnt und danach ähnliche Behauptungen verbreitet wie im Falle der genannten Theologiestudentin. Von ihren Möglichkeiten bei der Aufklärung im UV (...) ist sie von vornherein beschränkt einsetzbar. Es ist vielmehr durchzusetzen, daß sie wegen des geschilderten Auftretens und Verhaltens von der Rostocker Universität **vorzeitig exmatrikuliert** wird und das besonders, weil ihr späterer Einsatz als Lehrer geplant ist. (...)*
3. In der Vernehmung ist herauszuarbeiten:
– gemeinsame Vorbereitungshandlungen mit KOCH zum ungesetzlichen Grenzübertritt nach § 213, Abs. 1, 2, Ziff. 3, Abs. 3 StGB
staatsfeindliche Hetze gemäß § 106, Abs. 1, Ziff. 3 StGB
– Prüfung des Verdachts nach § 105 StGB. (...)«

Bemerkenswert finde ich die Furcht der Stasi vor einer Verbreitung ihrer Anwerbungserpressungen und das Ausbleiben der Antwort der Rostocker MfS-Dienststelle zu deren Mißerfolg. Der Konzeption entsprechend wurde Bärbel in einem siebzehnstündigen Verhör von 10.00 morgens bis 3.00 Uhr nachts unter Druck gesetzt. Aus dem Protokoll ist zu ersehen, daß sie u. a bestätigte, was sie über den Anwerbeversuch ihrer Kommilitonin gehört und mir geschildert hatte. Diese Aussage hätte mich jedenfalls vom Vorwurf böswilliger Erfindung entlastet. Folgerichtig enthielt die Stasi sie mir vor. Auf die Frage, wie ich auf die Anwerbeschilderung reagiert habe, erinnerte sich Bärbel laut Protokoll:

*»Dietrich KOCH (...) entgegnete, das MfS hätte während seiner Studienzeit ebenfalls versucht, ihn zu einer Zusammenarbeit zu bewegen, was er auch abgelehnt hätte. Ohne es näher zu begründen sagte er, **so etwas nicht zu machen.**«*

Zu meiner heutigen Freude hörte die Stasi auch von Bärbel, daß ich eine Stasi-Zusammenarbeit von jeher abgelehnt habe. Diese Aussage dürfte sogar geholfen haben, die Stasi davon zu überzeugen, daß ich nicht kooperativ zu machen bin.

Die Stasi zog die in den Hausdurchsuchungen bei Bärbel mitgenommenen Bücher ein, darunter eine Kafka-Biographie, Günter Grass: Katz und Maus und Heinrich Böll. Bärbel mußte sich vor dem Prorektor für die Lektüre dieser Bücher verantworten. Erstaunlicherweise wurde sie nicht exmatrikuliert.

Abscheu

Beim heutigen Lesen mögen die zitierten Protokolle losgelöst von der Haftsituation als banal erscheinen. In der Haftsituation jedoch hatten die Belastungen durch meine mitinhaftierten Freunde ein ungeheures Gewicht: *Staatsfeindliche Hetze, Verunglimpfung der Staatsorgane der DDR, staatsfeindliche Verbindungs-aufnahme, Spionage.* Wegen meiner Anwerbungsberichte bedrohte mich der Leutnant mit diesen Straftatbeständen. Bewußt schürte er meine Angst. Da ich die Stasimethoden selbst erlebte und davon überzeugt war, daß mich kein rechts-staatliches Verfahren erwartete, hatte ich auch keine Hoffnung, diese falschen An-schuldigungen vor einem Gericht korrigieren zu können. Die Isolation – kein Gesetzbuch, keine Gespräche mit Anwalt oder Besuchern – machten es noch schwerer, sich der von der Stasi aufgebauten Realitätsfälschung zu entziehen. Sie wollte den Eindruck erwecken, ohnehin alles zu erfahren (Konzeption, S. 4):

»Die stille Hoffnung, Franz Jütte könnte doch noch einige Dinge verschwiegen haben, muß man ihm durch geschickte Vorhalte zerschlagen.«

Stück für Stück versuchte die Stasi in mein Leben einzudringen – *die gesamte Person wird aufgeklärt* – und aus all ihren Kenntnissen ein Netz zu knüpfen, mit dem sie mich als Person fangen wollte. War es angesichts dieser Übermacht nicht das Klügste aufzugeben? Unter dem Übermaß meiner Sündenlast sollte ich zu-sammenbrechen, um dann tätige Reue unter Anleitung des Vernehmers zu üben. Der Leutnant versuchte mir klarzumachen, was ich tun müßte, um mich wieder wohler zu fühlen: *„Packen Sie alle Ihre schmutzige Wäsche auf den Tisch! Wir hel-fen Ihnen dann beim Sortieren."* Das Angebot war: *Die umfassende Lebensbeichte als Weg aus der Bedrängnis.* Gegen diese Versuchung mußte ich immer wieder Distanz gewinnen: *Der Vernehmer ist mein Gegner, der mich zu meinem Nachteil ausforschen will.* Gegen alle Bemühungen, mich zu vereinnahmen, hielt ich diese einfache Wahrheit in mir wach. Dabei halfen mir meine Neigung, Situationen kritisch zu betrachten und zu analysieren, und mein Abscheu vor der distanz-losen Zumutung, meine Person grenzenlos aufklären und vereinnahmen zu wollen.

Interludium 4:
Klopfzeichen 2 – eine Überraschung

Bald nach Beginn einer Vernehmung[30] sagte der Leutnant: *"Herr Koch, Sie werden heute noch etwas Unerwartetes erleben."* Und als ich *"Was?"* fragte, schüttelte er nur leicht lächelnd den Kopf. Eine Weile danach grinste er: *"Koch, Sie werden heute noch einen guten alten Freund wiedersehen."* Später kam der Oberleutnant hinzu, wandte sich an den Leutnant: *"Es ist soweit"* und dann an mich: *"Wir haben Stefan W... hier."* Stefan sei mit falschen Papieren eingereist. Ich hätte nicht nur Jüttes, sondern auch ihm von Wilfried Meyers heimlichen Messebesuchen erzählt. Dies habe er nachgemacht. *"Das ist schief gegangen"*, sagte der Leutnant. Ich bekam große Angst.

In geradezu freundlich aufmunterndem Ton erklärte mir der Oberleutnant: *"Herr W... hat uns unterschätzt. Er sitzt im Nebenzimmer. Er hat ausgepackt. Der ist ein kümmerliches Häufchen Elend. Koch, nutzen Sie Ihre Chance, es ist Ihre letzte. W... ist ein Feind der DDR, aber Sie sind durch ihn nur zu einem Gegner geworden."* Wenn ich umfassend gestehen würde – Schleusungsvorbereitungen, Plakataktion in der Kongreßhalle – hätte ich den Vorteil, daß mir mein Geständnis strafmildernd angerechnet würde. Würde ich aber weiterhin leugnen, so nütze mir dies nichts, denn sie würden mich in Kürze durch Stefan W... überführen. Das bedeute ein wesentlich höheres Strafmaß für mich. Zweimal kam ein weiterer Stasimann ins Zimmer hinzu und tuschelte mit dem Leutnant und Oberleutnant. Ich konnte nur den Namen *"W..."* verstehen. Insgesamt erweckten sie den Eindruck, Stefan tatsächlich gefaßt zu haben.

Ich war stark verunsichert, wollte ihnen aber keinesfalls auf den Leim gehen. An Milde, wenn ich vor einer Gegenüberstellung aussagte, glaubte ich nicht recht. Außerdem würde ich so etwas nicht machen. Ich sagte nur: *"Es hat keine Bedeutung für mich, ob Sie Herrn W... haben. Ich bin unschuldig, und deshalb kann er mich auch nicht belasten."* Der Oberleutnant setzte mir eine Frist bis nach dem Mittagessen: *"Dann kommt Ihre letzte Chance, durch eine umfassende wahrheitsgemäße Aussage vor einer Gegenüberstellung mit Herrn W... etwas zur Verbesserung Ihrer Lage zu tun."*

Während der Mittagspause erhielt ich von der Zelle wohl schräg über mir Klopfzeichen eines Franz. Ich buchstabierte meinen Namen, und er antwortete: *"Haben Stefan W..."* Also hatte ich erstaunlicherweise entgegen den sorgfältigen Belegungsplänen zum zweiten Mal Kontakt mit Franz Jütte. Natürlich weiß ich nicht, ob die Stasi Franz selbst getäuscht hatte, um ihn in die *Anwendung von Kombinationen mit einzubeziehen* (Konzeption 1.1.3) oder ob sich ein Stasimitarbeiter für

---

30 Aus der Akte kann ich dieses Verhör nicht datieren. Aus inhaltlichen Gründen muß es entweder zu einer Leipziger Messe oder im Spätherbst 1970 stattgefunden haben.

ihn ausgegeben hat. Ich klopfte zurück: *„Stimmt nicht."* Er wiederholte: *„W… ist hier."* Dann wurde unser Klopfkontakt durch einen Wärter abgebrochen. Dem jungen Mann, mit dem ich damals die Zelle teilte, erzählte ich spontan, daß die Stasi gerade behauptet hatte, sie hätten einen westdeutschen Freund von mir während einer heimlichen Einreise verhaftet. Und nun klopfe mir ein anderer Mitbeschuldigter, daß dieser Westdeutsche hier sei. Auch mein Zellengenosse meinte, das sei zuviel auf einmal. Ich beschloß, der Stasi nicht zu glauben, bis ich Stefan gesehen hätte.

Nachmittags fragte mich der Oberleutnant in Gegenwart des Leutnants nach meiner Entscheidung. Ich blieb dabei: *„Ich habe nichts zu gestehen."* Der Oberleutnant beauftragte meinen Vernehmer: *„Holen Sie jetzt Herrn W…!"* Während der Leutnant unterwegs war, lockte mich der Oberleutnant noch einmal in kumpelhaft zuredendem Ton: *„Na Koch, nu machen Sie schon! Herr W… hat ausgepackt. Gleich wird er vor Ihnen stehen. Dann ist es zu spät für Sie. Es ist wirklich ihre allerletzte Chance."*

Die Stasi und ich hatten hoch gepokert. Ich schwieg gespannt. Nichts geschah. Der Läufer kam und brachte mich in die Zelle zurück. Lange vorbereitet, war auch dieser Bluff mißlungen.

Viertes Kapitel:
Zweite Vernehmungsphase zum Plakat:
Der Deal

Ich berichte über die weiteren Vernehmungen zum Plakat in der Kongreßhalle – insbesondere über die speziellen operativen Maßnahmen und inoffiziellen Mittel, die die *kriminale* und *kriminelle* Energie der Stasi bei deren Aufklärung zeigen, und stelle meine Erlebnisse der einschlägigen Konzeption der Stasi gegenüber.

1. Verbindung zur Außenwelt

Nach mehreren Monaten Haft war der Druck der Vernehmungen nahezu unerträglich geworden. Nach und nach fiel meinen mitinhaftierten Freunden ein, was ich ihnen früher einmal erzählt hatte, und sie sagten es aus. Tag für Tag wurde ich mit immer neuen Vorhalten konfrontiert. Ich befand mich in einer Verteidigungssituation, in der ich nur noch reagieren konnte – leugnen, rechtfertigen, verharmlosen –, aber kaum noch Verhaltensspielraum hatte. Da die Stasi zur Plakataktion keine ausreichenden Beweise fand, übte sie mit Täuschungen und Drohungen einen besonders starken Druck aus, um mich zu einem Geständnis zu bringen. In dieser Situation wuchs langsam in mir der Gedanke, mich mit Nachrichten nach draußen zu wenden. Ich wollte Verwandte und Freunde informieren, sie vor Gefahren, die ich aus den Erfahrungen meines Ermittlungsverfahrens auf sie zukommen sah, warnen. Ich wollte aus meiner Passivität heraus, wollte aktiv etwas zu meiner eigenen Verteidigung beitragen. In den zensierten Briefen war es unmöglich, irgend etwas von Belang zu schreiben. Wochenlang dachte ich über Möglichkeiten nach, Kontakt nach draußen zu bekommen. Nachrichten über meine Anwältin auszuschmuggeln, schied aus, da sie nach dem ersten Mal keine Sprecherlaubnis mehr bekam und sich außerdem so einer Gefahr nicht ausgesetzt hätte.

Die Wachposten bei der Stasi bestanden selbstverständlich aus ideologisch gefestigten Genossen und wurden offenkundig vergattert, mit uns Gefangenen kein einziges privates Wort zu reden. Nach meiner Erfahrung hielten sie sich eisern daran. Wir waren für sie Staatsfeinde. Jemanden von ihnen in irgendeiner Weise um Hilfe zu bitten, erwog ich deshalb gar nicht erst.

Verschlüsselte Nachrichten

Erster Kassiber: Der Code

Als einzige Möglichkeit, unkontrolliert Botschaften nach draußen zu schmuggeln, fiel mir zunächst nur ein, meinen Eltern bei einem Besuch irgendwie einen Zettel zuzustecken – wie, wußte ich noch nicht. Aber ein einzelner Kassiber reichte nicht aus, da ich zu selten Besuch haben durfte und es schon ein Glücksfall wäre, wenn mir eine einzige Übergabe an meine Mutter gelänge. Um wiederholt Nachrichten übermitteln zu können, kam mir die Idee, meine erlaubten Briefe zu verschlüsseln. Dazu müßte ich einen Kassiber mit einem Code ausschmuggeln. Zunächst dachte ich mir ein Verschlüsselungsverfahren aus, bei dem jeweils im soundsovielten Satz das soundsovielte Wort zur geheimen Nachricht gehört. Als Schlüssel wählte ich die Zahlen *00270819370027...* – meinen Geburtstag: Nach zwei unverschlüsselten Sätzen sollten im 3. Satz das 2. Wort, im 4. Satz das 7. Wort usw. zur geheimen Botschaft zusammengestellt werden. Da mir klar war, daß Eigennamen wie *Rust, May, Stefan, von Weizsäcker* oder *„Plakat"* in Briefen der Stasi auffallen würden, entwickelte ich für deren Codierung zusätzlich einen ähnlichen aber sehr viel umständlicher anzuwendenden Buchstabencode mit den gleichen Schlüsselzahlen. Dieser sollte gelten, wenn dem Satz ein durchgestrichener Buchstabe oder ein durchgestrichenes Wort vorausgeht. In meiner krakeligen Handschrift fallen solche Verschreiber nicht auf. In einem auf diese Weise buchstabenverschlüsselten Satz sind im 3. Wort der 2. Buchstabe, im 4. Wort der 7. usw. die Bedeutungsträger. Hinzu kam die Anweisung, daß ein Brief codiert ist, wenn hinter der Jahreszahl des Datums ein Punkt steht. Schreibpapier und -geräte durften wir nicht haben. Irgendwo fand ich eine abgebrochene Bleistiftspitze, ich weiß nicht mehr, ob bei der Zahnärztin, beim Arzt oder bei welcher Gelegenheit. Da nur in sehr beschränktem Umfang Nahrungsmittel gekauft werden durften, drehten sich Raucher Zigaretten, wofür sie Tabak der Marke „Schwarzer Krauser" und Zigarettenpapier einkaufen konnten. Von einem Mithäftling, der eine Raucherlaubnis besaß, hatte ich etwas Zigarettenpapier erhalten und über die Zelleninspektionen hinweg retten können. Auf ein solches Papierchen schrieb ich den Code mit Gebrauchsanweisung in einer etwas formalisierten Sprache, die nicht jeder verstehen würde, und die Aufforderung, es Eckhard zu geben (*Dok. 20*). Zuvor hatte ich niemals praktisch etwas mit Verschlüsselungen zu tun gehabt. Den Kassiber mit dem Code wollte ich während eines „Sprechers" heimlich meiner Mutter zustecken.

Am 12. November 1970 erhielt ich Besuch von meiner Mutter. Wie stets saßen wir uns gegenüber, getrennt durch einen Tisch, an dessen rechter Seite mein Vernehmer aufpaßte. Wir durften nur über Belangloses sprechen. Zunächst mußte ich meine Mutter auf meine Absicht, ihr etwas zuzustecken aufmerksam machen, ohne daß der Vernehmer etwas merkte. Den Kassiber, den ich ganz klein zusammengefaltet hatte, verbarg ich zwischen Daumen und Zeigefinger der rechten Hand. Ich nahm Blickkontakt zu meiner Mutter auf und hielt die Hand so, daß zwar meine Mutter in der Handinnenseite das Zettelchen erkennen konnte, nicht aber der Vernehmer, der nur meinen Handrücken sah. Meine Mutter hatte mir Obst in einer Plastiktüte mitgebracht, die sie dem Vernehmer aushändigte, der sie nach einer Untersuchung an mich weitergab. Den Bindfaden, mit dem die Tüte zugebunden war, machte ich ab. Da ich das Zettelchen zwischen den beiden Fingern festhielt, durfte ich die Hand nur so bewegen, daß der Leutnant nichts davon sah. Verkrampft durften meine Handhabungen auch nicht wirken. Währenddessen sagte ich zu meiner Mutter: *„Schnüre sind hier nicht erlaubt, damit sich niemand umbringt."* *„Nanana!"* unterbrach mich der Leutnant, ließ mich aber fortsetzen: *„Die mußt Du wieder mitnehmen. Halte bitte Deinen Einkaufsbeutel auf!"* Dann wandte ich mich an den Vernehmer: *„Passen Sie gut auf, Herr Leutnant! Ich gebe die Schnur wirklich zurück."* Ich warf die Schnur zusammen mit dem Kassiber in den Einkaufsbeutel meiner Mutter. Alles hatte funktioniert. Ich hoffte, daß meine Mutter den Kassiber fände und Eckhard aus ihm klug würde.

Erster verschlüsselter Brief

Stets unerwartet wurde ich aus dem Verwahrraum in eine andere leere Schreibzelle geführt, wo ich ein Blatt Papier und einen Stift erhielt und unter Aufsicht eines Wachsoldaten den Brief schreiben mußte. Da es unmöglich gewesen wäre, unter diesen Umständen in der Kürze der Zeit einen Brief zu verschlüsseln, mußte ich ihn fertig codiert mitbringen. Ohne Schreibmaterial dachte ich mir in tagelanger Mühe im Kopf einen Text aus, der die verschlüsselten Nachrichten enthielt. Das Verschlüsseln war harte Arbeit. Bevor ich den Kassiber an meine Mutter gab, hatte ich probiert, ob mir solche geheimen Briefe überhaupt gelängen. Immer wieder zählte ich an den Fingern Wörter und Sätze oder Buchstaben und Wörter ab, bis ich einen zu verschlüsselnden Satz in einigermaßen verständlichen und harmlosen Briefsätzen untergebracht hatte. Besonders schwer war die Verschlüsselung von Eigennamen, da die Zahlen meines Geburtstages sich in der Praxis als ungeeignet erwiesen. Welche Wörter gibt es beispielsweise, bei denen der zweite Buchstabe ein „w" ist, um Weizsäcker zu codieren? Als Gefahr erwies sich, daß der Brief sprachlich zu gestelzt wirkte. Ich wiederholte ihn täglich mehrfach; denn die geringste Abweichung vom Wortlaut hätte ihn unentschlüsselbar gemacht.

Fünf Tage später wurde ich in die Schreibzelle gebracht. Es gelang mir tatsächlich, den vorbereiteten Text aus dem Gedächtnis aufzuschreiben. Dabei merkte ich sogar noch einen kleinen Codierungsfehler, den ich dadurch beheben konnte, daß ich ein ^{zu} hochstellte, damit es nicht mitgezählt würde. Ich war sehr stolz auf mein Werk. (Zur bequemeren Entschlüsselung sind jetzt die bedeutsamen

Wörter und Buchstaben unterstrichen. Eine medizinische Diagnose und einen nichtcodierten Satz habe ich wegen des Persönlichkeitsschutzes ausgelassen):

>*Liebe Eltern und Geschwister!*   *Leipzig, am 17.11.70.*
Nochmals herzlichen Dank für das Obst – Zum Besuch habe ich noch eine Frage: Ob Eckhard die Wohnung ~~w~~ *bald bekommen wird? Wollen sie dann schon die Möbel und anderen Sachen gekauft haben? Ich würde mich ja schrittweise einrichten. Meine Gedanken sind häufig bei Euch und Bärbel. Nichts wäre für sie schöner, als ihren eigentlichen Berufswunsch verwirklichen zu können! Sie wollte ja nie Lehrerin werden und wenn über ihren Dauerschnupfen – warum nicht! Über wichtige politische und kulturelle Ereignisse informieren wir uns jeden Tag gründlich aus der Zeitung. Außerdem führe ich mit meinem Mitbewohner Gespräche über die verschiedenen Themen. Wir haben ja Zeit! Jeder hat natürlich* ~~S~~ *seine eigenen Sorgen und Interessengebiete. Das und Bücher sind unsere wichtigste geistige Nahrung.* ~~G~~ *Manchmal gibt's spannende Jugendliteratur oder Ähnlichartiges, kaum vertretbar mit meinem Geschmack. Aber da will ich nichts dagegen sagen. Ich bin dankbar für alles. Irgend etwas, wenn auch noch so Belangloses, sagt einem schließlich jedes Buch.* ~~a~~ *Aber auch oft weniger Interessantes befriedigt teilweise Bedürfnisse* ~~D~~ *nach Aufrechterhaltung geistiger Spannkraft, um ungetrübt ohne Nachteile mit Lebenskraft danach* ᶻᵘ *bleiben. Meine ersten Bücher hier waren von Fontane. Außerdem hatte ich einen guten Band mit poetischen Erzählungen. Aber nur darüber zu schreiben, ist sicher weniger interessant für Euch. Die ersten drei bis vier Wochen waren die schwersten hier. Das geht wohl allen so. Und jeder sagt das. Doch nur wer hier war, kann das richtig nachfühlen.* ~~Ihr~~ *Ich wünsche das anderen nicht. So was gut zu überstehen ist eine Gabe Gottes! Man muß eben durch! Solange ich aber noch in Haft bin, darf ich ja nicht „durchhängen". Keine Zeit wird mir so* ~~ver~~ *unvergeßlich bleiben wie diese. Und bis ich wieder draußen bin, werde ich Einzelheiten vergessen haben. Aber auch von dem, was bleibt, werde ich genug haben. Ich kann nur hoffen, daß es mir danach nicht allzu schwer wird. An die Zeit will ich aber nicht denken. Das hat ja wenig Sinn. Das Wissen um die Zukunft hat man eben nicht. Das wäre auch nur noch schlimmer, falls die Zukunft unerfreulich wird. Sie ist eben dunkel. Da hilft eben alle Mühe nicht, sie zu erhellen.* ~~D~~*Und bloße [Buchstabenverschlüsselung des Klarnamens von Rust ausgelassen] nichts. Über das gibt es von Lessing einen schönen Spruch. Vor vielen Jahren in der Schule habe ich mich noch über ihn geärgert. Alle Weisheit stamme von Gott, der Mensch solle nicht zuviel wissen wollen. Selbst wenn er die Gelegenheit hätte, von der Zukunft zu erfahren, solle er verzichten. Leicht gesagt. Vielleicht* ~~Do~~ *doch wahr. Aber mir zu irrational. Ein Lichtblick ist ja immer der Brief von Euch. Darauf freue ich mich immer. Weiß ich doch so, daß Ihr mitfühlt und an mich denkt. Alles wird dadurch etwas leichter* ~~Ich~~ *Man ist ewig verloren ohne Hoffnung. Grüßt bitte alle sehr herzlich von mir und sagt vor allem Bärbel, daß ich viel f an sie denke! Es wird alles mal ein Ende finden! – Übrigens, was Mutti mir da über Eva […] erzählt hat, ist mir völlig rät-*

selhaft. [...] Bei [...] ist das sehr häufig. Wir haben oft genug darüber gesprochen. Aber sie hatte in diesem Punkt keine Vernunft. Nichts zu machen. In der medizinischen Fachliteratur gibt es genug Beweise für die Gefährlichkeit einer [...]. Über alles wollte sie sich hinwegsetzen. ~~Leider~~ Aber zu spät, betrüblich für Eva-Maria „Koch".

Nochmals ganz herzliche Grüße an alle.

Euer Dietrich«

Die Nachricht lautet im Klartext (Die Sätze wurden getrennt; Buchstabenver-schlüsselungen sind fett gedruckt.):

*Eckhard und Bärbel nichts über politische Gespräche und **Plakat** sagen – Sagt **May Mülmann** meine Erzählungen darüber waren nur **Angabe** – Darf keine Einzelheiten von mir wissen – Falls zu **Rust** über mich stammen von mir – Brief und alles **weg** – Sagt alles Eva – Haben keine Beweise über **Plak***

Aber bereits am übernächsten Tag wurde mir mitgeteilt, daß mein Brief wegen eines Verstoßes gegen die Anstaltsordnung nicht weitergeleitet würde. (Ich fand ihn in meiner Stasiakte.) Dies sei bereits die vierte derartige Beanstandung. Mir würde die Schreiberlaubnis entzogen, wenn ich mich nicht an die Anforderungen hielte. Daraus schöpfte ich keinen Verdacht; denn immer wieder waren in meinen Briefen Sätze gerügt worden, die ich für harmlos gehalten hatte. Daß der Stasi meine Verschlüsselung aufgefallen wäre, war ausgeschlossen. Ich ärgerte mich, daß meine Mühe umsonst gewesen war und schrieb zwei Tage später aus Protest nur:

»23.11.70

Liebe Eltern! Ich bin hier. Der Sommer ist zu Ende. Es wird Winter. Es wird Weihnachten. Im Winter schneit es. *Herzlichen Gruß Dietrich.«*

Dazu fertigte der Oberleutnant folgende handschriftliche

»Aktennotiz:

Am heutigen Tage wurde der Beschuldigte Koch, Dietrich zum am gleichen Tage verfaßten Brief befragt, worauf er erklärte, daß dies die Reaktion auf die am 19.11.70 erfolgte Ablehnung der Weiterleitung seines Briefes vom 17.11.70 sei, da dieser Inhalt nicht zu beanstanden wäre. Außerdem verlangt er vom Staatsanwalt seinen Worten nach eine „vernünftige" Begründung für die Ablehnung der Weiterleitung seines Briefes vom 17.11.70. Eine schriftliche Beschwerde dazu will er nicht einlegen.«

Zweiter Kassiber

Damals teilte ich die Zelle mit Dr. Manfred Franke, einem Internisten mit einer Praxis in Brandis bei Leipzig. Er erzählte mir, daß gegen ihn wegen Spionage ermittelt würde. Mein Vertrauen hatte er recht umfangreich gewonnen. Immerhin war ich mißtrauisch genug, ihm gegenüber keine Geständnisse zu machen. Aber über meine Verschlüsselungspläne wußte er Bescheid. Als ich Zweifel äußerte, ob mein erster Kassiber angekommen sei oder ob meine Verwandten mit dem Code etwas anzufangen wüßten und als mein verschlüsselter Brief zurückgehalten wurde, bot er mir an, meinen Eltern einen zweiten Kassiber mit einem unverschlüsselten Text über seine Tochter, die in den nächsten Tagen einen Sprecher hatte, zuzustellen. Er schilderte mir seine üblichen Besuchsumstände so, daß er mich überzeugte, der Besuch seiner Tochter böte eine günstige Gelegenheit zum Ausschleusen. Einzelheiten jedoch weiß ich heute nicht mehr. Dieser zweite Kassiber wiederholte ausführlicher im Klartext die Nachrichten, die der erste Brief enthalten hatte:

»Bärbel und Eckhard nichts über polit. Gespräche u. Plakat in Kongreßh. sagen. – Haben keine Beweise, bluffen aber! – Eva soll meine Erzählung vom Herbst '68 über Stefan und meine Beteiligung ohne jede Einzelheit zugeben. (Nur sagen, ich hätte Plakat gemalt, nichts vom Wecker) und als mögliche Prahlerei bezeichnen. – Falls May (über Mühlmann) etwas über <u>meine</u> Beteiligung zu Rust gesagt hat, stamme das von mir. War nur Angabe. Darf von mir keine Einzelheiten wissen. – May gefährdet! Wird wahrscheinlich beobachtet. – Warnt Stephan vor Spitzel! – Vorsicht vor Haussuchungen bei Euch und Eckhard (Dresden) – Zettel vernichten – Ich belaste niemanden. Jüttes und Rust sagen alles.- Beschuldigungen: Fluchtvorbereitungen, Hetze, staatsfeindl. Verbindungsaufnahme.   D.«

Bereits einen Tag nach der Mitteilung, daß mein Brief vom 17.11. nicht abgeschickt wurde, bekam mein Zellengenosse Besuch, und ich gab ihm den vorbereiteten zweiten Kassiber (*Dok. 21*). Nach seinem „Sprecher" sagte er mir, er habe den Zettel seiner Tochter unbemerkt zustecken können. Sie werde ihn vereinbarungsgemäß unter der aufgeschriebenen Adresse in den Briefkasten meiner Eltern werfen. Gespannt wartete ich auf eine Reaktion meiner Mutter in ihrem nächsten Brief.

Zweiter und dritter verschlüsselter Brief und dritter Kassiber

Außerdem hatte ich inzwischen einen zweiten verschlüsselten Brief erfunden, den ich am 1.12, etwa zwei Wochen nach dem ersten Brief, schreiben durfte (*Dok. 22*). Wieder ging alles gut. Als ich zum Schluß einen Abzählfehler bemerkte, machte ich einen Punkt unter das „u" in „Veranlagung". Dieser Brief enthielt die folgenden Sätze (Verschlüsselungen mit dem Buchstabencode sind fett gedruckt):

*»Eckhard soll sagen ich habe bei J gesagt die DDR **legal** durch die Wahl für Verfassung – Ein besserer Schlüssel folgt – benutzt ihn – Mir gehts erträglich – 500 Stunden Verhöre bisher – Berichtet macht von Weiz – Bin mit Arzt zusammen – Laßt Euch nicht **bluffen**.«*

Als ich diesen Brief schrieb, war es mir in der Schreibzelle gelungen, ein Blatt Originalpapier unbemerkt an mich zu nehmen. Darauf schrieb ich in unserer

Zelle in aller Ruhe einen dritten verschlüsselten Brief, der mir erheblich besser als meine Entwürfe im Kopf gelang. In meiner Anstaltsjacke trug ich ihn bei mir, um ihn bereit zu haben, wenn ich wieder unerwartet zum Briefschreiben gerufen würde. Außerdem hatte ich die Erfahrung gemacht, daß die Kleidung bei einer der unerwarteten Zellenfilzungen nicht kontrolliert wurde. In der Schreibzelle wollte ich dann irgendeinen Brief verfassen und ihn heimlich gegen den mitgebrachten austauschen.

Schließlich hatte ich einen dritten Kassiber auf einem Zigarettenpapier verfaßt, der sowohl Klartext als auch einen neuen Schlüssel enthielt. Mein Geburtsdatum hatte sich als ungeeignet erwiesen; es enthielt zuwenig Nullen, um nicht gestelzt wirkende Texte zu schreiben, und für die Wortverschlüsselung waren andere Ziffern besser. Ich hatte eine neue Vorschrift erfunden, nach der aus dem ersten Satz eines Briefes diejenige Ziffernreihe zu entnehmen war, die dann zur Entschlüsselung des übrigen Briefes diente. Mit diesem indirekten Schlüssel wollte ich nicht etwa eine Entschlüsselung erschweren, denn eine solche traute ich der Stasi ohnehin nicht zu, sondern die Anpassung des Schlüssels an die zukünftigen Erfahrungen möglich machen. Da ich unsicher war, ob meine vorangegangenen Kassiber meinen Bruder erreicht hatten und ob ihm die Entschlüsselung gelänge, hatte ich zusätzlich bestimmte *Codewörter* aufgeschrieben, die meine Eltern in den Briefen verwenden sollten, um mir beispielsweise mitzuteilen, ob die Kassiber angekommen seien oder ob Uwe May verhaftet sei. Der neue Kassiber und der dritte Brief enthielten auch Bitten, Eckhard und Bärbel sollten über meine Festnahme auf dem Karl-Marx-Platz nur das sagen, was in meiner Eingabe an den Generalstaatsanwalt der DDR gestanden hatte. Die Einzelheiten dieser beiden Mitteilungen weiß ich heute nicht mehr.

Befürchtungen und Hoffnungen – die Bedeutung meiner Kassiber

Meine geheimen Botschaften enthalten in nuce, was mich damals am meisten bedrängte, wie es mir wirklich ging und wie ich meine Lage beurteilte. *Als meine knappe Wahrheit stehen sie der dicken Stasiakte gegenüber.* Meinen Verwandten und Freunden wollte ich mitteilen, wessen ich beschuldigt wurde, um sie nicht länger im Ungewissen zu lassen. Sie konnten aus dem Satz über Jüttes und Rusts Geständigkeit auch entnehmen, daß deren Verhalten eine große Belastung für mich war. Darüber hinaus wollte ich sie beruhigen, daß ich dies alles durchstehen werde – auch gesundheitlich – trotz den ungeheuer intensiven Verhören. Der stolze Satz »*Ich belaste niemand*« sollte ihnen sagen, daß ich nicht zusammenbrechen oder aufgeben werde, und sie zugleich warnen, sich von der Stasi nicht vormachen zu lassen, ich hätte irgend etwas gestanden. Meine Kassiber sagen nichts zu den Fluchtbeschuldigungen und wenig zum Vorwurf der Hetze. Sie betreffen vor allem die Plakatsache, weil ich deren Aufklärung als Hauptanliegen der Stasi erlebte. Ich befürchtete, daß sie die bisher nicht verhafteten Zeugen Bärbel, Eckhard, Uwe oder Eva bei Vernehmungen täuschen würde, um etwas über meine Beteiligung daran zu erfahren. Ich wollte ihnen mitteilen, daß die Stasi nach sieben Monaten keine Beweise zum Plakatprotest hatte, aber gefährlich bluffte, um den Anschein zu erwecken, sie hätte die Sache schon aufgeklärt. Meine Freunde sollten meine Andeutungen über meine Beteiligung als bloße Angeberei darstellen, um gegen Jüttes und Rusts Aussagen meine *Alles-nur-Angabe-Verteidigung* zu stärken. Dafür war es notwendig, daß Uwe mich als alleinige Quelle seiner Information nennen würde – statt Stefan oder Harald, da Thomas Rust mich durch seine Aussage über ein Gespräch mit Uwe belastet hatte. Meine Verteidigung würde auch glaubhafter, wenn Eva aussagte, ich hätte mich ihr gegenüber als Plakatmaler gebrüstet; denn ich war mir sicher, die Stasi wußte, daß ich nicht der Maler war. Tagelang hatte ich mir überlegt, ob mir solche Aussagen Evas und Uwes nicht zusätzlich schaden könnten. Daß sie meine derartigen Bitten um Entlastung überhaupt hätten verstehen können, erscheint mir heute höchst zweifelhaft. Sie belegen aber, unter welch ungeheurem Druck ich nach Jüttes und Rusts Aussagen stand und wie verzweifelt ich nach allzu künstlichen Verteidigungsmöglichkeiten suchte. Mit dem zweiten Kassiber wollte ich die Nichtverhafteten warnen, irgendwelche Aussagen über politische Gespräche zu machen, da sie wohl nicht wußten, wie jedes politische Vieraugengespräch zur Beschuldigung staatsfeindlicher Hetze wurde. Den Rat an Eckhard im zweiten Brief zur Aussage über die Legitimität der DDR – für sich kaum verständlich – gab ich, weil ich in dieser Zeit gerade den massiven Jütteschen Vorhalten dazu ausgesetzt war. Aus dem Gang der Verhöre und den Drohungen war mir auch klar geworden, in welch großer Gefahr Uwe und Eckhard waren, und daß weitere Hausdurchsuchungen bevorstanden. Besonders wichtig waren mir die Warnungen nach Westdeutschland; denn die Verhöre hatten meinen Verdacht bestärkt, daß die Stasi einen Spitzel in Stefans bzw. Weizsäckers Nähe hatte. Die Frage nach Weizsäcker bedeutete auch, daß ich die Hoffnung auf seine Hilfe nie ganz aufgegeben hatte.

Ich hatte das glückliche Gefühl, endlich aus meinem bloßen Erleidenmüssen herausgekommen zu sein und wartete auf irgendeine Reaktion meiner Eltern in einem Brief oder beim nächsten Besuch.

2. Die Katastrophe

Die Verhöre gingen intensiv zu verschiedenen Beschuldigungen staatsfeindlicher Hetze weiter. Inzwischen war ich fast acht Monate in Haft, und nun war schon Adventszeit. Besonders vermißte ich es, hier weder Musik machen, noch hören zu dürfen. Sehnsüchtig dachte ich daran, wie ich in anderen Jahren um diese Zeit in der Nikolaikirche mit meiner Flötenlehrerin Irmgard Rubardt in der *Weih-*

nachtshistoria von *Heinrich Schütz* mitgespielt hatte, und erinnerte mich an das Intermedium, in dem die Blockflöten den Aufbruch der Hirten einleiten: „*Lasset uns nun gehen gen Bethlehem und die Geschichte sehen, die da geschehen ist ...*" Der Gedanke an Weihnachten versetzte mich in eine gefährlich sentimentale Stimmung.

Vormittag

Entdeckung

Zu Beginn eines Verhörs etwa zwei Wochen nach meinem zweiten Kassiber hielt der Leutnant ein Schriftstück hoch.

<u>Vernehmer</u>: „Herr Koch, das ist Ihr Brief vom 17.11.1970. Sie wissen, warum der nicht rausgegangen ist?"

<u>Koch</u>: „Mir wurde gesagt, sein Inhalt verstoße gegen die Anstaltsordnung."

<u>V</u>: „Koch, das ist alles, was Sie dazu zu sagen haben, wirklich alles?"

<u>K</u>: „Ja."

Ein Verdacht kam in mir hoch. Es war der erste verschlüsselte Brief. Hatte die Stasi bemerkt, daß er gestelzt-gekünstelt klang? Zu entdecken, daß er codiert war, oder ihn gar zu entschlüsseln, war der Stasi ohne meinen Code unmöglich, versuchte ich mich zu beruhigen.

<u>V</u>: „Herr Koch, sagen Ihnen die Zahlen 0-0-2-7-0-8-1-9-3-7 etwas?"

Mich ergriff Furcht. Es war wie am ersten Vernehmungstag, als ich in die absurde Lage gekommen war, mein eigenes Foto zu verleugnen. Nach wie vor wollte ich nichts zugeben, was mir nicht genau bewiesen war, aber ich wollte mich auch nicht wieder in eine derartige Sackgasse manövrieren lassen. Ich durfte nicht behaupten, mein Geburtsdatum nicht zu erkennen, würde mich aber verraten, wenn ich es in dieser ungewöhnlichen Darstellung sofort erkannte. Ich mußte Zeit gewinnen.

<u>K</u>: „Die Zahlen kommen mir bekannt vor, aber ich weiß im Moment nicht, woher."

<u>V</u>: „27.08.1937, sagt Ihnen das was, Herr Koch?"

<u>K</u>: „Ja natürlich, das ist mein Geburtstag."

Eine Katastrophe stand bevor, wurde mir klar.

<u>V</u>: „Gibt es irgendeine Beziehung zwischen diesen Zahlen und ihrem Brief vom 17.11.1970?"

<u>K</u>: „Nein." Ich überlegte, ohne einen Ausweg zu finden: „Ich verstehe Ihre Frage nicht."

<u>V</u>: „Koch, im Sich-dumm-stellen sind Sie wirklich Weltmeister."

Der Vernehmer sah mich einen Augenblick ruhig an. Dann holte er einen kleinen beschriebenen Zettel aus seinem Schreibtisch und zeigte ihn mir. Es war der Code-Kassiber, den ich meiner Mutter zugesteckt hatte.

V: „*Diesen Zettel haben Sie über Ihre Mutter ausgeschleust. Wir haben ihn bei einer erneuten Hausdurchsuchung bei Ihren Eltern gefunden. Darauf steht der Code, mit dem Sie Ihren Brief verschlüsselt haben. Weiteres Leugnen ist sinnlos. Koch, es ist aus.*"

„*Aus*" wirkte wie ein Stichwort. „*Rahel beweinete ihre Kinder und wollte sich nicht trösten lassen, denn es war aus mit ihnen*", kam mir das Rezitativ über den Bethlehemitischen Kindermord aus der Schützschen Weihnachtshistorie in den Sinn, und mein Gedanke war: ,*Wirklich Dietrich, es ist aus mit Dir.*'

Ich dachte an den zweiten codierten Brief, den die Stasi nun sicher auch enträtselt hatte. Der Leutnant muß mir meine Entgeisterung angesehen haben. Er legte sofort nach und zeigte mir diesen Brief: „*Und das ist Ihr Brief vom 2.12.1970, den sie ebenfalls verschlüsselt haben.*" Er machte sich nicht mehr die Mühe, mich in weiteren kleinen Schritten langsam bloßzustellen. Triumphierend hielt er ein zweites beschriebenes Zigarettenpapier hoch: „*Und das ist Ihr zweiter Kassiber, den Sie zu Ihren Eltern ausgeschleust haben. Wir haben ihn ebenfalls bei der Hausdurchsuchung bei Ihren Eltern gefunden. Koch, Sie haben keine Chance mehr.*"

Meine gesamten Bemühungen, mich zu verteidigen, waren vergebens gewesen. Verschiedene Gedanken sprangen in meinem Kopf hin und her. Wie war die Stasi zu meinen Kassibern gekommen? Was drohte mir? Fieberhaft versuchte ich, mir den genauen Wortlaut meiner Nachrichten zu vergegenwärtigen. Einmal schien es mir davon abzuhängen, ob ich noch eine Chance hätte, ihre Gefährlichkeit wegzuerklären: Ich hatte mehrere Namen genannt und überflog, welche Gefährdung davon für meine Freunde und Verwandten ausging. Dann wieder glaubte ich, daß unabhängig vom Inhalt meiner Botschaften ohnehin alles verloren sei. ,Was war schiefgegangen; wie hatte die Stasi meine Schmuggelei entdeckt; waren meine Mutter und Eckhard schon verhaftet?' wirbelten die Fragen durcheinander. Meine Schmuggelei hatte mir Auftrieb gegeben. Aber nicht nur, daß meine Hoffnungen plötzlich zerronnen waren, schlimmer noch: *Ich hatte mich nun selbst ans Messer geliefert.* Aus meinen Warnungen ließ sich entnehmen, vor welchen Aussagen ich mich am meisten fürchtete. Meine Verteidigung, meine Andeutungen über meine Beteiligung oder ein Mitwissen an der Plakataktion *als Angabe* auszugeben, wurde zunichte gemacht durch die verschlüsselte Bitte an meine Freunde, meine Erzählungen *als Angabe* darzustellen. Einen logisch zwingenden Beweis für meine Mitwirkung stellten meine Nachrichten wohl noch nicht dar, klapperte die logische Mühle in meinem Hinterkopf. Aber dem gesunden Menschenverstand war klar, daß ich derartige Anstrengungen nur unternommen hatte, um meine Mitwirkung zu verbergen. Der Leutnant mußte wissen, was mir durch den Kopf ging, und sprach es aus:

„*Koch, aus Ihren Nachrichten ergibt sich, daß Sie an der Provokation in der Kongreßhalle beteiligt waren. Sie können nur noch gestehen. Koch, geben Sie auf!*"

Ich hatte verloren. Mir fielen zwei meiner komplementären Grundsätze beim Schachspielen ein. ,*Eine verlorene Partie gibt man auf*', hatte uns unser Vater gelehrt; denn es ist dumm und unehrenhaft, sich bei vorhersehbarer Niederlage auch noch mattsetzen zu lassen. Aber hatte sich nicht andererseits auch in katastrophaler Lage oft schon das Hoffnungsprinzip bewährt: ‚Ein Spiel ist erst verloren, wenn man es aufgegeben hat‘? Doch dieser letzte Grundsatz entwickelte jetzt keine Kraft. Dies war kein Spiel: ‚Alles war verloren.‘ Ich müßte das mit dem Wecker zugeben, ich müßte alles zugeben. Es gab kein Halten mehr in den Selbstbeschuldigungen und dann weiter in den Belastungen anderer. Ich war verloren. Ich hörte, wie der Leutnant wieder einmal an meine Einsicht appellierte, im eigenen Interesse meine Haltung zu ändern und zur notwendigen Mitarbeit zu kommen. Seine Worte waren wie Pfeile, die er einen nach dem anderen auf mich abschoß. Ich war zu erschöpft, um mich auch nur innerlich mit seinen Argumenten auseinanderzusetzen, zu entsetzt, um ihnen noch etwas entgegensetzen zu können. In dieser Bedrängnis wurde ich ganz klein, zog ich mich ganz auf mich selbst zurück, und der Offizier rückte weit von mir weg. Während er weiter argumentierte, fühlte ich nur noch; ‚Er will mich zerstören.‘ Auf einmal kam mir eine Zweikampfszene aus einer Novelle in den Sinn, in der sich ein Druidenschüler gegen einen Zauberer mit der Selbstvergewisserung rettete: ‚Und Du mußt doch sterben.‘ Innerlich wiederholte ich diesen Satz, und ich meinte damit: ‚Und Du wirst doch nicht gewinnen. Du wirst mich nicht zerstören.‘ Zunächst nur bruchstückhaft und Tage später in der Zelle genauer erinnerte ich mich an diese bretonische Kunstlegende.

Selbsterhaltung: »Das Haus auf der unnahbaren Insel« von Martin Luserke

In den alten Zeiten bewahrte die Tugend der Wehrhaftigkeit die Menschen vor dem Irrtum, das Böse in der Welt sei nur eine zeitweilige Krankheit des Guten; im Tiefsten schrecklich wird es durch seine Unverständlichkeit. Als das Böse damals mehr und mehr Macht über die Menschen gewann, kam es im Westen der Bretagne am Meer zu einem Zweikampf zwischen dem mächtigen bösen verschlagenen Zauberer und dem Druidenschüler Turo. Er galt als der Dumpfe, geistig Träge; seine Welt war die der Pflanzen; mit ihnen war er vertraut; Worte verwirrten ihn eher. Sein Bruder Gwyd war dem Bösen schon erlegen. Den verlorenen, geliebten Bruder wollte Turo aus der Verzauberung zwingen. Er schwamm zu dem Haus des Zauberers auf der einsamen Insel. Auf Umwegen näherte er sich ihm; man durfte seinen wehrlosen Schatten nicht vor sich her fallen lassen. Über der Insel lag eine beklommene Trostlosigkeit; die Menschen dort hatten keine Seele mehr. Als Turo das steinerne Haus erreicht hatte, sah er am Ende eines langen Ganges ein blaues Licht, und als Druidenschüler wußte er, so sieht es die Seele vor sich, wenn sie beim Sterben aus dem Bauchnabel auftaucht. Beim Kampf mit dem Alten zerbrachen viele Krüge mit Pflanzensäften; aber die aufsteigenden Dünste konnten Turo nicht die Sinne verwirren, da er den Pflanzen verwandt und mit ihnen vertraut war. Als die Kämpfenden erschöpft innehielten, versuchte der verschlagene Alte, Turo zu locken: „Du willst bloß deinen Verräter Gwyd haben?" Aber dumpf spürte Turo eine Falle in dieser Frage und erwiderte nur: *„Ich will, daß du stirbst!"* Der Zauberer bot Turo Geschenke an. Eine unbekannte Gefahr würde Turo erspart, dies sei doch sicher vorzuziehen, argumentierte der Alte. Aber Turo blieb dabei: *„Du mußt sterben."* Der Zauberer appellierte an seine Einsicht, daß sich vernünftige Gegner doch einigen könnten. Aber Turo ließ sich auf keine Argumentation ein und wiederholte seinen Satz. Der Entscheidungskampf war unausweichlich. Die Zweikampfregel verlangte, daß abwechselnd der eine Pflanzensäfte zusammenmischt, die der andere trinken muß, falls er die Zusammensetzung des Trunkes nicht errät; andernfalls muß sie der Mischer selber trinken, wobei er nur etwas hinzuschütten darf, aber nichts wegnehmen. Beide hatten lange ihren Kampfzorn gezähmt, einen Tod zu mischen, gegen den sie selber kein Mittel mehr wußten. Heimtückisch rief der Zauberer plötzlich Turos Bruder; und als Turo voller Mitleid auf den Gequälten blickte und so einen Augenblick unaufmerksam war, hatte der Alte blitzschnell einen Trunk zusammengegossen, dem Turo mit seinen von den vielen Tränken verwirrten Sinnen hilflos gegenüberstand. Zum ersten Mal hatte er das beklemmende Gefühl, unterliegen zu können. Wie Lehm legte sich diese Angst schwer auf ihn. Aber wie sich seine Pflanzen aus dem Dunkeln der lehmigen Erde nach oben durchdrängen, so mußte auch er sich durchdrängen. Turos Unsicherheit verging, und er wiederholte unbeirrt: *„Ich will, daß du stirbst."* Und als sein Bruder auf einen unscheinbaren Krug in der Ecke wies, warf Turo diesen in den Trunk. Fressende Schwärze breitete sich aus. Turo stürzte das kochende Gebräu über den Zauberer, und dieser endete wimmernd.

So wie der Druidenschüler sich mit der trotzigen Selbstbehauptung *„Ich will, daß Du stirbst"* gegen den Zauberer gerettet hatte, siegte auf dem Tiefpunkt meiner Bedrängnis mein Überlebenswille gegen den Leutnant mit dem magischen Satz: ‚*Ich will nicht zerstört werden.*' Ich war wieder im Verhör und hörte den Leutnant weiterhin argumentieren, daß mir angesichts meiner Nachrichten nichts weiter übrig bliebe, als die Plakatprovokation zu gestehen. Trotzig sagte ich: *„Daran war ich nicht beteiligt. Aus meinen Kassibern und Briefen ergibt sich auch nichts Derartiges."* Obwohl ich meine Situation als verzweifelt ansah, wollte ich mich weiter hinhaltend winden. Ich durfte schon deshalb nicht geständig werden, weil dann kein Halten mehr wäre in den Selbstbeschuldigungen und den Beschuldigungen anderer. Das Beispiel meiner Freunde, die mir gegenübergestellt worden waren, stand mir abschreckend vor Augen. So weit wollte ich mich nicht entäußern. ‚*Aus all meinen Mitteilungen nach draußen und den bisherigen Aussagen meiner Freunde gegen mich ergibt sich noch immer kein Hinweis darauf, was ich nun wirklich im einzelnen gemacht habe*', hoffte ich immer noch, mich herauswinden zu können.

Dann begann der qualvolle Weg des Verhörs durch meine geheimen Sätze. Die Position des Vernehmers war so günstig wie nie zuvor. Hatte ich bisher die mir vorgehaltenen Aussagen meiner Freunde als Mißverständnisse oder Lügen bestreiten können, so standen mir jetzt meine eigenen Sätze gegenüber.

Erster Kassiber und erster entschlüsselter Brief

Zunächst ließ sich der Vernehmer haarklein die Entschlüsselungsanleitung aus dem ersten Kassiber erklären. Auf die Frage, warum ich verschlüsselte Nachrichten an meine Eltern ausgeschleust habe, sagte ich schlicht die Wahrheit.

<u>K</u>: *„Ich wollte meinen Eltern etwas mitteilen, was ich offen in meinen Briefen nicht schreiben durfte."*

Als nächstes sollte ich meinen ersten geheimen Brief selbst entschlüsseln. Es half mir nichts, mich dabei sehr schwer zu tun. Aufgewühlt, wie ich war, gelang es mir kaum, die notwendige Konzentration fürs Wörterabzählen aufzubringen. Der Vernehmer half nach; denn natürlich hatte die Stasi meine Briefe bereits decodiert. Satz für Satz mußte ich erklären, warum ich was geschrieben hatte.

<u>V</u>: „Was bedeutet *»Bärbel und Eckhard nichts über politische Gespräche und Plakat sagen«*?"

<u>K</u>: „Ich wollte meine Freundin und meinen Bruder lediglich darauf hinweisen, daß es besser wäre, sich nicht auf Aussagen über politische Gespräche einzulassen."

<u>V</u>: „Warum wäre das Ihrer Ansicht nach besser?"

<u>K</u>: „Beide könnten auf diese Weise am besten Fehldeutungen durch das MfS vermeiden. Ich selbst habe hier die Erfahrung gemacht, daß Franz und Ingrid Jütte in ihren Aussagen zu politischen Gesprächen meine Worte nicht richtig wiedergegeben haben. Sie, Herr Leutnant, haben mir auf der Grundlage solcher Aussagen Vorhalte gemacht, die meine Äußerungen nicht richtig wiedergeben."

<u>V</u>: „Auf welche politischen Gespräche mit Fräulein Krüger und Ihrem Bruder haben Sie sich mit Ihrem ‚*Hinweis*' bezogen?"

<u>K</u>: „Die ‚*politischen Gespräche*' beziehen sich nur auf meinen Bruder, nicht aber auf meine Freundin, für die nur der Hinweis zur Plakataktion gemeint war."

<u>V</u>: „Ihre Aussagen widersprechen Ihrem Satz, da sich darin beide Namen auf beide Hinweise beziehen."

<u>K</u>: „Nein, ich habe nur wegen der Notwendigkeit kurzer Formulierungen zwei Dinge *sprachlich nicht ganz eindeutig zusammengefaßt*."

Den weiteren Streit, was ich gemeint habe oder nach Auffassung des Vernehmers gemeint hätte, spare ich hier aus.

<u>V</u>: „Auf welche politischen Gespräche mit Ihrem Bruder haben Sie sich bezogen?"

<u>K</u>: „In einer früheren Vernehmung habe ich bereits ausgesagt, daß es ein Gespräch in der Wohnung des Ehepaars Jütte über die Kommunalwahlen 1970 gab, wo auch mein Bruder anwesend war. Jüttes haben meinen Gesprächsbeitrag völlig verfälscht wiedergegeben. Auf dieser Erfahrung beruht mein Rat an meinen Bruder."

V: „Koch, im Widerspruch zu Ihrer Erklärung haben Sie in Ihrem zweiten verschlüsselten Brief Ihren Bruder zu folgender Aussage aufgefordert: *»Eckhard soll sagen, ich habe bei N gesagt die DDR ist legal durch die Wahl für Verfassung.«* Äußern Sie sich dazu!"

K: „Das ist kein Widerspruch, sondern eine Ergänzung, die mir später eingefallen ist."

V: „Was wollten Sie mit dieser Aufforderung erreichen?"

K: „Da mich Jüttes fälschlich beschuldigt haben, ich hätte das Existenzrecht der DDR bestritten, wollte ich eine entlastende Aussage erreichen."

V: *„Sie haben also Ihrem Bruder den Auftrag gegeben, für Sie das Untersuchungsorgan zu belügen. Äußern Sie sich dazu!"*

K: „Nein, ich habe entgegen den Jütteschen Beschuldigungen die Legalität der DDR bejaht und wollte von meinem Bruder *lediglich eine wahrheitsgemäße entlastende Aussage* erhalten – aber natürlich nur, falls er sich an das entsprechende Gespräch erinnert."

V: „Welche Bedeutung hat der Auftrag *»Eckhard und Bärbel nichts zum Plakat sagen«*?"

Nachdem ich früher deren Kenntnisse oder gar Involvierung bestritten hatte, war es schwer, meinen Rat an diese umzuinterpretieren.

K: „Ich habe früher bereits ausgesagt, daß ich mir nicht ganz sicher bin, ob ich nicht vielleicht gegenüber meiner Freundin Bärbel oder meinem Bruder eine Andeutung gemacht haben könnte, ich wisse über die Plakataktion im Juni 1968 in der Kongreßhalle etwas mehr, als allgemein bekannt war. Falls ich mich beiden gegenüber in dieser Richtung geäußert haben sollte, hielt ich es für besser, wenn sie gegenüber niemandem dazu etwas sagen."

V: „Warum sollten beide auch dem Untersuchungsorgan dazu nichts sagen?"

K: „Wie ich bereits ausgesagt habe, hatte ich aus dem, was mir Stefan W… erzählt hatte, möglicherweise Andeutungen zu anderen gemacht, die aber nur Prahlerei waren. *Ich wollte vermeiden, daß das MfS aus solcher Prahlerei den falschen Schluß auf eine etwaige Beteiligung meinerseits zieht.*"

Unter der Belastung des Verhörs war mir nicht in allen Einzelheiten gegenwärtig, wie ich meine weiteren geheimen Sätze formuliert hatte, und ich fürchtete, mich in Widersprüche zu anderen Mitteilungen zu verwickeln. Der Leutnant war auch diesmal offenkundig sehr gut vorbereitet, so wie er sich gewöhnlich gut präpariert hatte.

V: „Koch, damit kommen Sie nicht durch. Im nächsten Satz schreiben Sie *»Haben keine Beweise über Plakat«*, im zweiten verschlüsselten Brief steht *»Laßt Euch nicht bluffen«*, und im zweiten Kassiber heißt es direkt nach Ihrer Aufforderung, nichts zum Plakat in der Kongreßhalle zu sagen ebenfalls *»Haben keine Beweise, bluffen nur!«* Aus Ihren Nachrichten ergibt sich, daß Sie Ihre Beteiligung leugnen, weil Sie glauben, wir hätten keine Beweise. Wenn Sie unschuldig wären, warum haben Sie dann nicht geschrieben, daß Sie nicht beteiligt waren? Wenn Sie unschuldig wären, wäre der Rat, sich nicht bluffen zu lassen, sinnlos. Äußern Sie sich dazu!"

K: „Ich habe in den Vernehmungen mehrfach den Eindruck gewonnen, *daß mich das Untersuchungsorgan zu bluffen versucht hat.* Sie selbst haben versucht, mir vorzumachen, Sie hätten Beweise gegen mich, die Sie nicht hatten – und zwar weil es sie nicht geben kann. *Denn von etwas, was nicht der Fall war, kann es keine richtigen Beweise geben.*"

V: „Koch, reden Sie nicht drum 'rum!"

K: „Zum Beispiel haben Sie behauptet, das MfS hätte Speichelreste von mir an einer Zigarettenkippe auf der Bühne gefunden. Aber ich war noch nie auf der Bühne der Kongreßhalle, und ich rauche auch nicht. Sie haben auch behauptet, ich hätte das Plakat gemalt und das MfS hätte die Plakatfarbe gefunden. All das ist falsch, und es kann keine solchen Beweise geben. Ich wollte nur vermeiden, daß das MfS mit solchen angeblichen Beweisen meine Verwandten und Freunde blufft und sie ängstigt, indem es den falschen Eindruck bei diesen erzeugt, ich hätte etwas mit der Plakatsache zu tun."

Der Leutnant unterbrach mich. Ihn auf fehlgeschlagene Tricks hinzuweisen, gab mir vorübergehend zu viel Oberwasser.

V: „Sie haben noch nicht die Frage beantwortet, warum Sie nicht einfach geschrieben haben, Sie hätten nichts mit der Provokation in der Kongreßhalle zu tun."

K: „Das hätte ich auch schreiben können. Aber dieser Sinn ergibt sich doch daraus, das alles nur Angabe war."

V: „Angeblich nur Angabe *wäre.*"

K: „Nein, ich habe geschrieben ,*War nur Angabe*' und nicht ,*Wäre nur Angabe*'." Doch der Leutnant hatte noch gefährlichere Pfeile im Köcher.

V: „Welche Bedeutung haben die Sätze »*Sagt May Mülmann meine Erzählungen darüber waren nur Angabe – Darf keine Einzelheiten von mir wissen – Falls zu Rust über mich stammen von mir*«?"

Zunächst mußte ich erklären, daß Mühlmann – ein bekannter Leipziger Pfarrer – der Schwiegervater Uwe Mays war. Da meine Eltern dessen Anschrift nicht kannten und er vermutlich auch kein Telefon hatte, sollten sie ihn über Pfarrer Mühlmann ausfindig machen. Und dann war ich in großer Verlegenheit.

K: „Möglicherweise habe ich Uwe May gegenüber Andeutungen über meine angebliche Mitwirkung an der Plakatsache gemacht. Der entsprechende Satz sollte ihm mitteilen, daß das nur Angabe war. Der zweite Satz sollte May raten, bei einer möglichen Vernehmung keine Einzelheiten zu nennen."

V: „Warum darf Herr Dr. May keine Einzelheiten wissen?"

K: „Ich wollte Uwe May davor bewahren, *vom MfS fälschlich als Mitwisser angesehen zu werden.*"

V: „Wieso ,*fälschlich*', Koch?"

K: „*Weil meine Andeutungen nur Prahlerei gewesen sind, war Uwe May gar kein Mitwisser.*"

V: „Sagen Sie über die Bedeutung des Satzes »*Falls zu Rust über mich stammen von mir*« aus!"

K: „Herr Leutnant, Sie haben mir eine Aussage Thomas Rusts vorgehalten, wonach Uwe May diesem erzählt habe, ich sei an der Kongreßhallensache beteiligt gewesen. Mit dem genannten Satz wollte *ich meine Eltern beruhigen, daß ich nichts mit dieser Sache zu tun habe* und ihnen mitteilen, daß das, was May dem Rust erzählt haben könnte, nur aus meiner eigenen Prahlerei stammte."

V: „Koch, Ihre Aussagen stehen im Widerspruch zu Ihren eigenen Nachrichten. *Sie wollten Uwe May zu einer Falschaussage verleiten. Das, was er Thomas Rust erzählt hat, könnten Sie nämlich nur als Prahlerei verharmlosen, wenn Uwe May nur Sie selbst als Quelle gehabt hätte. Deshalb sollte dieser auch keine Einzelheiten nennen, da Sie sonst überführt werden. Koch, Sie kommen mit Ihren Wortverdrehereien nicht durch.* Wir klären auf, woher May die Informationen über Ihre Beteiligung hat und welche Einzelheiten er kennt. Uwe May weiß selbst am besten, woher er die Informationen über Sie hat. Das hätten Sie ihm nicht mitzuteilen brauchen. *Sie wollten ihm auftragen, was er zu Ihrer Entlastung falsch aussagen sollte.* Schon aus dem Zusammenhang ergibt sich, daß Sie im Satz mit Thomas Rust Herrn May und nicht Ihren Eltern eine Nachricht zukommen lassen wollten. Äußern Sie sich dazu!"

K: „Der Satz mit Rust gehört nicht mehr zur Nachricht für May, sondern zu den Mitteilungen für meine Eltern, wie auch die folgenden beiden Sätze. Da in dem verschlüsselten Text alles ohne Satzzeichen und Absätze ineinander übergeht, kann hier ein *Irrtum* entstehen. Das habe ich beim Verschlüsseln nicht gemerkt."

Es sollte wohl der Einübung in Geständigkeit dienen, daß der Vernehmer auch die Bedeutung ganz offenkundiger Sätze ausgebreitet haben wollte.

V: „Warum sollten Ihre Mutter und Ihr Bruder Briefe und Kassiber wegwerfen?"

Der Leutnant kostete meine Niederlage bis in jede Kleinigkeit aus.

V: „Warum sollten Ihre Eltern auch Ihre geschiedene Frau unterrichten?"

K: „Weil ich annehme, daß auch sie sich dafür interessiert, warum ihr geschiedener Mann verhaftet wurde."

Ich wußte, daß das schwach war, aber mir fiel nichts Besseres ein.

V: „Koch, das nimmt Ihnen keiner ab. Wir wissen aus der Aussage von Ingrid Jütte, daß Sie sich auch zu Ihrer geschiedenen Frau mit Ihrem Beitrag zur Provokation in der Kongreßhalle gebrüstet haben. Sie haben uns das Märchen auftischen wollen, das wäre nur Prahlerei gewesen, und *jetzt wollten Sie mit Ihrem verschlüsselten Brief erreichen, daß auch Ihre geschiedene Frau uns solche Lügen erzählt.*"

K: „Das ist unrichtig. In meinen verschlüsselten Sätzen steht das nicht."

Der Leutnant lächelte nur über so viel freche Hilflosigkeit. Ich wußte, daß die Sätze in meinem zweiten Klartextkassiber noch deutlicher waren. Die Kraft und

Überlegungszeit zu einer mir günstigen Gesamtinterpretation, die alle meine Nachrichten berücksichtigte, hatte ich nicht mehr. Gab es eine solche überhaupt? Voller Angst hangelte ich mich von Satz zu Satz gegen Satz um Satz. Während mir meine geheimen Nachrichten präsentiert wurden, mußte ich an den dritten verschlüsselten Brief und den dritten Kassiber denken, die ich fertig vorbereitet in der Jackentasche bei mir trug. Der Vernehmer fragte mich auch, ob ich außer den vier mir vorgelegten Botschaften versucht hätte, weitere Nachrichten nach draußen zu schleusen. Natürlich leugnete ich. Mittags in die Zelle geführt, zerriß ich beide Papiere sofort und spülte sie mit dem Rest der Nudelsuppe die Zellentoilette hinunter.

Nachmittag

Nach der Essenspause ging die Vernehmung zu allen Einzelheiten meiner geheimen Nachrichten weiter.

Der zweite entschlüsselte Brief

Die Fragen zur versteckten Botschaft im zweiten Brief machten mir zunächst weniger Schwierigkeiten. Ich mußte genau ausführen, daß ich mir wegen der Schwierigkeiten, die sich bei der Anwendung des ersten Codes in der Praxis ergaben, einen besseren ausgedacht hatte, zu dessen Verwendung ich allerdings nicht mehr gekommen war. Auf die Fragen zu den weiteren Sätzen erklärte ich:
    „Meine Eltern machten sich Sorgen über meinen Gesundheitszustand. Ich wollte sie beruhigen und ihnen mitteilen, daß es mir tatsächlich erträglich ginge." – „Warum haben Sie das nicht in den erlaubten Briefen oder bei den Besuchen mitgeteilt?" – „Das wäre nicht glaubhaft genug gewesen, weil meine Eltern hätten denken können, ich wäre hier zu solchen Mitteilungen gezwungen worden, oder ich dürfte es nicht schreiben, wenn es mir gesundheitlich schlecht ginge."
    Zum Satz über den Arzt als Zellengenossen sagte ich ebenfalls wahrheitsgemäß, ich habe meine Eltern zusätzlich damit beruhigen wollen, daß ich gewissermaßen „in ärztlicher Obhut" sei. Mit der Nachricht »500 Stunden Verhöre bisher«, erläuterte ich, wollte ich meinen Eltern sagen, wie umfangreich die Vernehmungen sind. Ich sollte erklären, wie ich zu dieser Zahl gekommen sei und was meine Eltern damit hätten machen sollen. Der Leutnant unterschob mir, meine Verwandten hätten diese Nachrichten nach Westdeutschland melden sollen. Doch ich bestand darauf, daß diese Botschaft nur die folgende Bedeutung hatte: „Meinen Eltern ist sicher unverständlich, warum meine Untersuchungshaft so lange dauert. Ich wollte Ihnen mit dieser Nachricht die lange Dauer erklären."
    Die größten Probleme machten mir die Worte »berichtet macht von WEIZ«. Zunächst konnte ich mich wirklich nicht an einen derartigen Wortlaut erinnern.

Der Leutnant zeigte mir meinen von der Stasi entschlüsselten Brief, aus dem sich bei korrekter Anwendung des Codes der verworrene Satz ergab. Mir war tatsächlich ein Abzählungsfehler unterlaufen.

K: „Ich habe mich beim Entwerfen des Briefes im Kopf *verzählt*. Statt ‚berichtet‘ habe ich das danach stehende Wort ‚was‘ gemeint, so daß der Satz lauten muß: ‚*Was macht von Weizsäcker?*‘.“

Natürlich glaubte mir der Leutnant diese Erklärung nicht.

V: „Was hätten Sie mit einer solchen Frage erreichen wollen?“

K: „Professor von Weizsäcker hatte, als er mir seine Hilfe bei einer legalen Übersiedlung anbot, in sehr persönlicher Weise Anteil an meinem Schicksal genommen. Ich halte es deshalb für möglich, daß er sich auch jetzt für mein Befinden interessiert.“

V: „Koch, aber Sie haben angeblich eine Frage nach Weizsäcker gestellt?“

K: „Ich wollte wissen, ob sich Professor von Weizsäcker nach mir erkundigt hat, ob meine Eltern etwas von ihm gehört haben, ob er noch Interesse an mir habe.“

V: „Koch, Sie hoffen also, der Weizsäcker könnte Sie hier ’rausholen?“

Auch wenn eine solche Erwartung im Moment ganz unrealistisch war, wollte ich nicht zugeben, daß ich für die Zeit nach dem Urteil doch noch einen Funken solcher Hoffnung hatte.

K: „Nein, ich glaube nicht, daß aus der derzeitigen Situation heraus eine legale Übersiedlung für mich möglich ist.“

V: „Koch, bevor Sie nicht alle Ihre schmutzige Wäsche auf den Tisch gepackt haben, kommen Sie hier nicht ’raus. Wenn Sie aber selbst nicht glauben, daß Ihnen Weizsäcker helfen kann, was wollten Sie dann mit Ihrer Frage erreichen?“

K: „Ich hatte kein bestimmtes Ziel. Aber es würde die Anteilnahme Professor von Weizsäckers sicher noch vergrößern, wenn er erfährt, daß ich verhaftet bin …“

V: „Daß Sie verhaftet sind, weiß er mit Sicherheit schon.“

K: „… und erfährt, wie es mir geht.“

V: „Sie wollten also erreichen, daß Ihre Eltern oder Ihr Bruder Weizsäcker Bericht über Ihre ausgeschleusten Nachrichten erstatten. Die Ausrede vom Verzählen nehmen wir Ihnen nicht ab. Sie haben Ihre Verwandten beauftragt, mit Weizsäcker *Verbindung aufzunehmen* und diesem *Bericht zu erstatten*, so wie Sie es geschrieben haben.“

„Nein“, wehrte ich erschrocken ab. Ich hatte nicht rechtzeitig genug gemerkt, wie ich dem Leutnant in die Falle der staatsfeindlichen Verbindungsaufnahme und Nachrichtenübermittlung lief.

Der zweite Kassiber

Dann ging meine Entblößung mit dem zweiten Kassiber weiter, den ich am meisten fürchtete, weil sein Klartext eindeutig war. Zunächst wollte der Leutnant von mir wissen, was der Buchstabe *D.* am Ende des Zettels bedeute. Er ließ sich tatsächlich genau erklären, daß dies die Abkürzung für meinen Vornamen ist, mit dem ich meinen Eltern zeigen wollte, daß der Zettel von mir stammt. Damals erschien mir diese Fragerei als reine Schikane. Aber heute glaube ich, daß die Stasi erst einmal das Geständnis meiner Urheberschaft sichern wollte. Mir war damals nicht eingefallen, diese zu leugnen, da der Inhalt und das Auffinden des Zettels bei meinen Eltern eindeutig waren. Hatte mir die Stasi nach ihren bisherigen Erfahrungen mit mir – angefangen mit der Verleugnung meines eigenen Paßfotos am ersten Vernehmungstag – hier noch mehr hartnäckiges Bestreiten zugetraut? Vor allem wäre sie in Verlegenheit geraten, wenn sie dem Gericht die Vorgeschichte ihrer Kassiberfunde hätte erklären müssen. Doch solche Überlegungen habe ich damals nicht angestellt.

Teilweise wiederholte der zweite Kassiber die früheren Nachrichten. Dennoch sollte ich mich auch dazu noch einmal genau äußern. Bei jedem Satz mußte ich begründen, warum ich ihn gerade so formuliert habe, und gefährliche Deutungen des Vernehmers abweisen. Wie er mich zwang, jede meiner geheimen Nachrichten genau auszubreiten, erlebte ich als Quälerei zu seiner Freude. Die besonders heiklen Sätze zum Plakat sparte er zunächst aus. Zum ersten Satz zu politischen Gesprächen und dem Plakat konnte ich meine vorangegangene Verteidigung wiederholen. Auch die Fragen zu meinen Ratschlägen zu Bluffs, Hausdurchsuchungen bei meinen Eltern und meinem Bruder und zur Vernichtung meiner geheimen Botschaften machten mir keine besonderen Probleme. Dann aber wurde es schwieriger.

<u>V</u>: „Auf dem Zettel heißt es weiter: »*Ich belaste niemanden, Jüttes und Rust sagen alles.*« *Nehmen Sie dazu Stellung!*"

Auf die Aufforderungen der Stasi im bisherigen Ermittlungsverfahren, mitzuarbeiten und Geständnisse abzulegen, hatte ich stets beteuert: „*Aber ich arbeite doch mit, nur habe ich nichts zu gestehen.*" Jetzt hatte ich meine wahre Haltung offenbart, und ich wollte mich nicht noch einmal ausdrücklich selber vorführen.

<u>K</u>: „*Der erste Satz ist so klar, daß ich dazu keine Erklärung abzugeben habe.*"
Ich weigerte mich, mehr dazu zu sagen.

<u>V</u>: „Was wollten Sie mit dem zweiten zitierten Satz ausdrücken?"

<u>K</u>: „Dieser Satz bedeutet: *Im bisherigen Ermittlungsverfahren habe ich die Erfahrung gemacht, daß Jüttes und Rust sich selbst und auch mich durch ihre Aussagen strafbarer Handlungen beschuldigen.*"

<u>V</u>: „Wem wollten Sie diese Nachricht übermitteln?"

<u>K</u>: „Diese Mitteilung war für meine Eltern gedacht."

<u>V</u>: „Was sollten denn Ihre Eltern mit dieser Information machen?"

<u>K</u>: „Sie sollten damit nichts machen. Ich dachte nur, daß sich meine Eltern für mein Verhalten hier interessieren."

<u>V</u>: „*Koch, diese Nachricht beinhaltet eine Warnung an die auf Ihrem Zettel genannten Personen – wie Uwe May, Ihre geschiedene Frau, Ihre Freundin und Ihren Bruder –, daß diese mit belastenden Aussagen über ihre jeweiligen Straftaten durch*

Jüttes und Rust rechnen müssen, nicht aber mit Belastungen durch Sie. Aus dieser Warnung ergibt sich, daß Sie Kenntnis von solchen Straftaten haben, denn sonst wäre eine Warnung sinnlos. Äußern Sie sich dazu!"

K: „Mir ist nichts von Straftaten dieser Personen bekannt." Ich hatte es satt, hierin weiter Versteck zu spielen und fügte hinzu: *„Außerdem wäre es mir nicht möglich, meinen eigenen Bruder zu belasten, ebenso nicht meine Freundin."*

Der Vernehmer nahm diese deutliche Erklärung ohne Nachfrage hin.

V: „Welche Bedeutung haben die abschließenden Worte »*Beschuldigungen: Fluchtvorbereitungen, Hetze, staatsfeindl. Verbindungsaufnahme*«?"

K: „Damit wollte ich nur meinen Eltern mitteilen, welche Straftaten mir zur Last gelegt werden."

V: „Warum wollten Sie das mitteilen?"

K: *„Ich war mir sicher, daß es meine Eltern interessiert, weshalb sich ihr Sohn in Untersuchungshaft befindet."*

Der Leutnant sah mich überrascht an. Für ihn war es selbstverständlich, daß das MfS seine Anschuldigungen auch den Verwandten gegenüber geheim hielt.

V: „Koch, gestern haben Sie zum ersten codierten Brief behauptet, Sie hätten Ihre geschiedene Frau nur wegen deren allgemeinem Interesse informieren wollen. Aber auf dem zweiten Zettel geben Sie folgende Anweisungen an sie: »*Eva soll meine Erzählung vom Herbst 68 über Stefan und meine Beteiligung ohne jede Einzelheit zugeben (nur sagen, ich hätte Plakat gemalt, nichts vom Wecker) und als mögliche Prahlerei bezeichnen.*« Sagen Sie über deren Bedeutung aus!"

K: „Meiner geschiedenen Frau gegenüber hatte ich Andeutungen gemacht, daß ich an der Plakataktion beteiligt gewesen wäre. Ich hatte möglicherweise gesagt, daß ich etwas mit einem Wecker zu tun gehabt hätte. Wie ich in einer früheren Vernehmung dazu bereits ausgesagt habe, war dies alles nur Prahlerei, mit der ich ihr in unserer damaligen schwierigen Ehesituation imponieren wollte. Ich wollte erreichen, daß sie bei einer möglichen Befragung meine damaligen Reden von sich aus als bloße Prahlerei beurteilt. Sie sollte weiterhin aussagen, ich hätte mich ihr gegenüber als Maler des Plakats gebrüstet, weil dadurch glaubhafter geworden wäre, daß meine Erzählungen nur Angeberei waren. Mit dem Konjunktiv ,hätte' wollte ich ihr zu verstehen geben, daß ich das Plakat nicht gemalt habe."

V: *„Warum sollte es glaubwürdiger sein, daß es nur Prahlerei wäre, wenn Ihre geschiedene Frau aussagt, Sie hätten Ihr erzählt, daß Sie der Maler des Plakates sind, anstatt Ihr von Ihrer Weckerpräparation berichtet zu haben?"*

Jetzt wurde mir also meine allzu künstliche Verteidigungskonstruktion um die Ohren gehauen. Tagelang hatte ich mir überlegt, daß mir eine solche Aussage Evas nicht schaden könne. Aber über die Folgen einer Entdeckung hatte ich nicht nachgedacht. Zunächst hielt ich die Wahrheit für die beste Abwehr.

K: *„Im Verlauf des Ermittlungsverfahrens habe ich den Eindruck gewonnen, daß das MfS mich verdächtigt, etwas mit dem Bau der Weckerauslösemechanik zu tun gehabt zu haben, mich aber nicht wirklich für den Plakatmaler hält. Deshalb wäre* *es glaubwürdiger gewesen, daß Erzählungen über das Plakat nur Angabe waren als Erzählungen über den Wecker.“*

V: „Koch, Sie wollten angeblich das Untersuchungsorgan mit der Plakataussage Ihrer geschiedenen Frau auf eine falsche Spur locken und von Ihrem Bericht zum Wecker ablenken. *Daraus ergibt sich, daß Sie Angst vor Aussagen zum Wecker hatten, weil Sie die Präparation des Weckers vorgenommen haben. Ihre Nachricht enthält also ein Geständnis.“*

Die Stasi hatte natürlich richtig erkannt, daß ich sie mit der Bitte um Evas Aussage von der Wahrheit ablenken wollte. Zu diesem waghalsigen Manöver hatte ich mich entschlossen, weil Ingrid ausgesagt hatte, ich hätte Eva etwas von meiner Weckerbastelei erzählt. Aus heutiger Sicht erscheint mir diese Kassibernachricht als eine abenteuerliche geradezu verzweifelte Verteidigungsbemühung, ein Schutzbehauptungsgebäude zu konstruieren, das alle Aussagen und Indizien gegen mich abdeckte und rein logisch noch immer mit der Behauptung meiner Unschuld vereinbar war. Wie oft kann man die Lügenschraube noch eine Windung höher drehen?

K: „Das verstehe ich nicht.“

V: „Wenn Sie angeblich weder etwas mit dem Wecker noch mit dem Plakat zu tun gehabt hätten, wäre es doch egal, ob Sie sich angeblich nur mit dem einen oder dem anderen gerühmt haben.“

K: *„Nein, das ist nicht egal. Ich wollte das MfS von einer falschen Spur, die Sie selbst aber für die richtige halten, ablenken zu einer ebenfalls falschen Spur, die auch Sie nicht für die richtige halten.“*

V: „Koch, hören Sie doch auf, alles herumzudrehen! Woher wollen Sie wissen, was wir über Ihre Beteiligung an der Provokation in der Kongreßhalle wissen und für richtig halten?“

K: „Ich weiß nicht, was Sie wissen oder denken. Aber ich habe dazu aus den Vernehmungen eine Vermutung gewonnen. Und auf Grund dieser habe ich meine Nachricht an meine geschiedene Frau formuliert. Damit habe ich Ihnen beantwortet, welche Bedeutung diese Nachricht aus meiner Sicht hatte. Das ist unabhängig davon, ob meine Vermutung über die Ansicht des MfS richtig oder falsch ist.“

Der Leutnant war sehr geduldig. Mit seinem zähen Nachhaken hatte er die beste Chance, mich zu zernieren. Stringenter Argumentation kann ich mich nur schwer entziehen. Absichtlich unlogisch zu sein, verlangt mir erhebliche Anstrengung ab.

Meine Rekonstruktion kann den stundenlangen, minutiös kleingliedrigen Vernehmungsverlauf nur gerafft wiedergeben. Die Kassibersätze, die möglichst eindeutige Nachrichten nach draußen bringen sollten, hatte ich in Harmloses umzuinterpretieren versucht. Es ist erstaunlich, in welchem Umfang so eine Umdeutung möglich ist. Als Physiker hätte ich gesagt: *Durch endlich viele Punkte lassen sich nur eine oder sehr wenige glatte Kurven legen. Aber es gibt beliebig abartige krumme Interpolationen, die damit übereinstimmen.* Als Philosoph würde ich heute mit Quine sagen: *Der Übersetzungsspielraum eines Aussagengebäudes in Sätze über Tatsächliches/Beobachtbares ist Ausdruck der ontologischen Relativität der Sprache.* Nachdem ich dies aufgeschrieben hatte, fand ich bei Sokal (1999, S. 76 ff.) eine ähnliche Überlegung mit umgekehrter Stoßrichtung. Er weist einen extremen epistemischen Relativismus in der Wissenschaftstheorie zurück. Dieser beruft sich erstens auf *David Humes radikale Skepsis*, wonach durch Induktion keine Aussage über die reale Welt je wirklich bewiesen werden kann und zweitens auf die *Duheme-Quine-These*, wonach Theorien durch Erfahrungen stets unterbestimmt sind, so daß nahezu beliebige Theorien mit gegebenen Daten vereinbar sind, so wie auch eine große Anzahl von Punkten eine Kurve nicht eindeutig bestimmen kann. Zur Illustration verweist Sokal auf polizeiliche Ermittlungen, bei denen der Ermittler aus den gewonnenen Daten auf das unbeobachtete Verbrechen schließen muß. Dabei kann man immer eine Geschichte erfinden (*»und sollte sie ganz seltsam sein«*), die die Daten ad hoc erklärt, so daß der wirkliche Schuldige nicht schuldig sei. Demgegenüber gibt es eine *»Logik kriminalpolizeilicher Ermittlungen«* wonach ohne unanfechtbare *»absolute Kriterien der Rationalität«* manche induktiven Schlüsse als vernünftiger im Vergleich zu anderen gerechtfertigt sind. Ich hatte in den Vernehmungen das umgekehrte Problem. Die Logik des Leutnants war die des gesunden Menschenverstandes und der Alltagserfahrung, wonach gewisse Daten auf gewisse Ereignisse schließen lassen. Dagegen versuchte ich in einer praktischen Ausbeutung des Humeschen Skeptizismus und der Quineschen Unterbestimmtheitsthese Erklärungen zu finden, die rein logisch eben auch noch mit den gegen mich sprechenden Tatsachen verträglich seien. Das habe ich die *logische Mühle in meinem Hinterkopf* genannt. Es ist schwer, sich der überwältigenden praktischen Logik der Alltagserfahrung auf solche Weise entgegen zu stellen. In meiner damaligen Not ahnte ich nicht, welche philosophischen Glasperlenspiele meiner Verteidigung zu Grunde lagen.

3. Der Kuhhandel

Nacht

Immer tiefer hinab

Als ich abends in die Zelle zurück gebracht worden war, merkte ich erst, wie erschöpft ich war. Nach dem Abendbrot bot mir mein Zellengenosse voller Mitgefühl an, mir den Nacken zu massieren. Gerade hatte ich begonnen, mich ein wenig zu erholen, als unerwartet der Zellenschlüssel rasselte: *„Die Zwei zum Sachbearbeiter!"* Nachtverhöre hatte ich schon mehrfach erlebt, sie verhießen größte Gefahr.

Im Vernehmungsraum war außer dem Leutnant auch der Oberleutnant anwesend. Bisher war dieser nur hinzugekommen, wenn besonderer Druck auf mich ausgeübt werden sollte, wie beim Ultimatum, als sie mir mit dem drohten, was mich im Keller erwarte. Zunächst schob der Leutnant mir die Schuld an der Nachtvernehmung zu: *„Koch, wir sind noch nicht fertig. So schlecht, wie Sie mitarbeiten, müssen wir jetzt weitermachen. Das haben Sie sich selbst zuzuschreiben."* Dazu schwieg ich, und er setzte das Verhör mit einer überraschenden Frage fort: *„Koch, Sie haben gestern ausgesagt, keine weiteren Nachrichten ausgeschleust oder zur Ausschleusung vorbereitet zu haben. Das ist doch so richtig?"* – *„Ja",* sagte ich sicher und war froh, die dritten geheimen Entwürfe heute Mittag ins Klo geworfen zu haben. Daraufhin holte der Leutnant kleine Stückchen aufgeweichtes Papier aus dem Schreibtisch – sorgfältig getrocknet – und sagte: *„Koch, geben Sie auf! Wir klären jede Ihrer Lügen auf. Bei uns hilft Ihnen nur noch ein volles Geständnis."*

Ich war fassungslos: ‚*Sie hatten sogar in der Scheiße gewühlt; sie finden alles.*' (Nach der Wende hörte ich, die Stasi habe im Keller in den Abwasserrohren Fangkörbe eingebaut.) In diesem Augenblick schienen sie mir allmächtig zu sein. Ihre Übermacht empfand ich als so drückend, daß ich mich ganz hilflos fühlte. Aber ich fiel nicht wieder in solche Verzweiflung wie gestern, als die Katastrophe der Entdeckung über mich hereingebrochen war; ich war schon längst mitten in ihr. Ekel kam in mir hoch: Mit solchen Leuten, die sogar die Scheiße untersuchen, kooperieren? Sie widerten mich an, und ich entgegnete nur: *„Dazu sage ich nichts."* Auch wenn ich keinen Ausweg sah, aus der Katastrophe wieder herauszukommen, mit solchen Leuten wollte ich mich nicht gemein machen. So lange wie möglich würde ich mich wehren, auch wenn ich keine Hoffnung auf Erfolg hatte. Ich blieb bei meiner Weigerung, mich zu ihrem Klo-Fund zu äußern. Der Leutnant nahm das hin. Meine ersten beiden Briefe und die beiden Zettelchen reichten ihm wohl. Er setzte die Fragen zum zweiten Kassiber fort und stellte ihn meinen gestrigen Aussagen gegenüber, die sie inzwischen analysiert hatten.

V: *„Koch, als Sie gestern zu Ihrem Versuch, in Ihrem ersten verschlüsselten Brief Uwe May zu beeinflussen, gefragt wurden, sind Sie der Frage zum Satz über Thomas Rust ausgewichen. Sie haben behauptet, diese Nachricht sei für Ihre Eltern bestimmt gewesen. Diese Aussage steht im Widerspruch zu folgendem Satz Ihres zweiten Zettels: »Falls May (über Mühlmann) etwas über meine Beteiligung zu Rust gesagt hat, stamme das von mir. War nur Angabe. Darf von mir keine Einzelheiten wissen.« Äußern Sie sich dazu!"*

Dies war die für meine Alles-nur-Prahlerei-Verteidigung gefährlichste Nachricht. Statt eine Erklärung zu versuchen, wehrte ich den Angriff nur noch pauschal ab.

K: „Ich sehe keinen Widerspruch. Ich habe doch geschrieben, daß meine Bemerkungen zu May nur Angabe waren."

V: „Koch, im ersten Satz fordern Sie Herrn May ausdrücklich auf, als Quelle seiner Äußerungen zu Thomas Rust über *Ihre* Beteiligung *Sie selbst* anzugeben. Sie formulieren ausdrücklich im Konjunktiv *stamme*, um dem May mitzuteilen, daß er hier entgegen seiner eigenen Kenntnis Sie fälschlich als Informationsquelle angeben soll. *Sie haben diese Aufforderung zur Falschaussage vorgenommen, weil Sie so Ihre Lüge, daß Sie nur geprahlt hätten, aufrechterhalten wollten.*"

Der Leutnant hatte die verräterischen Wörter genüßlich betont. Sein Argument war so wasserdicht, daß ich eine harmlose und logisch vertretbare Interpretation meines Satzes nicht fand. Ich zog die Notbremse.

K: „Ich sehe, daß mir hier ein *Schreibfehler* unterlaufen ist. Statt ‚*stamme*' muß hier ‚*stammt*' stehen. Ich habe auf meinem zweiten Zettel nur die Nachrichten des ersten verschlüsselten Briefes wiederholen wollen. Mit dieser Korrektur eines Flüchtigkeitsfehlers zeigt sich die volle Übereinstimmung zum ersten Brief: Denn ich wollte nur meinen Eltern zu deren Beruhigung mitteilen, daß etwaige Äußerungen *Uwe May*s ihre alleinige Quelle in meinen Bemerkungen haben und nichts als Angabe waren."

V: „Koch, das nehmen wir Ihnen nicht ab, und das nimmt Ihnen kein Gericht ab. Es ist umgekehrt. Die wahre Bedeutung des unvollständigen verschlüsselten Satzes Ihres codierten Briefes ergibt sich eindeutig aus Ihrem Satz auf dem Zettel. Koch, *Sie werden durch Ihre eigenen Nachrichten überführt. Bei der Nachrichtenübermittlung an Weizsäcker ein angeblicher Verschlüsselungsfehler, jetzt ein angeblicher Schreibfehler – Ihre Ausreden werden immer schlechter.*"

Mir war klar, daß ich mich durch meine eigenen Botschaften in eine nicht mehr zu verteidigende Lage gebracht hatte. Auch der Leutnant wirkte angespannt. Er rauchte ohnehin sehr viel. Jetzt steckte er sich gleichzeitig zwei Zigaretten in den Mund und zog gierig an ihnen. Das kannte ich schon. Er machte das manchmal, wenn er sich besonders konzentrieren wollte.

V: „Äußern Sie sich zu Ihren Worten »*May gefährdet! Wird wahrscheinlich beobachtet*«!"

K: „Herr Leutnant, Sie haben selbst gesagt: ‚*Den May holen wir auch noch 'rein.*' Ich wollte meine Eltern wissen lassen, daß Uwe May wahrscheinlich beobachtet wird, damit sie sich danach richten können, falls sie sich an ihn wenden." – Und auf eine Nachfrage des Vernehmers: „Konkrete Anhaltspunkte dafür habe ich nicht."

V: „Sie haben weiterhin auf dem Zettel geschrieben: »*Warnt Stephan vor Spitzel!*« Äußern Sie sich dazu!"

Ich ahnte die Gefahr. Was sollte ich hierzu nur sagen?

K: „Herr Leutnant, ich habe aus Ihren Äußerungen entnommen, daß Stefan W… bespitzelt wird."

V: „Wir bespitzeln niemand. In Bezug auf was wollten Sie Stefan W… warnen?"

K: „Das war nur so ein Eindruck, ich kann dazu nichts Konkretes sagen."

V: „In welchem Zusammenhang steht diese Warnung mit Ihnen zur Last gelegten Straftaten?"

K: „Da gibt es keinen Zusammenhang. Bei der Nachricht für Stefan W… habe ich mir nichts weiter gedacht. Sie ist spontan erfolgt, als ich überlegte, was ich noch so alles auf den Zettel schreiben könnte."

V: „Koch, wenn Sie nach Ihrer Aussage keinen persönlichen Grund hatten, Stefan W… eine Warnung zu übermitteln, warum haben Sie dann eine solche vorgenommen?"

K: „Dazu kann ich weiter nichts sagen – wahrscheinlich deshalb, weil ich allgemein eine Abneigung gegen jede Bespitzelung habe."

Ich wußte, daß meine Verteidigung zu dürftig war.

Spionage

Bei jedem meiner Kassibersätze hatte ich mich gequält, eine Interpretation zu finden, die weder für mich noch für die anderen darin Genannten einem Straftatbestand nahe käme. Der Oberleutnant hatte sich die ganze Zeit schweigend angehört, wie ich mich wand. Jetzt fuhr er mich an:

„Koch, Sie sind der verlogenste Beschuldigte, der mir jemals begegnet ist. Wollen Sie die Lage, in die sie sich gebracht haben, nicht endlich kapieren? Es geht überhaupt nicht mehr darum, nur die Provokation in der Kongreßhalle aufzuklären. Koch, Sie reden von Indikativ und Konjunktiv, von angeblichen Verschlüsselungs- und Schreibfehlern und erzählen uns Märchen darüber, was Sie angeblich entgegen dem Wortlaut Ihrer ausgeschmuggelten Nachrichten gemeint hätten. Sie kommen so nicht durch."

Er machte eine Kunstpause: *„Ihre codierten Briefe und Kassiber nach draußen erfüllen den Tatbestand der **staatsfeindlichen Verbindungsaufnahme und der Spionage**. Stefan W… ist ein Feind der DDR, der einen aktiven Kampf gegen uns führt. Das Weizsäcker-Institut tarnt sich als Friedensforschung. Es ist ein Zentrum der politisch-ideologischen Diversion, das versucht, begabte Wissenschaftler aus der DDR abzuwerben und auszuschleusen. Es wäre unser Recht, wenn wir an einer derartigen Einrichtung inoffiziell arbeiten würden, da diese Personen und Organisationen einen organisierten Kampf gegen die DDR führen. Es ist unsere Pflicht, derartige Machenschaften des Klassenfeindes aufzuklären und zu bekämpfen."*

Als ich ihn unterbrechen wollte, sagte er schneidend:

*„Sie hören zu! Durch Ihre Berichte und durch Ihre Warnung an Stefan W… und an Weizsäcker vor einem Kundschafter haben sie aktiv an diesem Kampf gegen die DDR teilgenommen. Sie haben es unternommen, sich offen auf die Seite des Klassenfeindes zu stellen und Zentren der politisch-ideologischen Diversion sogar noch aus der Haft heraus aktiv mit konspirativen nachrichtendienstlichen Mitteln zu unterstützen. **Das ist Spionage.**"*

Der Leutnant erklärte mir, daß Spionage ein Unternehmensdelikt ist, so daß es nicht auf den eingetretenen Erfolg ankomme. Also habe ich mit meinen Warnungen und Nachrichten an organisierte Feinde der DDR bereits Straftatbestände im Sinne des Gesetzes erfüllt. Auf meine hoffnungslose Verteidigung, jeder Gedanke an Spionage habe mir ferngelegen, lachten beide nur. Der Leutnant nahm den Ton des Oberleutnants auf: *„Dr. May ist ein aktives und führendes Mitglied Ihrer Schleuserorganisation und staatsfeindlichen Gruppe."* *„Davon ist mir nichts bekannt",* warf ich ein. Der Leutnant herrschte mich an: *„Sie reden hier nur, wenn Sie gefragt werden. Wir haben Ihnen genug Gelegenheit zur Stellungnahme gegeben. Ihr Dumm-stellen nützt Ihnen nichts mehr. Jetzt teilen wir Ihnen mit, was Fakt ist. Sie haben es unternommen, den Staatsfeind Uwe May vor Beobachtung und möglicher Verhaftung zu warnen, weil Sie seine staatsfeindlichen Aktivitäten kennen und diese weiterhin unterstützen wollten – sogar noch aus der Haft heraus. Auch das ist staatsfeindliche Verbindungsaufnahme. Ist Ihnen das klar, Koch?"*

Noch einmal versuchte ich, die Warnungen an Uwe und Stefan zu erklären: Dem Verlauf der Untersuchung habe ich entnommen, daß Uwe May möglicherweise festgenommen werden könnte. Meine Eltern sollten dies wissen, falls sie sich an ihn wenden würden. Einen anderen Grund, ihnen dies mitzuteilen, hatte ich nicht. Bei der Warnung an Stefan W. hätte ich mir nichts weiter gedacht, sie sei spontan erfolgt. Die Offiziere schüttelten nur mit dem Kopf. Massive Drohungen waren nicht mehr nötig; ich glaubte selbst nicht mehr daran, daß meine Verteidigungsbemühungen noch irgendeinen Erfolg haben könnten. In den vergangenen Monaten hatte ich erfahren müssen, wie die Stasi bereits kritische Gesprächsbemerkungen unter vier Augen zu staatsfeindlicher Hetze hochstilisiert hatte und mir Fluchtvorbereitung und staatsfeindlichen Menschenhandel unterstellte. Als mir der Oberleutnant und der Leutnant vor ein paar Wochen das Ultimatum gestellt und Dinge, die im Keller auf mich zukämen, angedeutet hatten, bauten sie noch eine eindrucksvolle Drohkulisse auf. Jetzt verhielten sie sich nüchtern ohne theatralische Drohgebärde. Sie wußten, daß ihre Ankündigungen sachlich ausreichten, mich niederzuschmettern. Mit meiner Verteidigung kam ich nicht weit. Der Oberleutnant unterbrach mich:

„Herr Koch, wir erweitern auf Spionage."

Mir war klar, daß es diesmal kein Bluff war. Er setzte seine Ankündigungen fort: „Außerdem holen wir jetzt Ihre Mutter 'rein. Sie hat, wie sie selbst in einer Vernehmung zugegeben hat, den ersten Kassiber ausgeschleust und Ihren Bruder aus Dresden nach Leipzig bestellt, damit er Ihre Briefe entschlüsselt." Der Leutnant zeigte mir Teile eines von meiner Mutter unterschriebenen Protokolls: „Deren Handlung ist ein aktiver Beitrag zu Ihrer Spionage." Der Leutnant ergänzte: „Ihr Bruder ist nun auch endgültig dran." Ich wußte damals nicht, daß meine Kassiber noch nicht in Eckhards Hände gekommen waren.

„Ihre Mutter ist schon lange fällig", verschärfte der Oberleutnant die Drohungen: *„Sie hat in Kenntnis der Ausschleusungspläne des Alexander Heyn eine schrift-*

liche Nachricht an Sie weitergeleitet und Sie aufgefordert, diese für die Schleusung von Heyn und Ingrid Jütte bestimmte Mitteilung an Frau Jütte weiterzuleiten. Ihre Mutter hat das bereits zugegeben. Das ist staatsfeindlicher Menschenhandel – übrigens auch ein Unternehmensdelikt." Ich versuchte zu bestreiten, wußte aber, daß die Drohung gegen meine Mutter nach der Gesetzesauslegung der DDR Substanz hatte.

„Koch, es ist nicht das erste Mal, daß Sie die Verbrechen der Spionage bzw. staatsfeindlichen Verbindungsaufnahme begehen", erklärte der Leutnant. „Sie haben schon während ihres Studiums persönlich Verbindung zu westlichen Geheimdiensten in Westberlin aufgenommen. Wir haben das bereits vernehmungsmäßig durch die Aussagen von Ingrid und Franz Jütte gesichert." Ich wandte ein: „Das ist nicht wahr, wie ich dazu bereits ausgesagt habe." Ich kam nicht mehr dazu, meine Erklärung, daß ich niemals Kontakt zu irgendeinem Geheimdienst hatte, zu wiederholen. Der Oberleutnant unterbrach mich: „Koch, auf das, was Sie sagen, kommt es jetzt nicht mehr an. Wir haben genug Beweise." Der Leutnant fügte hinzu, daß mich mein Freund Wilfried Meyer nach seiner Flucht nach Westdeutschland heimlich während der Leipziger Messe besucht hatte und drohte: „Auch das war staatsfeindliche Verbindungsaufnahme." Der Oberleutnant setzte nach: „So eine einzelne frühere Verfehlung hätte man Ihnen durchgehen lassen können. Aber jetzt, wo Sie es sogar aus der Haft heraus unternommen haben, Verbindung zu Kreisen, die einen Kampf gegen die DDR führen, mit nachrichtendienstlichen Methoden aufzunehmen, rundet dies alles nur noch das Bild Ihrer Spionagetätigkeit ab."

Der Leutnant las mir die Strafandrohungen für Spionage und Sammlung von Nachrichten aus dem Strafgesetzbuch vor. §98 StGB/DDR bedrohte mit zwei bis zwölf Jahren Haft, wer Nachrichten sammelt oder übermittelt, die geeignet sind, die gegen die DDR gerichtete Tätigkeit von Gruppen oder Personen zu unterstützen, wobei auch der Versuch und die Vorbereitung strafbar sind. §97 StGB sah für Spionage eine Freiheitsstrafe nicht unter fünf Jahren, in besonders schweren Fällen lebenslänglich oder die Todesstrafe, vor. Darunter fielen nicht nur klassische Spionagetatbestände; sie galt auch für denjenigen, der es unternimmt, u. a. sonstige Nachrichten, die im politischen Interesse der DDR geheimzuhalten sind, an Organisationen, Gruppen oder Personen oder deren Helfer, deren Tätigkeit gegen die DDR gerichtet ist, zu verraten. Stefan W. als Angehöriger einer Schleuserorganisation und Weizsäcker als Chef eines Zentrums der Politisch-ideologischen Diversion waren im Sinne dieser Gesetze Personen, die einen Kampf gegen die DDR führten, erläuterte mir der Leutnant. Der Oberleutnant kündigte mir an: „Sie haben mit mindestens zehn Jahren Haft zu rechnen."

Die Drohungen der Offiziere erschienen mir nach allem, was ich über die Strafjustiz der DDR mit ihren Urteilen von lebenslänglich bis zu Todesurteilen bei Spionage gerüchteweise gehört hatte, als durchaus glaubwürdig.

„Sie können beruhigt sein, Koch, der Kopf bleibt dran", beunruhigte mich der Oberleutnant.

Entgeistert schwieg ich. Die Offiziere ließen ihre Eröffnung wirken. Nach einer Pause setzte der Oberleutnant betont sachlich neu an:

„Herr Koch, wir geben Ihnen eine letzte Chance. Wir verzichten auf eine Erweiterung des Ermittlungsverfahrens wegen Spionage, wenn Sie Ihre schmutzige Wäsche auf den Tisch legen. Sie müssen umfassend und wahrheitsgemäß über Ihre Beteiligung an der Provokation 1968 in der Leipziger Kongreßhalle und Ihr gesamtes Wissen dazu aussagen."

Meine Lage war seit Beginn der Verhöre zu meinen geheimen Botschaften immer hoffnungsloser geworden. Die Spionagedrohung war ernsthaft. Das Angebot schien mir wirklich eine Chance zu sein, und mein erstes Gefühl war, daß ich zustimmen sollte. Aber die Stasi hatte oft genug versucht, mich auszutricksen. Ich schwieg. Der Leutnant fragte: *„Koch, was ist?"* Ich zögerte: *„Ich muß erst einmal gründlich nachdenken."* Der Oberleutnant sagte im Ton überlegenen Verständnisses: *„Überlegen Sie sich unser Angebot. Auch wir können so etwas nicht allein machen. Wenn Sie unseren Vorschlag annehmen, kommen morgen unsere Vorgesetzten hinzu. Im eigenen Interesse bleibt Ihnen nichts weiter übrig, als auf unseren Vorschlag einzugehen, Herr Koch. Sie haben Zeit bis morgen früh."*

Es war spät nachts, als ich in die Zelle zurückgeführt wurde. Mein Zellengenosse fragte mich teilnahmsvoll, wie es mir ergangen sei, und ich erzählte ihm von dem Angebot. Er erinnerte mich daran, daß gegen ihn wegen Spionage ermittelt würde, und riet mir eindringlich, auf den Handel einzugehen. Dies entsprach auch meiner eigenen Stimmung. Aber, konnte ich der Stasi glauben, daß sie sich an einen Handel hielte? Mein Gefühl sagte mir, daß die zusätzliche Strafzumessung wegen meiner Beteiligung an der Plakataktion zu einer Verurteilung wegen Spionage nicht wesentlich beitragen würde; Spionage aber ließ eine weit höhere Strafe erwarten, als ich ohne sie zu befürchten hatte. Es war also vernünftig, auf den Deal einzugehen, wenn ich der Stasi auch nur ein bißchen glaubte, sich an ihn zu halten.

Die Nacht lang wog ich die Möglichkeiten gegeneinander ab. Die Drohungen der Stasi, mich wegen Spionage anzuklagen und meine Mutter und Eckhard zu verhaften, nahm ich ernst. Mit meinen Kassibernachrichten hatte ich mich in eine aussichtslose Lage gebracht. Meine einschlägigen Sätze waren hinreichende Indizien, um mich der Mitwirkung an der Plakataktion zu überführen. Mit einem Geständnis würde ich also nur wenig verlieren. Aber warum wollte die Stasi dann überhaupt noch ein Geständnis? Immerhin hatte sie aus meinen Kassibern noch immer keine Information darüber, was ich nun tatsächlich gemacht hatte. Vor allem aber gehörte es nach meiner Meinung nicht zum Stil der Stasi, mühsame Indizienbeweise zu führen; sie hatte den pädagogisch-ideologischen Ehrgeiz, dem Gericht einen geständigen Angeklagten zu präsentieren. Nach über zwei Jahren erwartete auch Berlin nun endlich eine glatte Aufklärung der Plakatsache von der Leipziger MfS-Dienststelle, war meine Überzeugung. Aber ich mußte aufpassen: Die Stasi mußte begreifen, daß ich einmalig nur im Rahmen dieses Kuhhandels nachgäbe, ohne insgesamt geständig und kooperativ zu werden. Ich entschied mich, *durch ein begrenztes Teilgeständnis auf den Deal einzugehen. Ich würde die Plakataktion im wesentlichen auf Stefan und Harald schieben, Eckhard und Treumann vollständig heraushalten und über meine Mitwisser nichts sagen. Da die Stasi über meine Mitwirkung offenbar keine Einzelheiten wußte, wollte ich sie mit einem Minimum abspeisen; auch unter den extremen Bedingungen dieses Handels wollte ich einen Teil meines Geheimnisses bewahren. Ich überlegte mir einen technisch gut abgrenzbaren, nebensächlichen Tatbeitrag: Ich selbst hätte auf Bitten Stefans nur das laute Klingeln des Weckers beseitigt, um die Veranstaltung nicht zu stören, während ich mit dem Bau des Auslösemechanismus nichts zu tun gehabt hätte. Mit Details über Stefan, aus denen aber nichts gegen mich oder andere folgen durfte, würde ich versuchen, die Stasi zufriedenzustellen. Außerdem erfand ich noch eine Absprache mit Stefan, um mir die Aufschrift ‚Wir fordern Wiederaufbau‘ nicht mit zurechnen lassen zu müssen, damit ich mich besser gegen den Hetzevorwurf verteidigen könnte.* Aus dem bisherigen Aufwand wußte ich, daß die Leipziger Stasi ein riesiges Interesse daran hatte, die Plakataktion aufzuklären. Und da sie nichts Konkretes über meine Beteiligung wußten, würden sie auf meine Bedingungen eingehen. Das war mein Trumpf.

Poker

Am nächsten Morgen fragte mich der Vernehmer, ob ich das Angebot annähme, und als ich „*Ja*" gesagt hatte, kamen zusätzlich der Dienststellenleiter, ein Major, und ein Hauptmann hinzu. Der Hauptmann wiederholte das Angebot. Ich erklärte, ihrem Vorschlag zustimmen zu wollen, und fragte, was mir garantiere, daß sie sich an ihre Zusage hielten, nicht auf Spionage zu erweitern, wenn ich erst einmal zur Plakataktion ausgesagt hätte. Sie taten beleidigt: „*Es ist Ihre Überheblichkeit, unsere Ehrlichkeit in Frage zu stellen. Sie sind hier nicht in der Position, Forderungen zu stellen.*" Der Major erklärte im Ton des Chefs: „*Was wir sagen, machen wir auch.*" Der Hauptmann verlangte, ich solle zuerst aussagen, dann wollten sie entscheiden, ob ich mich an die Abmachung gehalten hätte, auch die volle Wahrheit zu sagen. Das sah wie eine neue Falle aus. Aber es gab kein anderes Verfahren. Ich mußte auf diese Brücke treten.

Wie ich es mir nachts überlegt hatte, sagte ich – unvollständig und teilweise erheblich falsch – über die Plakataktion folgendes aus: *Für Stefan W. hätte ich – ohne zunächst zu wissen warum – einen Wecker so eingerichtet, daß dieser statt laut zu klingeln, nur noch schnarrte. Erst danach hätte ich von Stefan davon erfahren, daß mit diesem Wecker ein Plakat, das er mir beschrieben hätte, in einem Leipziger Konzert zur Erinnerung an die Leipziger Universitätskirche entrollt werden sollte.*

Ich hätte mich gegen die Aufschrift „Wir fordern Wiederaufbau" ausgesprochen, und Stefan hätte mir zugesagt, sie wegzulassen. An der technischen Ausführung des Auslösemechanismus wäre ich nicht beteiligt gewesen. Stefan hätte nach meiner Kenntnis alles allein gemacht. Erst Tage später hätte er mir folgendes berichtet. Er hätte einen Faden um die Aufzugsschraube des Läutwerks des Weckers gewickelt, den er irgendwie so mit dem Plakat verbunden hätte, daß das Plakat in der Veranstaltung automatisch zum Entrollen gebracht wurde. Er habe das Plakat allein auf der Bühne der Kongreßhalle angebracht. Den Wecker habe er in Berlin in einem Kaufhaus gekauft. Auf dem Schnürboden sei es so staubig gewesen, daß die Turnschuhe Profilabdrücke hinterlassen hätten. Sie und den Arbeitskittel habe er weggeworfen, um keine Spuren zu hinterlassen. Harald Fritzsch, den ich nicht weiter kennen würde, habe vor der Kongreßhalle Schmiere gestanden. Wer das Transparent gemalt hat, habe ich nicht erfahren. Erst nach der Veranstaltung in der Leipziger Kongreßhalle hätte ich gehört, daß es sich um eine Preisverleihung gehandelt hat. Stefan W. habe mir nach dem Konzert begeistert vom Erfolg berichtet. Ich schob fast alles auf Stefan. Die Einzelheiten meiner Aussage ergeben sich aus den unten zitierten Protokollen der späteren Wiederholungsvernehmungen.

Der Major hatte mir sehr aufmerksam zugehört. Ich erinnere mich an seine lebhaft hin- und hergehenden klaren blauen Augen. Er lachte mich aus.

<u>Major</u>: *„Das ist gar nichts. Koch, Sie geben ja nicht einmal eine richtige Beteiligung zu. Und dafür wollen Sie Spionage loswerden?"*

<u>Koch</u>: *„Mehr habe ich nicht gemacht. Deshalb kann ich auch nicht mehr aussagen."*

<u>Leutnant</u>: *„Herr Koch, es hätte auf Ihr Strafmaß kaum Auswirkungen, wenn Sie zugeben, daß Sie den Auslösemechanismus gebaut haben. Es ist deshalb sehr unklug von Ihnen, daß Sie so stur sind, an dieser Kleinigkeit alles scheitern zu lassen."*

Dieses Argument ließ sich umdrehen.

<u>K</u>: *„Das ist mir klar. Eben weil das dumm wäre, würde es mir nichts weiter ausmachen, mehr zu sagen, wenn ich mehr zu sagen hätte. Aber ich kann nicht gestehen, was ich nicht gemacht habe. Sie würden dann weiter nach Einzelheiten fragen, die ich aber wirklich nicht weiß."*

Der Major schien mir nicht zu glauben. Ahnte oder wußte er irgendwie, daß mein Beitrag größer war? Wir pokerten noch einmal.

<u>M</u>: *„Herr Koch, dann kommt die Anklage wegen Spionage auf Sie zu."*

<u>K</u>: *„Der Spionagevorwurf gegen mich ist konstruiert. Sie können jederzeit jemanden mit konstruierten Spionageanschuldigungen verurteilen lassen."*

<u>L</u>: *„Werden Sie nicht frech, Koch!"*

Aber der Major hieß mich weiterreden, und ich wandte mich direkt an ihn.

<u>K</u>: *„Eine solche Verurteilung brächte der Leipziger Dienststelle keine besondere Anerkennung bei Ihren Vorgesetzten. Aber die Aufklärung der Plakataktion ist Ihnen nun seit über zwei Jahren nicht gelungen. Ihre Leipziger Dienststelle wird sicher von*

Berlin gedrängt, hier nun endlich Erfolge vorzuweisen. Die beiden Hauptbeteiligten sind in Westdeutschland. Ich habe Ihnen alle Einzelheiten, die ich weiß, berichtet, und zu meiner Beteiligung kann ich Ihnen nicht mehr sagen, als der Fall war. Damit hätten Sie die Sache aufgeklärt." Selbstbewußt fügte ich hinzu: *„Ich bin Ihre einzige Chance, die Sache endlich abzuschließen."*

– In der Konzeption (S. 4) hatte die Stasi anderthalb Monate zuvor bedacht, wer auf wen angewiesen war:

»Gegenwärtig fühlt er sich recht interessant, weil er glaubt, daß seine Aussagen für uns wichtig sind, vor allem die zur Kongreßhalle. Er muß durch unser Verhalten zu der Annahme bzw. Überzeugung kommen, daß wir auf seine Angaben nicht angewiesen sind.«

Die Formulierung vom Beschuldigten, der sich interessant fühlt, verweist auf eine Persönlichkeitsstruktur, die die Stasi auszunutzen pflegte. Sie köderte den Beschuldigten mit dem Hinweis auf die Wichtigkeit seiner Aussagen, nutzte sein Geltungsbedürfnis aus. Was er getan habe, sei die eine Seite der Angelegenheit, aber in gewissem Sinne sei er sicher auch stolz auf sich, könne es – unter irgendeinem Gesichtspunkt technischer Ausführung usw. – auch sein. Die Stasi bot dem Opfer an, sich wenigstens als Held oder Märtyrer zu fühlen, sich als Feind der DDR zu bekennen. Bei einem solchen Beschuldigten wäre es verkehrt, die Bedeutung seiner Aussagen herunterzuspielen. Der Kooperationsbereite könnte sich narzißtisch gekränkt zurückziehen, weil die Stasi ihm die Anerkennung versagte. An meinen Bekennerdrang zu appellieren, hatte sie beispielsweise versucht, als der Leutnant meinte, ich hätte das Plakat ja nicht schlecht gemalt. Aber mein Bedürfnis, ein Held zu werden, war zu gering entwickelt. Mir war damals klar, daß die Stasi auf mein Geständnis zur Kongreßhalle angewiesen war, um die Sache abzuschließen. Und sie wußte, daß ich ihre Not erkannt hatte. In der Konzeption hätte sie also deutlicher schreiben müssen, daß der Beschuldigte leider ihre Tricks, Bluffs usw. bemerkt und deshalb erst recht die Wichtigkeit seiner Aussage erkannt habe. Aber auf die bemäntelnde Formulierung des Mißerfolges ihrer bisherigen Taktik kommt es hier nicht an. Wichtig ist, daß die Stasi ihre Strategie umkehren mußte: Ich sollte nunmehr glauben gemacht werden, daß mein Geständnis unerheblich sei. Doch nach dem immensen Aufwand, den sie mir gegenüber getrieben hatte, konnte ihr dies nicht gelingen. Auch das muß sie in den knapp acht Wochen seit Formulierung der Konzeption erkannt haben. Wie gründlich sie ihre Taktik überlegte, ahnte ich damals nicht. –

In der Pokersituation im Verhör wußten sowohl der Major als auch ich, daß wir unsere Positionen durchschauten. Statt direkt zu reagieren, erhöhte er den Preis.

M: *„Herr Koch, Sie müssen uns noch sagen, wer das Plakat gemalt hat. Diese Aussage gehört zur Absprache hinzu."*

Der Major verließ für kurze Zeit den Raum, und der Leutnant übernahm.

L: *„Koch, Sie selbst sind der Maler. Wir haben die Plakatfarbe in der Wohnung Ihrer Eltern gefunden, und wir haben das Vorbild für Ihre Malerei."*

Dabei rollte er einen großen Druck mit einer Tuschumrißzeichnung des *Straßburger Münsters*, der sich zuletzt in der Wohnung meiner Eltern befunden hatte,
vor mir aus. Mit dem Universitätskirchenplakat hatte er nicht das Geringste zu
tun.

L: *„Das war das Vorbild, nachdem Sie das Transparent in der Kongreßhalle gemalt haben."*

Damals wunderte ich mich, daß mir die Stasi in dieser Situation noch einmal
mit Indizien kam. Aus dem Protokoll der zweiten Hausdurchsuchung bei meinen Eltern erfuhr ich jetzt, daß sie den Druck erst bei dieser gefunden hatte. Dabei nahm sie außerdem Pinsel und Plakatfarben – aber keine schwarze – mit.

K: *„Das ist das Straßburger Münster, gezeichnet von dem Grafiker Rudolf Koch.
Aber mit dem habe ich nur zufällig den Namen gemeinsam. Dieser Druck gehört
mir. Er hing in meiner Wohnung. Mit dem Plakat in der Kongreßhalle hat er nichts
zu tun. Das habe ich nicht gemalt, und ich weiß nichts darüber, wer es gemalt hat."*

Inzwischen war der Major wieder hinzugekommen. Er wußte nicht, inwieweit
er mir mein Unwissen glauben sollte, aber er hatte kein weiteres Druckmittel.
Und nun kam mir ein Gedanke, wie mir ein gestern noch gefährlicher Kassiber-
Satz helfen könnte, indem ich mein Argument noch einmal wendete.

K: *„Auf dem zweiten Zettel habe ich meine geschiedene Frau gebeten zu sagen, ich
hätte das Plakat gemalt, aber den Wecker nicht zu erwähnen. Mit dem Wort ‚hätte‘
wollte ich ihr zu verstehen geben, daß ich in Wirklichkeit das Plakat nicht gemalt
habe. Über meine tatsächliche Beteiligung, die Präparierung des Weckers, über die
ich eben ein Geständnis abgelegt habe, sollte sie nichts sagen. Gestern habe ich bereits
folgendes ausgesagt: Eva sollte, über meine Beteiligung an der Plakataktion gefragt,
nur deshalb sagen, ich hätte das Plakat gemalt, um das MfS auf eine falsche Spur zu
lenken, da ich tatsächlich das Plakat nicht gemalt habe und deshalb insoweit keine
Gefahr für mich sah. Ich hätte doch meine geschiedene Frau nicht aufgefordert, mich
zu beschuldigen, das Plakat gemalt zu haben, wenn ich auch nur das geringste mit
der Malerei zu tun gehabt hätte."*

Ich sah den Major an, und er sah mir ins Gesicht. Damals hatte ich den Eindruck, mein Argument habe ihn überzeugt. Heute glaube ich, er wußte irgend-
woher, daß ich nicht der Maler war. Anderthalb bis zwei Stunden hatte der Poker
gedauert. Der Major war geschäftsmäßig kühl geblieben. Er stand auf und sagte,
bevor er ging:

*„Herr Koch, Sie machen zunächst eine Niederschrift über Ihre Beteiligung an der
Plakataktion. Wenn dann Ihre ausführlichen Aussagen protokolliert sind und Sie
unterschrieben haben, dann gilt die Absprache: Wir erweitern nicht auf Spionage."*

Meine Niederschrift sollte auch meine Mitwisser nennen und erklären, warum
ich bisher keine zutreffenden Aussagen gemacht habe. Das offensichtlich falsche
Datum ist ein Hinweis darauf, in welcher Stresssituation ich war:

»Geständnis   *7.12.1960* [sic!]
Bisher habe ich verschwiegen: Zur Vorbereitung des Transparentes in der Kon-
greßhalle Sommer 1968 habe ich zu sagen. Mir wurde durch Stefan W... mitgeteilt,
daß er in der Kongreßhalle ein Plakat mit der Zeichnung der Universitätskirche Lei-
pzig herunterlassen will. Diese Mitteilung machte er mir vorher. Er bat mich, daß
Läutwerk leise zu stellen bzw. auszubauen, damit es nicht stören würde. Das habe
ich getan. Den Wecker hatte Stefan W... vorher von sich aus besorgt. Ich habe im
Wecker etwas verbogen, um den Klöppel nur wenig oder kaum anschlagen zu lassen.
Ich habe das Plakat nicht gemalt, weiß auch nicht, wer es gemalt hat. Ich war bei der
Anbringung in der Kongreßhalle nicht dabei. Diese erfolgte nach Aussage von Stefan
W... mir gegenüber durch ihn selbst, während Fritzsch, Harald dabei „Schmiere"
gestanden hat. Ich selbst habe mich weder in der Kongreßhalle noch in der Nähe auf-
gehalten. Die Wahl des Zeitpunktes in der Kongreßhalle war nach Aussage Stephan
W...s Zufall und vorher nicht von ihm geplant.

Ich habe bisher dazu nichts gesagt, weil ich weiß, daß Stefan W... und Fritzsch,
die ich für die wesentlichen Täter halte, in Westdeutschland sind und ich befürchte-
te, für diese auch mit geradestehen zu müssen. – Die Mitteilung an meine geschie-
dene Frau geschah, um ihr zu imponieren, wie ich aussagte. Ich weiß nicht mehr,
was ich meiner ehemaligen Frau gesagt habe. Es ist durchaus möglich, daß ich
tatsächlich mit mehr angegeben habe, als ich gemacht habe. Ähnlich ist es bei Jütte,
Ingrid.   *Dietrich Koch«*

4. Hält der Kuhhandel?

Geständnisprotokolle

Anschließend und die nächsten beiden Tage verhörte mich der Leutnant – nun
wieder allein – zu meinem Geständnis. Immer wieder mußte ich die Einzelheiten
wiederholen (*Dok. 23, 24*: Protokolle vom 8. und 9.12.1970; die ausgelassenen Teile
betreffen meinen Tagesablauf am 20.6.1968 – dem Tag, als das Plakat angebracht
wurde und sich entrollte). Der Leutnant versuchte, zusätzliche Details und eine
weitergehende Beteiligung meinerseits aus mir herauszuholen, wobei sich mein
Teilgeständnis als doch nicht so gut abgegrenzt erwies, wie ich geglaubt hatte. Er
hatte meine Aussagen sorgfältig analysiert und setzte am nächsten Tag geschickt
an für mich heiklen Punkten an. Er hatte wohl den Ehrgeiz, doch noch etwas
mehr zu erreichen als sein Vorgesetzter:

– Raffiniert ließ er die tatsächlich für den Auslösemechanismus verwendete
Konstruktion – ein Nagel wurde durch die Flügelmutteröse gesteckt – durchblicken, um mich zu einer weitergehenden Aussage zu verleiten. Eine solche

technische Möglichkeit räumte ich nur rein theoretisch ein; aber davon wisse ich nichts. Ich blieb bei dem, was mir Stefan angeblich erzählt hätte.

– Gefährlich war die Frage, warum mich Stefan nur für das technische Detail, das Klingelgeräusch auszuschalten, eingespannt haben sollte, zu dessen Ausführung er selbst in der Lage gewesen wäre, wohingegen er den schwierigeren Auslösemechanismus angeblich selbst gebaut hätte.

– Der Leutnant hatte auch folgende offene Flanke gesehen. Außer das Weckerklöppelanschlagblech zu verbiegen, hatten Eckhard und ich im Inneren des Weckers auch noch dessen Stoppvorrichtung ausgebaut, was ich der Stasi verschwiegen hatte. Natürlich wußte sie davon aus der kriminaltechnischen Untersuchung. Warum aber hätte ich für Stefan eine Kleinigkeit im Inneren des Weckers ändern sollen, wenn er selbst ihn dann noch ein zweites Mal hätte öffnen müssen, um die Stoppvorrichtung auszuschalten? Aber ich durfte hier keinen Millimeter nachgeben; sonst drohte ein Dammbruch.

Ich blieb bei meiner am Vortag protokollierten Aussage: Mehr wußte ich nicht, und mehr hatte ich nicht gemacht. Dies hatte dem Major gereicht, also mußte es auch dem Leutnant genügen. Er schien mir jetzt nicht mehr ganz so hartnäckig wie sonst zu sein. Die Stasi war wohl froh, an den Minister für Staatssicherheit melden zu können, die Plakatsache sei aufgeklärt. Weitere Details hätten diesen Erfolg nicht vergrößert. Bei der Protokollierung hatte ich natürlich Mühe, daß die mir wichtigen Aussagen aufgenommen wurden. Der Satz auf Seite 3 *»Dazu war ich jedoch erst bereit, als mir W… auf meine Bitte hin versichert hatte, daß das Plakat keine Inschrift enthalten würde«* fügte der Leutnant erst nachträglich auf mein Drängen ein, wie die handschriftliche Fassung ausweist. Auf Seite 4 hatte der Leutnant vom kunstverständigen Publikum geschrieben, das *»die Aufschrift des Plakates verstehen würde«*. Hätte ich nicht erfolgreich auf der Ersetzung durch *»den Sinn des Plakates«* bestanden, wäre ich später auf mein Einverständnis mit der Aufschrift festgenagelt worden. Ebenso schwer war es, meine Bewertung als *Ordnungswidrigkeit* protokolliert zu bekommen.

Diese beiden Geständnisprotokolle lesen sich so glatt, als ob ich mich nach monatelangem Leugnen plötzlich eines anderen besonnen hätte, so daß die Vorgeschichte mit Erpressung und Deal für einen Außenstehenden nicht zu erkennen sein kann. Dies ist ein Problem aller Stasi-Protokolle. Aus den von den Tätern geschriebenen Akten ist der tatsächliche Hergang oft nicht zu entnehmen. Dies gilt natürlich ebenso für die Protokolle meiner Mitbeschuldigten. Mehrfach zitiere ich deren belastende Aussagen. Aber auch diese sind nicht so einfach zustande gekommen, wie sie sich lesen. Auch ihnen gingen Kämpfe, Erpressungen, Täuschungen, Überrumpelungen und ein gegenseitiges Ausspielen voraus. Ich möchte nicht den Eindruck erwecken, meine Freunde hätten mich einfach hemmungslos verraten. Aber ihre Geschichte von Druck und Täuschung können nur sie selbst erzählen, so wie über meine Vernehmungserlebnisse ich selbst Aufschluß geben muß.

Die abschließende obligatorische Frage des Leutnants, warum ich nicht schon vor Monaten wahrheitsgemäß zur Plakatprovokation ausgesagt hätte, empfand ich als Frechheit: *„Herr Leutnant, Sie wissen ganz genau, daß Sie mich durch die Entdeckung meiner Kassiber und die Drohung mit der Erweiterung auf Spionage zu unserer Vereinbarung gezwungen haben."* *„Aber Herr Koch, Sie erwarten doch nicht wirklich, daß ich das schreibe"*, grinste er. Ich erwartete das nicht und gab die im Protokoll zitierte Antwort, die sich bei näherem Hinsehen als ganz unbefriedigend erweist; denn bereits ein Vierteljahr zuvor mußte ich wegen der Aussagen meiner Mitwisser einräumen, diesen etwas erzählt zu haben, und das als Prahlerei darstellen. Was aber hatte mich jetzt auf einmal veranlaßt, meine Prahlerei-Verteidigung mit dem Geständnis meiner Beteiligung aufzugeben? Dazu schweigt die Akte. Einem aufmerksamen Leser des Protokolls mag diese Ungereimtheit auffallen; aber was wirklich vor sich gegangen ist, kann er aus der Akte nicht einmal erahnen.

Protokolle der Zweitvernehmungen zu den Kassibern

‚Wird sich die Stasi an den Kuhhandel halten?', fragte ich mich immer mal wieder bis zum Prozeß. Zweifel daran kamen mir schon in den nächsten Tagen nach dem Deal, als der Vernehmer mich nun doch noch nach den Nachrichten fragte, die ich im Klo heruntergespült hatte, und als er nun auch noch meine Aussagen zu all meinen heimlichen Botschaften protokollieren wollte. Ich protestierte: Zur Vereinbarung gehöre, daß dies alles fallengelassen werde. Warum also Protokolle? Sie sollten nur der guten Ordnung dienen, erklärte mir der Vernehmer. Ich überlegte mir, daß sie das Risiko für mich nicht erheblich vergrößerten, mir aber die Möglichkeit gäben, meine Warnungen zu interpretieren. Auch nach dem Deal machte ich mir Sorgen, daß ich meine Mutter, Eckhard, Eva, Bärbel und Uwe durch meine Nachrichten in Schwierigkeiten gebracht haben könnte.

Die Stasi wußte offenbar nicht, daß ich *zwei* Zettel im Klo hinuntergespült hatte. Der Leutnant nahm darüber auch kein Protokoll auf, sondern ließ mich eine Niederschrift dazu anfertigen. Er wußte wohl zu wenig, um genau fragen zu können. Ich sollte mich erst einmal festlegen. Ich schrieb, daß sich meine Zahlen für die Verschlüsselung als ungeeignet erwiesen hatten und ich deshalb zwei neue unterschiedliche Zahlenreihen mit kleineren Ziffern für Wort- bzw. Buchstabenverschlüsselungen auf einen Zigarettenpapierkassiber geschrieben hätte. Außerdem hätte ich den wesentlichen Inhalt meines vorangegangenen Klartextkassibers wiederholt. Ich erklärte, den Kassiber ins Klosett geworfen zu haben, weil ich nicht mehr die Absicht gehabt hätte, ihn zu übergeben und wich auf die entsprechende Frage aus:

»Warum ich ihn nicht ans Untersuchungsorgan ausgehändigt habe, weiß ich keinen vernünftigen Grund zu nennen.«

Am nächsten Tag sollte ich genau aufschreiben, was auf dem dritten Zettel gestanden hatte. Ich wiederholte den Inhalt des der Stasi ja bekannten zweiten Kassibers und schrieb, daß ich den Inhalt der verschiedenen Zettel nicht mehr klar voneinander trennen könne.

Dagegen wurden zu den Kassibern und entschlüsselten Briefen ausführliche Protokolle angefertigt. Ich gebe diese Protokolle der drei Zweit-Vernehmungen zu meinen geheimen Nachrichten vollständig wieder (*Dok. 25, 26, 27*). Es sind, wie ich wiederhole, nicht die Protokolle der im vorigen Abschnitt geschilderten nichtprotokollierten Erst-Verhöre, in denen die Stasi mir meine geheimen Botschaften präsentierte, die Anklage wegen Spionage androhte und in denen der Handel zustande kam. Aber sie versuchen irreführend den Eindruck zu erwecken, als seien sie es. Aus der Datierung des Kassiberprotokolls vom 10.12. könnte man schließen, daß das „Geständnis" gemäß Protokoll vom 8.12. vorausgegangen, also nicht durch die Kassiberentdeckung erzwungen sei. Wie aber eine genaue Lektüre zeigt, ist der Stasi diese Täuschung nicht vollständig gelungen. So enthält das Protokoll vom 8.12. in der letzten Frage des Vernehmers den Hinweis auf die früheren – nicht protokollierten – Erst-Vernehmungen zu den Kassibern. Und ich beziehe mich am 10.12. in meiner Antwort auf die vorangegangene Vorlage der Zettel am 7.12., als nicht protokolliert wurde. Notwendigerweise weichen die Zweit-Vernehmungen in wesentlichen Punkten von den dargestellten Verhören über die ursprüngliche Kassiberpräsentation ab, da zwischen beiden der Deal mit dem Teilgeständnis liegt. Die Zweit-Vernehmungen waren im Vergleich zu den vorangegangenen Verhören problemlos, da ich mich jetzt bei meiner Verteidigung meines „Geständnisses" bedienen konnte, während ich es zuvor vermeiden mußte. Dieser Unterschied zeigt sich beispielsweise in meinen jetzigen Aussagen zu den Warnungen und Ratschlägen an Eva und Uwe. Oder: Um den allgemeinen Spionagevorwurf parieren zu können, war es nach meinem Teilgeständnis viel leichter, meine Warnung an Stefan vor einem Spitzel darauf zu verengen, daß er über meine Weckerbastelei schweigen solle. Da sich der Leutnant viel moderater verhielt als in den Verhören, in denen die Stasi die Entdeckung der verborgenen Botschaften zum maximalen Druck gegen mich ausgenutzt hatte, schöpfte ich Hoffnung auf den Bestand des Deals.

Der Kassiber im Klo

Etwa zwei Wochen nach dem Deal hatte die Stasi offenbar einiges von meinem vernichteten Kassiber entziffert und erkannt, daß es sich um *Codewörter* handelte. Ich mußte erneut dazu Stellung nehmen:

»*Ergänzung zu meiner Niederschrift vom 9.12.70*

Auf dem Kassiber stellte ich Fragen nach Erhalt meiner Kassiber und Erhalt und Entschlüsselung der verschlüsselten Briefe und danach, wo sich May befindet. Die Antwort sollte jeweils durch Wörter, die ich aufschrieb, im Brief von meinen Eltern erfolgen. Diese Wörter weiß ich im einzelnen nicht mehr. Ich hatte sie mir notiert, um sie nicht zu vergessen, habe aber diese Notiz ebenfalls vernichtet. Ich habe das gemacht, da ich im unklaren war, ob meine Eltern die beiden Kassiber erhalten hätten und ob sie mit dem Schlüssel etwas anzufangen wüßten.

23.12.70   *Dietrich Koch«*

Als der Leutnant eine Woche später schon wieder nach meinen Nachrichten aus dem Klo fragte, wußte er inzwischen so viel, daß er mich mehrerer Unwahrheiten überführen konnte. Diesmal protokollierte er. Er wußte nun, daß ich zwei Papiere vernichtet, in meiner Niederschrift am 8.12.1970 einen falschen Code angegeben und im Klartext Bitten um Aussagen über mein Verhalten auf dem Karl-Marx-Platz formuliert hatte. Mir machte es zu dieser Zeit nichts mehr aus, neuer Lügen wegen meiner Kassiber überführt zu werden. Daraus folgte keine zusätzliche Belastung. Und der Leutnant machte auch keinen Versuch, neuen Druck auf mich auszuüben, um etwa den Deal nachzubessern. Er wußte, daß dies keinen Sinn mehr hatte.

Ich gab zu, daß meine Aussagen über den Schlüssel auf dem vernichteten Zettel falsch waren und sagte aus, daß ich zwei bestimmte Zahlenreihen entwickelt hatte, mit deren Hilfe aus dem ersten Satz eines Briefes der anzuwendende Schlüssel zu entnehmen sei. Die Anzahl der Buchstaben in den Wörtern des ersten Satzes waren entscheidend für den Schlüssel. Der Leutnant tat sich schwer mit der Protokollierung der komplizierten zweifachen Verschlüsselung. Er schrieb ins Protokoll, ich hätte den komplizierten Schlüssel erfunden, damit meine Briefe *»für das Untersuchungsorgan schwerer zu entschlüsseln gewesen wären«.* Ich ließ das durchstreichen und gab frech zu Protokoll, *»daß ich den wirklichen Code verschwieg, um vom Untersuchungsorgan nicht als besonders „raffiniert" angesehen zu werden. Nach gründlicher Überlegung bin ich dazu gelangt, mich mit der Preisgabe des tatsächlichen Schlüssels nicht weiter zu belasten.«*

Zum Klartext sagte ich laut Protokoll zunächst, mich nicht mehr erinnern zu können. Aber der Leutnant wußte inzwischen aus der wohl nur teilweise gelungenen Rekonstruktion meiner Zettel aus dem Klo, daß ich nicht den wesentlichen Inhalt meiner früheren Kassiber wiederholt hatte, sondern beispielsweise gebeten hatte zu verschweigen, daß ich mit dem Abriß der Universitätskirche nicht einverstanden war. Er versuchte, eine Belastung für mein Verhalten auf dem Karl-Marx-Platz zu konstruieren, aber ich drehte den Spieß um (handschriftliches Protokoll):

»Frage: Warum legten Sie Wert darauf, daß die Genannten keine Aussagen über Ihr Unverständnis zum Abriß der Kirche machen sollten?

Antwort: Mit den genannten Personen hatte ich mich darüber unterhalten, daß die Universitätskirche kunsthistorischen Wert besaß. Im Laufe der Untersuchung gewann ich aber den Eindruck, daß selbst diese Ansicht schon für mich belastend wäre. Das schloß ich auch daraus, daß mein Auftreten auf dem Leipziger Karl-Marx-Platz wiederum untersucht wird, obwohl ich damals rein zufällig dort war, weil ich meine Freundin Frl. Krüger zur Straßenbahn gebracht hatte. Ich wollte sofort wieder den Karl-Marx-Platz verlassen, kam jedoch nicht dazu, weil ich in die Räumkette der Volkspolizei geriet.«

Der Leutnant kam nicht weiter.

Der Vergleich meiner verschiedenen vorangegangenen Aussagen lehrt, wie schwer es ist, zu lügen und ein Gebäude von Schutzbehauptungen mehrfach umzubauen. Auf der Grundebene gibt es die *Wahrheit* der Geschehnisse zur Kongreßhalle, und alles was man dazu wahrheitsgemäß sagt, paßt widerspruchsfrei zusammen. Diese Wahrheit hatte ich monatelang schlicht *geleugnet*. Als mich dann die Aussagen meiner Freunde zwangen, meine Erzählungen ihnen gegenüber einzuräumen, versuchte ich auf der dritten Ebene die *Alles-nur-Angabe-Verteidigung*. Meine Kassiber sollten diese Schutzbehauptungen unterstützen, entlarvten aber, daß es sich nur um eine *Als-ob-Behauptung* handelte. Nach deren Entdeckung versuchte ich auf der nächsten Lügenebene diesen *Als-ob-Charakter wegzuinterpretieren* und die Vereinbarkeit mit der dritten Ebene zu behaupten, was nicht mehr konsistent möglich war. Nach dem Deal hatte ich es auf der fünften Ebene des *Teilgeständnisses* wieder leichter, weil ich die Angabe-Verteidigung erklären und die Probleme der Kassiber-Ebene loswerden konnte. Aber ich mußte aufpassen, daß ich auf der neuen Lügenebene des Teilgeständnisses blieb, das sich als nicht ganz sicher abgegrenzt erwiesen hatte, ohne in die volle Wahrheit zu rutschen. Angesichts der Schwierigkeiten, konsistent zu lügen, spricht viel für den Rat, gänzlich zu schweigen. Aber auch das war in meiner Situation nicht möglich, da die Stasi die belastenden Aussagen meiner Freunde hatte und außerdem über inoffizielles Wissen verfügte, das zu offizialisieren sie niemals aufgegeben hätte. Mir blieb wohl nur die Alternative volles Geständnis oder die Schwierigkeiten des Lügens.

Noch einmal: Konspirative Mittel

Angebliche Codeübergabe

Meine Befürchtung, die Stasi werde mir doch noch meine Verschlüsselungen anlasten, erhielt bereits am Tag nach dem letzten Kassiberprotokoll auf gefährliche Weise neue Nahrung, als mich der Vernehmer beschuldigte, ich hätte vor meiner Inhaftierung von Stefan W. einen Schlüssel zur Codierung von Nachrichten erhalten. Weiterhin hätte ich einen derartigen Code zur Übermittlung von Nachrichten nach Westdeutschland in Stefans Auftrag an Thomas Rust übergeben. Als ich dies alles bestritt, hielt der Vernehmer mir eine Aussage Thomas' vor.

»Frage: Rust, Thomas sagte aus, sich im Herbst 1968 auf Ihren Vorschlag in der Leipziger Innenstadt getroffen zu haben. Bei diesem Treffen teilten Sie mit, von W..., Stefan eine für Rust bestimmte Codenummer, die zur Übermittlung von verschlüsselten Nachrichten an W..., Stefan bestimmt war, zu übermitteln. Nehmen Sie dazu Stellung!«

Das war falsch. Ich hatte Thomas weder einen Code übergeben, noch mich damals mit ihm getroffen. Dies sagte ich auch. Dann behauptete der Leutnant, zwischen dem W.schen und meinem Code bestünde Übereinstimmung, beschrieb mir aber den angeblichen W.schen nicht. Das war also wieder einmal ein Versuchsballon. Ich sagte: „Meine Methode habe ich mir selbst ausgedacht; von einer W.schen weiß ich nichts; also kann eine etwaige Übereinstimmung nur zufällig sein."

Monate später wurde ich noch einmal fast sechs Stunden lang zu der angeblichen Codeübergabe vernommen (*Dok. 28*). Diesmal las mir der Leutnant eine Aussage Thomas' vor. Jemand hatte auf der Durchreise 1969 in Leipzig zwei Bücher, einen verschlossenen Briefumschlag und ein Zettelchen mit einer Bitte Stefans an mich, diesen Brief persönlich Thomas Rust zu geben, in den Briefkasten meiner Eltern gelegt, als niemand zu Hause war. Schon damals war ich über dieses Ansinnen sehr ungehalten und wollte den Brief nicht weiterleiten. Aber in ihrer Pflichtauffassung, man müsse zuverlässig sein, drängte mich meine Mutter dazu; sonst wollte sie selbst den Brief zu Thomas Rust bringen. Außerdem behauptete der Vernehmer erneut, daß zwischen dem W.schen Code, den er mir wiederum nicht mitteilte, und meiner Briefverschlüsselung Übereinstimmung bestehe und verlangte eine Erklärung.

Ich konnte nur wiederholen, daß es sich nur um eine zufällige Übereinstimmung handeln könne. Der von mir entwickelte Wort-Code sei so einfach, daß andere ohne weiteres auf eine ähnliche Lösung kommen könnten. (Bis heute weiß ich nicht, ob die beiden Verschlüsselungsmethoden ähnlich waren; denn als ich später in München Stefan danach fragte, wollte er von seinen früheren geheimnisvollen Aktivitäten am liebsten nichts mehr wissen.) Ich hatte mich mit Thomas vor einer Buchhandlung in der Innenstadt getroffen, weil er außerhalb Leipzigs wohnte. Ich sollte unbedingt gestehen, daß bereits dadurch die Übermittlung von Stefans Brief an Thomas *konspirativ* erfolgt sei. Warum Stefan den Brief nicht mit der Post geschickt, warum ich ihn nicht mit der Post Rust zugesendet hätte und warum gerade ich den Brief weitergeben sollte usw., wollte er wissen. Als ich – die Worte meiner Mutter im Ohr – antwortete, Stefan habe mich wohl für zuverlässig gehalten, war ich schon fast gestolpert. Für die Stasi galt diese Einschätzung als Gehorsam eines Mitglieds der staatsfeindlichen Gruppe gegenüber dem Chef als Auftraggeber. Ich mußte erklären, daß ich nur vermutet habe, wie Stefan meinen Charakter beurteile.

Meine Schmuggelei hatte ich allein zu verantworten. Aber wegen der Übermittlung eines geschlossenen Umschlags, dessen Inhalt ich nicht kannte, in dem aber angeblich ein Zahlencode gewesen sein soll, war ich auf Stefan ziemlich ärgerlich.

Die Stasi gab es nicht auf, einen Zusammenhang zwischen meinen Verschlüsselungen und einem Codegebrauch durch Stefan herzustellen. Thomas beschuldigte mich ein halbes Jahr später als Zeuge in einer Gegenüberstellungsvernehmung laut handschriftlichem Protokoll:

»Der Beschuldigte Koch hat mir an einem Sonntag Ende Herbst des Jahres 1968 (...) vor dem Lichtspieltheater „Casino" in Leipzig einen Code mündlich übermittelt. (...) Bei diesem Treff nannte mir Koch, Dietrich eine Codenummer und erklärte mir deren Handhabung. Er sagte, daß die Stellung der Ziffer in der Nummer des Satzes und die Ziffer selbst das Wort im Satz angibt. Weiterhin teilte mir Koch mit, daß dieser Code für Mitteilungen zwischen mir und W..., Stefan gedacht ist, die für keine anderen Personen bestimmt seien.«

Dies war frei erfunden. Ich war entsetzt, daß Thomas mich fälschlich in einer Weise beschuldigte, die genau in das Konzept der Stasi paßte. Ich bestritt zutreffend einen derartigen Treff und die Übermittlung eines Codes. Thomas erhielt seine Aussagen aufrecht und ich meine. In einer anschließenden Vernehmung blieb ich bei meiner Aussage. *„Warum sollte Thomas Rust falsche Aussagen machen?"* fragte der Vernehmer. Das wisse ich nicht, konnte ich nur sagen; denn daß er auf mich vollständig mit dem Anliegen der Stasi identifiziert wirkte, durfte ich nicht sagen.

Erst über 25 Jahre später erfuhr ich aus den Akten, daß Thomas vier Tage nach dieser Gegenüberstellung unterschrieb, von der Stasi *Geld für den Nachweis der Feindtätigkeit der Gruppe* um Ingrid Jütte erhalten zu haben (siehe dazu 5. Kapitel 8. Abschnitt).

Notwendige Geheimhaltung und Konspirationsromantik

Fast ein Jahr nach der Verhaftung mußte ich mich noch einmal in einem zusammenfassenden Verhör zum Vorwurf der Stasi äußern, *Stefan W. habe zur Aufnahme und Aufrechterhaltung der Verbindungen in die DDR Codes und andere konspirative Mittel verwandt.* Verständlich und notwendig war, daß Stefan seine Fluchthilfeangebote als strafbare Handlungen so geheim wie möglich zu halten suchte.

Da er aber auch bei anderen Aktivitäten geheimnisvolle Erkennungszeichen und verklausulierte Nachrichten benutzte, gab er der Neigung der Stasi, hinter allem Strafbares zu vermuten, reichlich Nahrung. Aus den konspirativen Mitteln schloß sie auf Illegales. Immer wieder mußte ich mich mit dem Unterschied zwischen konspirativen Mitteln für Strafbares, an dem ich nicht beteiligt war, und sonstiger Geheimniskrämerei verteidigen. So wehrte ich mich zwei Jahre lang gegen die Vermengung legaler und illegaler Ausreisepläne unter Verwendung konspirativer Mittel.

Konspirative Post: Das Telegramm, das mich im Sommer 1969 zu einem Theaterbesuch nach Berlin einlud, wo mir eine Freundin Stefans erstmals die legalen Ausreisebemühungen ankündigen sollte; eine unklare französische Postkarte Stefans ohne Unterschrift im Frühjahr 1970 aus Paris; ein Postkarte an Ingrid, auf der er verklausuliert bedauerte, daß sie auf sein Fluchthilfeangebot nicht eingegangen war, und die Narzissen-Kunstpostkarte seien konspirativ gewesen. All dies beweise die Illegalität meiner Übersiedlungspläne, warf mir der Vernehmer vor.

Die Kunstpostkarte sollte mir mitteilen, wann ich mich in eine psychiatrische Klinik begeben solle, hatte ich wahrheitsgemäß gesagt. Als dies nach dem Gespräch mit Weizsäcker entfiel, hatte sie keine Bedeutung mehr. Dennoch soll Volker Schwarz sie mir, wie Ingrid der Stasi gesagt hatte, zum „Schleusertreff" im März 1970 gezeigt haben. Der Leutnant argumentierte: *„Zu diesem Treff haben Sie zu viert offen über Ausschleusung und Menschenhandel gesprochen. Warum sollte der Kurier Schwarz Ihnen als Erkennungszeichen für Ihre angeblich legale Übersiedlung die Postkarte gezeigt haben, von deren Bedeutung die anderen nichts wußten? Über ein legales Vorhaben hätte doch offen gesprochen werden können. Also muß die Kunstpostkarte ein Code für etwas besonders Geheimzuhaltendes gewesen sein."* Das war überzeugend, und ich konnte nur wahrheitsgemäß sagen, daß ich wirklich keine Ahnung hatte, was sich Stefan dabei gedacht hatte. Anstelle der Stasi hätte ich mir das auch nicht geglaubt. Auch der Staatsanwalt (Anklageschrift, S. 9) hatte nicht mehr Phantasie:

»Der Kurier Schwarz legte vorher **bezeichnenderweise** *die als Erkennungszeichen vereinbarte Kunstpostkarte vor, die Koch im September 1969 dem Kurier Vetter übergeben hatte.«*

Aber *bezeichnend wofür?* Ich weiß es bis heute nicht.

Büchereinschleusungen: Stefan hatte Ingrid über Dritte einen Stoß Taschenbücher zukommen lassen, die sie an Freunde weitergeben sollte. Dazu hatte er den Empfänger jeweils auf *Seite 37* durch einen Buchstaben angegeben. Solche konspirative Auffälligkeit hatte mich schon vor der Haft geärgert. Bereits bei der ersten Durchsicht während der Hausdurchsuchung hatte die Stasi diesen Buchstabencode entdeckt, wie sich aus dem Hausdurchsuchungsprotokoll ergibt. Es gehörte wohl zur Praxis der Hausdurchsucher, Bücher auf Eintragungen hin durchzublättern. Bei ungelesenen Büchern fiel eine solche Buchstabeneintragung natürlich sofort auf. Ich hatte mit diesen Büchereinfuhren nichts zu tun. Für mich waren keine Bücher dabei. Ingrid hatte die Verteilerliste vergessen und fragte mich, für wen wohl welcher Buchstabe stehen könnte. Ich wußte es auch nicht. Die Tatsachen hatten Jüttes ausgesagt, und nun ging es der Stasi darum, mich mit einzubeziehen.

»Frage: Warum wurden die Bücher über verschiedene Zwischenstationen in die DDR eingeschleust und nicht über den üblichen Postweg zugestellt?

Antwort: Ich erkannte, daß die Bücher nicht auf dem dafür üblichen Postweg in die DDR gelangten, empfand aber die Art der Zustellung **nicht als illegal.** Ich wollte mit der ganzen Angelegenheit nichts zu tun haben und habe mich deshalb für Einzelheiten nicht interessiert.

Frage: Wenn es keine illegale Handlung war, warum wurden dann die Bücher nicht auf dem Postwege zugestellt?

Antwort: W…, Stefan glaubte vielleicht, die Bücher würden über den Postweg nicht zu den Empfängern gelangen. Trotzdem erschien es mir nicht als eine illegale Handlung.

Frage: Welche Schlußfolgerungen zogen Sie nach Bekanntwerden der Umstände der Büchereinschleusung in die DDR?

Antwort: Ich hatte daraus keine Schlußfolgerungen gezogen. Ich kann nur sagen, daß es dem **romantischen Charakter von W…** entsprach, einen solchen Weg der Zustellung zu wählen. (…)

Trotzdem hatte ich ein "ungutes Gefühl", weil mir die Art der Bücherzustellung aus Westdeutschland durch W…, Stefan etwas ungewöhnlich erschien.«

Als mich der Vernehmer später noch einmal nach diesen Büchern fragte, die ein Beispiel für Stefans Codegebrauch seien, sagte ich hilflos:

»*Ich hatte das jedoch nicht als Code angesehen, denn es waren eigentlich nur Abkürzungen bestimmter Namen.*«

Die Stasi rechnete auch mir diese Büchereinfuhr zu, obwohl ich an ihr völlig unbeteiligt war (Anklageschrift, S. 6):

»*Der Beschuldigte KOCH wurde im Laufe des Jahres 1969 der engste Vertraute der Verurteilten Ingrid Jütte und hatte Kenntnis von den umfangreichen Einschleusungen westlich-dekadenter und antikommunistischer Literatur durch W… an Jüttes. (Blatt 34 Band VII). Er kannte den konspirativen Verteilerschlüssel in Form des Anbringens der Anfangsbuchstaben des jeweiligen Empfängers im Buch und versuchte gemeinsam mit dem Ehepaar Jütte diesen teilweise nicht lösbaren Code zu entschlüsseln.(Blatt 36 Band VII).*«

Zweifellos verdienstvoll war, daß Stefan seinen Freunden hochinteressante Bücher zukommen lassen wollte. Aber warum mußte er sie mit einem Verteilercode versehen, so daß die Stasi uns ein konspiratives Einschleusungsunternehmen von Büchern als ein Moment der staatsfeindlichen Gruppenbildung vorwerfen konnte?

Wie ich später in Westdeutschland erfuhr, hat Stefan auch andere zu verdeckter Hilfe gebraucht. *Georgi Trojev*, Stefans und Haralds bulgarischer Helfer bei der Flucht, traf sich kurz danach mehrfach in Westdeutschland mit Stefan. Mit ihm korrespondierte Stefan aus Westdeutschland konspirativ: Stefan ließ seine Briefe von einem Freund und dessen Frau in Mülheim an der Ruhr abschreiben und unter deren Namen an Trojev schicken und empfing auch dessen Briefe auf diesem Umweg. Was wäre geschehen, wenn seinen gutmütigen Helfern beispielsweise bei einer Reise in die DDR oder ein anderes Ostblockland ihre konspirativen Briefe, deren Bedeutung sie nicht kannten, vorgeworfen worden wären? In naiv-westdeutscher Weise waren sie sich der Gefahren überhaupt nicht bewußt. Aber hätte nicht Stefan daran denken sollen, hatte er allzu schnell vergessen, wie es im real-existierenden Sozialismus war? Schließlich geben diese Briefe ein weiteres Rätsel auf. Dieser Jugendfreund hatte in Leipzig im gleichen Haus wie Stefan gewohnt. Eine Anfrage der bulgarischen Staatssicherheit an ihre DDR-Kollegen nach dessen Namen hätte sofort die Verbindung zu Stefan ergeben und damit, daß Stefan der wahre Absender war. Also konnte die Stasi nicht getäuscht werden, wer aber dann?

Stefan hatte vor unseren Verhaftungen neben der notwendigen Geheimhaltung überflüssige konspirative Mittel zum Kontakt mit uns verwendet, die einerseits nicht ausreichten, um eine Entdeckung zu verhindern, uns aber andererseits nach ihrer Entdeckung zusätzlich belasteten. Solche Konspirationsromantik mag ja von Westdeutschland aus interessant ausgesehen haben, für uns war sie verderblich. Ich rechne sie zu jenen Stefanschen »*unsäglichen Unvorsichtigkeiten, ohne die Résistance freilich allzusehr an Reiz verlöre*« (Walther 1996 S. 120; vgl. 6. Kapitel: Der Reiz der Résistance), wie Stefan einmal für sich in Anspruch genommen hat.

Über meine Erklärungen, daß Stefan aus einem gewissen *Romantizismus* gehandelt habe, konnte sich der Staatsanwalt nur mokieren (Anklageschrift, S. 10):

»*Bezeichnend und aufschlußreich für die Einschätzung und Glaubwürdigkeit des Beschuldigten K o c h sind seine Versuche zur Bagatellisierung von Tatsachen. So will er sich die konspirativen Mittel und Methoden des W... ausschließlich mit dessem „romantischen Zug" erklärt haben. (Blatt 30 Band II) Dabei muß er dennoch zugeben, ein ungutes Gefühl über diese ungewöhnliche Art der Verbindung und des Kontaktes gehabt zu haben. (Blatt 31 Band II)*«

Obwohl meine geheimen Botschaften aus der Untersuchungshaft mit ihren Informationen, Warnungen und Ratschlägen an ost- und westdeutsche Freunde zu diesem Anklagepunkt des Gebrauchs konspirativer Mittel durch eine staatsfeindliche Gruppe hervorragend gepaßt hätten, hielt sich die Stasi an den Deal: Im Prozeß wurden meine Kassiberschmuggelei und Briefverschlüsselung nicht erwähnt. Aber das erfuhr ich erst nach langer weiterer Ungewißheit.

5. Gezielte Arbeit der Stasi mit inoffiziellen Mitteln

Erarbeitung von Kombinationen zum Zwecke der Täuschung
Gezieltere Arbeit mit inoffiziellen Mitteln – IM
In der Arbeit mit Beschuldigtem KOCH ist bei Auswertung von inoffiziellen Er-
gebnissen äußerste Vorsicht geboten.
(Konzeption 1.3, 1.4, 1.3.4)

Beim ersten Lesen der Stasi-Konzeption fiel es mir wie Schuppen von den Augen:
Ich habe nicht gemerkt, daß die Stasi mir wochenlang einen Spitzel in die Zelle
gelegt hatte, über den sie auch von meiner Nachrichtenausschleusung erfahren
und diese sogar teilweise gesteuert hatte. Sogar den Deal hatte sie geplant. Nachdem wir seit der Wende vom System von hunderttausenden inoffizieller Mitarbeiter wissen, mag mein fehlendes Mißtrauen vielleicht unverständlich sein. Vor
meiner Verhaftung glaubte ich natürlich wie alle meine Freunde, daß die Stasi andere Menschen bespitzelt; dennoch war das Alltagsleben in den sechziger Jahren
der DDR nicht von der ständigen Furcht bestimmt, einen Spitzel in der Nähe zu
haben.

Der Zelleninformant

Bei aller Zielstrebigkeit ist für den IM höchste Vorsicht geboten, er darf nicht
zu weit vorprellen und soll, wenn es die geringsten Anzeichen des Mißlingens
gibt, von allem Abstand nehmen.
(Konzeption 1.3.6)

In der Untersuchungs- wie später in der Strafhaft gab es das allgemeine Mißtrauen gegen Mitgefangene, daß diese Bemerkungen weitertragen könnten. Dann
drohte ein *Nachschlag* wegen staatsfeindlicher Hetze. Aber erst jetzt habe ich
erfahren, daß die Stasi auch in der Haft umfangreich *Zelleninformanten* (ZI)
benutzte.

Während meiner zweijährigen Untersuchungshaft in der Beethovenstraße in
Leipzig bin ich mehrfach in eine andere Zelle verlegt worden. Anfangs war ich
mit zwei Häftlingen zusammen, mehrfach allein und etwa sechsmal mit jeweils
einem anderen Zellengenossen. Bei jedem neuen Mithäftling tastete man sich
langsam aneinander heran. Das Mißtrauen war gegenseitig. Aber man mußte auf
engstem Raum miteinander auskommen, teilweise unangenehme Eigenschaften
anderer aushalten: Waschbecken und Klo waren in der Zelle. Ich erinnere mich
noch an einen Häftling, der sich meist gerade dann aufs Klo setzte, wenn ich aß.
Aber ich habe auch positive Erinnerungen. Mir gegenüber habe ich meist nach

einiger Zeit mehr Vertrauen als Mißtrauen gespürt. Wer etwa wegen versuchter Republikflucht verhaftet worden war, hatte wenig Grund, ein Geheimnis daraus zu machen. Ich bekam viel erzählt. Aus der Enge des Zusammenlebens ergab sich manchmal recht bald, daß mir auch sehr private Dinge anvertraut wurden. Als Grundhaltung habe ich eher eine gewisse Solidarität der Gefangenen untereinander gegenüber dem gemeinsamen Feind Stasi erlebt. Erst aus einer Stasiakte erfuhr ich, daß ein vorangegangener Mithäftling Schröder, an den ich mich nicht erinnere, mich zu bespitzeln versucht hatte, allerdings ohne Erfolg.

Die Wahl des Zellenspitzel Dr. Manfred Franke war raffiniert. Er verstand es geschickt, als Arzt mein Vertrauen zu gewinnen. Kam ich erschöpft und verspannt vom Verhör zurück, so bot er mir manchmal an, mir den Nacken zu massieren. Als Arzt wisse er ja, was mir nun gut täte. Er berichtete eine längere Geschichte, wie er das Massieren gelernt habe, kam auf seine russische Kriegsgefangenschaft zu sprechen, wo er anderen deutschen Kriegsgefangenen medizinisch heimlich geholfen habe – unter eigener Gefahr, denn dies sei ohne Erlaubnis der Lagerleitung verboten gewesen, betonte er. Er erzählte mir, daß sie damals aus Not heraus Menschenfleisch gekocht hätten. Ich glaubte ihm zu viel und entwickelte ein gewisses Vertrauen. Von seinem Fall sagte er mir, daß wegen Spionage gegen ihn und auch gegen seine Frau ermittelt würde. Einzelheiten erfuhr ich kaum; zu viel Redseligkeit hätte mich wohl eher mißtrauisch gemacht. Nach meiner Erinnerung waren seine Erzählungen über die Spionagebeschuldigungen gegen ihn recht kraus; aber das konnte mich bei der Absurdität der Stasi-Beschuldigungen gegen mich nicht wundern. Hätte ich einen Verdacht gehabt, wäre er sicher durch irgendwelche Beobachtungen genährt worden. Aber mir fiel nichts Besonderes auf. Da ich damals kein Mißtrauen hatte, kann ich mich nach 25 Jahren nicht an Einzelheiten erinnern, die nachträglich einen solchen Verdacht belegen könnten. Auch der ZI wurde häufig längere Zeit geholt. „Zu Vernehmungen“, sagte er natürlich.

Selbstverständlich kamen wir auch über meine Verhöre ins Gespräch. Meine allgemeine Vorsicht war aber groß genug, um – soweit ich mich erinnere – nichts Wesentliches über das, was mir die Stasi zur Last legte, zu sagen. Immerhin erzählte ich ihm z. B. von meinem Ärger über die ständig neuen Belastungen durch meine Freunde. Für die Stasi muß auch von erheblichem Wert gewesen sein, was er außerhalb von Beschuldigungen von mir erfuhr, zum Beispiel, wie ich meine Vernehmer beurteilte, über mein Elternhaus, allgemeine Details aus meinem Leben, oder über meinen Gesundheitszustand. Zu ihm als Arzt hatte ich in dieser Hinsicht besonderes Vertrauen. Er konnte der Stasi berichten, ob ich deprimiert war, eher optimistisch oder am Rande meiner Kräfte.

Die Stasi wollte *verhindern, daß ich mich in den Pausen erhole* (Konzeption 1.1.4) und plante dazu folgendes (Konzeption 1.3.2):

»Unter Berücksichtigung der Tatsache, daß KOCH ständig in Unruhe gehalten werden muß, soll der IM mit K. sogenannte Probevernehmungen (d. K. schon vor

seiner Haft machte) durchführen. Es könnte sein, daß der IM dabei noch weitere Einzelheiten erfährt.«

Zu solchen *Probevernehmungen* kam es nicht. Auch dem IM gegenüber sagte ich nur, ich sei unschuldig, und all die gegen mich erhobenen Beschuldigungen der Hetze usw. hielte ich für abwegige Konstruktionen der Stasi. Bei der dem IM auferlegten höchsten Vorsicht, sich zurückzuziehen, wenn ich nur geringste Anzeichen von Mißtrauen zeige, vermied er alles, was mich hätte argwöhnisch machen können, und fand wohl keinen unauffälligen Ansatz zu solchen Probevernehmungen. Aber auch durch häufiges, scheinbar wohlwollendes Fragen nach meinen Verhören, meinem Befinden und angeblich hilfreiche Gespräche erfüllte der ärztliche IM seinen Auftrag, mich in ständiger Unruhe zu halten. Ich finde es erstaunlich, wie offen die Stasi konzipierte, daß ein Arzt dazu benutzt wird und sich dazu benutzen läßt, einen anderen gezielt in den nervlichen Zusammenbruch zu treiben.

Verrat, Stasi-Plan und Anstiftung

> Trotz den bisher guten Ergebnissen gilt es gezieltere Maßnahmen und gezielteres Vorgehen nach Absprache mit IM zu erreichen. Er soll selbst Vorschläge unter Berücksichtigung der Person des KOCH unterbreiten.
> (Konzeption 1.3.1)

Aus der Konzeption ergibt sich, daß der Zellen-IM bereits vor deren Abfassung gegen mich eingesetzt war. Die Rede von den bisherigen guten Ergebnissen scheint mir eine typische DDR-Floskel zu sein, die nur verdecken soll, daß die Stasi bei mir bisher erfolglos war. Für solche frühen Erfolge enthalten die Akten keinen Beleg.

Bevor ich die Konzeption kannte, glaubte ich, meinen Plan, über einen ausgeschmuggelten Code und verschlüsselte Briefe Nachrichten nach draußen zu senden, ganz allein gefaßt und verwirklicht zu haben. Nach deren erster Lektüre kam ich mir zunächst völlig fremdgesteuert vor: Hatte die Stasi den gesamten Kassiberplan in mir induziert? Aber Stasimitarbeiter haben gelegentlich auch eigene Darstellungen geschönt, um ihre Erfolge größer erscheinen zu lassen. Sie schrieben bei mir als ihre eigenen »*operativen Kombinationen zum Zwecke der Täuschung*« auf, was sie durch den IM erfahren hatten, und bauten meine Pläne, Nachrichten nach draußen zu schleusen, für ihre Zwecke zu einem groß angelegten Täuschungsmanöver aus.

Meine Idee, meine Verwandten und Freunde irgendwie zu informieren, hatte sich langsam entwickelt. Vom Gefühl, aus der passiven Bedrängnissituation heraus zu müssen, bis zur Verwirklichung war sicher ein Vierteljahr vergangen. Ziemlich zeitig muß ich dem IM gegenüber solche Gedanken erwähnt haben.

Sicher hatte ich auch über meine Sorge gesprochen, daß meine Eltern nach vielen Monaten noch immer nicht wußten, warum ich verhaftet worden war, wobei die Stasi den allgemeinen Druck dadurch verschärfte, daß sie mir monatelang keine Erlaubnis zum Besuch und zum Briefschreiben gab. Auf all die Informationen, die sie über mich durch den IM erhielt, baute sie ihren Täuschungsplan (Konzeption 1.3.3): *»Das Interesse des KOCH mit der Außenwelt in Verbindung zu treten ergründen – evtl. jemand zu warnen oder eine Nachricht zukommen zu lassen, um die Ausschleusung eines Kassibers vorzubereiten.«*

Ich könnte dem IM auch erzählt haben, daß mir in den Vernehmungen der Verdacht gekommen war, im Umkreis Stefans und Weizsäckers befinde sich ein Stasispitzel, und sie stärkte diesen Verdacht (Konzeption 1.1.5): *»KOCH läßt die Möglichkeit offen bzw. vermutet, daß wir an St.W. u. a. in Westdeutschland inoffiziell arbeiten. Diese Vermutung muß man stärken – dazu müßten verschiedene Kombinationen erarbeitet werden.«*

Da ich damals nicht bemerkt habe, wie der Zelleninformant meine Pläne gefördert hat, kann ich dazu nur wenig aus meiner Erinnerung hervorholen. Dafür, daß ich allein auf den Gedanken gekommen bin, meine Briefe zu verschlüsseln, spricht die Datierung der Ereignisse. Die Konzeption trägt das Datum 16.10.1970. Den ersten Kassiber steckte ich meiner Mutter am 17.11. zu. Dem war aber, wie ich mich genau erinnere, eine lange gedankliche Vorbereitung, insbesondere zu den Briefverschlüsselungen, vorausgegangen. Was ich davon dem Zelleninformanten erzählt habe, weiß ich nicht mehr, erinnere mich aber, ihm von der großen Mühe berichtet zu haben, die es mir machte, einen Brief im Kopf zu verschlüsseln. Ich lief in der Zelle hin und her und zählte Wörter und Buchstaben an den Fingern ab. *„Kennst Du ein Wort mit ‚w‘ als zweitem Buchstaben?"* fragte ich ihn, um Stefan W. oder von Weizsäcker zu codieren. In der Akte finde ich auch keine Hinweise darauf, daß mich die Stasi bereits zum ersten Kassiber an meine Mutter ermuntert hätte. Aber sie wußte über den IM davon und hat mit Sicherheit den zweiten Kassiber über dessen Tochter angeregt (Konzeption 1.4.1): *»Vorbereitung der Schleusung eines Kassibers, falls der Beschuldigte daran Interesse hat.«*

Das Erstaunlichste aber ist für mich, daß die Stasi offenkundig die gesamte Kassiberschmuggelei von Anfang an geplant und gefördert hat, um Material zu ihrem Angebot eines *„Vergleichs"* zu erhalten (Konzeption 1.3.5): *»Aussprache mit IM führen, um Klarheit zu erhalten, was KOCH unter Vergleichsangebote[n] versteht.«*

Wieder ist die Konzeption etwas verdeckend formuliert; denn der Gedanke an »Vergleichsangebote« ging ja nicht von mir aus. Nicht ich hatte vor, meine Schmuggelei auffliegen zu lassen und gegen „Spionage" zu tauschen.

In der Vorbereitungsphase der Kassiber war ich glücklich, Zigarettenpapier besorgt, einen Bleistiftstummel gefunden und später einen leeren Originalbriefbogen stibitzt zu haben. Vermutlich hat die Stasi auch das lanciert. Als ich nicht wußte, ob meine Mutter meinen ersten Kassiber gefunden hatte, und mir Franke seine Hilfe beim Ausschleusen eines zweiten anbot, hätte eigentlich mein Mißtrauen erwachen müssen. Mir scheint heute, daß sich all mein Argwohn und meine Abwehrkraft auf die Stasi konzentriert hatten. Dem Zellengenossen gegenüber war ich lange zu gutgläubig. Daß die Stasi gerade an dem Tag erneut die Wohnung meiner Eltern durchsucht hatte, als mein zweiter Kassiber dort angekommen war, schien mir damals ein ganz unglücklicher Zufall zu sein, der mich zwar skeptisch machte, aber erstaunlicherweise noch immer keinen konkreten Verdacht gegen meinen Mithäftling hervorrief. Immerhin nahm ich mir vor, auch ihm gegenüber größte Vorsicht walten zu lassen. Nach dem Deal, zu dem er mir zugeredet hatte, fragte er mich: *„Mußtest Du alles sagen, oder konntest Du noch etwas zurückhalten?"* Diese Frage ging mir irgendwie zu weit. Ohne einen sicheren Verdacht zu haben, täuschte ich ihn vorsorglich: *„Mir blieb nichts anderes übrig, als alles zuzugeben."* Ich erzählte ihm die gleiche unvollständige Geschichte wie der Stasi und gab ihm die gleiche absichtlich falsche Darstellung des Weckerauslösemechanismus. Noch immer glaubte ich nicht wirklich, daß mich Franke verraten hatte, versorgte ihn aber für diesen hypothetischen Fall absichtlich mit Falschinformationen, um die Stasi von der vollen Wahrheit meines Teilgeständnisses zu überzeugen, falls er mich verriete. Wie richtig diese letzte Vorsicht war, konnte ich erst jetzt aus der Stasiakte entnehmen. Natürlich fragte mich die Stasi auch zum Schmuggelweg meiner beiden Kassiber. Aber wenn ich heute die Protokollpassagen zur Hilfe des Mithäftlings und seiner Tochter lese, fällt mir auf, wie wenig Aufhebens die Stasi davon machte. Diese Beihilfe hätte auch für ihn Folgen haben müssen. Als ich eines Tages kurz nach dem Deal von einer Vernehmung zurückkam, war er verlegt worden, und ich machte mir sogar noch Sorgen, daß er meinetwegen in Schwierigkeiten geraten sein dürfte.

Warum war ich nicht mißtrauischer? Ich tröste mich: Gewiß ist es für die Seele gesünder, zu vertrauensselig zu sein, als paranoid zu werden.

Anderthalb Jahre danach, als ich schon verurteilt war, richtete mir meine Mutter in einem Brief schöne Grüße von Dr. Franke aus. Ich freute mich für ihn, daß er so schnell wieder draußen war. Später, als ich im Westen war, durften mich meine Eltern als Rentner in München besuchen. Meinen krebskranken Vater sah ich damals zum letzten Mal. Er erzählte mir, daß Franke sie als ehemaliger Mithäftling besucht hatte. Meine Eltern machten sogar einen Gegenbesuch. Aber, wie sie mir sagten, hatte er ihnen irgendwie mißfallen, so daß sie keine weitere Verbindung zu ihm wollten. Das war gut so, denn was könnte der IM anderes gewollt haben, als nun auch sie zu bespitzeln, beispielsweise, um etwas über mein Leben in Westdeutschland zu erfahren? Etwas verwundert war ich schon, daß ein der Spionage Beschuldigter so rasch wieder in Freiheit war. Aber noch immer hatte ich ihn nicht wirklich als IM in Verdacht – der nicht nur ein Spitzel war, sondern ein agent provocateur.

Sogar intern heuchelte die Stasi rechtsstaatliches Verhalten, als sie rein rhetorisch in der Konzeption (S. 5) erklärte:

»Dabei müssen wir davon ausgehen, daß er sich in den Gesetzen auskennt und wir diese nicht überschreiten können.«

Zwar befinden sich in meiner Akte keine Berichte des Spitzels. Aber Leutnant D. hat wenige Tage nach dem Kuhhandel bürokratisch-ordentlich in der tabellarischen Übersicht handschriftlich notiert, daß *»drei Niederschriften des IM zu Kassibern vernichtet«* wurden. Die Stasi hat den „Vergleich" in der Akte natürlich nicht dokumentiert. Durch die nachträgliche Protokollierung meines „Geständnisses" wollte sie den falschen Eindruck erwecken, ich hätte dieses freiwillig vor den Vernehmungen zu den ausgeschleusten Nachrichten gemacht, um die Erpressung zu verbergen, hat dabei aber, wie schon erwähnt, Spuren des anderen Ablaufs hinterlassen.

Amüsiert habe ich mich über das *»Protokoll über eine Untersuchungshandlung«* vom 2.12.1970, in dem es der Leutnant so darstellt, als seien meine Briefe äußerlich auffällig gewesen, und die Stasi habe durch Prüfung verschiedener Verschlüsselungsvarianten festgestellt, daß ich mein Geburtsdatum zur Codierung von Nachrichten verwendet habe (*Dok. 29*). Meines Erachtens war es ausgeschlossen, jedenfalls ohne die damals noch nicht zur Verfügung stehenden Computer, meine Briefe durch Ausprobieren verschiedener Zahlenreihen zu entschlüsseln, insbesondere da ich gleichzeitig Wort- und Buchstabenverschlüsselung angewendet habe. Die Stasi wollte ihren Zellenspitzel verbergen und sich als besonders tüchtig darstellen.

Wenn meine Nachrichtenausschleusung gemäß der Drohung der Stasi Spionage darstellte, so hat sie jedenfalls beim zweiten Kassiber Anstiftung und Beihilfe begangen. In ihrer Planung, mir ein „Geständnis" zum Plakatprotest durch die Drohung mit einer Anklage wegen Spionage abzupressen, sehe ich strafrechtlich Nötigung. Davon abgesehen, würde es zu rechtsstaatlichem Vorgehen gehören, einen „Vergleich", bei dem die Anklage so schwere Beschuldigungen wie Spionage unter den Tisch fallen läßt, nicht vom Untersuchungsorgan, sondern allenfalls von der Staatsanwaltschaft vorzunehmen. In der DDR aber hatte das MfS die führende Rolle bei den Ermittlungen, und die Staatsanwaltschaft war nur Ausführungsorgan. Auch bei diesem Deal gibt es keinen Hinweis darauf, daß die Staatsanwaltschaft von dessen Vorbereitung oder Abschluß gewußt hätte. Über mein ach so plötzliches Geständnis sagt die Anklageschrift (S. 10) schlicht:

»So bestritt er beispielsweise in der Vernehmung vom 31.8.1970 (Blatt 8 und 9, Band III) auch nur das geringste mit dem Hetz-Transparent anläßlich des III. Internationalen Bachwettbewerbes zu tun zu haben und mußte später (Beschuldigtenvernehmung vom 8.12.1970 Blatt 52 ff. Band III) das Gegenteil zugeben.«

Warum wohl mußte der Beschuldigte später das Gegenteil zugeben?

1999 fand ich in einer Stasiakte die direkte Bestätigung, daß *Dr. Manfred Franke*, der als *IMV »Dr. Munkwitz«* viele Jahre lang auch außerhalb der Haft Patienten, Ärzte – z. B. den Ärztestammtisch – und Bekannte bespitzelte, mich verraten hat. In einem Treffbericht vom 11.7.1972 heißt es ([28] Bd. II.1 142 ff.):

> *»Dietrich Koch Strafgefangener im Strafvollzug Waldheim*
> *Während meiner Haftzeit war ich vom Oktober bis Dezember 1970 mit Dietrich KOCH zusammen und es gelang mir während dieser Zeit über seine Straftaten einige Details in Erfahrung zu bringen. In diesem Zusammenhang gelang es mir einen Kassiber den er mir zur Übergabe über meine Tochter an seine Eltern übergab den [sic!] Untersuchungsorgan zuzustellen. Von dieser Zustellung wußte Dietrich KOCH natürlich nichts.«*

Der IM berichtet weiter, er habe Kochs Eltern auf deren Anruf hin besucht. Bei einem Sprecher in der Strafhaft habe Koch seine Eltern nach Franke gefragt, von denen sie doch etwas erhalten haben müßten. Damit habe Koch auf den übermittelten Kassiber Bezug genommen. Der IM hat deshalb Sorgen nach Kochs Entlassung enttarnt zu werden. Im Treffbericht steht weiter, die Frau Professor von Weizsäckers habe sich mit Dr. Kießig in Verbindung gesetzt, Amnesty International habe sich an Kochs Vater gewandt und Kochs Eltern hätten Franke gebeten, eine Nachricht an Dr. Kießig in den Westen weiterzuleiten, da sie erfahren hätten, daß die DDR Koch nicht freigeben werde. Die Stasi legte fest, daß der Bericht über Koch an den Leiter der (Ermittlungs-)Abteilung IX zur Einleitung von Maßnahmen weiterzugeben ist.

Am 10.10.1972 berichtet der IM, in seiner Sprechstunde in Brandis habe ein Patient seiner Freude darüber Ausdruck verliehen, daß Koch in den Westen entlassen worden war und erzählt, daß er für diesen Koch, wenn er eher von seiner Haft in Waldheim gewußt hätte, einiges hätte tun können, da er jetzt noch Beziehungen zur Haftanstalt Waldheim habe und zwar über Angestellte oder Arbeiter der ELMO-Werke, für die Häftlinge aus Waldheim arbeiten. Auch dieser Bericht wurde zur weiteren Veranlassung an die Kreisdirektion Döbeln der Stasi weitergegeben.

Noch 1978 referiert der IM den Bericht einer Patientin und Augenzeugin in der Sprechstunde über *die begeisterte Aufnahme der Transparentaktion in der Kongreßhalle*. Sie habe geäußert, *daß Dietrich Koch darin verwickelt war* ([28] Bd. II.3 124 f.).

Konspirativ terminierte Hausdurchsuchungen

Die ersten Hausdurchsuchungen hatten am Tage meiner Verhaftung bei meinen Eltern und bei mir stattgefunden.

Wohnung meiner Eltern

Marlene Gurgel erzählte mir nach der Wende, daß meine Mutter sich während meiner Haftzeit fabelhaft verhalten hat, nicht weinerlich und sehr beherrscht. Nach der zweiten Hausdurchsuchung kam sie zu ihnen und berichtete, daß der Stasimann von ihr verlangt hatte: *„Geben Sie uns Ihren Briefkastenschlüssel!"* Vom Briefkasten kam er triumphierend zurück und hielt einen Zettel hoch: *„Da haben wir ja 'was!"* Einzelheiten über diese zweite Hausdurchsuchung (Konzeption 1.5.5) bei meinen Eltern mit den Kassiberfunden erfuhr ich erst nach meiner Haft von meiner Mutter, meinem Bruder, aus dem Hausdurchsuchungsprotokoll und aus einem internen Bericht der Stasi vom 27.10.1970 in meiner Akte:

»Eine notwendige Hausdurchsuchung nach den Handschuhen und dem Werkzeug konnte bisher aus Gründen der Konspiration nicht durchgeführt werden.«

Heute ist offenkundig, daß diese Durchsuchung kurzfristig genau auf den Tag gelegt werden mußte, an dem ich den zweiten Kassiber über den Zellenspitzel hinausschmuggelte. Dieser hatte meinen Zettel natürlich gleich der Stasi gegeben. Es gehörte zur Legende der Stasi, daß seine Tochter ihn in den Briefkasten meiner Eltern geworfen hätte, in dem ihn dann die Hausdurchsucher gefunden hätten – ohne daß meine Eltern diese „Post" zuvor bemerkt hätten.

Die Hausdurchsuchung dauerte von 13.00 bis 22.30 Uhr. Sehr lange suchte die Stasi nach dem ersten Kassiber, von dessen Existenz sie vom Zellen-IM wußte, nach dem sie aber meine Mutter nicht fragen konnte. Sie stellte die gesamte Wohnung auf den Kopf, nahm zum Beispiel sogar die Gardinenstangen ab, um in die Rohre zu gucken, bis sie ihn endlich in der Geldbörse meiner Mutter fand. Die Stasi nahm über 800 Einzelgegenstände mit, aufgelistet in über 200 Sammel-Positionen – darunter eine Vielzahl von Büchern, Aufzeichnungen und Adressen. Offenkundig im Zusammenhang mit dem Protestplakat wurden beschlagnahmt: *Mehrere Gläser mit Farbe, Pinsel, Kartons mit Farbresten, Lederhandschuhe, eine Laborflasche mit Trichloräthylen, Reinigungsmittel, Werkzeug, mehrere Drahtsorten, eine größere Anzahl uhrentechnischer Unterlagen, ein alter Wecker, ein Buch „Dome und Kathedralen", ein großer Druck „Das Münster zu Straßburg" und Negative mit Aufnahmen, die ich kurz vor und nach der Sprengung der Universitätskirche gemacht hatte.* Die Mitnahme von *Lederhandschuhen* und *Trichloräthylen* paßt zu den Anspielungen, die der Vernehmer im Verhör gemacht hatte. In meiner Akte fand ich noch lange Listen von Adressen. Meine Mutter und unsere westdeutschen Verwandten und Freunde hatten häufig Packpapier wiederholt verwendet. Daraus listete die Stasi eine Vielzahl von Leuten auf, die mir ganz unbekannt waren, zu denen mich der Vernehmer aber befragte. Ich hatte mich schon damals gewundert, was die vielen fremden Namen mit mir zu tun haben sollten.

Das Protokoll der Zeugenvernehmung meiner Mutter belegt, wie geschickt sie sich verhalten hat.

»Frage: Wie gelangten Sie in den Besitz dieses Zettels?

Antwort: Darüber besitze ich keine konkrete Kenntnis und kann nur aus bestimmten Umständen entnehmen, woher dieser Zettel stammt.

Am 12.11.1970 habe ich meinen Sohn Dietrich in der Untersuchungshaftanstalt Leipzig besucht. Ich habe ihm dabei einen Plastebeutel mit Obst mitgebracht, das ich in dem genannten schwarzen Einkaufsbeutel bei mir trug. Kurz vor Beendigung der Sprechzeit nahm ich diesen Beutel aus der Tasche und übergab ihn an meinen Sohn. Den Bindfaden, mit welchem der Obstbeutel zugebunden war, warf mir Dietrich mit einer mir nicht mehr erinnerlichen Bemerkung in den Einkaufsbeutel. In diesem Moment hat er vermutlich den mir vorgelegten Zettel mit in die Tasche fallen lassen. Ich habe das jedoch selbst nicht bemerken können. (…)

Ich habe mich mit dem Inhalt des Zettels aus den genannten Gründen nicht vertraut machen können. Vermutlich wollte mir Dietrich eine Nachricht zukommen lassen, wovon das Untersuchungsorgan nichts erfahren sollte. Erst als im Protokoll der Hausdurchsuchung dieser Zettel aufgeführt wurde, stellte mein Sohn KOCH, Eckhard fest, daß in den Zahlen, die auf dem Zettel vermerkt waren, das Geburtsdatum von Dietrich enthalten war. (…)

Meinem Mann habe ich aus mir nicht bekannten Gründen den Zettel nicht gezeigt. (…) Durch die anfallenden Hausarbeiten habe ich dann nicht mehr an die Existenz dieses Zettels gedacht.«

Ihren zweiten Sohn habe sie wegen des Zettelchens nicht benachrichtigt, da er ohnehin am Wochenende nach Leipzig kommen wollte. Deshalb konnte die Stasi Eckhard keine Beteiligung an der Kassiberaktion zur Last legen.

Wie raffiniert die Stasi persönliche Wertmaßstäbe auszunutzen wußte, zeigt die Bemerkung eines Durchsuchers zu meiner Mutter: *„Frau Koch, ich habe schon viele Wohnungen durchsucht, aber so dreckig wie bei Ihnen war es nirgends."* Diese absichtliche Verletzung ihrer Hausfrauenehre war meiner Mutter noch nach Jahren deutlicher im Gedächtnis geblieben als andere Einzelheiten größerer Bedeutung.

Hausdurchsuchungen bei meinem Bruder

Hausdurchsuchungen in Dresden bei Eckhard und bei dessen Schwiegereltern mußten zur gleichen Zeit wie in Leipzig stattfinden. Da die Stasi vom Zellenspitzel wußte, daß ich erwartete, Eckhard werde meine Briefe entschlüsseln, mußte sie vorsichtshalber auch bei ihm nach dem Code suchen.

Eckhard erinnert sich an eine aufschlußreiche Szene. In seinem Zimmer hing ein Bild der *Leningrader Isaaks-Kathedrale*. Als die Stasileute den Raum betraten und der Blick eines Stasifeldwebels – *der Dicke*, wie wir in der Beethovenstraße sagten – auf diesen Druck fiel, rief er: *„Die sollte man auch sprengen!"* Soviel Dummheit warnte Eckhard, daß es der Stasi um die Leipziger Universitätskirche ging. Aber war dieser offenherzige Feldwebel wirklich so dumm? Die DDR-Funktionäre hatten bei ihrer Begründung der Sprengung beteuert, einzig städtebauliche Notwendigkeiten seien für sie maßgebend, gegen die Kirche als Gebäude oder die Gemeinschaft christlicher Bürger hätten sie selbstverständlich nichts. Doch der Stasifeldwebel hatte verstanden, worum es der SED beim Abriß wirklich ging – um einen Kampf gegen die Kirche, um einen *sozialistischen Kulturkampf*. Die Bedeutung, die die Stasi meinem Bruder beimaß, ergibt sich daraus, daß mein Vernehmungsoffizier Leutnant D. persönlich die Dresdner Aktion leitete. Nach der Hausdurchsuchung hielt er ihn noch eine Weile fest, damit er nicht zu schnell mit unseren Eltern in Leipzig Kontakt aufnehmen konnte. Eckhard lehnte das Angebot des Leutnants ab, ihn im Auto mit nach Leipzig zu nehmen, und fuhr mit der Bahn hinterher.

Die Leipziger Hausdurchsuchung wurde von einem Stasimann geleitet, der später Uwe Mays Vernehmer wurde. Sie dauerte wohl länger als geplant, so daß Eckhard noch in sie hineinplatzte. Als er in einem großen Wäschekorb mit beschlagnahmten Gegenständen nachsehen wollte, wofür sich die Stasi interessiere, kam es zu einer verbalen Auseinandersetzung mit dem Stasioffizier. Dieser hielt stolz ein Zettelchen hoch: *„Haben wir gefunden! Das Wichtigste haben wir."* Als Eckhard spontan danach griff, wurde der Offizier laut. Meine Mutter rief erschrocken: *„Sei bloß ruhig, sonst nehmen die Dich auch noch mit!"*

Die beschlagnahmten Gegenstände und die Bemerkung des Feldwebels bestätigten Eckhard den Verdacht, daß die Stasi gegen mich wegen der Plakatsache ermittele. Er fragte sich, ob die Beschlagnahme des technischen Materials bedeutete, daß ich weich geworden oder aber, daß der Stasi noch keine Aufklärung gelungen war. Mein Zusammenbruch hätte auch für ihn die Verhaftung wegen unserer gemeinsamen Bastelei bedeutet. Als er später im Beschlagnahmeprotokoll die Position 100 sah: *»1 Zettel 6,5 × 2,5 cm mit handschriftlichem Text: ... 0027081937002708 ...«*, erkannte er mein Geburtsdatum und ahnte, was mir mißlungen war.

Meine Eltern und Freunde wurden durch diese Geschehnisse noch zusätzlich schwer beunruhigt. Besuchs- und Brieferlaubnis wurden mir gestrichen.

6. Nachbetrachtung

Besinnung

Die Geschehnisse seit Entdeckung meiner geheimen Botschaften hatten mich ungeheuer mitgenommen. Erst langsam kam ich wieder zur Besinnung, und als nach Weihnachten 1970 eine Zeitlang keine Verhöre stattfanden, dachte ich über diese Ereignisse nach. Als meine Verzweiflung ihren tiefsten Punkt erreichte, war mir die Erinnerung an das trotzige Aufbegehren des Druidenschülers Turo in der Kunstlegende *Martin Luserkes* zu Hilfe gekommen. Ich sah, wie sich die Versucher gleichen. Stasi und böser Zauberer hatten *mit Wohltaten gelockt, mit Gefahren gedroht, an das vernünftige Eigeninteresse appelliert, die Verbundenheit mit Nahe-*

stehenden mißbrauchen wollen, versuchten zu verwirren, zu vernebeln, zu über-
rumpeln und die Erschöpfung nach langem Kampf auszunutzen. Man durfte sich
durch nichts von dem abbringen lassen, was man für sich als richtig erkannt hatte.

In seinem Landschulheim erzählte der jugendbewegte Reformpädagoge Martin Luserke seinen Schülern die Legenden von Abenteuer und Bewährung zunächst als eine Art Lebenshilfe, bevor er sie aufschrieb. Gewiß sind die Luserkeschen Novellen keine große Literatur. Mit ihrem nordisch-mythischen Pathos von Not und Heldentum waren sie im Nationalsozialismus zu vereinnahmen, und sie sind uns heute häufig fremd. Aber in der Grenzsituation, einer Übermacht ausgeliefert zu sein, half mir die Erinnerung an die Legende vom Zweikampf mit dem Bösen. Kießig, der mit Luserke befreundet war, hat uns auf unseren Klassenfahrten aus dessen Büchern vorgelesen. Wir waren wohl die letzte oder vorletzte DDR-Schulgeneration, in der dies noch möglich war. In Kießig hatte die Stasi einen meiner philosophischen Verführer ausgemacht. Gegen ihren totalitären Vereinnahmungsanspruch hat er mir in meiner Verzweiflung durch die Erinnerung noch einmal geholfen.

Rechtfertigung

Unter moralischen Gesichtspunkten und solchen der Klugheit habe ich es stets für richtig gehalten, der Stasi jedes Geständnis, das andere oder mich selbst belastet, zu verweigern. Dennoch scheint mir der Kuhhandel gerechtfertigt zu sein. Auch in der durch meine Kassiber mitverschuldeten Niederlage hatte ich nicht vollständig kapituliert, sondern mit dem für den Deal erforderlichen Teilgeständnis eine neue Verteidigungsposition bezogen, hatte niemanden, den die Stasi hätte greifen können, belastet und vor allem meinen Bruder und Treumann vollständig heraushalten können. Das Wichtigste aber war mir, auch in der Niederlage einen Teil meines Geheimnisses bewahrt zu haben, nicht wichtig für das zu erwartende Gesamtstrafmaß, wohl aber für meine Selbstachtung. Meine Widerstandskraft war dadurch wieder gewachsen. Die Stasi wußte genau, daß ich mich nur unter den besonderen Bedingungen des Handels etwas belastet hatte, ohne im umfassenden Sinne geständig geworden zu sein. Sie konnte nicht hoffen, daß ich meinen Widerstand nun auch bei anderen Beschuldigungen aufgeben würde. Trotzdem gingen die Verhöre noch ein Jahr lang intensiv weiter, doch ich bestritt alle anderen gegen mich erhobenen Anschuldigungen.

Als ich mich später an der Universität Essen mit rationaler Entscheidungstheorie beschäftigte, analysierte ich meine damalige intuitive Entscheidung unter Risiko. Auch bei einer nur kleinen Wahrscheinlichkeit, der Stasi zu glauben, daß sie sich an die Abmachung halten würde, war es unter realistischen Annahmen über die sehr verschieden hohen Strafzumessungen mit und ohne Spionage und mit und ohne mein Weckergeständnis rational, auf den Deal einzugehen, und zwar auch dann, wenn die Stasi sich nicht daran halten würde.

Interludium 5:
Weihnachten

„Wenn Sie endlich einmal bereit sind, von sich aus wahrheitsgemäß auszusagen, melden Sie sich morgens beim Posten zum Vernehmer", hatte mir der Leutnant einmal gesagt. Am 24. Dezember war es soweit. Nach dem Wecken meldete ich mich beim Wachhabenden: *„Zum Vernehmer."*

Als ich ins Vernehmungszimmer gebracht wurde, saß der Leutnant in freudiger Erwartung da: *„Herr Koch, Sie haben sich zum Vernehmer gemeldet? Sie haben mir etwas zu sagen?"*

„Ja, ich habe Ihnen etwas sehr Wichtiges zu sagen: Es begab sich aber zu derselbigen Zeit, daß ein Gebot von dem Kaiser Augusto ausging, daß alle Welt ..." – Der Leutnant wurde unruhig, und ich kürzte: *„Da machte sich auch auf Josef aus Galiläa ..."*

„Koch, was soll das", unterbrach er mich. *„Warten Sie, Herr Leutnant, ich bin noch nicht fertig; das Wichtigste kommt noch",* setzte ich fort: *„... mit Maria, seinem vertrauten Weibe, die war schwanger"* – erregt erhob sich der Leutnant etwas von seinem Stuhl, so daß ich noch einmal kürzte: *„... und sie gebar ihren ersten Sohn und wickelte ihn in Windeln ..."*

Der Leutnant brüllte: *„Koch, sie wollen mich wohl verarschen? Heute ist Heiligabend. Und gerade da lassen Sie mich wegen so 'was von zu Hause holen. Ich dachte, Sie wollten mir etwas Wichtiges sagen."*

„Aber das ist doch wichtig, auch für Sie", erwiderte ich. *„Das ist die frohe Weihnachtsbotschaft. Herr Leutnant, auch für Sie ist heute der Heiland geboren."*

Der Vernehmer guckte mich wie einen Irren an. Ich fuhr fort: *„Jetzt weiß ich endlich, warum ich hier in Haft bin."* – *„Wegen Ihrer Straftaten, das ist doch klar",* schrie der Leutnant.

„Mir war es nicht klar", sagte ich, *„weil ich keine Straftaten begangen habe. Jetzt weiß ich, daß ich allein deshalb hier bin, weil Gott mich Ihnen geschickt hat, um Ihnen heute die frohe Weihnachtsbotschaft zu verkünden."*

Ein Protokoll wurde nicht aufgenommen. Der Leutnant ließ mich in meine Zelle zurückbringen.

„Heiligabend konnten wir die Glocken der nahegelegenen Peterskirche hören" – hatte ich in einem Brief an meine Eltern geschrieben, den die Stasi wegen dieser verbotenen Mitteilung zurückhielt. Aber warum? Daß ich in der Beethovenstraße gefangen war, wußten sie. In der Erwähnung der Peters-*Kirche* eine Anspielung auf das Plakat gegen die Sprengung der *Universitätskirche* zu sehen, wäre reichlich paranoid.

Ärgerte sich die Stasi, daß sie mich nicht vollkommen von der Welt isolieren konnte, und daß meine Wahrnehmung von Glockengeläut sie an eine Sphäre erinnerte, auf die sie keinen Zugriff hatte – auch nicht in der Bearbeitung meiner Person?

Auch in der Peterskirche hatten wir bei Kantor Heinz Bernstein zu Weihnachten musiziert. Ich dachte sehnsüchtig an die Musik, die für mich untrennbar zu Weihnachten gehörte, und erinnerte mich an die Aufführungen der Bachschen Weihnachtskantaten in der Thomas- und der Universitätskirche und an die Freunde, mit denen ich sie zusammen erlebt hatte.

Am nahesten aber war mir die Schützsche Weihnachtsgeschichte aus unseren Aufführungen in der Nikolaikirche. Anders als im jauchzenden Jubel der hochbarocken Oratorien mit Pauken und Trompeten hörte ich hier das ungeheure Elend des Dreißigjährigen Krieges nachklingen. Bei der sich im Schlußchor entfaltenden Freude über die Christgeburt wird schon auf die Kreuzigung verwiesen, und der Chor singt eine Danksagung für die Geburt und die von Schütz eindringlich beschworene *Erlösung von des Teufels Gewalt – von des Teufels – des Teufels – von des Teufels – des Teufels Gewalt – von des Teufels Gewalt.*

Hetze 4:
Menschenrechte

Der Angeklagte (…) wäre aber im Rahmen der Uno-Menschenrechte für die Freizügigkeit der Wahl des Aufenthaltsortes und der freien Meinungsäußerung in
der DDR eingetreten,

wird das Urteil (S. 7) auch mit meinem Bekenntnis begründet.

1968 war das Jahr der Menschenrechte. Offiziell hatte sich die DDR-Führung zu
ihnen bekannt. Sie bemühte sich um internationale Reputation, insbesondere um
völkerrechtliche Anerkennung als zweiter deutscher Staat. In öffentlichen Erklärungen behauptete sie, in der DDR seien die Menschenrechte verwirklicht.
Wie aber waren Mauer, Stacheldraht, Schießbefehl, Ausreise- und Reiseverweige-
rungen mit dem Recht auf Freizügigkeit und die restriktive Informationspolitik
und die strafrechtliche Verfolgung kritischer Meinungsäußerungen mit der Meinungsfreiheit zu vereinbaren? Die Diskrepanz war so offenkundig, daß die DDR-
Führung auf jede Thematisierung der Menschenrechte äußerst empfindlich reagierte. In Gesprächen mit Freunden hatte ich die DDR-Wirklichkeit mit der
Menschenrechtserklärung verglichen. Wegen ihrer verbalen offiziellen Anerkennung schien sie mir ein guter Ansatzpunkt für Kritik zu sein. Daß das bereits
staatsfeindliche Hetze war, sollte ich durch die DDR-Justiz erfahren. Die Geschichte des Widerstandes gegen das Unrecht in der DDR beginnt nicht erst mit
der Vorwendezeit. Aber die Möglichkeiten, in der DDR für die Menschenrechte
einzutreten, waren in den sechziger Jahren erheblich geringer als in den Achzi-
gern.

„Weil ich ein Mensch bin"

Die Angst der SED vor einer Menschenrechtsdiskussion war so groß, daß nicht
einmal der Text der UNO-Menschenrechtsdeklaration erhältlich war. Als ich ihn
in der Deutschen Bücherei ausleihen wollte, erhielt ich den Ausleihzettel mit dem
Stempelaufdruck *Nachweis für wissenschaftliche Verwendungszwecke erforderlich*
(aus der Erinnerung wiedergegeben) zurück. Immerhin fand ich Sekundärliteratur mit Textauszügen. Empört hatte ich diesen Schein Freunden gezeigt. Jüttes
hatten der Stasi auch über diesen Leihzettel und über meine kritischen Äußerungen zur Menschenrechtssituation in der DDR berichtet. Der Leutnant legte
mir sogar diesen Ausleihschein im Verhör vor: *„Sie haben diesen Zettel zur Hetze
gegen die DDR verwendet."* Ich bestritt. *„Warum haben sie ihn denn sonst aufgehoben?"* fragte er. Auf einen scharfen Vorhalt aus Franz' Aussagen, den ich bereits

im Hetze-Abschnitt zu den DDR-Wahlen zitiert habe, sagte ich zum Vorwurf, ich hätte einen Mangel an Meinungsfreiheit in der DDR beklagt:

»*Zur Meinungsfreiheit in der DDR habe ich mich gleichfalls geäußert, wobei ich wiederum auf die UNO-Menschenrechtserklärung zurückgriff, wo es meiner Erinnerung nach heißt, jeder Mensch habe das Recht, unabhängig von Rasse, Nationalität, Geschlecht und politischem Standpunkt Informationen zu empfangen und zu verbreiten. An letzteres erinnere ich mich nicht mehr genau. Ich äußerte, daß dieser Punkt in der DDR ebenfalls nicht erfüllt sei, wobei ich natürlich diese Frage der Erklärung für etwas zu idealistisch empfand.*

Ich hatte gegenüber Jüttes meine Verwunderung zum Ausdruck gebracht, daß die genannte Menschenrechtserklärung in der DDR nicht publiziert würde.«

Während ich die sonstigen Hetze-Vorwürfe fast durchweg bestritt, leugnete ich nicht, daß ich an der Menschenrechtssituation in der DDR im Freundeskreis Kritik geübt hatte. Aus dem weiteren umfangreichen Protokoll zitiere ich den Abschluß, der keines Kommentars bedarf (*Dok. 30*).

1. Meinungsfreiheit

Außerdem erklärte er, daß in der DDR das Recht der freien Meinungsäußerung und der Wahlfreizügigkeit des Aufenthaltsortes nicht gegeben sei.
(Urteil, S. 4)

„Das Recht auf falsche Meinung"

Eine Woche später folgte ein noch schärferer Vorhalt:

»<u>Frage</u>: *Nach den Aussagen der Beschuldigten Jütte, Ingrid behaupteten Sie, in Westdeutschland existiere eine freie und demokratische Gesellschaft und in der DDR gegensätzlich dazu eine* **Parteidiktatur.** *Entgegen der DDR halte sich Westdeutschland an die Menschenrechte laut der UNO-Deklaration und garantiere das Recht der Rede- und Pressefreiheit sowie der Versammlungsfreiheit, das Streikrecht und das Recht auf Auswanderung. Nehmen Sie dazu Stellung!*«

Zunächst wich ich aus, gab aber wenigstens ein Gespräch mit Jüttes zu:

»<u>Antwort</u>: *Ich habe mich in dieser Form nicht geäußert, denn Vergleiche dieser Art zwischen der DDR und der BRD habe ich nicht angestellt. Ich erinnere mich, über das Streikrecht nicht gesprochen zu haben, weil ich mich für diese Frage nicht interessierte. Auf Grund ungenügenden Erinnerungsvermögens kann ich nur sagen, mit dem Ehepaar Jütte und zum Teil mit einem von beiden im Laufe des Jahres 1969 über verschiedene politische Probleme gesprochen zu haben. Mit anderen Gesprächspartnern habe ich meiner Erinnerung nach über politische Themen nicht diskutiert.*«

Mit dieser Antwort war der Vernehmer aber nicht zufrieden. Es gelang ihm, mich in ein Gespräch zu verwickeln. Meine gerade laufende Kassiberschmuggelei hatte mir offenbar Auftrieb gegeben, und in meiner kämpferischen Stimmung ließ ich mich auf einen Dialog ein. Das Protokoll dieser Vernehmung enthält zwar die Kuriosa des *christlichen Staatsratsvorsitzenden, die Heisenbergsche Unschärferelation zur Pressefreiheit* und meine Auffassungen über die unbeschränkten Meinungsäußerungsrechte des Einzelnen mit seinen natürlichen Mitteln, wirkt aber insgesamt so unbeholfen gequält – schließlich wollte ich wenig Zitierbares hinterlassen, und der Leutnant tat sich mit dem Protokollieren schwer –, daß es ohne Kommentar kaum verständlich ist. Deshalb rekonstruiere ich das Verhör aus der Erinnerung unter Verwendung einiger Protokollbelege.

<u>Vernehmer</u>: „Herr Koch, Sie haben behauptet, daß in der DDR keine Meinungsfreiheit bestehen würde. Äußern Sie sich dazu!"

<u>Koch</u>: „Ich werde der staatsfeindlichen Hetze beschuldigt, weil ich gewisse Meinungen geäußert haben soll. Ich weiß nicht, wie sich solche Beschuldigungen mit der Meinungsfreiheit vertragen?"

<u>V</u>: „Bei uns in der DDR herrscht Meinungsfreiheit, aber diese gibt niemandem das Recht, Verleumdungen und Lügen gegen die Politik von Partei und Regierung zu verbreiten, wie Sie es getan haben."

<u>K</u>: „Meinungsfreiheit kann nicht bedeuten, nur die jeweils offiziell anerkannte Wahrheit sagen zu dürfen; denn dann muß jemand entscheiden, was die Wahrheit ist. Und damit hätte der Staat doch wieder die Entscheidungsbefugnis darüber, welche Meinung als wahr verbreitet werden darf. Die Freiheit besteht gerade darin, unterschiedliche Ansichten äußern zu dürfen. Ich möchte das deshalb absichtlich zugespitzt so formulieren: *Meinungsfreiheit besteht in dem Recht, auch falsche Meinungen vertreten zu dürfen.*"

<u>V</u>: „Koch, Sie verlangen also, daß Sie Lügen über die DDR verbreiten dürfen?"

<u>K</u>: „Wenn ich von *falscher Meinung*' spreche, so meine ich damit nicht Lügen, sondern andere Standpunkte. Sie können es ,abweichende Standpunkte' nennen."

<u>V</u>: „Was verstehen Sie unter der Formulierung ,falscher Standpunkt'?"

»*Antwort: Ich sagte in dieser Vernehmung bereits aus, daß ich darunter einen der Politik des Staates jeweils entgegengerichteten geäußerten Standpunkt verstand.*«

<u>V</u>: „Sie verlangen also, daß wir eine gegen unsere Politik gerichtete Propaganda zulassen sollen?"

<u>K</u>: „Es geht mir nicht darum, gegen die offizielle Politik zu opponieren, sondern darum, eine Meinung äußern zu dürfen, die von der Politik des jeweiligen Staates abweichen darf. Bei politischen Auffassungen kann man nicht ohne weiteres zwischen wahr und falsch unterscheiden. Hier müssen Abweichungen von der offiziellen Linie erlaubt sein."

<u>V</u>: „Ich verstehe nicht, was Sie da für einen Unterschied machen wollen. Erklären Sie Ihre Auffassung!"

Als ich mich mit analytischer Philosophie befaßte, war mir das Problem des naturalistischen Fehlschlusses klar geworden, wonach es logisch unmöglich ist, von deskriptiven auf normative Sätze zu schließen. Aber nach der umfangreichen Schulung im dialektisch-historischen Materialismus wußte ich, daß ich dem Leutnant diese Unterscheidung nicht zumuten konnte. Die Partei verfügte aus Einsicht in die objektiv wirkenden historischen Gesetzmäßigkeiten über die jeweilige Kenntnis der richtigen Politik. Danach waren auch politische Entscheidungen objektiv richtig oder falsch. Auf so grundsätzlicher Ebene wäre eine Diskussion fruchtlos gewesen. Also versuchte ich es einfacher. Mir kam eine freche Idee.

K: „Zum Beispiel könnte sich jemand *für einen anderen Staatsratsvorsitzenden als Walter Ulbricht* aussprechen."

Ich merkte dem Leutnant die Freude darüber an, daß ich seiner Meinung nach drauf und dran war, mich um Kopf und Kragen zu reden.

V: *„Was haben Sie gegen Walter Ulbricht? Warum sollte ein Bürger der DDR einen anderen Vorsitzenden des Staatsrates fordern?"*

Zunächst mußte ich wieder einmal die Unterstellung, ich hätte etwas gefordert, zurückweisen. Dann wagte ich mich vor.

»*Antwort: So müßte es einem Bürger in der DDR zum Beispiel möglich sein, in Gesprächen mit anderen Personen zu sagen, daß an Stelle von Walter Ulbricht ein christlich eingestellter Mensch als Vorsitzender des Staatsrates fungieren sollte, weil ihm das in seiner Einstellung als Christ besser zusagen würde. Dieses Beispiel nannte ich in Gesprächen nicht.«*

Im handschriftlichen Originalprotokoll hatte der Leutnant »*ein Vertreter der Kirche*« statt »*ein christlich eingestellter Mensch*« geschrieben. Hartnäckig mußte ich auf einer Korrektur bestehen; denn hier sollte mir die strafbare Hetze untergeschoben werden, ich hätte für die Kirche als Organisation eine politische Rolle als Opposition gefordert, was mir als Verletzung der neuen Verfassung von 1968 angelastet worden wäre.

V: „Warum sollte ein DDR-Bürger einen christlich eingestellten Vorsitzenden des Staatsrates wollen?"

K: „Ich nehme an, daß Walter Ulbricht nicht für das Wohl der DDR *betet.*"

Der Leutnant sah mich nur groß an, setzte zu einer Antwort an, schwieg dann aber, und ich fuhr fort:

K: „Ein Christ könnte sich einen christlichen Staatsratsvorsitzenden wünschen, weil er glaubt, daß dieser *für das Wohl der DDR betet, und Gott diese Gebete erhört – zum Wohle der DDR.*"

Der Leutnant wirkte enttäuscht. Jedesmal, wenn ich in naiver Weise auf Religiöses Bezug nahm, schien er nicht recht weiter zu wissen.

V: „Welchen Personen gegenüber haben Sie sich so geäußert?"

K: „Etwas Derartiges habe ich zu niemandem gesagt. Sie wollten meine Meinung näher erklärt haben. Deshalb ist mir jetzt dieses Beispiel eingefallen."

„Heisenbergsche Unschärferelation zur Pressefreiheit"

Nun setzte der Vernehmer zum Thema Meinungsfreiheit noch einmal anders an.

V: „Sie haben nach den Aussagen Jüttes behauptet, in Westdeutschland bestehe Pressefreiheit, in der DDR aber nicht."

K: „Solche Vergleiche zwischen der DDR und Westdeutschland habe ich nicht angestellt. Das kann ich auch nicht. Denn ich kann die Presse in Westdeutschland nicht beurteilen, weil es in der DDR keine westdeutschen Zeitungen zu kaufen gibt."

V: „Sie fordern also die Verbreitung westlicher Zeitungen in der DDR?"

K: „Nein, ich fordere das nicht. Aber ich kann Zeitungen, die ich nicht kenne, nicht beurteilen."

V: „Sie wissen aus den Publikationsorganen der DDR, daß es in Westdeutschland eine starke Konzentration der Presse gibt, daß alle großen Tageszeitungen dem Springerkonzern gehören, der nur die Interessen imperialistischer Kreise vertritt. Sollen wir dieses Sprachrohr des Klassenfeindes zulassen? Ist das Ihre Auffassung von Pressefreiheit?"

Der Springerkonzern stand in der DDR für das westliche Meinungsmonopol schlechthin. Ich wollte mich nicht auf eine derartige Diskussion um Pressekonzentration einlassen, mir ging es um die Freiheit des einzelnen Menschen – meine Freiheit, die eigene Meinung aussprechen zu dürfen.

»Antwort: Ich verurteilte die zu starke Konzentrierung der Presse des Springerkonzerns, weil es meiner Auffassung von der freien Meinungsbildung widersprach.«

V: „Welche Auffassungen hatte das Ehepaar Jütte dazu?"

K: „Die gleiche Meinung wie ich."

V: „Wie haben Sie sich gegenüber dem Ehepaar Jütte über Presse- und Meinungsfreiheit noch geäußert?"

Da kam mir ein weiterer kurioser Einfall, wie ich Spielraum gewinnen und den Leutnant etwas auf die Schippe nehmen könnte.

K: „An konkrete Gespräche kann ich mich nicht erinnern. Aber ich habe da eine Theorie als Ausgangspunkt für meine Überlegungen zur Pressefreiheit."

V: „Was ist das für eine Theorie?"

»Antwort: Ich versuchte, Beziehungen zwischen der Meinungsfreiheit und den Machtmitteln der Verbreitung herzustellen, wobei ich als Ausgangspunkt dafür die Heisenbergsche Unschärferelation wählte, die besagte, daß das Produkt einer Größe niemals größer als eine Konstante sein kann.«

Diese Protokollpassage belegt auch, wie entstellend der Leutnant protokollierte; denn ich hatte natürlich gesagt, daß das Produkt der Unbestimmtheiten von Orts- und Impulsvariablen niemals kleiner als das Plancksche Wirkungsquantum sein kann. Aber solche strafrechtlich unerheblichen Korrekturen durchzusetzen, fehlte mir die Kraft. Der Vernehmer verlangte eine Erklärung, und ich begann Belehrungen zur Quantentheorie. Leider unterbrach er meinen weiteren physikalischen Vortrag bald und verlangte, daß ich endlich zur Pressefreiheit komme.

K: „Die Freiheit, eine Meinung zu äußern und die Machtmittel zur Verbreitung einer Meinung müssen einer Relation wie der Heisenbergschen Unschärferelation genügen."

Das ist absichtlich aufgeblasener Blödsinn. Für mein damaliges Argument kam es mir nur auf die umgekehrte Proportionalität an. Der Vernehmer sah mich zweifelnd an. Offenkundig wußte er nicht recht, ob ich spönne, Tiefsinn redete oder ihn veralbern wollte. Aber er hatte nicht das theoretische Erkenntnisinteresse des Physikers, sondern kam als Polizist auf sein Verwertungsinteresse zurück.

V: „Zu welchen praktischen Schlußfolgerungen sind Sie gelangt?"

»*Antwort: Im Ergebnis dieser theoretischen Erwägung gelangte ich zu der praktischen Schlußfolgerung, daß ein Mensch mit natürlichen Mitteln, wie mit seiner Stimme und seiner Handschrift, das Recht hat, eine falsche Meinung, die er selbst für richtig hält, kundzutun, die nicht mit der Regierungspolitik, ganz gleich um welche Gesellschaftsordnung es sich handelt, übereinstimmt.*

Wenn sich die Mittel für eine Meinungsbildung konzentrieren, so sollte auch die Kontrolle der Gesellschaft darüber verstärkt werden, wie es gegen den Springerkonzern erforderlich wäre.«

Ich wartete auf die Frage, ob meine Kritik auch das staatliche Meinungsmonopol in der DDR betreffe. Aber dem Stasimann war es selbstverständlich, daß in der DDR die Verbreitung der richtigen Meinung monopolisiert werden dürfe und müsse. Ihn interessierte nur das provokative *Recht auf falsche Meinung*.

V: „Koch, Sie verlangen also das Recht, gegen die Politik unseres Staates aufzutreten?"

K: „Was ich gesagt habe, richtet sich nicht gegen die DDR. Meine Auffassung zum Recht auf Meinungsfreiheit gilt für jede Gesellschaftsordnung."

V: „Sie verlangen also zum Beispiel auch das Recht auf Kriegshetze?"

»*Antwort: Voraussetzung sollte jedoch sein, daß der Betreffende weder zum Krieg noch zu anderen Verbrechen aufruft.*«

Meine Aussagen waren dem Vernehmer noch zu allgemein, noch nicht genügend strafbar. Er suchte nach Äußerungen und nicht nur nach Meinungen.

V: „Hier geht es um Ihre Äußerungen über die DDR. Wie haben Sie sich über die Meinungsfreiheit in der DDR geäußert?"

K: „Mehr als ich bisher dazu gesagt habe, wüßte ich nicht zu sagen."

V: „Ist Ihrer Meinung nach in der DDR die Meinungsfreiheit in Bezug auf die politischen Verhältnisse garantiert und verwirklicht?"

Auf diese geschickte Frage durfte ich nicht mit „Nein" antworten, und „Ja" wollte ich nicht sagen.

<u>K</u>: „Ich habe Ihnen vorhin ein Beispiel genannt. Darf man sich in der DDR öffentlich für einen anderen Staatsratsvorsitzenden aussprechen, z. B. für einen Christen?"

<u>V</u>: „Hier stellen wir die Fragen. Beantworten Sie meine Frage!"

Ich wagte mich weit vor.

»*Antwort: Bezogen auf die politischen Verhältnisse in der DDR war ich mir nicht im Klaren, inwieweit im Austausch falscher und gegen die Staatspolitik gerichteter Standpunkte die Meinungsfreiheit garantiert wäre. Ich betrachte es aber, wie zuvor ausgesagt, für unabdinglich, daß der einzelne anderen gegenüber seinen Standpunkt mit seinen Mitteln, wie Sprache und Schrift vertreten können müsse.*«

Die Stasi war aber nicht an meinen Meinungen über Meinungsfreiheit interessiert, sondern an meinen Reden dazu vor der Haft.

<u>V</u>: „Wem gegenüber haben Sie Forderungen nach Gewährleistung einer solchen Meinungsfreiheit aufgestellt?"

»*Antwort: Forderungen nach Gewährleistung einer solchen „Meinungsfreiheit" habe ich nicht aufgestellt und mich dahingehend auch nicht geäußert.*«

Der Leutnant wagte nicht, meine Auffassung ohne distanzierende Gänsefüßchen festzuhalten.

<u>V</u>: „Herr Koch, Meinungen können Sie haben, wie Sie wollen. Nur Handlungen sind strafbar. *Aber Meinungsäußerungen sind auch Handlungen.*"

War das ein Anflug von Ironie?

Und dann ging die zweitägige Vernehmung laut Protokoll weiter zu meinen Äußerungen über Demokratie, Liberalität, Parteidiktatur, völkerrechtliche Anerkennung der DDR und Willi Brandts Besuch in Erfurt.

Als der Leutnant mir zum Schluß das Protokoll vorlegte, protestierte ich, da es insgesamt ungenügend war und mehrere unzutreffende Formulierungen enthielt. Beispielsweise hatte ich statt *„falscher und gegen die Staatspolitik gerichteter Standpunkte"* nur von *abweichenden* Standpunkten gesprochen. *„Das ist nichts anderes; denn gegen den Staat gerichtete Meinungen sind auch abweichende Meinungen"*, argumentierte der Leutnant. Nach diesem Verhörsmarathon hatte ich nicht mehr genügend Energie zum Widerstand und gab meine Unterschrift. Anschließend in der Zelle ärgerte ich mich, daß ich zu weit gehende Passagen unterschrieben hatte, die sich aus dem Zusammenhang gerissen gegen mich zitieren ließen. Und ich machte mir Vorwürfe, daß ich mich überhaupt zu einer Verteidigung der Meinungsfreiheit verleiten ließ. Ich beschloß, das Protokoll zu widerrufen. Das hatte ich bisher noch nie gewagt. Ich hatte Angst. Über die Reaktion des Vernehmers war ich mir ganz im unklaren.

Am nächsten Morgen erklärte ich zu Beginn des Verhörs, daß ich das gestrige Protokoll widerrufe. Der Leutnant war überrascht und reagierte wütend und scharf:

„Sie haben unterschrieben und können nicht widerrufen." – *„Ich habe mich gestern bereits gegen falsche Formulierungen gewehrt, aber Sie haben mir gesagt, das*

sei doch dasselbe. Außerdem wird auch durch die Reihenfolge im Protokoll insgesamt
ein falscher Eindruck erzeugt. Ich war gestern Abend zu müde. Erst in der Zelle ist
mir dann klar geworden, daß es ein Fehler von mir war zu unterschreiben." – „Das
ist Ihre Sache. Daran können Sie jetzt nichts mehr ändern." – „Wenn das so ist, dann
unterschreibe ich in Zukunft überhaupt nichts mehr."

Nach einigem Hin und Her lenkte der Leutnant ein. Zu seinem Rollenschema
gehörte es aber, daß ich nicht von mir aus eine Erklärung abgeben, sondern nur
auf eine Frage antworten durfte. Er mußte demonstrieren, die Initiative behalten
zu haben. Deshalb beginnt das nächste Protokoll zum Thema *Israel* ungewöhnlich:

»*Frage: Machen Sie zum Gegenstand des Ermittlungsverfahrens weitere ergän-*
zende Aussagen!«

Ich wollte hingegen verdeutlichen, daß ich nicht auf seine Aufforderung antwortete, sondern ein eigenes Anliegen hatte.

»*Antwort: Ich kann keine ergänzenden Aussagen machen. Zu meiner Vernehmung*
am 9.11.1970 möchte ich besonders zu dem Problem der Verbreitung „falscher Stand-
punkte" sagen, daß dazu meine Worte nicht richtig wiedergegeben wurden. Meine
Aussagen stimmen darin mit der Protokollierung nicht überein, weshalb ich dazu
meine Aussagen widerrufen muß. Dietrich Koch.«

Wegen meines Vorwurfs, er habe falsch protokolliert, gab sich der Leutnant gekränkt. Damit Derartiges nicht noch einmal passierte, einigten wir uns, daß in
Zukunft auf jede Frage die Antwort sofort protokolliert und von mir unterschrieben werde.

2. Recht auf Freizügigkeit und Schießbefehl

In mehreren Gesprächen mit Jüttes forderte KOCH die Beseitigung der Grenzsicherungsanlagen in der Hauptstadt Berlin, die nur dem Zweck dienen würden,
DDR-Bürger an einer Ausreise nach Westdeutschland zu hindern. Im Zusammenhang damit behauptete der Beschuldigte, die DDR würde nicht nach der
UNO-Menschenrechtsdeklaration handeln, denn jeder Mensch hätte das Recht,
in einen Staat überzusiedeln, in dem eine andere Gesellschaftsordnung exi-
stiert.
(MfS-Schlußbericht, S. 10)

Der Angeklagte wandte sich des weiteren in Diskussionen gegen die Grenzsicherungsmaßnahmen der Deutschen Demokratischen Republik v. 13.8.1961
und verlangte, daß jeder Bürger das Recht besitzen müsse, auswandern zu
können.
(Urteil, S. 5)

Alle meine Freunde hielten die Ausreise- und Reiseverbote der DDR für Unrecht.
Was Jüttes der Stasi über meine Bemerkungen unter vier Augen zu diesem Thema berichtet hatten, reichte für eine Verurteilung. Ich konnte nur die allerschärf-
sten Formulierungen bestreiten. Da ich mich gegen die Beschuldigung der Vorbereitung zum illegalen Verlassen der Republik mit legalen Ausreiseplänen verteidigt hatte, schien es mir richtig zu sein, mich ausdrücklich für die Freizügigkeit
der Wahl des Aufenthaltsortes als einem Menschenrecht auszusprechen:
*»Darüber, daß es für jeden Bürger möglich sein müßte, in einen anderen Staat auf
eigenen Wunsch überzusiedeln, habe ich mich geäußert, wobei ich mich von der
UNO-Menschenrechtsdeklaration des Jahres 1948 leiten ließ, wo gesagt wird, daß ein
Bürger den Staat, in dem er lebt, verlassen kann. Dieser Punkt ist in der DDR nicht
verwirklicht, wobei ich erkennen mußte, daß das in vielen Staaten der Erde ebenfalls
so sein würde. Meinen Anschauungen und Absichten wäre es entgegengekommen,
wenn dieser Punkt der Menschenrechtserklärung in der DDR verwirklicht werden
könnte.«*
Auch das im folgenden beschriebene Verhör fand in der Zeit meiner Kassiber-
bemühungen statt. Vermutlich äußerte ich mich deshalb besonders deutlich
(*Dok. 31*).
Der Leutnant begann mit einem anonymen Vorhalt, und ich erfuhr auch im
weiteren Verlauf nicht, wer mich beschuldigt hatte. In meiner Antwort gebe ich
ausdrücklich nur meine Meinung wieder, sage aber nicht aus, sie irgend jemandem gegenüber geäußert zu haben. Eine Meinung lediglich zu besitzen, war nicht
strafbar, nur ihre Äußerung. An dieses Verhör erinnere ich mich gut, weil es zu
einer Diskussion mit dem Vernehmer kam. Er erklärte mir, am 13. August 1961

seien in Berlin Grenzsicherungsmaßnahmen erforderlich gewesen, um den Ausbruch eines Krieges zu verhindern: „Der antifaschistische Schutzwall mußte errichtet werden, weil die Imperialisten einen Panzerangriff auf die Deutsche Demokratische Republik von Westberlin aus planten." Das war die dümmste offizielle Version; vielleicht war es auch eine geschickte Weise, mich zum Widerspruch zu reizen. Jedenfalls ließ ich mich zu der Äußerung provozieren, »daß die Grenze zugemauert wurde, weil zu viele aus der DDR abgehauen waren.«

Ich verteidigte das Menschenrecht, seinen Aufenthaltsort frei zu wählen und warf der DDR eine *metaphysische Gesellschaftsauffassung* vor. *Metaphysisch* war in der DDR-Philosophie ein Schimpfwort für bürgerliche Richtungen, das sie für sich selbst weit von sich wies. Bereits deshalb war mein Angriff, die einzig wissenschaftliche Philosophie als metaphysisch zu bezeichnen, eine Frechheit. Bereits in einer früheren Vernehmung hatte ich gesagt:

»*Gleichzeitig stellte ich die Frage, woher der Staat, wie z. B. die DDR, sich das Recht nehmen würde, einen Bürger entgegen seinem Willen an seiner Auswanderung zu hindern. Ich (…) war davon überzeugt, daß es irrational und metaphysisch ist, wenn der Staat wie die DDR einen solchen Menschen zwingt, entgegen seiner Überzeugung im Staat weiterzuleben.*«

Meine Ausführungen sind ganz ungenügend protokolliert. Die Sekundärliteratur, die ich bei meiner Suche nach dem Text der Menschenrechtsdeklaration in der Deutschen Bücherei gefunden hatte, öffnete mir die Augen für ein grundsätzliches Problem. Menschenrechte, wie das auf Redefreiheit oder Freizügigkeit, sind Individualrechte, deren Inhaber das einzelne Subjekt ist. Dieser aufklärerische Rechtsindividualismus, nach dem jeder Mensch unveräußerliche Rechte besitzt, steht im Widerspruch zur marxistischen Gesellschaftsmetaphysik, nach der das gesellschaftliche Gesamtwesen der eigentliche Wertträger sei. Im objektiven Gang der Geschichte werde die jeweils vorausgegangene Gesellschaftsordnung durch die höhere notwendig abgelöst, jetzt der Kapitalismus durch den Sozialismus. Das sei Fortschritt:

»*Die Weltgeschichte geht unaufhaltsam der Diktatur des Proletariats entgegen, aber sie schlägt beileibe nicht glatte, einfache, gerade Wege ein.*« (W. I. Lenin. Die III. Internationale und ihr Weg in der Geschichte, 1. Mai 1919)

In der Ontologisierung der Gesellschaft zum wahren geschichtlichen Gesamtwesen auf dem Wege des Fortschritts ist die Verteidigung der objektiv höheren Gesellschaftsordnung ethisch geboten:

»*Sittlich ist das, was der Zerstörung der alten Ausbeutergesellschaft und der Sammlung aller Werktätigen um das Proletariat dient, das eine neue, die kommunistische Gesellschaft aufbaut.*« (Lenin. Rede auf dem III. Allrussischen Kongreß des Kommunistischen Jugendverbandes Rußlands, 2.10.1920)

Deshalb müßten die Individualrechte im Fall eines Konfliktes hinter dem Anspruch der historischen Notwendigkeit, das höherstehende fortschrittliche gesellschaftliche Ganze zu erreichen oder zu verteidigen, zurücktreten. Vage erinnere ich mich, daß der Leutnant mir die folgende Erläuterung gab: Das Verhältnis der Gesellschaft zum Einzelnen kann man mit dem des Körpers zu seinen Gliedern vergleichen. Um den Körper als Ganzes zu erhalten, kann es im Einzelfall notwendig sein, ein Glied zu opfern, etwa ein Bein zu amputieren. Das Glied hat kein eigenes Recht im Verhältnis zum Leib als Ganzem. Nach einer solchen Auffassung ist der einzelne Mensch nicht mehr Zweck, sondern nur noch Mittel im objektiven Gang der Geschichte. Unter den konkreten historischen Bedingungen des Systemwettkampfes zwischen Kapitalismus und Sozialismus folgte aus dem Wertprimat des gesellschaftlichen Gesamtwesens die Rechtfertigung, Individualrechte zu verletzen. *Der Einzelne ist eine Laus.*

Demgegenüber verteidigte ich meine Auffassung mit einer Vertragstheorie der Gesellschaft. Die Rechte der Individuen müssen sich nach einer Rechtsordnung richten, die durch einen Gesellschaftsvertrag zwischen *allen* zustandekommt. Ich berief mich auf das Wenige, was ich von Rousseau und Kant wußte.

Die Hetze-Beschuldigungen, den DDR-Schießbefehl als diktatorisch und unmenschlich bezeichnet zu haben, parierte ich mit einer etwas gründlicheren Argumentation. *„Zerreden"* nannte es der Leutnant. Werde der Gesellschaftsvertrag gebrochen, indem dem Einzelnen Menschenrechte verweigert werden, so müsse dieser das Recht haben, seinen „Vertrag" mit der Gesellschaft zu lösen, um sich einer anderen anzuschließen. Es war ein absurdes Unternehmen, im Verhör derartige Gedankengänge vorzutragen. Der Vernehmer wartete nur auf strafrechtlich Verwertbares, und ich konnte mich nur so allgemein und verschwommen ausdrücken, daß er nichts Zitierbares erhielt. Auch wenn diese Bedingungen einen philosophischen Diskurs unmöglich machten, so hatte ich wenigstens die heimliche Freude, meine hochgefährlichen aufklärerischen Auffassungen so auszusprechen, daß der Vernehmer mich nicht zu fassen bekam. Immerhin enthält das Protokoll Spuren dieser Gedankengänge. Der wissenschaftliche Sozialismus galt als die einzig wissenschaftliche Weltanschauung, die uns die objektiv wirkenden Gesetze der historischen Entwicklung lehrte. Wer nach ihnen handelte – und die Partei hatte das perfekte Wissen von ihnen – hatte recht. Mein Vorwurf eines *metaphysischen* und sogar *irrationalen* Gesellschafts- und Geschichtsverständnisses richtete sich gegen die antiaufklärerische Auffassung von der angeblichen Einsicht in den gesetzmäßigen Fortschritt der Geschichte, den daraus folgenden Wertprimat des gesellschaftlichen Ganzen über die Rechte der Subjekte und den Herrschaftsanspruch der Partei als der notwendigen Führerin auf dem Weg des Fortschritts.

Ausbildungskosten und Freizügigkeit

Zu meinen Äußerungen, daß die Ausreiseverweigerungen der DDR ein Menschenrecht verletzten, warf mir der Vernehmer Undankbarkeit vor. Die DDR habe meine Entwicklung in jeder Hinsicht gefördert, ich habe auf Kosten des

Volkes studieren können und sei nun durch meine Fluchtpläne zu einem Verräter an der DDR geworden. Er verschanzte sich hinter einer DDR-offiziellen Argumentation: *„Die DDR ermöglicht ihren Bürgern kostenlos Oberschulbesuch und Studium. Sie haben deshalb auch eine besondere Verpflichtung gegenüber der DDR, hier zu arbeiten. Wer die DDR verlassen will, müßte seine Ausbildungskosten zurückzahlen. Die BRD läßt sich ihre Fachleute hier ausbilden und wirbt sie dann ab. Auf diese Weise soll die DDR wirtschaftlich ausgeblutet werden. Auch das ist ein Grund für die zeitweiligen Reisebeschränkungen, die gegenwärtig nötig sind."*

Über solche Reden hatte ich mich schon früher geärgert, weil hier ein nicht ganz abwegiges finanzielles Hilfsargument mißbraucht wurde, um ein Menschenrecht auszuhebeln. Im Verhör entgegnete ich auf der gleichen Ebene: *„Ich bin hier in Leipzig geboren, noch bevor es die DDR gab, und habe mit meiner Geburt auch einen Anspruch auf einen Anteil am Gemeineigentum erworben – Straßen, Eisenbahn, Grund und Boden. Wenn die DDR von mir als Ausreisewilligem die Ausbildungskosten ersetzt haben will, dann möchte ich meinen Anteil am Volkseigentum ausgezahlt bekommen."* Dieses Argument hatte ich schon vor der Haft gelegentlich gebraucht. Der Leutnant hielt mir nur entgegen: *„Koch, Sie wollen noch Geld dafür haben, daß wir Sie 'rauslassen sollen. Sie spinnen wohl!"* Zu einer ausführlicheren Diskussion kam es nicht. Er versuchte auch nicht, mein Argument in einer strafrechtlich relevanten Umformulierung zu protokollieren.[31]

Die Begründung, jemanden – noch dazu ohne gesetzliche Grundlage – nicht ausreisen zu lassen, weil er seine Ausbildung vom Staat bezahlt bekommen hat, erinnert an eine vergangene Rechtspraxis, einen Schuldner, der seine Verpflichtungen nicht erfüllt, in den Schuldturm zu sperren – in der DDR bis zum Rentenalter. Mein Argument, Geldforderungen gegen Ansprüche an das Volkseigentum aufzuwiegen, meint erstens, daß die Erfüllung derartiger finanzieller Forderungen nur unter allgemeinen Gerechtigkeitsgesichtspunkten auf gesetzlicher Grundlage mit den üblichen rechtsstaatlichen Mitteln betrieben werden dürfte, und zweitens, daß deshalb niemals lebenslang die ganze Person in Haft genom-

---

31 Noch einmal zum damaligen Problem: Auch für *Vittorio Hösle* »*ist die Rückzahlung der eigenen Ausbildungskosten seitens des Emigranten eine diskussionswürdige Idee*«, wie er in seiner politischen Ethik naturrechtlich erwägt (Hösle 1997, S. 988). Zunächst einmal kann ein Staat, der die kostenlose Ausbildung und allseitige Förderung vorhandener Fähigkeiten als sozialstaatliche Pflicht ansieht, Kosten nicht zurückfordern. Teilt man aber aus einem liberalen Staatsverständnis heraus eine so weitgehende sozialstaatliche Verpflichtung nicht, so ist eine Ausbildungskostenrückforderung nicht abwegig. Aber die DDR hätte ein allgemeines Gesetz schaffen müssen, das eine derartige Verpflichtung öffentlich macht. Ein Studienbewerber, der sich auf eine derartige Verpflichtung nicht einlassen möchte, hätte sich entscheiden können müssen, vor Studienaufnahme auszuwandern. Andernfalls hätte er mit Studienaufnahme eine solche Zahlungsverpflichtung anerkannt, und er hätte sie auch nach Ausreise nach Westdeutschland erfüllen müssen. (Praktische Schwierigkeiten einer Vollstreckung sind kein Gegenargument; auch Unterhaltsverpflichtungen wurden von West- nach Ostdeutschland abgewickelt.) Aber es gab kein solches Gesetz.

men werden darf. Aber das Argument von der besonderen Verpflichtung gegenüber der DDR sollte letztlich nur die massiven Menschenrechtsverletzungen bemänteln.

Die Logik der DDR-Politik

Die DDR war zu keiner Zeit demokratisch legitimiert, war niemals ein Rechtsstaat und hatte wesentliche Menschenrechte, wie das auf Meinungsfreiheit, von Anfang an massiv verletzt. Sie hatte den politischen Wettbewerb mit Westdeutschland verloren. Und sie hatte ökonomisch versagt – und damit auch umwelt- und sozialpolitisch. Das sozialistische Gesellschaftssystem war gescheitert. Die DDR drohte durch die massenhaft angewachsene Fluchtbewegung vor dem Mauerbau wirtschaftlich und personell ausgezehrt zu werden. Die Flucht war, wie man damals sagte, eine *Volksabstimmung mit den Füßen*. Als einer derjenigen, die den Sprung nicht geschafft hatten, erlaube ich mir die Bewertung, daß damals überproportional viel gut Ausgebildete und Unternehmungsfreudige flohen. Um den wirtschaftlichen Zusammenbruch zu verhindern, mauerte die DDR ihre Bürger ein.

Wer im Sozialismus das höherstehende – fortschrittliche – Gesellschaftssystem sah, das als Ganzes zu erhalten – auch entgegen den Menschenrechten der Individuen – ethisch gerechtfertigt und sogar geboten sei, muß deshalb den Mauerbau konsequenterweise für richtig halten. *Klaus Weise* und *Achim Thom* schrieben 1982: Um »*ein psychiatrisches Versorgungssystem zu begründen, das den psychisch Kranken als gleichberechtigten Menschen – ohne Unterschiede bezüglich der Herkunft und des sozialen Status – zugute kommt*«, mußte erst 1961 die Mauer gebaut werden: »*Erst die Errichtung des antifaschistischen Schutzwalls in Berlin machte eine Planung auf diesem Sektor möglich*« (zitiert nach Klee 1993, S. 96).

1996 sagte Weise zu mir: *„Ich war ja nun auch systemnah"*, und er fragte mit der gespielten Verwunderung seines gealterten jungenhaften Charms: *„Wie konnte das alles nur so weit kommen?"*

Professor Uwe-Jens Heuer, MdB, rechts- und innenpolitischer Sprecher der PDS, hat 1994 ausgeführt (Bisky 1994, S. 27):

»*Sie [die Mauer] war gleichsam Ausdruck eines mehr oder weniger permanent gewordenen Staatsnotstandes – nicht nur der DDR. Wer von der historischen Legitimität des Sozialismus-Versuchs überzeugt war, mußte – (...) – diesen schweren Schritt letztlich bejahen, der allerdings das Eingeständnis der Niederlage in der Konkurrenz mit der Bundesrepublik bei offenen Grenzen bedeutete. Einmal errichtet, stand die Mauer nicht mehr zur Disposition, weil die Reform des staatssozialistischen Systems, die sie wieder überflüssig hätte machen können, letztlich ausblieb. Durch die Verweigerung der Reform wurde sie historisch delegitimiert.*«

Aber die Mauer wurde nicht erst historisch durch den folgenden Mißerfolg „delegitimiert", sie war vielmehr von Anfang an als Verletzung elementarer Menschenrechte Unrecht, und ein System, das sich nur durch sie aufrechterhalten konnte, war spätestens mit ihrer Errichtung historisch delegitimiert. Die Praxis der DDR, fast alle ihre Bürger – mit welchen Begründungen auch immer – im eigenen Herrschaftsbereich lebenslang einzusperren, um ein historisches Experiment an Menschen durchzuführen und sogar nach seinem Scheitern weiterzuführen, war eine moderne Form der Leibeigenschaft.

Gewiß hatte die Politik der DDR ihre eigene Rationalität. Die SED war konsequent. Um das gesellschaftliche Ganze entgegen der Volksabstimmung mit den Füßen zu erhalten, mußten die Rechte des Einzelnen geopfert werden. Ihre Flucht konnte nur durch Grenzsicherungsanlagen, Stacheldrähte, Minen und Schüsse verhindert werden. Folgerichtig wurde auch schon die Vorbereitung zur Flucht unter Strafe gestellt und erst recht Fluchthilfe als staatsfeindliches Delikt kriminalisiert, da der Einzelne eben mit seinem privaten Ausreiseverlangen die historisch notwendigen Maßnahmen zum Überleben der höherstehenden sozialistischen Gesellschaft gefährdete. Wurde aber das Ausreiseverlangen als gegen die moralischen Grundfesten des Staates gerichtet angesehen, so war es nur konsequent, auch die Verteidigung des Rechts auf Freizügigkeit als einem Menschenrecht als Verbrechen zu behandeln. Meine Anklage wegen Fluchtvorbereitung, Fluchthilfe, staatsfeindlicher Verbindungsaufnahme und staatsfeindlicher Hetze war der sozialistischen Geschichtsmetaphysik konform. Damals war ich philosophisch wenig gebildet und hatte im Freundeskreis und auch in den hier zitierten Verhören meine Überlegungen nur aus bruchstückhaftem Wissen begründen können.

In unserem Freundeskreis hatte der Ägyptologe Siegfried Morenz einen Vortrag gehalten, in dem er, über einen historischen Zugang vom alten Ägypten ausgehend, auf den Begriff der *offenen Gesellschaft* zu sprechen kam. Zugrunde lag diesen Ausführungen *Popper: Die offene Gesellschaft und ihre Feinde.* Gelesen hatte ich dieses Werk nicht. Aber in den Verhören darüber erfuhr ich, daß die Stasi es für feindlich hielt. Und in der Urteilsbegründung (S. 4) wegen staatsfeindlicher Hetze heißt es zu diesem Vortragsabend, daß *mit Überlegungen zur offenen Gesellschaft gegen die sozialistische Staatengemeinschaft gehetzt* worden sei. Erst später lernte ich, wie zutreffend Popper in diesem Werk mit den Bänden *Der Zauber Platons und die Folgen* und *Hegel, Marx und die Folgen* analysiert hat, welche verheerenden Auswirkungen die angeblich wissenschaftliche Einsicht in den objektiven Gang der Geschichte und eine darauf gegründete Praxis haben mußten. Dieses *Elend des Historizismus*, wie es Popper nennt, *zeigte sich im politischen Elend der DDR und besonders im Elend ihrer politischen Gefangenen.*

3. Publikationsfreiheit – Liberalität

Auch forderte er, daß westliche Literatur eingeführt werden müßte und erklärte, daß der Wissenschaftler in Westdeutschland freier arbeiten könne als in der DDR, weil in der DDR die Partei festlegen würde, was er zu tun habe.
(Urteil, S. 5)

Nachdem ich mein Erstaunen darüber ausgesprochen hatte, daß die Menschenrechtsdeklaration in der DDR nicht veröffentlicht wurde, sollte ich weiter aussagen, wie ich zur Veröffentlichungspolitik der DDR stehe:

»Bezogen auf Veröffentlichungen westdeutscher Verlage über philosophische Probleme der Physik schien es mir unverständlich, daß z. B. die Schriften „Physik und Philosophie“ von Heisenberg und „Die Geschichte der Natur“ von Weizsäcker – diese Broschüren befanden sich in meinem Besitz und wurden mir in meiner Vernehmung am 17.8.1970 vorgelegt – in der DDR nicht verlegt werden können. Mir war natürlich klar, daß die „Bildzeitung“ dementgegen in der DDR nicht zugelassen war. Ich hatte, wie ich in vorangegangenen Vernehmungen aussagte, mehrere Exemplare der westdeutschen Zeitschrift „Der Spiegel“ gelesen. Ich gelangte zu der Auffassung, daß es sich um ein Nachrichtenmagazin handele, welches sich kritisch mit verschiedenen staatspolitischen Verhältnissen auseinandersetzen würde und nicht das Ziel verfolge, einen ideologischen Kampf gegen die DDR zu führen, wobei auch kritische Artikel gegen verschiedene gesellschaftliche Verhältnisse in der DDR veröffentlicht wurden. Ich erinnere mich zum Beispiel auch an Artikel gegen den westdeutschen Mietwucher und gegen die Massenmanipulierung der Bevölkerung in Westdeutschland. Beispiele zu Veröffentlichungen gegen gesellschaftliche Verhältnisse in der DDR sind mir zur Zeit nicht erinnerlich.«

Auch dieses Protokoll ist das Ergebnis vieler Fragen. Auf meine Kritik, daß Heisenberg und Weizsäcker in der DDR nicht publiziert wurden, hatte der Leutnant etwas von bürgerlicher Philosophie gesagt. Aber er war hierzu offenkundig so unsicher, daß er mir lieber vorwarf, ich wolle wohl, daß sogar die Bildzeitung in der DDR verkauft würde. Als ich auf den Unterschied zu den von mir genannten Autoren hinwies, warf er mir vor, ich hätte mehrfach den *Spiegel* gelesen, der einen ideologischen Kampf gegen die DDR führe. Meinen Einwand, daß sich dieses Nachrichtenmagazin kritisch mit Verhältnissen in der gesamten Welt auseinandersetze, nicht aber einen Kampf speziell gegen die DDR führe, protokollierte der Leutnant in seiner ideologisierten Grammatik. Wer sich kritisch *mit* Erscheinungen in der DDR befaßte, schrieb *gegen* sie.

In irgendeinem Zusammenhang hatte ich mit Jüttes über Demokratie und Liberalismus gesprochen. Also verlangte der Leutnant auch dazu Aussagen von mir.

Vernehmer: „In welcher Form haben Sie sich zu den Begriffen Demokratie und Liberalismus geäußert?“

<u>Koch</u>: *„Demokratie ist eine Antwort auf die Frage, von wem die Staatsgewalt ausgeht. Liberalismus ist eine Antwort auf die Frage nach den Grenzen des Einflusses und der Macht des Staates."*[32]

<u>V</u>: „Frau Jütte hat ausgesagt, daß Sie behaupteten, im Westen existiere eine freie und demokratische Gesellschaft. Die DDR sei dagegen eine Parteidiktatur. Ist das Ihre Auffassung von Liberalität? Äußern Sie sich dazu!"

Ich erklärte, daß ich einen Staat für um so liberaler halte, je weniger er seine Bürger einschränkt und sagte:

»*Ich schlußfolgerte demzufolge, daß vom westdeutschen Staat eine größere Liberalität geübt wurde als in der DDR, denn jeder Bürger der BRD könne im Gegensatz zu denen in der DDR nach eigenem Ermessen auswandern und in einen anderen Staat übersiedeln, auch wenn er mit der politischen Entwicklung seines Staates nicht einverstanden wäre und in einen sozialistischen Staat übersiedeln wolle.*«

Verurteilt wurde ich auch, weil ich für eine Liberalisierung des Sozialismus in der DDR eingetreten sei.

---

32 Der Leutnant protokollierte ungenügend:
»<u>Antwort</u>: *Nach meinen Überlegungen beantwortete ich die Frage nach der Demokratie danach, von wem die Macht im jeweiligen Staat ausgeht, und unter Liberalität verstand ich die Einwirkung der Staatsmacht auf jeden einzelnen.*«

Interludium 6:
Die Dialektik von Zwang und Überzeugung – Freiheit und Notwendigkeit

Am Tag danach nahm der Leutnant das Thema Liberalität noch einmal auf, ohne zu protokollieren. – *„Koch, Sie haben gestern einen liberalistischen Standpunkt vertreten. Sie haben eine formalistische Auffassung von Freiheit,*[33] *weil es Ihnen nur darauf ankommt, unter verschiedenen Möglichkeiten wählen zu können. Ihre Freiheit ist Willkür."*

– *„Nein, nicht Willkür",* rekapitulierte ich mein ungenügendes Kant-Verständnis: *„Die Freiheit jedes Menschen muß insoweit durch allgemeine Gesetze beschränkt werden, daß niemand die Freiheit eines anderen zu seinen Gunsten einschränken darf. Die rationale Begründung für das Recht in einer Gesellschaft ist gewissermaßen ein Vertrag unter den Individuen, daß diese ihre Freiheit nur nach Gesetzen, die für alle in gleicher Weise gelten müssen, beschränken."*

– *„Das ist bürgerlicher Individualismus. Sie denken rein formalistisch und haben nur einen negativen Begriff von Freiheit. Es kommt auf die jeweilige Hauptaufgabe einer Epoche an. Die Freiheit des Einzelnen darf nicht die Verwirklichung des historischen Fortschritts behindern. Durch diese Hauptaufgabe wird bestimmt, was Freiheit ist. Das ist bei uns in der Deutschen Demokratischen Republik konkret der Aufbau der sozialistischen Gesellschaft."*

Der Leutnant sah mich pfiffig an. Nach dem gestrigen Verhör hatte er offenbar eine Erwiderung vorbereitet. Ich möchte nicht den falschen Eindruck erwecken, wir hätten ausgedehnte philosophische Gespräche geführt. Er gab offenbar vorbereitete Sätze in diesem vielleicht fünfminütigen Dialog ab:

„Herr Koch, Sie haben sicher auch in Gesellschaftswissenschaft gelernt, was Friedrich Engels gesagt hat: **Freiheit ist Einsicht in die Notwendigkeit.***"*

„Ja", sagte ich gedehnt, *„ich glaube, das war im Anti-Düring, wo Engels schreibt, wie er die Lehre Hegels zur Freiheit verstanden hat."*

„Na also, da wissen Sie es ja." Ich wandte ein: *„Aber ich habe diesen Satz von Engels bzw. Hegel nie verstanden",* und ich meinte, daß er mir als eine für die Freiheit der Menschen höchst gefährliche Lehre erschien.

Der Vernehmer ging lieber von allgemeineren Formulierungen zu Konkreterem über: *„Ich kann Ihnen das für die konkrete historische Situation erklären. Die Freiheit des Einzelnen verwirklicht sich heute in seiner Mitarbeit am Aufbau des Sozialismus, denn dieser ist die nach dem Kapitalismus historisch notwendige fortschrittlichere Gesellschaftsordnung."*

---

33 Schon *Hegel* (Werke, Bd. 2, S. 461; Frankfurt/M. 1969 ff.) kritisiert, der Kantsche Imperativ *Handle nach einer Maxime, welche zugleich als ein allgemeines Gesetz gelten kann* sei inhaltsleerer Formalismus.

Nun wußte ich es: *Der Staat DDR war Sinnstifter und -träger. Die einzig legitime positive Füllung meines leeren Freiheitsbegriffes bedeutete, die DDR auf ihrem Wege des historischen Fortschritts zur Vollendung des Sozialismus zu unterstützen.*

Ich schwieg. Der Leutnant sah mich mit seinem Fuchsblick an und sagte: *„Übrigens Herr Koch: Den Satz von Friedrich Engels ,****Freiheit ist Einsicht in die Notwendigkeit****' können Sie auch auf Ihre jetzige Situation anwenden.* ***Sie kommen hier erst wieder 'raus, wenn Sie die Notwendigkeit eingesehen haben, daß Sie hier mitarbeiten müssen.*** *Ihre Freiheit hängt von Ihrer Einsicht ab."*

Damit endete die Möglichkeit jeden Gesprächs. Ich zog mich eisig auf meine erprobte Erwiderung zurück: *„Aber ich arbeite doch mit, Herr Leutnant."* Der Vernehmer höhnisch: *„Koch, Sie und mitarbeiten, daß ich nicht lache!"*

Damals hatte ich nicht die Muße, über das Verhältnis der staatssicherheits-taktischen zur philosophischen Interpretation des Hegel-Engelsschen Freiheitsverständnisses nachzudenken, aber ich hatte das Gefühl, daß sie zueinander paßten. Der Vernehmer hatte mir die marxistische Freiheitsbestimmung nun wirklich vom Kopf auf meine eigenen Füße gestellt:

Wer eine Gesellschaft nach einem materialen normativen Freiheitskonzept gestalten will, muß zum Schluß ein Gefängnis verwalten.

Personenverzeichnis
(Auswahl)

Eva-Maria Koch: Wir wurden 1969 geschieden. Eva hatte ich meine Mitwirkung am Plakatprotest angedeutet. Sie hat mich nicht verraten und auch sonst in keiner Weise belastet. Promovierte Musikwissenschaftlerin und Musiktherapeutin.

Marlene und **Horst Gurgel**, Musikwissenschaftlerin und Kapellmeister (Musikprofessor), waren meine einzigen nicht beteiligten Mitwisser vor dem Plakatprotest. Die Stasi kam nicht auf sie.

Bärbel (auch: **Bärbel**) **Krüger** (in Dokumenten teilweise als K *(*)* anonymisiert): Meine Freundin studierte Lateinamerikanistik. Sie ahnte meine Beteiligung an der Plakataktion, wußte aber nichts Konkretes. Die Stasi verhaftete sie zwar nicht, verhörte sie aber mit ungeheurem Druck.

Eckhard Koch: Mein Bruder war als promovierter Physiker an der DAdW angestellt. Er hat mit mir zusammen den Weckerauslösemechanismus konstruiert und war besonders gefährdet; aber die Stasi konnte ihm nichts nachweisen.

Stefan W. *(*)* war Initiator unserer Vortragsabende und des Plakatprotestes, installierte das Plakat in der Kongreßhalle und floh 1968 mit Harald Fritzsch spektakulär über das Schwarze Meer. Zunächst theoretischer Physiker, promovierte in Philosophie und in Ökonomie, heute in der Politik tätig.

Harald Fritzsch stand Schmiere, als Stefan W. das Plakat anbrachte, und floh kurz danach mit diesem. Heute Professor für theoretische Physik.

Rudolph Treumann malte das Plakat in Potsdam. Die Stasi fand dies nicht heraus. Er floh 1978. Heute Physikprofessor.

*Uwe May *(Name geändert)*, promovierter Physiker, war in unserem Vortragskreis besonders aktiv. Stefan W. und Harald Fritzsch erzählten ihm von der Plakataktion. Uwe May wurde ein Jahr nach mir verhaftet und zu 6 Jahren verurteilt.

Klaus Knödel, promovierter Geophysiker, gehörte zum Kreis um Stefan W. und Günter F., wurde in Potsdam zusammen mit Stefan W. und Rudolf Treumann Assistent bei Professor Fanselau; 1971 verhaftet und zu 3 ½ Jahren verurteilt.

*Ingrid und ***Franz Jütte** *(Namen geändert)*, Deutschlehrerin und Mathematikstudent, wurden mit mir zusammen verhaftet und zu 5 ½ bzw. 5 Jahren verurteilt. Als Eltern eines einjährigen Zwillingspärchens konnte die Stasi sie besonders unter Druck setzen.

*Thomas Rust *(Name geändert)*, ein Physiker aus unserem Vortragskreis, wurde 1969 bei einem Fluchtversuch verhaftet. Verpflichtete sich als IM »Thomas«. Heute Priester.

Alexander Heyn, Physiker, lernte ich erst durch Stefans Fluchthilfe kennen.

Michael Flade, Maler, gehörte zu den Freundeskreisen um Ingrid Jütte und Rudolph, wurde 1971 verhaftet und zu 2½ Jahren verurteilt.

Jürgen Rudolph (genannt „Ajax"), Bauingenieur, hatte mit Freunden durch eine Flugblattaktion gegen die neue 68-er DDR-Verfassung protestiert und einen Arbeitskreis „Universitätskirche" in der KSG gebildet. Er wurde zusammen mit Dieter Möbius und Christof Tannert (promovierter Biologe) 1971 verhaftet.

Bernard Langfermann, ein linker westdeutscher politischer Freund Stefan W.s, denunzierte als Kontaktperson *»Boris Buch«* dessen Freunde in der DDR bei der Stasi.

Professor Dr. Günter V., mein Chef an der DAdW, entließ mich fristlos aus politischen Gründen wegen meiner Festnahme vor der Universitätskirche.

MfS-Leutnant Donat, ein geduldiger Polizistenschlaukopf mit einem Pokergesicht.

MfS-Oberleutnant Henke, sein eitler Vorgesetzter.

MfS-Unterleutnant Püchner, lautstark und grobkörnig.

MfS-Hauptmann Göhler konzipierte die Stasi-Taktik zu meiner Bearbeitung.

MfS-Major Etzold, der Dienststellenleiter, handelte mit mir einen Deal aus.